李利英 / 主　编
赵予新 / 副 主编

河南粮食发展报告

2016

中国农业出版社

图书在版编目（CIP）数据

河南粮食发展报告．2016 / 李利英主编．—北京：中国农业出版社，2017.8
ISBN 978-7-109-23144-3

Ⅰ.①河… Ⅱ.①李… Ⅲ.①粮食—经济发展—研究报告—河南—2016 Ⅳ.①F327.61

中国版本图书馆 CIP 数据核字（2017）第 150306 号

中国农业出版社出版
（北京市朝阳区麦子店街 18 号楼）
（邮政编码 100125）
责任编辑 赵 刚

北京万友印刷有限公司印刷 新华书店北京发行所发行
2017 年 8 月第 1 版 2017 年 8 月北京第 1 次印刷

开本：700mm×1000mm 1/16 印张：23.5
字数：390 千字
定价：48.00 元

本书得到2016年河南省高校新型智库招标项目、河南省高等学校哲学社会科学优秀学者资助项目（编号2014-YXXZ-16）的资助

前　言

粮食安全是经济社会稳定和可持续发展的基础。河南作为我国重要的粮食主产省，在中国粮食安全中具有举足轻重的战略地位。2016 年河南省粮食产量达到 1 189.32 亿斤，是历史上第 2 个高产年。其粮食产量占全国粮食产量的 9.6%。河南用占全国 1/16 的土地，生产了占全国近 1/10 的粮食、1/4 的口粮，为维护国家粮食安全和经济社会发展做出了重要贡献，可谓名副其实的“中原粮仓”。2011 年国发［2011］32 号文件《国务院关于支持河南省加快建设中原经济区的指导意见》，提出要将河南建设成“国家重要的粮食生产和现代农业基地”、“全国工业化、城镇化和农业现代化协调发展示范区”，并提出了到 2020 年的发展目标。深入研究河南省粮食产业的发展问题，对于保障国家粮食安全和全面落实河南省委、省政府提出的“四个强省”战略（先进制造业强省、现代服务业强省、现代农业强省和网络经济强省），具有十分重要的现实意义。

粮食产业发展涉及到粮食生产、收购、储存、加工、运输、进出口、销售等各个环节。河南不仅是重要的粮食生产大省，还是重要的粮食加工转化和粮食物流大省。研究团队按照全产业链管理的思路，将河南省的粮食生产、粮食加工、粮食物流、粮食对外贸易、粮食期货等各个专题既分项研究，又有机结合，在进行深入调查的基础上，综合运用定量分析和定性分析相结合的方法，形成了具有中原特色的粮食产业系列研究成果。本书紧密结合当前供给侧结构性改革的要求，围绕河南粮食生产的比较优势、粮食产业链构建、现代粮食产业集群建设、粮食政策优化、粮食电子商务、粮食期货贸易、粮食应急供应体系建设、粮食产业体制机制创新、粮食价格形成机制等进行了专题研究，通过本书呈献给政府有关部门和学术界的同仁，期待着广大实际工作者和理论工作者的关注、批评和指导。

长期以来，河南工业大学经济贸易学院、管理学院的研究团队将粮食经济理论与实践、粮食现代物流等作为重要的研究方向，形成了一支以教授、博士为主体的团队，依托设立在本校的中国粮食物流研究培训中心、河南省高校人文社科重点研究基地——粮食经济研究中心、物流研究中心等，推出了一系列有深度的研究成果，一些成果被国家有关部委和地方政府采纳。2016 年，在河南省教育厅的大力支持下，河南工业大学与河南省社会科学院合作，成立了河南省高校新型智库——河南产业发展研究院，为团队搭建了新的研究平台。我们深知，基于粮食安全对于作为人口大国的中国的极端重要性，作为地处产粮大省的高校并在这一领域长期耕耘的学者，有责任在这方面进行持续的探索，做出我们应有的贡献。

目　录

第一部分　河南粮食产业发展专题报告

2016 年河南粮食产业发展环境分析 …… 赵予新（3）
河南粮食生产发展报告 …… 李铜山（33）
河南粮食加工业发展报告 …… 刘威（70）
河南粮食物流发展报告 …… 李凤廷　王琳　王伟（91）
河南粮食进出口市场发展报告 …… 马松林（126）
河南粮食期货市场发展报告 …… 马强（147）

第二部分　河南粮食产业发展专论

贯彻五大发展理念　促进河南粮食优势转化为经济优势的体制机制研究 …… 马松林（187）
河南省粮食生产比较优势分析 …… 关浩杰（201）
基于粮食安全的河南省耕地资源社会价值测算 …… 马文博（211）
河南粮食产量影响因素的计量分析 …… 郭慧萍（221）
论河南粮食产业发展的主体政策体系 …… 李铜山（232）
河南粮食产业支持政策优化研究 …… 康涌泉（243）
推进河南省小麦供给侧结构性改革的思路与对策 …… 刘清娟（253）
农业供给侧改革背景下金融支持河南粮食产业发展的若干思考 …… 汪来喜　殷笑晗　李栋（264）
供给侧改革背景下河南省小麦产业链优化研究 …… 豆丹丹（273）
基于粮食生产功能区构建河南现代粮食产业集群的思考 …… 赵予新（285）
河南省粮食网上交易的发展现状及对策 …… 刘威　李凤廷　王琳（296）
河南粮油加工业投入产出效率评价——基于 DEA 的对比分析 …… 张艳（304）
完善粮食应急供应体系的建议 …… 王琳　邵开丽　李凤廷（314）
我国粮食目标价格的功能定位与路径选择 …… 李利英　肖开红（321）

郑州小麦期货价格与国际小麦期货价格的关联性研究 …… 马强　马荟中（332）

第三部分　2016年政府相关政策和实施方案

国家粮食局关于加快推进粮食行业供给侧结构性改革的指导意见
（国粮政〔2016〕152号） …………………………………………………………（345）
河南省加快转变农业发展方式实施方案（豫政〔2016〕2号） …………（354）

第一部分

河南粮食产业发展专题报告

2016年河南粮食产业发展环境分析

赵予新

（河南工业大学粮食经济研究中心）

一、2016年初我国宏观经济环境分析

2016年是我国执行“十三五”规划的开局之年，是完成党的“十八大”提出的“到2020年国内生产总值和城乡居民人均收入比2010年翻一番宏伟目标”的关键一年，是经济和社会发展的变革之年、创新之年和转型之年。进入2016年以后，我国经济新常态的特征更加明显，新旧动力转换和结构调整步伐加快，经济增速下行压力较大。面对错综复杂局面，党中央、国务院保持战略定力，创新宏观调控方式，加大了稳增长、调结构、促改革、惠民生、防风险的政策力度，经济增长总体平稳，结构调整取得一定进展，经济金融风险总体可控，创新活力不断迸发。

（一）2016年我国经济形势分析

在刚刚过去的2015年，党中央、国务院按照“五位一体”总体布局和“四个全面”战略布局的总要求，坚持稳中求进工作总基调，坚持稳增长、调结构、惠民生、防风险，不断创新宏观调控思路与方式，深入推进结构性改革，扎实推动大众创业万众创新，努力促进经济保持中高速增长、迈向中高端水平，转型升级步伐加快，改革开放不断深化，民生事业持续进步，经济社会发展迈上新台阶，实现了“十二五”圆满收官，为“十三五”经济社会发展、决胜全面建成小康社会奠定了坚实基础。

1. 产业形势分析

根据2015年国民经济和社会发展统计公报提供的资料，全年国内生产总值676 708亿元，比上年增长6.9%。其中，第一产业增加值60 863亿元，增长3.9%；第二产业增加值274 278亿元，增长6.0%；第三产

业增加值 341 567 亿元，增长 8.3%。第一产业增加值占国内生产总值的比重为 9.0%，第二产业增加值比重为 40.5%，第三产业增加值比重为 50.5%，首次突破 50%。全年人均国内生产总值 49 351 元，比上年增长 6.3%。全年国民总收入 673 021 亿元。(图 1、图 2)。

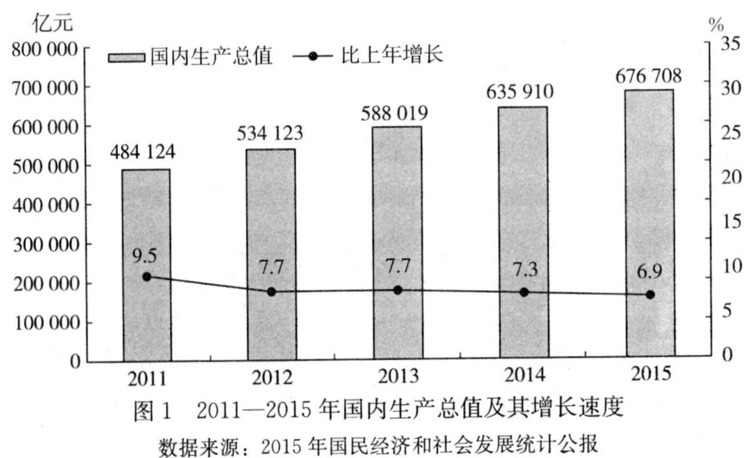

图 1　2011—2015 年国内生产总值及其增长速度

数据来源：2015 年国民经济和社会发展统计公报

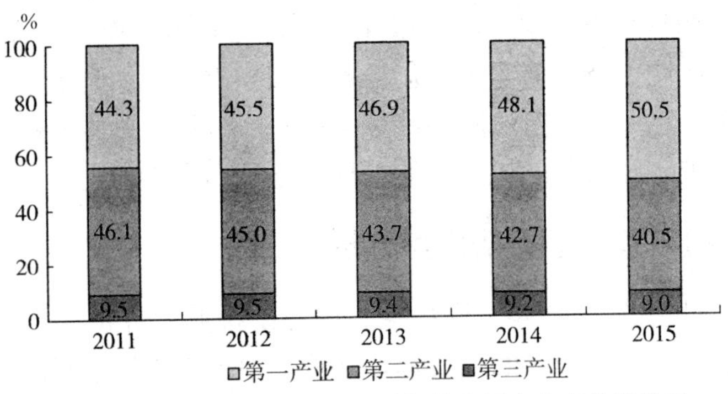

图 2　2011—2015 年三次产业增加值占国内生产总值比重

数据来源：2015 年国民经济和社会发展统计公报。

业内人士分析，在国家实施“互联网+”行动计划及大数据战略的背景下，2016 年我国产业结构调整和产业升级仍将继续向好。未来信息化领域的投资占比将逐渐提升，以互联网为代表的新技术经济将快速发展，并将带动相关产业的改革，提高经济整体活力。与此同时，制造业升级将成为我国经济结构调整的重要方向，智能制造、互联网、物联网、战略新兴产业等战略规划的逐步实施将对我国制造业产生积极影响。事实上，在新一轮科技革命和科技创新带动下，一批新兴产业，如“互联网+”、大数据、云计算、新型材料、机器人产业、卫星应用、3D打印、现代服务业、网购与快递业、生物和健康服务、现代农业等蓬勃兴起。尽管这些产业目前在经济中的比重尚不太大，但其生命力强，发展速度快，发展前途不可估量。很多传统产业在科技创新和信息技术等推动下正在进行脱胎换骨的转型升级。

2. 消费形势分析

2015年社会消费品零售总额300 931亿元，比上年增长10.7%，扣除价格因素，实际增长10.6%。按经营地统计，城镇消费品零售额258 999亿元，增长10.5%；乡村消费品零售额41 932亿元，增长11.8%。按消费类型统计，商品零售额268 621亿元，增长10.6%；餐饮收入额32 310亿元，增长11.7%（图3）。

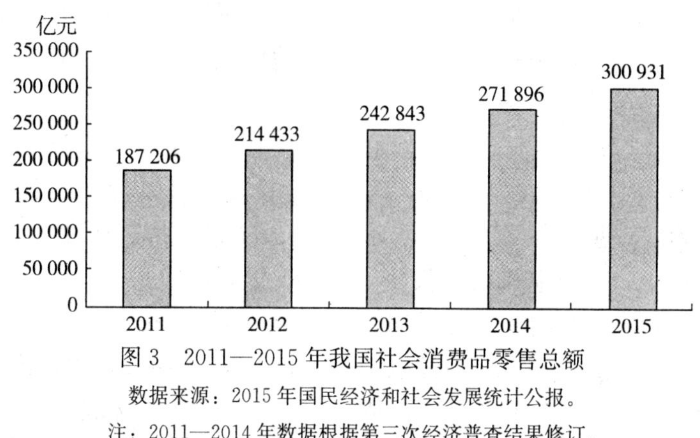

图3　2011—2015年我国社会消费品零售总额

数据来源：2015年国民经济和社会发展统计公报。

注：2011—2014年数据根据第三次经济普查结果修订。

在限额以上企业商品零售额中，粮油、食品、饮料、烟酒类零售额比上年增长14.6%，服装、鞋帽、针纺织品类增长9.8%，化妆品类增长8.8%，金银珠宝类增长7.3%，日用品类增长12.3%，家用电器和音像器材类增长11.4%，中西药品类增长14.2%，文化办公用品类增长15.2%，家具类增长16.1%，通信器材类增长29.3%，建筑及装潢材料类增长18.7%，汽车类增长5.3%，石油及制品类下降6.6%。全年网上零售额38 773亿元，比上年增长33.3%，其中网上商品零售额32 424亿元，增长31.6%。在网上商品零售额中，食用类商品增长40.8%，穿类商品增长21.4%，用类商品增长36%。全国实物商品网上零售额保持高速增长态势。

业内人士认为，受经济整体下行的压力、产能过剩及通货紧缩的预期等抑制消费增长因素的影响，预期 2016 年我国社会消费品零售总额增速将小幅回落，增速缓慢下行。与此同时，我国消费结构发生变化，随着“一带一路”政策的深化与沿线国家的经贸合作，西部地区的消费增速将有所提升；随着年轻一代成为消费主力以及网络技术和商业模式的创新，互联网消费增速仍将显著快于传统渠道的消费增速；农村商品流通领域基础设施的完善和网络购物的普及，农村消费增速将继续领先于城镇消费增速；在高档商品、高端餐饮消费增速大幅下滑的同时，大众化商品和大众化餐饮消费继续保持快速增长；休闲旅游、文化娱乐服务消费将越来越受到青睐。预计 2016 年消费对 GDP 增长的贡献率比 2015 年有明显上升。

3. 投资形势分析

2015 年，全社会固定资产投资 562 000 亿元，比上年增长 9.8%（图 4），扣除价格因素，实际增长 11.8%。其中，固定资产投资（不含农户）551 590 亿元，增长 10.0%。其中，东部地区投资 232 107 亿元，比上年增长 12.4%；中部地区投资 143 118 亿元，增长 15.2%；西部地区投资 140 416 亿元，增长 8.7%；东北地区投资 40 806 亿元，下降 11.1%。在固定资产投资（不含农户）中，第一产业投资 15 561 亿元，比上年增长 31.8%；第二产业投资 224 090 亿元，增长 8.0%；第三产业投资 311 939 亿元，增长 10.6%。基础设施投资 101 271 亿元，增长 17.2%，占固定资产投资（不含农户）的比重为 18.4%。民间固定资产投资 354 007 亿元，增长 10.1%，占固定资产投资（不含农户）的比重为 64.2%。高技术产业投资 32 598 亿元，增长 17.0%，占固定资产投资（不含农户）的比重为 5.9%。2015 年按领域分固定资产投资（不含农户）及其占比如图 5 所示。业内人士预计 2016 年我国仍将延续固定资产投资增速缓慢下行的态势。

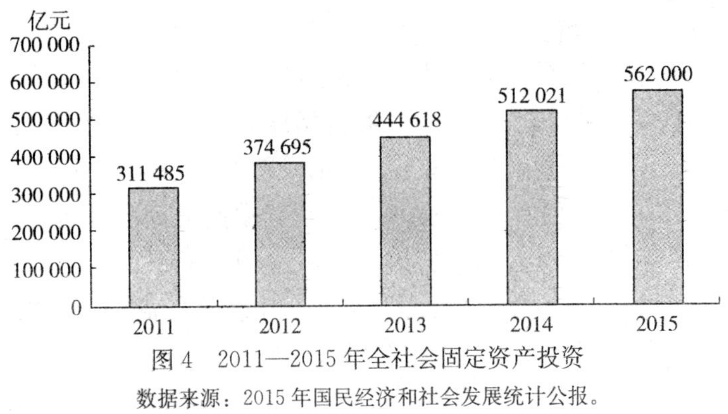

图 4　2011—2015 年全社会固定资产投资

数据来源：2015 年国民经济和社会发展统计公报。

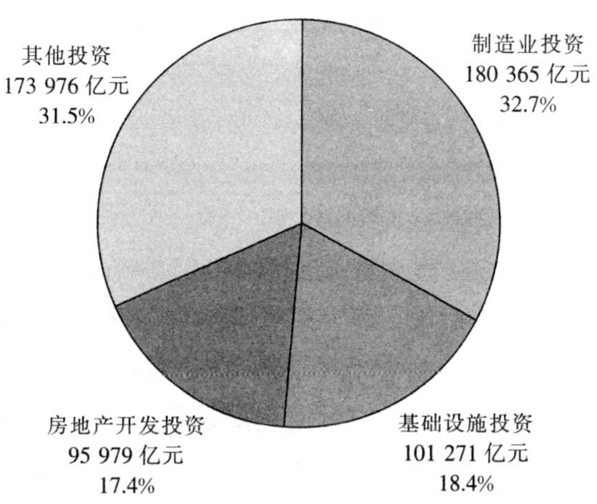

图5　2015年按领域分固定资产投资（不含农户）及其占比

数据来源：2015年国民经济和社会发展统计公报。

4. 净出口形势分析

2015年全年货物进出口总额245 741亿元，比上年下降7.0%（图6）。其中，出口141 255亿元，下降1.8%；进口104 485亿元，下降13.2%。货物进出口差额（出口减进口）36 770亿元，比上年增加13 244亿元。谷物、大豆和食用植物油的进口情况如表1所示。

图6　2011—2015年我国货物进出口总额

数据来源：2015年国民经济和社会发展统计公报。

表1　2015年谷物、大豆和食用植物油进口数量、金额及其增长速度

商品名称	数量（万吨）	比上年增长（%）	金额（亿元）	比上年增长（%）
谷物及谷物粉	3 270	67.6	582	52.4

（续）

商品名称	数量（万吨）	比上年增长（%）	金额（亿元）	比上年增长（%）
大豆	8 169	14.4	2 157	−12.8
食用植物油	676	4.1	311	−14.5

数据来源：2015年国民经济和社会发展统计公报。

2016年，受国内经济形势和国际经济变化的影响，预期我国进口规模将在一段时间内保持低速增长，预计净出口对经济增长的贡献率较2015年呈下降趋势。主要原因包括：国内生产配套进口需求下降、加工贸易项下进口需求减小、国内投资增速回落等因素。同时，受到劳动力成本上升等因素影响，出口将呈现增速将从高速转为中低速状态。与此同时，我国对外贸易方式不断优化，一般贸易占比将不断提升。“一带一路”战略构想的实施，将使我国中西部地区和沿边地区的进出口贸易得到提升。

5. 农业生产情况

2015年全国粮食种植面积11 334万公顷，比上年增加62万公顷。全年粮食产量62 144万吨，比上年增加1 441万吨，增产2.4%。其中，夏粮产量14 112万吨，增产3.3%；早稻产量3 369万吨，减产0.9%；秋粮产量44 662万吨，增产2.3%。全年谷物产量57 225万吨，比上年增产2.7%。其中，稻谷产量20 825万吨，增产0.8%；小麦产量13 019万吨，增产3.2%；玉米产量22 458万吨，增产4.1%。全年棉花产量561万吨，比上年减产9.3%。油料产量3 547万吨，增产1.1%。糖料产量12 529万吨，减产6.2%。茶叶产量224万吨，增产6.9%。全年肉类总产量8 625万吨，比上年下降1.0%。其中，猪肉产量5 487万吨，下降3.3%；

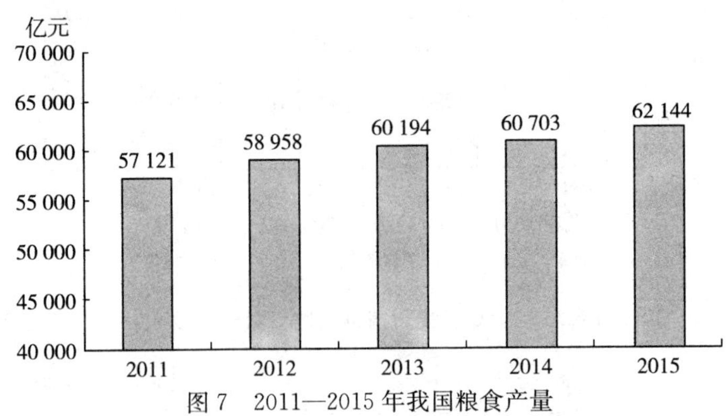

图7　2011—2015年我国粮食产量

数据来源：2015年国民经济和社会发展统计公报。

牛肉产量700万吨，增长1.6%；羊肉产量441万吨，增长2.9%；禽肉产量1 826万吨，增长4.3%。禽蛋产量2 999万吨，增长3.6%。牛奶产量3 755万吨，增长0.8%。年末生猪存栏45 113万头，下降3.2%；生猪出栏70 825万头，下降3.7%（图7）。

（二）2016年我国宏观经济运行面临的挑战和风险

根据全面建成小康社会的目标，2020年国内生产总值和城乡居民人均收入比2010年翻一番，"十三五"时期，国内生产总值年平均增速需要维持在6.5%以上，即中国经济仍需保持中高速增长的要求。这一要求需要在"十三五"时期尽快实现经济增速软着陆，开拓新的经济增长动力，尽快使中国经济走上企稳回升的道路。然而，我国正处在新旧动力转换的关键时期，传统动力弱化，新的动力尚在孕育之中。由于传统部门比重较大，成长较快的新兴部门支撑力总体不足，还不能对冲经济下行的压力。为此，需要正视中国经济存在的核心风险。

1. 产能过剩与有效需求不足

消化过剩产能是中国经济面临的巨大挑战。中国经济的产能过剩和有效需求不足问题源于全球经济过剩的大背景下。20世纪90年代末期，中国经济就经历了一轮产能过剩问题。但中国加入WTO之后，经济中这些过剩产能找到了全球需求的巨大市场。2008年全球金融危机之后，国际需求的负向冲击让中国经济再次面临严重的产能过剩问题。产能过剩是相对的过剩，即供给相对于需求而言过剩，或需求相对于供给而言不足。产能过剩问题导致了价格下跌和企业的利润下降，持续的产能过剩必将以企业破产清算告终，这将带来失业和经济下行。产能过剩的解决需要"开源节流"：一方面，需要为过剩的产能寻找新的需求，这也是促进消费和"一带一路"等政策的初衷。另一方面，需要通过兼并重组优化产业结构，淘汰落后产能，形成更有效率的产能，让产业结构和需求结构更好地匹配。

2. 杠杆率过高与潜在系统性风险过大

稳定且良好运行的金融系统是支撑宏观经济有效运转的基础。但是，我国经济存在着杠杆率过高的问题。据估算，截至2014年，中国政府部门债务规模高达36.8万亿元，占GDP比重为57.8%；居民部门负债23.2万亿元，占GDP比重为36.4%；非金融企业债务总额94.93万亿元，占GDP比重为149.1%，剔除地方政府融资平台债务的非金融企业债务总额为78.33万亿元，占GDP比重为123.1%。过高的杠杆率在经济增速放缓的时期，更容易引发金融体系的系统性风险。2015年，伴随经济增速回落和结构性调整的深化，债务违约事件频率上升，银行贷款不良比例显著增加。2015年4月21日，保定天威集团未能兑付到期利息8 550万元，成为国企债券违约第一例，也是首单违约的银行间市场债券。10月19日，中钢股份公告称将延期支付规模20亿元人民币的“10中钢债”本期利息，构成事实上的“违约”。

3. 资源配置效率不高

资源配置方式决定了经济效率，也决定了生产结构。在改革开放初期，以政府为主导的定价模式和以商业银行为主的间接融资方式有力地促进了投资，使中国迅速完成了初级的工业化进程。但是，这一资源配置方式随着经济发展越来越多地暴露出它的不足，一方面，重要生产要素并非由市场定价导致了价格低估，相当于长期进行隐形补贴，这使得经济越来越向资源密集型发展，也是导致当前产能过剩的重要原因之一；另一方面，传统产业更容易获得信贷融资，而小微企业、服务业等的融资成本高，进一步导致了无效的资源配置。更有效的资源配置方式要求政府放开竞争性产品的定价，并通过财税政策的调节，让价格反映其真实的社会成本。此外，应该推进更公平、更平等的融资手段，切实降低融资成本，并通过差别准备金等宏观审慎政策促进产业结构调整。有效的资源配置能够降低市场的交易成本，实现更高效的经济增长，而更高质量的经济增长需要兼顾效率与公平，这需要政府的财税政策配合实现收入的合理分配，只有通过政府和市场的共同作用，才能完成更好的资源配置，实现更高质量的经济增长。

4. 通缩风险并未解除

2015年，受国际大宗商品价格低迷、国内产能严重过剩以及去库存进程加快等多重因素的影响，全年物价涨幅持续低位运行，通缩压力仍然存在。CPI同比增幅年末有所回升，但全年平均来看预计增长1.4%左右，显著低于年初预期目标。截止到2015年11月，PPI连续45个月负增长，主要工业品实际价格已经跌至20世纪90年代中期的水平。用GDP平减指数测度的全社会物价水平，前三季度增幅也为负值。物价涨幅长期偏低，特别是PPI连续为负，最直接的影响就是抑制了企业增加库存投资和扩大产能投资的积极性。2015年1—10月，工业库存同比仅增长0.9%，仅工业库存投资下降，前三季度就拖累GDP增速0.5个百分点。另外，劳动力等要素价格增幅持续高于工业品出厂价格，部分企业因此出现大幅亏损，投资回报率迅速下降，新增投资积极性不足。

二、农业生产领域：农业供给侧结构性改革摆上重要日程

（一）粮食供求关系出现的新情况

2016年，我国粮食供给出现了以下新情况：

其一，粮食生产量、进口量、库存量“三量齐增”。到2015年，国内粮食生产实现了“十二连增”。与此同时，粮食进口数量不断攀升，粮食库存量也达到了近年来的高点。2015年我国粮食总产量达62 143.5万吨，比2014年增加1 440.8万吨，增长2.4%。当年粮食进口量达12，477万吨，同比增长24.2%。在产量和进口量增长的同时，粮食库存持续增加。2015年4月，我国三大主粮仅政策性库存数量就高达2.43亿吨，占当年粮食消费量的40%以上。[①] 其中玉米问题最为突出。稻谷库存也十分严重。据业内人士分析，2015年仅临储稻谷库存就达7 000万吨左右，按照每年销售700万吨的速度，现有库存需要消化10年。[②]

其二，部分粮食品种出现供求失衡。以玉米和大豆为例，2008年以来，由于玉米临储价格提高幅度高于大豆收储价格提高幅度近20个百分点，导致传统大豆产区纷纷改种玉米，大豆产量持续下滑，需要大量进口。据中国海关资料，2015年我国仅进口大豆就达到了8 169万吨，比上年增加1 029万吨。而玉米产量在持续提高的同时，玉米及其饲料替代品（大麦、高粱）进口大幅度增加，严重冲击了国内玉米市场，库存数量严重超出合理库存，供求矛盾十分突出。

其三，国内粮食价格高于国际市场价格。以玉米为例，2014年，我国玉米每亩现金成本为417元，综合成本为1 064元；而同期美国玉米每亩折合成人民币现金成本为393元，综合成本为697元。2015年10月，国际大豆、玉米、小麦、大米价格分别比国内价格每吨低1 175元、923元、626元和1 143元。[③] 国内外粮食价格倒挂使得粮食生产支持政策的

---

① 张春良．粮企应借“互联网+”脱困［J］．粮食决策咨询，2015（21）：37.

② 郑红明．临储稻谷库存庞大，摆脱困境出路何在［N］．粮油市场报，2015-12-31.

③ 任正晓．解决好吃饭问题是治国理政的头等大事［N］．粮油市场报，2015-10-01.

效应越来越弱。

（二）农业供给侧结构性改革的总体要求

中央政府提出，推进农业供给侧结构性改革，要以市场需求为导向调整完善农业生产结构和产品结构，以科技为支撑走内涵式现代农业发展道路，以健全市场机制为目标改革完善农业支持保护政策，以家庭农场和农民合作社为抓手发展农业适度规模经营。扎实推进农业供给侧结构性改革，着重做到“四改善、四创新”。

一是改善供给体系，推进产品创新。农业供给侧最突出的问题，就是生产还没能很好地适应市场需求变化，“买难”与“卖难”并存。推进农业供给侧结构性改革，要把市场需求作为“导航灯”，调整优化农业生产结构和产品结构，增强农产品供给结构的适应性和灵活性，创新产品供给，为消费者提供更丰富、更优质、更适销对路的产品。

二是改善要素使用，推进科技创新。水、土、肥、药、技、机等，是农业生产的主要投入要素。这些年，水、土要素已经绷得很紧，肥、药使用过量，机械、技术支撑能力与发达国家相比仍有较大差距。必须大力实施科技创新战略，尽快推动农业发展由依靠物质要素投入驱动向依靠科技进步驱动转变，提高农业全要素生产率。

三是改善资源配置，推进制度创新。目前我国农业资源配置不合理的问题较为突出，生产区域布局结构与资源禀赋条件不尽匹配，资源循环利用不够，农作物秸秆、农膜回收利用率和畜禽粪污有效处理率都较低，一些地区还将水土等资源配置到产销不对路的产品生产上。要坚持市场取向改革，加快完善农产品价格和收储、农业补贴、金融保险、流通贸易、生态环保等政策，促进农业资源有效配置。

四是改善经营方式，推进管理创新。推进农业供给侧结构性改革，关键在人。要充分调动各类经营主体积极性，加快构建以农户家庭经营为基础、合作与联合为纽带、社会化服务为支撑的现代农业经营体系，大力培育新型经营主体和新型职业农民，发挥其在推广新技术、开拓新市场、打造新业态等方面的引领作用，鼓励其成为推进农业供给侧结构性改革的主力军。

（三）农业供给侧结构性改革的重点任务

党中央、国务院对于推进农业供给侧结构性改革进行了全面部署，要求突出抓好“六优化、一巩固”。

一是以扩大有效和中高端供给为重点，优化产品结构。适应市场需求，调优、调高、调精农业生产结构，增加适销对路的农产品生产。品种上，重点是调减玉米产量、增加大豆产量、提升牛奶质量，鼓励杂粮杂豆和马铃薯生产。品质上，重点是抓好质量提升和品牌创建，大力推进农业标准化生产，建立健全质量安全监管和追溯体系，打造和培育一批农产品品牌。

二是以延长产业链、提升价值链为重点，优化产业体系。发挥一、二、三产业融合的乘数效应，发展壮大新产业、新业态，提高农业效益。积极发展农产品加工业，特别是大力支持主产区发展精深加工，加快消化粮食尤其是玉米库存。大力发展农产品电子商务、休闲农业和乡村旅游，推进农业与旅游、教育、文化、健康等产业深度融合，使农民获得更多增值收益。

三是以推进节本增效为重点，优化生产体系。在农产品价格很难提升的背景下，节本就是增效，就是增收。要强化农业科技创新，推进农业机械化、信息化，发展现代种业，加快农业科技推广应用。当前重点是推广节本增效技术，集成节肥、节药、节水、节种、节油等适用技术，提高农业投入品利用效率，降低生产成本，提高经营效益。

四是以提高资源环境匹配度为重点，优化区域布局。立足各地环境容量和生态类型，发展水土资源匹配较好的主导产品和支柱产业，形成分工合理、比较优势充分发挥的区域布局。加大生态脆弱区域的生态建设力度，重点调整“镰刀弯”地区玉米种植、南方水网地区生猪养殖、长江流域湖泊水库和近海水产养殖。但要注意的是，目前全国主要农产品优势产区已基本形成，优化区域布局要更多地微调、适调、精调，从当地实际出发，避免大折腾、“翻烧饼”。

五是以发挥适度规模经营的引领作用为重点，优化经营体系。支持发展土地流转、土地托管、土地入股等多种形式的适度规模经营，培育农业社会化服务组织，发展生产性服务业，重点推介土地托管方式，让分散农户搭上规模经营的“快车”。鼓励引导农民自愿通过互换或流转等方式解决承包地细碎化问题，探索农户土地承包经营权依法自愿有偿退出政策。

六是以治理和修复农业生态环境为重点，优化资源利用方式。要通过农业供给侧结构性改革，从根本上解决农业资源环境两道“紧箍咒”的制约。着力打好农业面源污染防治攻坚战，抓好湖南重金属污染区综合治理试点，扩大东北黑土退化区治理试点范围，稳妥推进耕地轮作休耕制度试点。大力发展生态循环农业，创建农业可持续发展试验示范区，探索生产生态相协调的路径和体制机制。

七是以粮食生产功能区和重要农产品生产保护区建设为重点，巩固提升产能。坚持把建设好粮食生产功能区作为确保口粮安全的根本举措，把建设好重要农产品生产保护区作为稳定棉油糖自给水平的重要手段。大力实施“藏粮于地、藏粮于技”战略，加快划定永久基本农田，大规模开展高标准农田建设，集中打造产能稳固的粮食和棉花、油料、糖料等重要农产品生产基地，确保只要市场有需要，就能产得出、供得上。

三、粮食流通领域：粮食产业转型发展和提质增效方兴未艾

2016 年 7 月，国家粮食局发布了《关于加快推进粮食行业供给侧结构性改革的指导意见》，为破解国内粮食领域结构性、体制性矛盾，促进粮食产业转型发展提质增效提供了政策指导。意见指出，当前，国内粮食市场运行多重矛盾交织、新老问题叠加，部分粮食品种阶段性供过于求特征明显，粮食流通服务和加工转化产品有效供给不足，粮食“去库存”任务艰巨，现行收储制度需加快改革完善等，充分说明我国粮食领域的主要矛盾已经由总量矛盾转变为结构性矛盾，矛盾的主要方面在供给侧。意见明确了供给侧结构性改革的六大任务。

一是完善粮食收储体制机制。继续执行并完善稻谷、小麦最低收购价政策，积极稳妥推进玉米收储制度改革；鼓励引导大中型粮食加工企业、饲料生产企业等入市，全力防止出现农民“卖粮难”；积极引导农民增加优质粮食品种供给，增加种粮农民收益；积极发展“订单粮食”，形成风险共担、收益共享、长期稳定的利益共同体。

二是加快推动粮食“去库存”。充分发挥全国粮食统一竞价交易系统作用，灵活运用竞价销售、定向销售等多种方式，合理确定销售价格，科学安排库存粮食销售进度和次序；督促指导承储企业、买方企业严格执行国家政策性粮食销售政策，确保销售粮食正常出库；对定向销售给淀粉、酒精、饲料等加工企业的粮食，加强全程监管，坚决防止不符合食品安全标准的粮食流入口粮市场。

三是大力发展粮食产业经济。增加多元化、定制化、个性化粮食产品供

给，加快发展粮食精深加工转化，扶持壮大骨干粮食企业，实施品牌发展战略，推动粮食产业集群发展，发展粮食循环经济，加快淘汰落后产能，积极发展“互联网+粮食”，促进粮食产品和服务供给质量效率的大力提升。

四是着力提升粮食流通社会化服务水平。推广建设粮食产后服务中心，为新型农业经营主体提供全方位、多元化优质服务；完善“放心粮油”供应体系；完善粮食质量安全保障机制，探索建立问题粮食召回制度；提升市场信息服务水平，发挥市场信息在实施供给侧改革、服务宏观调控中的重要作用。

五是推动粮食流通能力现代化建设。要统筹推进粮食仓储设施建设，加快粮食现代物流体系建设，全面推动行业信息化建设，加强粮食应急供应能力建设。

六是进一步强化粮食科技、人才重要支撑作用。要加快推动科技创新，加强科技成果转化应用，充分发挥企业创新的主体作用，加强行业人才培养。

四、国家出台的涉粮政策概述

（一）2016 年中央政府出台的粮食政策的着力点

作为推进农业供给侧结构性改革的重要保障措施，2016 年政府出台了一系列涉粮政策。这些政策的着力点在于以下三个方面。

1. 更好发挥市场决定性作用与保护种粮农民利益并重

为保护农民利益和种粮积极性，国家从 2004 年起相继在主产区分别对稻谷、小麦两个重点粮食品种实行最低收购价政策，从 2008 年起在东北等四省区实行玉米临储收购政策，连续 7 年提高粮食最低收购价格，稻谷和小麦两个品种 7 年累计提价幅度分别达 96%、69%。受国家托市收购价格支撑影响，我国粮食市场价格持续攀高，逐步逼近“天花板”。与此同时，粮食生产成本“地板”不断抬高。这种两头挤压的状况，使得单纯依靠提高托市收购价格来保护农民种粮积极性的空间越来越小、效应越来越弱。从长远看，必须加快建立由市场形成粮食价格的机制，在保护种粮农民利益的同时，引导促进农民调整粮食种植结构、提高粮食品质，推动粮食生产可持续发展。

2. 保障粮食数量安全与保障质量安全并进

在我国资源环境约束趋紧的背景下，确保粮食等重要农产品的有效供给，是粮食供给侧结构性改革必须完成的首要任务。2016 年的粮食政策突出了贯彻“藏粮于地、藏粮于技”战略思想。同时，粮食政策致力于改善粮食供给体系质量。针对粮食数量供给得到保障后，人们更加关注粮食质量安全。我国农业资源短缺，开发过度、面源污染问题普遍存在，局部地区存在粮食农药残留、重金属等超标现象，粮食质量安全问题越来越突出，要求同步推进数量安全与质量安全。为此，一方面要切实加强生产源头治理，从源头上防治粮食污染；另一方面要完善粮食质量安全标准体系，实行从田间到餐桌全过程监管制度，禁止不符合食品安全标准的粮食进入口粮市场，确保粮食消费健康、营养、放心、安全。

3. 合理利用国际粮食资源与防止进口粮食冲击国内市场并举

近年来，全球粮食连获丰收，供求比较宽松，国际市场价格持续低迷，国内外粮食价差拉大。据联合国粮农组织预测，2014/2015 年度全球谷物产量为 25.54 亿吨、消费量为 25.04 亿吨，期末库存将达 6.45 亿吨，为 15 年来最高水平。目前，国际大豆、玉米、小麦、大米价格分别比国内价格每吨低 1 175 元、923 元、626 元和 1 143 元。这虽然有利于我国积极利用国际市场资源，但也给国内市场带来一定冲击，特别是粮食进口数量持续增加，挤占了国内市场销售份额。如何有效用好国际国内两个市场两种资源，对新常态下保障国家粮食安全提出了新挑战。

（二）2016 年实施或出台的主要粮食政策分述

2016 年中央政府出台的涉粮政策关注的重点主要包括以下四个方面：其一，进一步完善农业补贴政策。加快建立与转方式调结构相适应的补贴政策体系，发挥补贴对农业供给侧结构性改革的促进作用。其二，完善农产品价格形成机制。根据市场供求关系，增加政策调整弹性，分品种施策，渐进式推进。其三，完善金融保险政策。进一步推动金融资源向农业农村倾斜，解决贷款难、贷款贵、保险少等问题。加快建立健全覆盖全国的农业信贷担保体系。其四，完善贸易调控政策。强调统筹利用好国际国内两个市场两种资源，健全与国内生产、需求相适应的农产品贸易调控机制，控制结构性过剩农产品进口，促进农产品优进优出。加强国内产业安全保护，尽快完善重要农产品贸易损害补偿制度。加快推动农业“走出去”，建立农业“走出去”扶持政策体系。

1. 农业支持保护补贴政策

为提高农业补贴政策效能，2016 年，农业支持保护补贴政策在全国范围推开。这项政策源于2015年国家的启动农业“三项补贴”改革，即将种粮直补、农资综合补贴、良种补贴合并为“农业支持保护补贴”，政策目标调整为支持耕地地力保护和粮食适度规模经营。主要调整措施是：一是将80%的农资综合补贴存量资金，加上种粮农民直接补贴和农作物良种补贴资金，用于耕地地力保护。补贴对象为所有拥有耕地承包权的种地农民，享受补贴的农民要做到耕地不撂荒，地力不降低。补贴资金与耕地面积或播种面积挂钩，对已作为畜牧养殖场使用的耕地、林地、成片粮田转为设施农业用地、非农业征（占）用耕地等已改变用途的耕地，以及长年抛荒地、占补平衡中“补”的面积和质量达不到耕种条件的耕地等不再给予补贴。鼓励秸秆还田，不露天焚烧秸秆。这部分补贴资金以现金直补到户。2015年选择在安徽、山东、湖南、四川和浙江等5个省开展试点。二是将20%的农资综合补贴存量资金，加上种粮大户补贴资金和农业“三项补贴”增量资金，支持发展多种形式的粮食适度规模经营，重点支持建立完善农业信贷担保体系，向种粮大户、家庭农场、农民合作社、农业社会化服务组织等新型经营主体倾斜，体现“谁多种粮食，就优先支持谁”。

2. 农机购置补贴政策

2016年，农机购置补贴政策在全国所有农牧业县（场）范围内实施，补贴对象为直接从事农业生产的个人和农业生产经营组织，补贴机具种类为11大类43个小类137个品目，各省可结合实际从中确定具体补贴机具种类。农机购置补贴政策实施方式实行自主购机、县级结算、直补到卡（户），补贴标准由省级农机化主管部门按规定确定，不允许对省内外企业生产的同类产品实行差别对待。一般机具的中央财政资金单机补贴额不超过5万元；挤奶机械、烘干机单机补贴额不超过12万元；100马力[①]以上大型拖拉机、高性能青饲料收获机、大型免耕播种机、大型联合收割机、水稻大型浸种催芽程控设备单机补贴额不超过15万元；200马力以上拖拉机单机补贴额不超过25万元；大型甘蔗收获机单机补贴额不超过40万元；大型棉花采摘机单机补贴额不超过60万元。

3. 农机报废更新补贴试点政策

2016年，农业部、财政部继续在江苏等17个省（市、区）开展农机报废更新补贴试点工作，尚未开展试点的省份可自主决定是否开展，鼓励

① 1马力=735瓦，下同。

非试点省份结合河南省实际开展试点，加快淘汰老旧农机。农机报废更新补贴与农机购置补贴相衔接，同步实施。报废补贴机具种类是已在农业机械安全监理机构登记，并达到报废标准或超过报废年限的拖拉机和联合收割机。农机报废更新补贴标准按报废拖拉机、联合收割机的机型和类别确定，拖拉机根据马力段的不同补贴额从 500 元到 1.1 万元不等，联合收割机根据喂入量（或收割行数）的不同分为 3 000 元到 1.8 万元不等。

4. 小麦、稻谷最低收购价政策

为保护农民利益，防止“谷贱伤农”，2016 年国家继续在粮食主产区实行小麦、稻谷最低收购价政策。2016 年生产的小麦（三等）最低收购价格每 50 千克 118 元，保持 2015 年水平不变。2016 年生产的早籼稻（三等，下同）、中晚籼稻和粳稻最低收购价格分别为每 50 千克 133 元、138 元和 155 元，早籼稻比 2015 年下调 2 元，中晚籼稻和粳稻保持 2015 年水平不变。

5. 新疆棉花、东北和内蒙古大豆目标价格政策

为更有效地发挥市场作用和保护农民利益，建立和完善符合我国国情和现阶段发展要求的农产品价格和市场调控机制，2014 年国家启动了新疆棉花、东北地区大豆目标价格改革试点，取消棉花、大豆临时收储政策，当市场价格低于目标价格水平时，由中央财政向试点地区生产者提供补贴。2016 年国家继续深入推进东北和内蒙古大豆、新疆棉花目标价格改革试点。

6. 产粮（油）大县奖励政策

为改善和增强产粮大县财力状况，调动地方政府重农抓粮积极性，2005 年中央财政出台了产粮大县奖励政策。2015 年中央财政安排产粮（油）大县奖励资金 371 亿元，2016 年中央财政将继续实施产粮（油）大县奖励政策。2015 年产粮大县奖励资金由中央财政测算分配到县。对常规产粮大县，主要依据 2009—2013 年五年平均粮食产量大于 4 亿斤[①]，且商品量（按粮食产量扣除农民口粮、饲料粮、种子用粮测算）大于 1 000 万斤来确定；对虽未达到上述标准，但在主产区产量或商品量列前 15 位，非主产区列前 5 位的县也可纳入奖励；上述两项标准外，每个省份还可以确定 1 个生产潜力大、对地区粮食安全贡献突出的县纳入奖励范围。在常规产粮大县奖励基础上，中央财政对 2009—2013 年五年平均粮食产量或

① 1 斤＝0.5 千克，下同。

商品量分别列全国前100名的产粮大县，作为超级产粮大县给予重点奖励。奖励资金采用因素法分配，粮食商品量、产量、播种面积、绩效评价权重分别为60%、20%、18%、2%，常规产粮大县奖励资金与省级财力状况挂钩，不同地区采用不同的奖励系数，常规产粮大县奖励标准为700万～9 000万元，奖励资金作为一般性转移支付，由县级人民政府统筹使用；超级产粮大县奖励资金用于扶持粮食生产和产业发展。产油大县奖励入围条件由省级人民政府按照“突出重点品种、奖励重点县（市）”的原则确定，入围县享受奖励资金不得低于100万元。2015年产油大县存量奖励资金分配由中央财政根据2011—2013年分省分品种油料（含油料作物、大豆、棉籽、油茶籽）产量及折油脂比率，测算各省（区、市）三年平均油脂产量，作为奖励因素。油菜籽增加奖励系数20%，大豆已纳入产粮大县奖励的继续予以奖励，奖励资金全部用于扶持油料生产和产业发展。

7. 深入推进粮棉油糖高产创建和粮食绿色增产模式攻关支持政策

2016年，中央财政安排15亿元资金支持开展粮食绿色高产高效创建和模式攻关。选择生产基础好、优势突出、特色鲜明、产业带动能力强的100多个县整建制创建。在实施内容上，重点开展技术瓶颈攻关和集成推广高产高效、资源节约、生态环保的技术模式。在创建作物上，以粮食作物为主，适当兼顾部分地区优势作物。在创建内容上，一是围绕绿色生态环保、资源高效利用、生产效能提升等方面，示范推广区域性、标准化高产高效技术模式。二是针对分区域分作物的资源瓶颈、技术瓶颈、效益瓶颈，组织开展试验试点和联合攻关。三是依托农业新型经营主体和服务主体，创新农业社会化服务方式，促进一、二、三产业融合发展。

8. 农机深松整地作业补助政策

纳入《全国农机深松整地作业实施规划（2016—2020年）》的省份可结合实际，在适宜地区开展农机深松整地作业补助试点项目，所需资金从2016年中央财政下达各省（垦区）的农机购置补贴资金中统筹安排。补助对象为项目区内自愿实施农机深松整地的农民（包括农场职工），或者开展农机深松整地作业的农机服务组织（农机户）。项目区以外的，暂不享受补助政策。补助标准由各有关省（垦区）综合考虑本地农机深松整地的技术模式、成本费用、农民意愿、规划任务等因素自主确定。采取“先作业后补助、先公示后兑现”的方式，向农民或农机户发放农机深松整地作业补助。

9. 测土配方施肥补助政策

2016年，中央财政安排测土配方施肥专项资金7亿元，深入推进测土配方施肥，结合“到2020年化肥使用量零增长行动”，选择一批重点县开展化肥减量增效试点。创新实施方式，依托新型经营主体和专业化农化服务组织，集中连片整体实施，促进化肥减量增效、提质增效，着力提升科学施肥水平。2016年，项目区测土配方施肥技术覆盖率达到90%以上，畜禽粪便和农作物秸秆养分还田率显著提高，配方肥推广面积和数量实现“双增”，主要农作物施肥结构、施肥方式进一步优化。

10. 耕地轮作休耕试点政策

党的十八届五中全会建议提出，探索实行耕地轮作休耕制度试点。农业部在开展实地调研并组织专家深入研究的基础上，拟定了《耕地轮作休耕制度试点方案》，提出今后5年轮作休耕试点的思路原则、目标任务、技术路径、重点区域、补助标准和保障措施。总的考虑，坚持生态优先、轮作为主、休耕为辅、自然恢复的方针，以保障国家粮食安全和不影响农民收入为前提，突出重点区域、加大政策扶持、强化科技支撑，加快构建用地养地结合的耕作制度体系。对于轮作，重点在“镰刀弯”地区开展试点，探索建立粮豆、粮油、粮饲等轮作制度。对于休耕，选择地下水漏斗区、重金属污染区、生态严重退化地区，探索建立季节性、年度性休耕模式，促进资源永续利用和农业持续发展。按照五中全会建议说明中提出的“对休耕农民给予必要的粮食或现金补助”的要求，农业部会同有关部门在整合现有项目资金的同时，结合湖南重金属污染区综合治理试点和河北地下水超采综合治理试点项目，支持开展耕地轮作休耕制度试点。

11. 化肥、农药零增长支持政策

2016年，按照《到2020年化肥使用量零增长行动方案》的要求，以用肥量大的玉米、蔬菜、水果等作物为重点，选择一批重点县开展化肥减量增效试点。一是大力推广化肥减量增效技术。依托规模化新型经营主体，建立化肥减量增效示范区，示范带动农户采用化肥减量增效技术，推进农机农艺结合改进施肥方式，提高化肥利用率。二是大力推动配方肥到田。开展农企合作推广配方肥活动，探索实施配方肥、有机肥到田补贴，推动配方肥、有机肥和高效新型肥料进村入户到田，优化肥料使用结构。三是大力推进社会化服务。积极探索政府购买服务有效模式，充分利用现代信息技术和电子商务平台，支持社会化农化服务组织开展科学施肥服务，深入开展测土配方施肥手机信息服务。2016 年，按照《到 2020 年农药使用量零增长行动方案》，大力推进统防统治、绿色防控、科学用药，减少农药使用量，提高利用率。一是推进统防统治与绿色防控融合。结合实施重大农作物病虫害统防统治补助项目，扶持专业化服务组织，推进统防统治与绿色防控融合，实现病虫综合防治、农药减量控害。二是开展蜜蜂授粉与病虫害绿色防控技术集成示范。扶持建立一批示范区，组装集成技术模式，推广绿色防控技术，保护利用蜜蜂授粉，实现增产、提质、增收及农药减量。三是实施低毒生物农药示范补贴试点。2016 年财政专项安排 996 万元，继续在北京等 17 个省（市）的 48 个蔬菜、水果、茶叶等园艺作物生产大县开展低毒生物农药示范补助试点，补助农民因采用低毒生物农药增加的用药支出，鼓励和带动低毒生物农药推广应用。

12. 耕地保护与质量提升补助政策

2016 年，中央财政安排专项资金 8 亿元，在全国部分县（场、单位），开展耕地质量建设试点。按照因地制宜、分类指导、综合施策的原则，推广应用秸秆还田、增施有机肥、种植绿肥等技术模式。一是退化耕地综合治理。重点是南方土壤酸化（包括潜育化）和北方土壤盐渍化的综合治理。施用石灰和土壤调理剂，开展秸秆还田或种植绿肥等。二是污染耕地阻控修复。重点是土壤重金属污染修复和白色（残膜）污染防控。施用石灰和土壤调理剂调酸钝化重金属，开展秸秆还田或种植绿肥等。三是土壤肥力保护提升。重点是秸秆还田、增施有机肥、种植绿肥。此外，中央财政安排专项资金 5 亿元，继续在东北四省（区）17 个县（场）开展黑土地保护利用试点，综合运用复合型农艺措施，遏制黑土退化趋势，探索黑土地保护利用的技术模式和工作机制。

13. 加强高标准农田建设支持政策

2013 年，经国务院同意，国家发改委印发了《全国高标准农田建设总体规划》，提出到 2020 年，全国建成 8 亿亩[①]高标准农田。2014 年，为规范高标准农田建设、统一建设要求，国家标准化委员会发布了《高标准农田建设通则》。2016 年中央 1 号文件明确要求，到 2020 年确保建成 8 亿亩、力争建成 10 亿亩集中连片、旱涝保收、稳产高产、生态友好的高标准农田，优先在粮食主产区建设确保口粮安全的高标准农田。目前，建设高标准农田的投资主要有，国土资源部国土整治、财政部农业综合开发、

---

① 1 亩≈667 平方米，下同。

国家发改委牵头的新增千亿斤粮食产能田间工程建设和水利部农田水利设施建设补助等。

14. 设施农用地支持政策

2014 年，国土资源部、农业部联合印发了《关于进一步支持设施农业健康发展的通知》（国土资发［2014］127 号），进一步完善了设施农用地支持政策。一是将规模化粮食生产所必需的配套设施用地纳入“设施农用地”范围。在原有生产设施用地和附属设施用地基础上，明确“配套设施用地”为设施农用地。将农业专业大户、家庭农场、农民合作社、农业企业等从事规模化粮食生产所必需的配套设施用地，包括晾晒场、粮食烘干设施、粮食和农资临时存放场所、大型农机具临时存放场所等设施用地按照农用地管理。二是将设施农用地由“审核制”改为“备案制”。按照国务院清理行政审批事项的要求，设施农用地实行备案制管理，细化用地原则、标准和规模等规定，强化乡镇、县级人民政府和国土、农业部门监管职责。三是细化设施农用地管理要求。明确设施农用地占用耕地不需补充耕地，使用后复垦，解决了“占一补一”难题。鼓励地方政府统一建设公用设施，提高农用设施利用效率。对于非农建设占用设施农用地的，应依法办理农用地转用手续并严格执行耕地占补平衡规定。

15. 种植业结构调整政策

2015 年 11 月，农业部制定下发《农业部关于“镰刀弯”地区玉米结构调整的指导意见》，提出通过适宜性调整、种养结合型调整、生态保护型调整、种地养地结合型调整、有保有压调整、围绕市场调整等路径，调整优化非优势区玉米结构，力争到 2020 年，“镰刀弯”地区玉米面积调减 5 000 万亩以上。重点发展青贮玉米、大豆、优质饲草、杂粮杂豆、春小麦、经济林果和生态功能型植物等，推动农牧紧密结合、产业深度融合，促进农业效益提升和产业升级。2016 年，农业部整合项目资金，支持“镰刀弯”地区开展种植结构调整，改变玉米连作模式，实现用地养地相结合，促进农业可持续发展。同时，中央财政安排 1 亿元资金，支持开展马铃薯产业开发试点，研发不同马铃薯粉配比的馒头、面条、米线及其他区域性特色产品，改善居民饮食结构，打造小康社会主食文化。

16. 推进现代种业发展支持政策

2016 年，国家继续推进种业体制改革，强化种业政策支持，促进现代种业发展。一是深入推进种业领域科研成果权益改革。在总结权益改革试点经验基础上，研究出台种业领域科研成果权益改革指导性文件，通过探索实践科研成果权益分享、转移转化和科研人员分类管理政策机制，激发创新活力，释放创新潜能，促进科研人员依法有序向企业流动，切实将改革成果从试点单位扩大到全国种业领域，推动我国种业创新驱动发展和种业强国建设。二是推进现代种业工程建设。2016年根据《"十三五"现代种业工程建设规划》和年度投资指南要求，建设国家农作物种质资源保存利用体系、品种审定试验体系、植物新品种测试体系以及品种登记及认证测试能力建设，支持育繁推一体化种子企业加快提升育种创新能力，推进海南、甘肃和四川国家级育制种基地和区域性良种繁育基地建设，全面提升现代种业基础设施和装备能力。三是继续实施中央财政对国家制种大县（含海南南繁科研育种大县）奖励政策，采取择优滚动支持的方式加大奖补力度，支持制种产业发展。

17. 农产品质量安全县创建支持政策

2014年，国家启动农产品质量安全县创建活动，围绕"菜篮子"产品主产县，突出落实属地责任、加强全程监管、强化能力提升、推进社会共治，充分发挥地方的主动性和创造性，探索建立行之有效的农产品质量安全监管制度机制，引导带动各地全面提升农产品质量安全监管能力和水平。2015年，农业部认定了首批103个农产品质量安全县和4个农产品质量安全市创建试点单位，中央财政安排每个创建试点县100万元、每个创建试点市150万元的财政补助资金，支持农产品质量安全县创建活动。2016年及今后一段时期，将逐步扩大创建范围，力争5年内基本覆盖"菜篮子"产品主产县，同时提升创建县的农产品质量安全监管能力和水平，做到"五化"（生产标准化、发展绿色化、经营规模化、产品品牌化、监管法治化），实现"五个率先"（率先实现网格化监管体系全建立、率先实现规模基地标准化生产全覆盖、率先实现从田头到市场到餐桌的全链条监管、率先实现主要农产品质量全程可追溯、率先实现生产经营主体诚信档案全建立），成为标准化生产和依法监管的样板区。

18. 农产品产地初加工补助政策

2016年，中央财政安排资金9亿元用于实施农产品产地初加工补助政策。补助政策将进一步突出扶持重点，向优势产区、新型农业经营主体、老少边穷地区倾斜。强化集中连片建设，实施县原则上调整数量不超过上年的30%。提高补贴上限，每个专业合作社补助贮藏设施总库容不超过800吨（数量不超过5座），每个家庭农场补助贮藏设施总库容不超过400吨（数量不超过2座）。

19. 种养业废弃物资源化利用支持政策

2016 年中央 1 号文件明确提出继续实施种养业废弃物资源化利用。一是支持种植业废弃物资源化利用。2012—2015 年，农业部联合国家发展改革委、财政部在甘肃、新疆等 10 个省（区）和新疆生产建设兵团的 229 个县（区、团场）累计投资 9.01 亿元，实施以废旧地膜回收利用为主的农业清洁生产示范项目，新增残膜加工能力 18.63 万吨，新增回收地膜面积 6 309.9 万亩。二是支持养殖业废弃物资源化利用。2015 年，中央财政安排 1.8 亿元，在河北、内蒙古、江苏、浙江、山东、河南、湖南、福建、重庆等 9 省（区、市）开展畜禽粪便资源化利用试点项目。资金主要用于对畜禽粪便综合处理利用的主体工程、设备（不包括配套管网及附属设施）及其运行进行补助。通过项目实施，探索形成能够推广的畜禽粪便等农业农村废弃物综合利用的技术路线和商业化运作模式。2015 年，中央财政安排 1.4 亿元，继续实施农业综合开发秸秆养畜项目，带动全国秸秆饲料化利用 2.2 亿吨。2016 年，上述项目在调整完善后将继续实施。

20. 培育新型职业农民政策

2016 年，中央财政安排 13.9 亿元农民培训经费，继续实施新型职业农民培育工程，在全国 8 个省、30 个市和 500 个示范县（含 100 个现代农业示范区）开展重点示范培育，探索完善教育培训、规范管理、政策扶持“三位一体”的新型职业农民培育制度体系。实施新型农业经营主体带头人轮训计划，以专业大户、家庭农场主、农民合作社骨干、农业企业职业经理人为重点对象，强化教育培训，提升创业兴业能力。继续实施现代青年农场主培养计划，新增培育对象 1 万名。

21. 基层农技推广体系改革与建设补助政策

2016 年，中央财政继续安排 26 亿元资金，支持各地加强基层农技推广体系改革与建设，以服务主导产业为导向，以提升农技推广服务效能为核心，以加强农技推广队伍建设为基础，以服务新型农业生产经营主体为重点，健全管理体制，激活运行机制，形成中央与地方齐抓共管、各部门协同推进、产学研用相结合的农技推广服务新格局。中央财政资金主要用于农业科技示范基地建设、基层农技人员培训、科技示范户培育、农技人员推广服务补助等。

22. 扶持家庭农场发展政策

2016 年，国家有关部门将采取一系列措施引导支持家庭农场健康稳定发展，主要包括：建立农业部门认定家庭农场名录，探索开展新型农业经营主体生产经营信息直连直报。继续开展家庭农场全面统计和典型监测工作。鼓励开展各级示范家庭农场创建，推动落实涉农建设项目、财政补贴、税收优惠、信贷支持、抵押担保、农业保险、设施用地等相关政策。加大对家庭农场经营者的培训力度，鼓励中高等学校特别是农业职业院校毕业生、新型农民和农村实用人才、务工经商返乡人员等兴办家庭农场。

23. 扶持农民合作社发展政策

国家鼓励发展专业合作、股份合作等多种形式的农民合作社，加强农民合作社示范社建设，支持合作社发展农产品加工流通和直供直销，积极扶持农民发展休闲旅游业合作社。扩大在农民合作社内部开展信用合作试点的范围，建立风险防范化解机制，落实地方政府监管责任。2015 年，中央财政扶持农民合作组织发展资金 20 亿元，支持发展粮食、畜牧、林果业合作社。落实国务院“三证合一”登记制度改革意见，自 2015 年 10 月 1 日起，新设立的农民专业合作社领取由工商行政管理部门核发加载统一社会信用代码的营业执照后，无需再次进行税务登记，不再领取税务登记证。农业部在北京、湖北、湖南、重庆等省市开展合作社贷款担保保费补助试点，以财政资金撬动对合作社的金融支持。2016 年，将继续落实现行的扶持政策，加强农民合作社示范社建设，评定一批国家示范社；鼓励和引导合作社拓展服务内容，创新组织形式、运行机制、产业业态，增强合作社发展活力。

24. 扶持农业产业化发展政策

2016 年中央 1 号文件明确提出完善农业产业链与农民的利益联结机制，促进农业产加销紧密衔接、农村一、二、三产业深度融合，推进农业产业链整合和价值链提升，让农民共享产业融合发展的增值收益。国家有关部委将支持农业产业化龙头企业建设稳定的原料生产基地、为农户提供贷款担保和资助订单农户参加农业保险。深入开展土地经营权入股发展农业产业化经营试点，引导农户自愿以土地经营权等入股龙头企业和农民合作社，采取“保底收益＋按股分红”等方式，让农民以股东身份参与企业经营、分享二、三产业增值收益。加快一村一品专业示范村镇建设，支持示范村镇培育优势品牌，提升产品附加值和市场竞争力，推进产业提档升级。

25. 农业电子商务支持政策

2016 年中央 1 号文件明确提出促进农村电子商务加快发展。农业部会同国家发改委、商务部制定的《推进农业电子商务行动计划》提出开展两年一次的农业农村信息化示范基地申报认定工作，并向农业电子商务倾斜。农业部与商务部等 19 部门联合印发的《关于加快发展农村电子商务的意见》提出鼓励具备条件的供销合作社基层网点、农村邮政局所、村邮站、信息进村入户村级信息服务站等改造为农村电子商务服务点。支持种养大户、家庭农场、农民专业合作社等，对接电商平台，重点推动电商平台开设农业电商专区、降低平台使用费用和提供互联网金融服务等，实现“三品一标”、“名特优新”、“一村一品”农产品上网销售。鼓励新型农业经营主体与城市邮政局所、快递网点和社区直接对接，开展生鲜农产品“基地＋社区直供”电子商务业务。组织相关企业、合作社，依托电商平台和“万村千乡”农资店等，提供测土配方施肥服务，并开展化肥、种子、农药等生产资料电子商务，推动放心农资进农家。以返乡高校毕业生、返乡青年、大学生村官等为重点，培养一批农村电子商务带头人和实用型人才。引导具有实践经验的电商从业者返乡创业，鼓励电子商务职业经理人到农村发展。进一步降低农村电商人才就业保障等方面的门槛。指导具有特色商品生产基础的乡村开展电子商务，吸引农民工返乡创业就业，引导农民立足农村、对接城市，探索农村创业新模式。农业部还将组织阿里巴巴、京东、苏宁等电商企业与现代农业示范区、农产品质量安全县、农业龙头企业对接，加快农业电子商务发展。

26. 发展多种形式适度规模经营政策

2016 年中央 1 号文件明确提出，要充分发挥多种形式适度规模经营在农业机械和科技成果应用、绿色发展、市场开拓等方面的引领功能。土地流转和适度规模经营必须从国情出发，要尊重农民意愿，因地制宜、循序渐进，不能搞大跃进，不能强制推动。土地流转要坚持农村土地集体所有权，稳定农户承包权，放活土地经营权，以家庭承包经营为基础，推进家庭经营、集体经营、合作经营、企业经营等多种经营方式共同发展；要坚持规模适度，既注重提升土地经营规模，又防止土地过度集中，兼顾公平与效率，提高劳动生产率、土地产出率和资源利用率；要坚持市场在资源配置中起决定性作用和更好发挥政府作用，依法推进土地经营权有序流转，鼓励和引导农户自愿互换承包地块实现连片耕种。鼓励和支持承包土地向专业大户、家庭农场、农民合作社流转，发展多种形式的适度规模经营。各地要依据自然经济条件、农村劳动力转移情况、农业机械化水平等因素，研究确定本地区土地规模经营的适宜标准。防止脱离实际、违背农民意愿，片面追求超大规模经营的倾向。现阶段，对土地经营规模相当于当地户均承包地面积10～15倍、务农收入相当于当地二、三产业务工收入的，应当给予重点扶持。完善财税、信贷保险、用地用电、项目支持等政策，加快形成培育新型农业经营主体的政策体系。支持多种类型的新型农业服务主体开展代耕代种、联耕联种、土地托管等专业化规模化服务。

27. 政府购买农业公益性服务机制创新试点政策

按照县域试点、省级统筹、行业指导、稳步推进的思路，选择部分具备条件的地区，针对公益性较强、覆盖面广、农民急需、收益相对较低的农业生产性服务关键领域和关键环节，以统防统治、农机作业、粮食烘干、集中育秧、统一供种、动物防疫、畜禽粪便及废弃物处理等普惠性服务为重点，围绕购买服务内容、承接服务主体资质、购买服务程序、服务绩效评价和监督管理机制等，引入市场机制，开展试点试验，创新农业公益性服务供给机制和实现方式，着力构建多层次、多形式、多元化的服务供给体系，提升社会化服务的整体水平和效率。在深入总结第一批试点经验的基础上，启动实施第二批试点，完善工作机制，加强指导服务，进一步探索实践，为推动在全国面上实施政府购买农业公益性服务积累经验。

28. 农村土地承包经营权确权登记颁证政策

2015年，中央继续扩大试点范围，在山东、四川、安徽整省试点的基础上，又选择江苏、江西、湖北、湖南、甘肃、宁夏、吉林、贵州、河南等9个省（区）开展试点，其他省（区、市）根据本地情况，扩大开展以县为单位的整体试点。据统计，截至2015年年底，全国2 323个县（市、区）开展了农村土地承包经营权确权登记颁证工作。按照中央统一部署，2016年继续扩大试点范围，再选择河北、黑龙江、内蒙古、山西、辽宁、云南、海南、浙江、陕西、广东等10省（区）进行整省（区）试点。健全相关制度，强化质量监管，确保农村土地承包经营权确权登记颁证工作做细做实。

29. 推进农村集体产权制度改革政策

各地要根据不同资产类型和不同地区条件，分类施策，稳步推进农村集体产权制度改革。在确认农村集体经济组织成员身份，全面开展农村集体资产清产核资的基础上，对土地等资源性资产，重点是抓紧抓实土地承包经营权确权登记颁证工作，实行物权保护；对经营性资产，要坚持试点先行，由点及面，重点是将资产以股份或份额形式量化到本集体经济组织成员，更好地保障农民的集体收益分配权，发展多种形式的股份合作；对非经营性资产，重点是探索有利于提高公共服务能力的集体统一运行管护机制。健全农村集体“三资”管理监督和收益分配制度。发挥集体经济组织经营管理功能。建立符合实际需求的农村产权流转交易市场，保障农村产权依法自愿公开公正有序交易。

30. 农业保险支持政策

目前，中央财政提供农业保险保费补贴的品种包括种植业、养殖业和森林3大类，共15个品种，覆盖了水稻、小麦、玉米等主要粮食作物以及棉花、糖料作物、畜产品等，承保的主要农作物突破14.5亿亩，占全国播种面积的59%，三大主粮作物平均承保覆盖率超过70%。各级财政对保费累计补贴达到75%以上，其中中央财政一般补贴35%～50%，地方财政还对部分特色农业保险给予保费补贴，构建了“中央支持保基本，地方支持保特色”的多层次农业保险保费补贴体系。2015年，保监会、财政部、农业部联合下发《关于进一步完善中央财政保费补贴型农业保险产品条款拟定工作的通知》，推动中央财政保费补贴型农业保险产品创新升级，在几个方面取得了重大突破。一是扩大保险范围。要求种植业保险主险责任要涵盖暴雨、洪水、冰雹、冻灾、旱灾等自然灾害，以及病虫草鼠害等。养殖业保险将疾病、疫病纳入保险范围，并规定发生高传染性疾病政府实施强制扑杀时，保险公司应对投保户进行赔偿（赔偿金额可扣除政府扑杀补贴）。二是提高保障水平。要求保险金额覆盖直接物化成本或饲养成本，鼓励开发满足新型经营主体的多层次、高保障产品。三是降低理赔门槛。要求种植业保险及能繁母猪、生猪、奶牛等按头（只）保险的大牲畜保险不得设置绝对免赔，投保农作物损失率在80%以上的视作全部损失，降低了赔偿门槛。四是降低保费费率。以农业大省为重点，下调保费费率，部分地区种植业保险费率降幅接近50%。2016年年初，财政部出台《关于加大对产粮大县三大粮食作物农业保险支持力度的通知》，规定省级财政对产粮大县三大粮食作物农业保险保费补贴比例高于25%的部分，中央财政承担高出部分的50%。政策实施后，中央财政对中西部、东部的补贴比例将由目前的40%、35%，逐步提高至47.5%、42.5%。

31. 财政支持建立全国农业信贷担保体系政策

2015年，财政部、农业部、银监会联合下发《关于财政支持建立农业信贷担保体系的指导意见》（财农［2015］121号），提出力争用3年时间建立健全具有中国特色、覆盖全国的农业信贷担保体系框架，为农业尤其是粮食适度规模经营的新型经营主体提供信贷担保服务，切实解决农业发展中的“融资难”、“融资贵”问题，支持新型经营主体做大做强，促进粮食稳定发展和农业现代化建设。全国农业信贷担保体系主要包括国家农业信贷担保联盟、省级农业信贷担保机构和市、县农业信贷担保机构。中央财政利用粮食适度规模经营资金对地方建立农业信贷担保体系提供资金支持，并在政策上给予指导。财政出资建立的农业信贷担保机构必须坚持政策性、专注性和独立性，应优先满足从事粮食适度规模经营的各类新型经营主体的需要，对新型经营主体的农业信贷担保余额不得低于总担保规模的 70%。在业务范围上，可以对新型经营主体开展粮食生产经营的信贷提供担保服务，包括基础设施、扩大和改进生产、引进新技术、市场开拓与品牌建设、土地长期租赁、流动资金等方面，还可以逐步向农业其他领域拓展，并向与农业直接相关的二、三产业延伸，促进农村一、二、三产业融合发展。

32. 发展农村合作金融政策

2016 年，国家继续支持农民合作社和供销合作社发展农村合作金融，进一步扩大在农民合作社内部开展信用合作试点的范围，不断丰富农村地区金融机构类型。坚持社员制、封闭性原则，在不对外吸储放贷、不支付固定回报的前提下，以具备条件的农民合作社为依托，稳妥开展农民合作社内部资金互助试点，引导其向“生产经营合作＋信用合作”延伸。进一步完善对新型农村合作金融组织的管理监督机制，金融监管部门负责制定农村信用合作组织业务经营规则和监管规则，地方政府切实承担监管职责和风险处置责任。鼓励地方建立风险补偿基金，有效防范金融风险。

33. 国家现代农业示范区建设支持政策

2016 年继续加大对国家现代农业示范区的政策支持力度，着力将示范区打造成为现代农业排头兵、农业改革试验田、区域农业展示板。一是继续实施“以奖代补”政策，对投入整合力度大、创新举措实、合作组织发展好、主导产业提升和农民增收明显的示范区安排 1 000 万元“以奖代补”资金，引导示范区深化农业和农村改革。二是继续安排中央预算内基本建设投资，支持示范区旱涝保收标准农田建设，每亩建设投资不低于 1 500元，其中中央定额补助 1 200 元。三是探索金融资金支持示范区建设的有效办法，搞好 27 个示范区的财政资金撬动金融资金试点，引导国家开发银行、中国农业发展银行、中国邮政储蓄银行等金融机构加大对示范区的贷款支持力度。四是开展财政支农资金整合试点，推动各类资源、各方要素向示范区集聚。

五、2016年河南省经济社会发展和农业农村工作的主要任务

（一）2016年河南省经济社会发展面临的主要形势

2015年，河南省主动适应经济发展新常态，坚持调中求进、改中激活、转中促好、变中取胜，狠抓“四个一”（以开放招商“一举求多效”、以新型城镇化“一发动全身”、以深化改革“一优带百通”、以科技创新“一招上水平”）、“五个点”（扩大增长点、转化拖累点、抓好关键点、稳控风险点、抢占制高点），统筹稳增长、促改革、调结构、强支撑、控风险、惠民生，较好完成了省十二届人大四次会议确定的目标任务。全省生产总值增长8.3%，比全国平均水平高1.4个百分点，其中，规模以上工业增加值增长8.6%；第三产业增加值增长10.5%，占比达到39.5%，比上年提高2.4个百分点。全省固定资产投资增长16.5%，社会消费品零售总额增长12.4%，进出口总值增长15.3%，增幅位居全国前列。一般公共预算收入增长9.9%，居民人均可支配收入实际增长7.7%，居民消费价格上涨1.3%。新建高标准粮田915万亩，粮食产量达到606.71亿千克，比上年增加29.49亿千克。城镇化率46.85%，比上年提高1.65个百分点。国家下达的主要污染物减排指标顺利完成，万元生产总值能耗、二氧化碳排放强度分别下降6%、6.5%，超额完成国家下达任务。

存在的问题主要表现在，经济下行压力加大，工业品价格持续下跌，能源原材料行业困难加剧，一些国有企业亏损严重，投资增长后劲不足，一些县城房地产库存过大，财政收入增长放缓，种粮比较效益下降，经济风险隐患增多；长期积累的产业结构不合理、城镇化水平低、创新能力弱、资源环境约束加剧等问题尚需加力破解。这些都需要高度重视并认真解决。

（二）2016年河南省农业和农村工作的主要任务

2016年是实施“十三五”规划、全面建成小康社会决胜阶段的第一年，也是推进结构性改革的攻坚之年。省委、省政府提出，要全面落实党的十八大和十八届三中、四中、五中全会以及中央经济工作会议精神，以邓小平理论、“三个代表”重要思想、科学发展观为指导，深入贯彻习近

平总书记系列重要讲话精神，按照“五位一体”总体布局和“四个全面”战略布局，聚焦实施河南省三大国家战略规划和打造“四个河南”、推进“两项建设”，牢固树立和贯彻落实创新、协调、绿色、开放、共享发展理念，适应经济发展新常态，加强供给侧结构性改革，去产能、去库存、去杠杆、降成本、补短板，提高供给体系质量和效率，调中求进、改中激活、转中促好、变中取胜，更加注重稳增长、促改革、调结构、强基础、惠民生、防风险综合平衡，全面深化改革开放，深入推进创新驱动，加快“四化”同步发展，确保实现“十三五”良好开局，为全面建成小康社会打下坚实基础。

省委、省政府提出的2016年河南省农业和农村工作的主要任务是，推动农业集约高效绿色可持续发展。围绕现代农业大省建设，着力抓好四项重点工作：

一是实施农业“三大工程”。实施藏粮于地、藏粮于技战略，深入推进高标准粮田“百千万”建设工程，新建高标准粮田700万亩。深入推进现代农业产业化集群培育工程，重点抓好农产品精深加工链条、资源循环利用链条、质量全程控制链条的协同发展。深入推进都市生态农业发展工程，重点建设扶持8个示范园区，推进16个国家现代农业示范区建设。

二是加强现代农业支撑体系建设。加强农业科技创新和重大技术推广，加快新型农业经营主体培育和新型职业农民培养。加强农产品流通设施和市场建设，积极发展“互联网＋现代农业”。组建省级农业信贷担保机构。

三是推动一、二、三产业融合发展。启动建设一、二、三产业融合发展示范县。坚持因地制宜、多规合一，筛选确定首批特色产业集群和特色经济园区试点，推动农产品加工业向种养基地靠近、劳动密集型产业向剩余劳动力富集地方靠近、特色优势产业向具备优势资源和相应产业基础的地方靠近。

四是深化农村改革。基本完成农村土地承包经营权确权登记颁证、农村宅基地和集体建设用地使用权确权登记发证工作。落实农业“三项补贴”（农作物良种补贴、种粮农民直接补贴和农资综合补贴）改革任务。抓好农村产权制度改革试点。

参 考 文 献

[1] 任正晓．新常态下我国粮食安全形势的新特征［OL］．中国社会科学网，http：//

ex. cssn. cn/mkszy/rd/t20160111 _ 2820323. shtml，2016 - 01 - 11.

[2] 陈昌盛，许伟，李承健.2016年中国经济推进供给侧结构性改革 [J]. 粮食决策，2016 (2)：27 - 39.

[3] 中国科学院预测科学研究中心宏观经济部.2016年中国经济增长形势展望. 粮食决策咨询，2015 (22)：16 - 23.

[4] 韩长赋. 着力推进农业供给侧结构性改革 [N]. 农民日报，2016 - 05 - 13.

[5] 谷克鉴. 准确把握供给侧结构性改革的丰富内涵 [N]. 经济日报，2016 - 05 - 26.

[6] 孔祥智. 农业供给侧结构性改革的基本内涵与政策建议 [J]. 改革，2016 (2)：104 - 115.

河南粮食生产发展报告

李铜山

（河南工业大学粮食经济研究中心）

河南作为中国传统农业大省、产粮大省和国家粮食生产核心区，其粮食生产在全国具有举足轻重的地位和不可替代的作用。可以讲，河南省粮食生产多年以来一直保持在高位运行的状态，凸显了河南省持续多年来打好了粮食生产这张“王牌”，也彰显了保障国家粮食安全的决心和智慧。

一、河南粮食总生产及其变化情况

这些年来，河南粮食种植面积、总产量、单位面积产量均居全国前列，其中，河南粮食种植面积约占全国粮食种植面积的9.1%，河南粮食总产量约占全国粮食总产量的9.6%，河南粮食单位面积产量约占全国粮食单位面积产量106%。

（一）粮食种植总面积及其变化情况

河南的粮食种植面积比较大，一般占全国粮食总种植面积的9%左右，属前茅水平。

1. 2004年以来粮食种植总面积

从表1可以看出，河南省作为全国重要的粮食主产区，粮食种植面积一直保持在全国前两名：2004—2005年乃至之前的多个年份，均全国排名第1；2006—2016年，均全国排名第2（仅次于黑龙江省）。2004年及之前在9 000千公顷以下，2005—2007年在9 000～9 500千公顷之间，2008—2012年在9 600～10 000千公顷之间，2013年突破了10 000千公顷大关，2013—2016年连续4年保持在10 000千公顷以上，且有微增长态势。

表1　2004—2016年河南粮食种植面积

单位：千公顷

年份	2004	2005	2006	2007	2008	2009	2010
种植面积	8 970.0	9 153.4	9 455.9	9 468.0	9 600.0	9 683.6	9 740.2
全国位次	1	1	2	2	2	2	2

年份	2011	2012	2013	2014	2015	2016
种植面积	9 859.9	9 985.2	10 081.8	10 209.8	10 267.1	10 286.2
全国位次	2	2	2	2	2	2

数据来源：2015年及之前数据来自《河南统计年鉴（2016）》，2016年数据来自河南省统计局。

2. 粮食种植总面积的变化情况

从图1可以看出，河南省近年来粮食作物种植面积逐渐递增，2004—2016年河南省粮食作物种植面积总增长幅度达到14.7%，其中2004—2005年、2005—2006年的涨幅最为明显，分别为2.0%和3.3%。2006—2007年，种植面积变化幅度不大。2007—2014年，粮食种植总面积稳步上升，增长幅度达到7.8%。2014—2016年，粮食作物种植面积增长幅度趋于平缓，2014—2015年增长幅度为0.6%，2015—2016年增长幅度为0.2%。

图1　2004—2016年河南粮食种植面积走势图

（二）粮食总产量

河南的粮食产量比较高，一般占全国粮食总产量的10%左右，位居前茅。

1. 2004年以来粮食总产量

从表2可以看出，2004—2010年河南省粮食总产量一直居全国第1位，2011年以后才退居第2位。也就是说，2011年是一个分界线，即被黑龙江省赶超。但从河南省来看，2005 年上了 4 500 万吨台阶，2006 年上了 5 000 万吨台阶，2010 年上了 5 500 万吨台阶，2015 年上了 6 000 万吨台阶。这在耕地、水等资源约束趋紧，自然灾害日益频繁严重等不利背景下，还是非常不容易的，非常难得的。

表 2　2004—2016 年河南粮食总产量

单位：万吨

年份	2004	2005	2006	2007	2008	2009	2010	2011	2012	2013	2014	2015	2016
粮食总产量	4 260.0	4 582.0	5 112.3	5 245.2	5 365.5	5 389.0	5 437.1	5 542.5	5 638.6	5 713.7	5 772.3	6 067.1	5 946.6
全国位次	1	1	1	1	1	1	1	2	2	2	2	2	2

数据来源：2015 年及之前数据来自《河南统计年鉴（2016）》，2016 年数据来自河南省统计局。

2. 粮食总产量的变化情况

从图 2 可以看出，河南省多年以来粮食总产量持续保持高位增长运行，2004—2015 年，河南粮食总产量增长幅度达到 42.4%。其中，2004—2005 年、2005—2006 年增长幅度最为明显，增长幅度分别为 7.6%、11.6%，这应该是新一轮中央 1 号文件产生效应的反映。2006—2014 年，河南省粮食总产量增长平稳，增长幅度虽小，但一直在增长。2014—2015 年增长幅度明显，达到 5.1%。2016 年粮食总产量相比上年略有减产 120.5 万吨，减产幅度为 2%，结束粮食产量 12 连增。

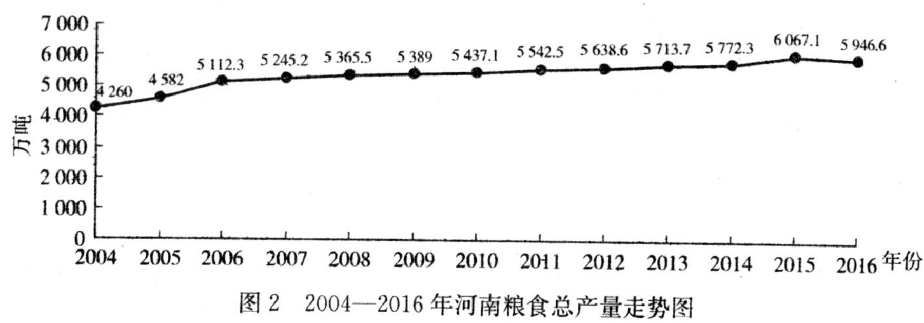

图 2　2004—2016 年河南粮食总产量走势图

（三）粮食单位面积产量

河南的粮食单位面积产量比较高，一般占全国粮食平均单位面积产量的 106%左右，即高出全国平均水平 6 个百分点左右，属于中游水平。

1. 2004年以来粮食单位面积产量

从表3可以看出，2004—2016年，河南粮食单位面积产量尽管已经由4 749.2千克/公顷提高到5 781.1千克/公顷，增长幅度达到了21.7%，但全国排名在第8～15名之间，在全国的名次浮动较大，最好的2009年为第8名，最差的2004年、2013年为第15名，最近的2016年为第10名。

表3　2004—2016年河南粮食单位面积产量

单位：千克/公顷

年份	2004	2005	2006	2007	2008	2009	2010	2011	2012	2013	2014	2015	2016
单位面积产量	4 749.2	5 005.8	5 406.5	5 539.9	5 589.1	5 565.1	5 582.1	5 621.3	5 647.0	5 667.3	5 653.7	5 909.3	5 781.1
全国位次	15	13	9	9	10	8	9	12	12	15	13	12	10

数据来源：2015年及之前数据来自《河南统计年鉴（2016）》，2016年数据来自河南省统计局。

2. 粮食单位面积产量的变化情况

从图3可以看出，2004—2016年，河南粮食单位面积产量是稳中有升，波动不大但各阶段又有所不同。2004—2007年，河南粮食单位面积产量一直处于比较明显的上升阶段，增长幅度达到16.7%；2008—2014年，没有明显的浮动，一直保持稳定，6年间只增长了不到1.2%，年均不到0.2%；2015年与2014年相比，有了明显的上涨，增长幅度达到4.5%；2016年与2015年相比又有下降，降低幅度达到3%。

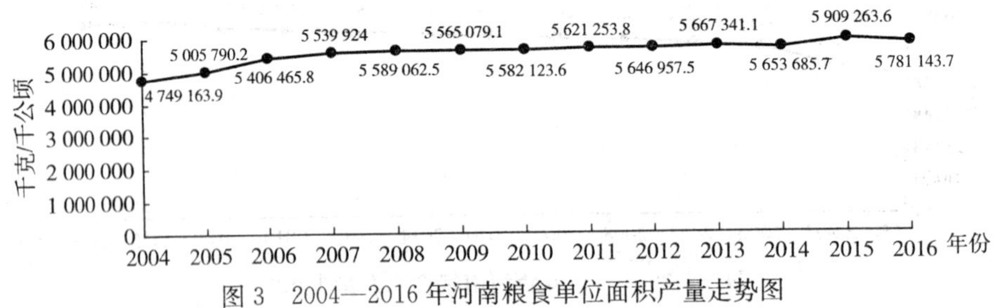

图3　2004—2016年河南粮食单位面积产量走势图

（四）主要结论

（1）河南省2011年之前一直为全国最大的粮食生产省，尽管2011年后被黑龙江省超越，但仍然是全国最重要的粮食核心区之一。

（2）河南省粮食总产量 2002—2015 年已连续实现 12 连增，粮食生产年年实现新增长，对我国粮食产业发展和保障国家粮食安全做出了重要贡献。

（3）2016 年河南粮食产量与 2015 年相比有所下降，导致这一现象固然有多种原因，但鉴于目前许多不利的因素并存，2016 年是否会成为河南粮食生产的一个拐点，是大家非常关注的一个问题。

（4）河南省粮食生产多年以来一直保持着高位运行，河南省粮食总产量增长幅度明显高于粮食种植面积增长幅度，表明河南粮食生产的集约化程度在逐年提高。

（5）河南粮食单位面积产量一直高于全国平均水平，表明了河南省粮食生产的内涵挖潜持续进步，粮食综合生产能力在不断提高。

（6）河南省粮食总产量长期以来位居全国前 2 位，但是河南粮食的单位面积产量只处于全国中游水平，说明了河南省的粮食生产效率需要进一步提高。

二、河南粮食主要品种生产及其变化情况

河南省粮食生产种类繁多，小麦、玉米、水稻、大豆、红薯、马铃薯、高粱、谷子、绿豆等一系列粮食作物都有种植，但主要的粮食生产作物还是小麦、玉米、水稻、大豆、薯类五种，所以本章对这五种重要农作物生产进行着手分析。

（一）小麦生产及其变化情况

小麦是河南第一大粮食作物。河南小麦生产在全国居于龙头老大的地位，多年以来，无论是种植面积、产量，还是单位面积产量，都在全国名列前茅。

1. 小麦种植面积

河南省是全国小麦最大的生产省份，小麦种植面积一直占全国小麦播种总面积的 22%左右，位于全国首位。从表 4 可以看出，2004—2016 年，河南小麦种植面积连续上了 4 800 千公顷、4 900 千公顷、5 200 千公顷、5 300 千公顷、5 400 千公顷等几个台阶。

从图 4 可以看出，2004—2016 年，河南小麦种植面积基本上呈现出刚性的增长趋势，增幅达到 12.6%，年均增幅 1%以上。尤其是 2004—

表4　2004—2016年河南小麦种植面积

单位：千公顷

年份	2004	2005	2006	2007	2008	2009	2010	2011	2012	2013	2014	2015	2016
种植面积	4 856.0	4 962.7	5 208.5	5 213.3	5 260.0	5 263.3	5 280.0	5 323.3	5 340.0	5 366.7	5 406.7	5 425.7	5 465.7
全国位次	1	1	1	1	1	1	1	1	1	1	1	1	1

数据来源：2015年及之前数据来自《河南统计年鉴（2016）》，2016年数据来自河南省统计局。

2006年增幅明显，河南省小麦种植面积在2004—2005年、2005—2006年增长幅度分别为2.2%、5.0%。尤其是2005—2006年越过了5 000千公顷、5 100千公顷两个台阶，直接由4 962.7千公顷增加到5 208.5千公顷，增幅高达5%，一年的增长量相当于其他年份的4～5年。2006—2016年，河南小麦种植面积呈现出平稳上升的趋势。

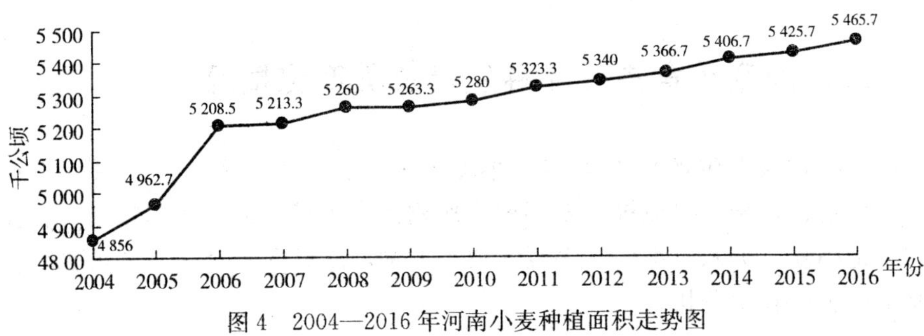

图4　2004—2016年河南小麦种植面积走势图

另外，从表5还可以看出，2004—2016年，河南小麦种植面积所占比最大，而且多数年份呈增长趋势，2004—2005年为35%多一点，2006—2016年一直保持在37%以上。2016年与2004年相比，增长了2.3个百分点。

表5　2004—2016年河南主要粮食作物种植结构

年份	2004	2005	2006	2007	2008	2009	2010	2011	2012	2013	2014	2015	2016
总种植面积	100.0	100.0	100.0	100.0	100.0	100.0	100.0	100.0	100.0	100.0	100.0	100.0	100.0
小麦	35.2	35.6	37.2	37.0	37.1	37.1	37.1	37.3	37.4	37.5	37.6	37.6	37.5
水稻	3.7	3.7	4.1	4.3	4.3	4.3	4.4	4.5	4.5	4.5	4.5	4.5	4.2
玉米	17.5	18.0	19.7	19.7	19.3	20.4	20.7	21.2	21.7	22.4	22.8	23.2	24.0

（续）

年份	2004	2005	2006	2007	2008	2009	2010	2011	2012	2013	2014	2015	2016
大豆	3.8	3.8	3.9	3.3	3.4	3.3	3.2	3.1	3.2	3.1	2.8	2.5	3.2
薯类	3.2	3.2	1.9	2.0	2.2	2.2	2.1	2.1	2.2	2.1	2.4	2.5	2.5

数据来源：2015年及之前数据来自《河南统计年鉴（2016）》，2016年数据来自河南省统计局。

2. 小麦产量

河南小麦产量比较高，一般占全国小麦总产量的26%左右，即1/4强。从表6、图5可以看出，2004—2015年河南小麦产量基本上一直处于增长模式，增长幅度为41.6%，年均增幅达到3.8%。多年来，河南小麦生产总量一直位于全国第一位，尤其是2011年以来，在粮食生产中也一直居于重要地位，在粮食整个生产总量中所占比例一直居首。小麦还是河南省粮食生产中的主导，河南省是全国粮食生产中的王牌，小麦是河南省粮食生产中的王牌，河南省的小麦生产是当之无愧的王牌中的王牌。河南省小麦的生产为我国粮食产业的发展做出了重要贡献。2016年，河南小麦产量比2015年略有下降，下降幅度约为1.8%，但全国产量第一的位置牢不可破。

表6　2004—2016年河南小麦产量

单位：亿斤

年份	2004	2005	2006	2007	2008	2009	2010	2011	2012	2013	2014	2015	2016
产量	2 480.9	2 577.7	2 936.5	2 980.2	3 051.0	3 056.0	3 082.2	3 123.0	3 177.4	3 226.4	3 329.0	3 501.0	3 439.3
全国位次	2	2	2	1	1	2	2	1	1	2	1	1	1

数据来源：2015年及之前数据来自《河南统计年鉴（2016）》，2016年数据来自河南省统计局。

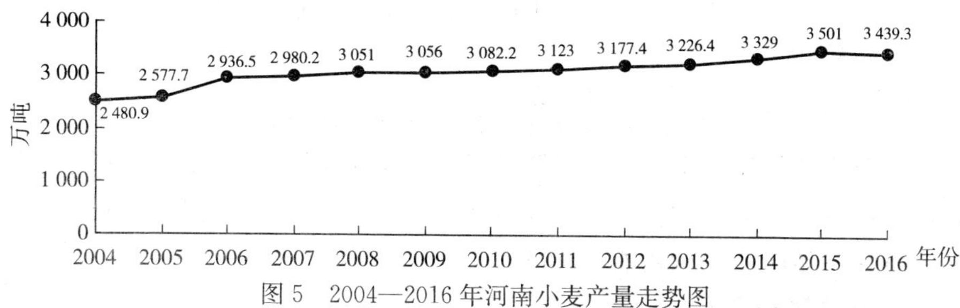

图5　2004—2016年河南小麦产量走势图

3. 小麦单位面积产量

河南小麦单位面积产量比较高，一般为全国平均单产的116%以上，即高出全国平均水平 16～17 个百分点。从表 7、图 6 可以看出，河南小麦总量的稳定增长离不开单产的提高，2004—2015 年，河南小麦单位面积产量每年处于平稳增长，总的增长幅度达到了 25.4%。2016 年，河南小麦单位面积产量比 2015 年略有下降，下降幅度为 0.1%。而且，多数年份，河南小麦单位面积产量都在全国排名第一或第二，是名副其实的小麦高产省份。同时，河南小麦的单位面积产量仅次于水稻（表 10、图 9），是河南省第二高单产粮食品种，再加上小麦适宜在河南省大部分地区种植，多地适宜冬小麦生产的气候等自然条件优越，小麦早已成为河南省粮食产业中的龙头。

表 7　2004—2016 年河南小麦单位面积产量

单位：千克/公顷

年份	2004	2005	2006	2007	2008	2009	2010	2011	2012	2013	2014	2015	2016
单位面积产量	5 109.0	5 194.2	5 637.9	5 716.5	5 800.8	5 806.2	5 837.5	5 866.6	5 950.1	6 012.0	6 116.5	6 407.0	6 399.4
全国位次	2	2	2	1	1	2	2	1	2	2	1	2	2

数据来源：2015 年及之前数据来自《河南统计年鉴（2016）》，2016 年数据来自河南省统计局。

图 6　2004—2016 年河南小麦单位面积产量走势图

（二）水稻生产及其变化情况

水稻是河南第 4 大粮食作物。无论是从种植面积、产量，还是从单位面积产量来看，河南省都不是中国水稻生产主产省，但却因为原阳大米等名牌质优产品而在全国占有一席之地。

1. 水稻种植面积

河南水稻种植面积比较少，一般占全国水稻种植总面积的 2%左右，处于全国中下游水平。从表 8 可以看出，2004—2016 年，河南水稻种植面积连续上了500千公顷、550千公顷、600千公顷、650千公顷等几个台阶。但最后一个台阶，需要了8年之久。

表8　2004—2016年河南水稻种植面积

单位：千公顷

年份	2004	2005	2006	2007	2008	2009	2010	2011	2012	2013	2014	2015	2016
种植面积	508.5	511.1	571.3	600.0	604.7	611.3	628.0	638.0	648.2	641.3	649.7	656.0	600.0
全国排名	14	14	14	14	14	15	14	14	14	14	14	14	14

数据来源：2015年及之前数据来自《河南统计年鉴（2016）》，2016年数据来自河南省统计局。

从图7可以看出，2004—2015年，河南水稻种植面积基本上呈现出小幅度的增长趋势，增幅达到29.0%，年均增幅2.6%以上。2016年，河南水稻种植面积陡然比2015年减少了56千公顷，减少幅度达到8.5%。

图7　2004—2016年河南水稻种植面积走势图

从表5还可以看出，2004—2016年，河南水稻种植面积所占比低于小麦和玉米，高于大豆和薯类，在3.7%～4.5%，而且多数年份在4.1%以上，较为明显的是，2016年所占比与2016年相比，减少了0.3个百分点。

2. 水稻产量

河南水稻产量比较小，一般占全国水稻总产量的3%左右，也属中下游水平。从表9、图8可以看出，2004—2015年河南水稻产量基本上一直处于增长态势，增长幅度为48.4%，年均增幅达到4.4%。2016年，河南水稻产量比2015年略有下降，下降幅度约为7.8%，这主要是由于水稻种植面积减少幅度较大造成的。

表9　2004—2016年河南水稻产量

单位：万吨

年份	2004	2005	2006	2007	2008	2009	2010	2011	2012	2013	2014	2015	2016
单位面积产量	358.2	359.8	404.6	436.5	443.1	451.0	471.1	474.5	492.6	485.8	528.6	531.5	489.8

（续）

年份	2004	2005	2006	2007	2008	2009	2010	2011	2012	2013	2014	2015	2016
全国排名	15	15	15	15	16	16	15	16	16	16	13	13	13

数据来源：2015 年及之前数据来自《河南统计年鉴（2016）》，2016 年数据来自河南省统计局。

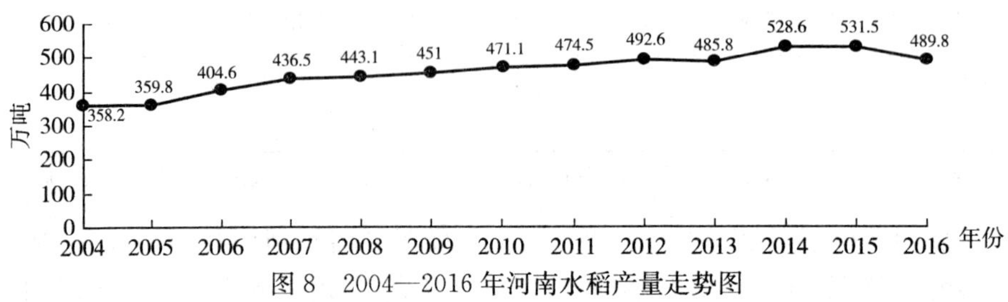

图 8　2004—2016 年河南水稻产量走势图

3. 水稻单位面积产量

河南水稻单位面积产量比较高，一般能达到全国平均单产水平的 119%以上，即高出全国平均水平 19～20 个百分点。从表 10、图 9 可以看出，2004—2015 年，河南水稻单位面积产量总的趋于增长态势，总的增长幅度达到了 16.5%，年均增幅为 1.5%。2016 年，河南水稻单位面积产量比 2015 年略有下降，下降幅度约为 0.6%。而且，多数年份，河南水稻单位面积产量都在全国排名 6～8 位，也是水稻单产较高的省份。

表 10　2004—2016 年河南水稻单位面积产量

单位：千克/公顷

年份	2004	2005	2006	2007	2008	2009	2010	2011	2012	2013	2014	2015	2016
单位面积产量	7 044.2	7 039.5	7 081.7	7 275.0	7 328.5	7 377.7	7 503.0	7 437.3	7 599.2	7 574.9	8 136.4	8 210.0	8 163.2
全国排名	8	8	6	6	8	7	6	7	6	7	6	8	8

数据来源：2015 年及之前数据来自《河南统计年鉴（2016）》，2016 年数据来自河南省统计局。

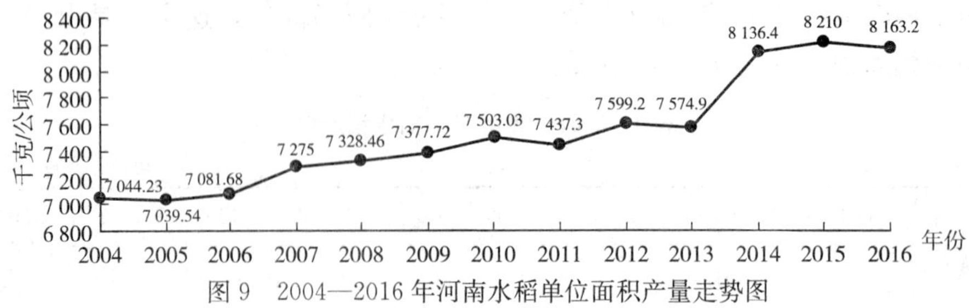

图 9　2004—2016 年河南水稻单位面积产量走势图

（三）玉米生产及其变化情况

玉米是河南仅次于小麦的第 2 大粮食作物，平均单产比新中国成立初期增长了 4 倍，稳定地成为河南最主要的秋粮作物。

1. 玉米种植面积

河南玉米种植面积比较多，一般占全国玉米总面积的 9%左右，处于全国前五名水平，尤其是 2012 年以来，一直居于全国第 3 名。从表 11 可以看出，2004—2016 年，河南玉米种植面积连续上了 2 400 千公顷、2 500千公顷、2 700 千公顷、2 800 千公顷、2 900 千公顷、3 000 千公顷、3 100 千公顷、3 200 千公顷、3 300 千公顷、3 400 千公顷等几个台阶，差不多是一年增加 100 千公顷。

表 11　2004—2016 年河南玉米种植面积

单位：千公顷

年份	2004	2005	2006	2007	2008	2009	2010	2011	2012	2013	2014	2015	2016
种植面积	2 420.0	2 508.3	2 751.7	2 779.2	2 820.0	2 895.4	2 946.0	3 025.0	3 100.0	3 203.3	3 283.9	3 343.9	3 437.7
全国排名	4	4	5	4	5	5	5	4	3	3	3	3	3

数据来源：2015 年及之前数据来自《河南统计年鉴（2016）》，2016 年数据来自河南省统计局。

从图 10 可以看出，2004—2016 年，河南水稻种植面积基本上呈现出刚性的较大幅度增长趋势，增幅达到 42.1%，年均增幅 3.5%以上。

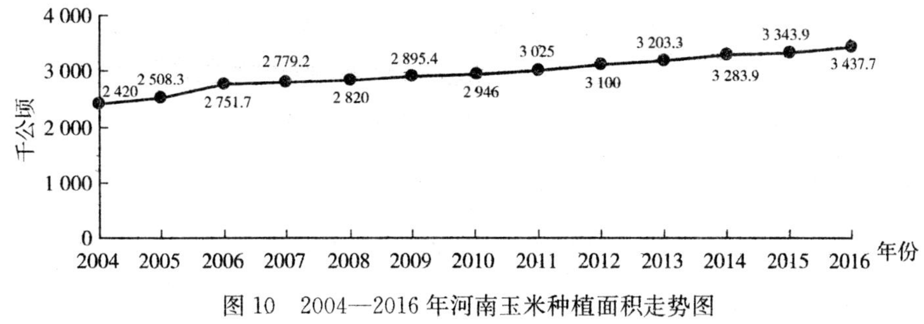

图 10　2004—2016 年河南玉米种植面积走势图

从表 5 还可以看出，2004—2016 年，河南玉米种植面积所占比明显次于小麦，大约是小麦占比的 1/2，但远远居于水稻、大豆和薯类之前，2016 年占比分别为水稻、大豆和薯类的近 6 倍、近 8 倍、近 10 倍。

2. 玉米产量

河南玉米产量比较多，一般占全国玉米总产量的8%左右，上游水平。从表12、图11可以看出，2004—2016年河南玉米产量一直处于增长态势，增长幅度高达82.0%，年均增幅达到6.8%以上。这主要是由于玉米属于便于种植和管理的"懒庄稼"，而且近些年价格也较高造成的。

表12　2004—2016年河南玉米产量

单位：万吨

年份	2004	2005	2006	2007	2008	2009	2010	2011	2012	2013	2014	2015	2016
产量	1 050.0	1 298.0	1 541.8	1 582.5	1 615.0	1 634.0	1 634.8	1 696.5	1 747.8	1 796.5	1 732.1	1 853.7	1 910.9
全国排名	4	4	3	3	4	4	4	4	4	4	4	4	4

数据来源：2015年及之前数据来自《河南统计年鉴（2016）》，2016年数据来自河南省统计局。

图11　2004—2016年河南玉米产量走势图

3. 玉米单位面积产量

河南玉米单位面积产量比较低，一般能达到全国平均水平的89%左右，即比全国平均水平低11个百分点左右。从表13、图12可以看出，2004—2016年，河南玉米单位面积产量总的趋于增长态势，总的增长幅度达到了12.8%，年均增幅为1.0%以上。而且，多数年份，河南玉米单位面积产量都在全国排名5～7位，也是玉米单产相对较高的省份。

表13　2004—2016年河南玉米单位面积产量

单位：千克/公顷

年份	2004	2005	2006	2007	2008	2009	2010	2011	2012	2013	2014	2015	2016
单位面积产量	4 338.6	5 174.8	5 603.2	5 694.2	5 727.0	5 643.4	5 549.2	5 608.3	5 637.9	5 608.2	5 274.4	5 330.4	5 558.7
全国排名	10	6	4	5	5	5	5	7	6	8	6	7	7

数据来源：2015年及之前数据来自《河南统计年鉴（2016）》，2016年数据来自河南省统计局。

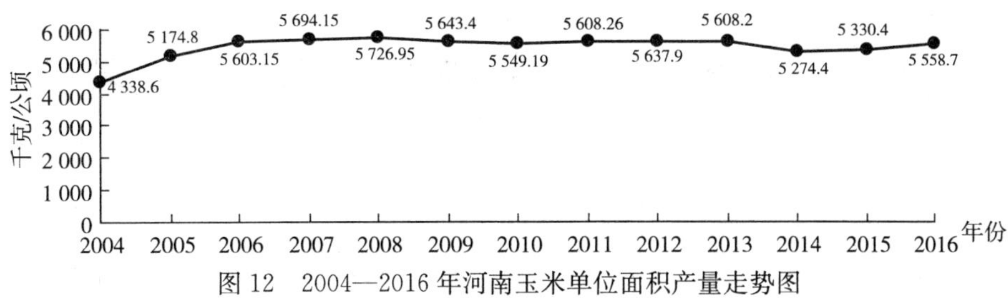

图 12　2004—2016 年河南玉米单位面积产量走势图

(四) 大豆生产及其变化情况

河南是我国大豆的主要产区之一，播种面积和产量仅次于黑龙江省等省份，是我国排名很靠前的大豆主产省之一。

1. 大豆种植面积

河南大豆种植面积比较多，一般占全国大豆种植总面积的 6%左右。多数年份，种植面积在全国居于第 3 位或第 4 位，属于上等水平。从表 14 可以看出，2004—2016 年，河南大豆种植面积连续下了 500 千公顷、450 千公顷、400 千公顷等几个台阶，虽有小幅震荡，但差不多是逐年下降。

表 14　2004—2016 年河南大豆种植面积

单位：千公顷

年份	2004	2005	2006	2007	2008	2009	2010	2011	2012	2013	2014	2015	2016
种植面积	522.5	533.6	539.1	468.8	486.1	467.0	451.0	445.7	460.5	443.9	399.7	366.0	451.6
全国排名	3	3	2	3	4	4	4	3	3	3	3	4	4

数据来源：2015 年及之前数据来自《河南统计年鉴（2016）》，2016 年数据来自河南省统计局。

从图 13 可以看出，2004—2015 年，河南大豆种植面积基本上呈现出刚性的递减趋势，减幅达到 30.0%，年均减幅 2.7%以上。2016 年，河南大豆种植面积虽然达到了 451.6 千公顷，比 2015 年增加了约 23.4%，但也仅仅是恢复到了 2010 年（451 千公顷）的水平，仅相当于最高水平（2006 年，539.1 千公顷）的 83.8%。

从表 5 还可以看出，2004—2016 年，河南大豆种植面积所占比明显小于小麦、玉米、水稻，2016 年大约分别是小麦、玉米、水稻的 8.6%、13.3%、76.2%，但高于薯类，2016 年占比比薯类高出 0.7 个百分点。

图 13　2004—2016 年河南大豆种植面积走势图

2. 大豆产量

河南大豆产量比较多，一般占全国大豆总产量的 5%左右，一直在全国第 3、第 4 位之间徘徊，而且 2009 年以来的绝大多数年份居于全国第 3 位，处于产量靠前水平。从表 15、图 14 可以看出，2004—2016 年河南大豆产量一直处于震荡下降态势：2004—2005 年，下降趋势；2005—2007 年，增长趋势；2007—2011 年，微小变动趋势；2011—2015 年，下降趋势；2015—2016 年，增长趋势。好像没有一个“主心骨”，随波逐流一样。

表 15　2004—2016 年河南大豆产量

单位：万吨

年份	2004	2005	2006	2007	2008	2009	2010	2011	2012	2013	2014	2015	2016
产量	103.5	58.1	67.8	85.0	88.7	86.0	86.4	88.0	78.1	72.9	54.6	53.8	66.2
全国排名	4	4	4	4	4	3	4	3	3	3	3	4	3

数据来源：2015 年及之前数据来自《河南统计年鉴（2016）》，2016 年数据来自河南省统计局。

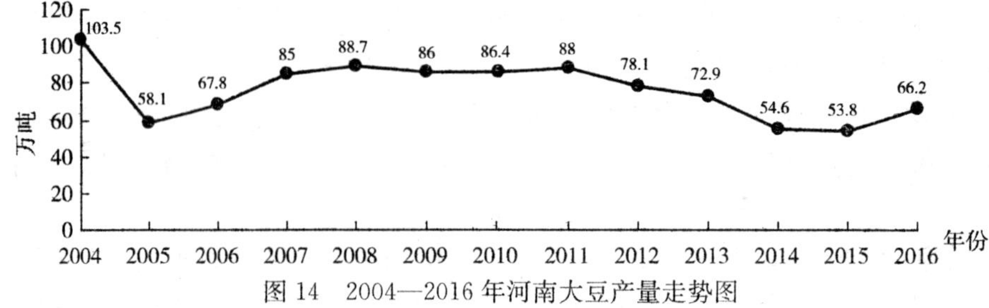

图 14　2004—2016 年河南大豆产量走势图

3. 大豆单位面积产量

河南大豆单位面积产量比较低，一般能达到全国平均水平的 76%左右，即比全国平均水平低 24 个百分点左右。从表 16、图 15 可以看出，2004—2016 年，河南大豆单位面积产量总的趋于震荡下降态势：2016 年虽然比最低的 2005 年的 1 088.3 千克/公顷高出了 34.7%，但低于 2007—2013 年的诸多年份，更相当于最高的 2004 年的 1 980.6 千克/公顷的 74.0%。而且，多数年份，河南大豆单位面积产量都在全国排名 15 位之后，也是大豆单产相对较低的省份。

表 16　2004—2016 年河南大豆单位面积产量

单位：千克/公顷

年份	2004	2005	2006	2007	2008	2009	2010	2011	2012	2013	2014	2015	2016
单位面积产量	1 980.6	1 088.3	1 257.7	1 813.0	1 825.3	1 841.5	1 817.9	1 880.9	1 696.6	1 643.3	1 365.8	1 268.6	1 465.9
全国排名	10	19	18	14	15	13	14	15	16	15	15	16	15

数据来源：2015 年及之前数据来自《河南统计年鉴（2016）》，2016 年数据来自河南省统计局。

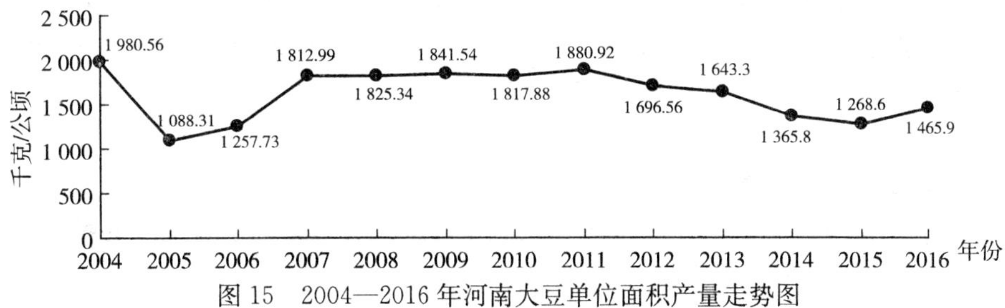

图 15　2004—2016 年河南大豆单位面积产量走势图

（五）薯类生产及其变化情况

薯类作物主要包括甘薯、马铃薯、山药、芋类等，是河南第 3 大类粮食作物，是一种较为重要的秋粮作物，20 世纪 60—70 年代总面积大体和小麦持平。随着其他粮食作物生产条件的改善，其地位不断降低，现在的重要价值一是作为饲料；二是重要的工业原料；三是作为人民群众生活的调剂性用粮。

1. 薯类种植面积

河南薯类种植面积比较多，一般占全国薯类种植总面积的 4%左右，居于全国第 5～8 名，属于中上等水平。从表 17 可以看出，2004—2016 年，河南薯类种植面积出于“升—降—升—降—升”的循环往复之中，最高的年份达到 443.0 千公顷，最低的年份达到了 267.5 千公顷，最低年份还不到最高年份的 60.4%。2012—2016 年虽然有了一些恢复性增长，但 2016 年 361.0 千公顷的水平也仅仅分别相当于 2004 年、2005 年水平的 82.5%、81.5%。

表 17　2004—2016 年河南薯类种植面积

单位：千公顷

年份	2004	2005	2006	2007	2008	2009	2010	2011	2012	2013	2014	2015	2016
种植面积	437.6	443.0	267.5	280.0	307.9	315.4	305.9	298.6	311.9	301.9	347.7	354.3	361.0
全国排名	5	5	7	7	5	6	7	7	7	8	8	7	7

数据来源：2015 年及之前数据来自《河南统计年鉴（2016）》，2016 年数据来自河南省统计局。

从图 16 可以看出，2004—2016 年，河南薯类种植面积大致上经历了五个阶段：第一个阶段是 2004—2005 年，薯类种植面积小幅增长阶段，增长幅度为 1.2%；第二个阶段是 2005—2006 年，薯类种植面积大幅减少阶段，减幅达到 39.6%；第三个阶段是 2006—2009 年，薯类种植面积大幅增长阶段，增长幅度为 17.9%；第四个阶段是 2009—2013 年，薯类种植面积小幅减少阶段，减幅达到 4.3%；第五个阶段是 2013—2016 年，薯类种植面积大幅增长阶段，增长幅度为 19.6%。

图 16　2004—2016 年河南薯类播种面积走势图

从表 5 还可以看出，2004—2016 年，河南薯类种植面积所占比不仅明显小于小麦、玉米，而且小于水稻、大豆，是小麦、玉米、水稻、大豆、薯类等五类粮食作物中占比最小的一类。2016 年仅分别相当于小麦、玉米的 6.7%、10.4%，分别相当于水稻、大豆的 59.5%、78.1%。

2. 薯类产量

河南薯类产量比较多，一般占全国薯类总产量的 3%左右，属于全国中上等水平。从表 18、图 17 可以看出，2004—2016 年河南薯类产量处于先升后震荡下降态势：2004—2005 年，上升趋势；2005—2006 年，下降趋势；2006—2008 年，上升趋势；2008—2011 年，小幅下降趋势；2011—2014 年，大幅下降趋势；2014—2016 年，小幅增长趋势。即使到了 2016 年，河南薯类产量才仅有 113.1 万吨，仅为 2005 年最高产量 230.1 万吨的 49.1%。可以讲，十多年间薯类产量减少了一半以上。

表 18　2004—2016 年河南薯类产量

单位：万吨

年份	2004	2005	2006	2007	2008	2009	2010	2011	2012	2013	2014	2015	2016
产量	204.0	230.1	127.1	130.0	143.0	136.1	136.6	139.3	122.6	112.1	108.7	110.8	113.1
全国排名	4	2	6	7	7	7	7	7	9	10	10	9	9

数据来源：2015 年及之前数据来自《河南统计年鉴（2016）》，2016 年数据来自河南省统计局。

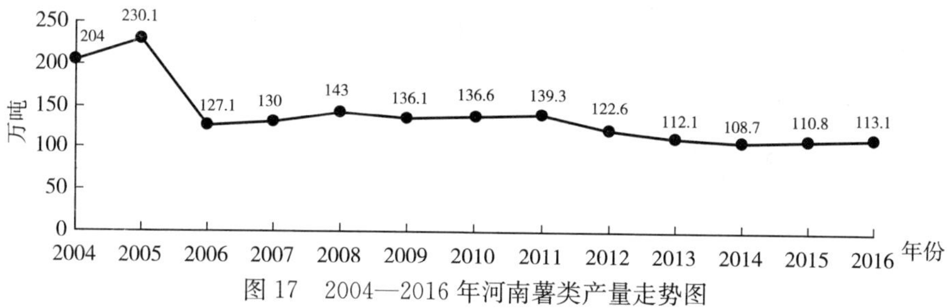

图 17　2004—2016 年河南薯类产量走势图

3. 薯类单位面积产量

河南薯类单位面积产量比较低，一般能达到全国平均水平的 84%左右，即比全国平均水平低 16 个百分点左右。从表 19、图 18 可以看出，2004—2016 年，除了 2004—2005 年是增长态势之外，其他绝大部分年份量总的趋于震荡下降态势。2016 年与 2004 年相比，下降幅度达到 32.8%；2016 年与最高的 2004 年的 5 193.3 千克/公顷相比，下降幅度高达 40%。而且，在全国的位次，也由全国第 5 名下降到了全国第 14 名，也是薯类单产相对较低的省份之一。

表 19　2004—2016 年河南薯类单位面积产量

单位：千克/公顷

年份	2004	2005	2006	2007	2008	2009	2010	2011	2012	2013	2014	2015	2016
单位面积产量	4 661.6	5 193.3	4 752.0	4 642.9	4 644.4	4 316.8	4 466.5	4 663.3	3 930.8	3 714.2	3 126.4	3 346.0	3 133.0

（续）

年份	2004	2005	2006	2007	2008	2009	2010	2011	2012	2013	2014	2015	2016
全国排名	5	5	6	8	7	7	9	9	13	14	14	14	14

数据来源：2015 年及之前数据来自《河南统计年鉴（2016）》，2016 年数据来自河南省统计局。

图 18　2004—2016 年河南薯类单位面积产量走势图

（六）主要结论

1. 播种面积方面

河南小麦、水稻、玉米、大豆、薯类的种植面积大致分别排名全国第 1、第 14、第 3、第 4、第 7 位。根据河南省情和农情，小麦、水稻种植面积比较合理，玉米种植面积偏多，大豆、薯类种植面积偏少。

为迎合国家将马铃薯作为第 4 大粮食作物的精神以及推进农业供给侧结构性改革的大势，下一步，河南小麦、水稻种植面积可以保持不变，玉米种植面积可以适当压缩，而大豆、薯类种植面积可以适当扩大。

2. 产量方面

河南小麦、水稻、玉米、大豆、薯类的产量大致分别排名全国第 1、第 13、第 4、第 3、第 9 位。根据河南省情、农情和科技支撑能力，小麦产量积比较合理，水稻、玉米、大豆、薯类都不是十分合理。

为迎合国家粮食安全战略需要，河南就粮食产量结构而言，应该继续增加小麦等夏粮产量，重点增加水稻、玉米、大豆、薯类等秋粮产量，而且要将秋粮增产作为河南粮食上台阶的重要抓手。

3. 单位面积产量方面

河南小麦、水稻、玉米、大豆、薯类的单位面积产量大致分别排名全国第 2、第 8、第 4、第 3、第 14 位。根据河南省情、农情和科技支撑能力，小麦单位面积产量合理，玉米、大豆单位面积产量比较合理，水稻、薯类单位面积产量不合理。

为迎合国家将马铃薯作为第 4 大粮食作物的精神以及推进农业供给侧结构性改革的大势，下一步，河南小麦、玉米、大豆单产需要加快赶超步伐，水稻、薯类需要加大科技创新和科技进步力度，下决心将单产尽快搞上去。

三、河南促进粮食生产的实践经道

改革开放 30 多年来，河南粮食总产连续跨上 500 亿斤、600 亿斤、700 亿斤、800 亿斤、900 亿斤、1 000 亿斤、1 100 亿斤、1 200 亿斤等 8 个台阶。至 2016 年，已经连续 11 年稳定在 1 000 亿斤以上。用占全国 1/16 的耕地生产了全国 1/4 以上的小麦、全国 1/10 以上的粮食，养活了占全国 1/13 的人口，同时每年还输出原粮及制成品近 300 亿斤，已经成为现代粮食大省和国家粮食生产核心区，并赢得了“中原熟，天下足”的美誉。河南每年的粮食增量，已经成为全国粮食增产的主要动力，乃至改革开放以来全国经济社会发展的一大亮点。

（一）勇担重任保“红线”

近些年来，河南怀着高度的政治责任感和大局意识，不辜负党中央、国务院主要领导同志的重视、关心和厚望，坚持不懈、毫不动摇地抓紧抓好粮食生产，切实履行好国家粮食生产核心区的责任和使命。尤其是，河南在推进工业化、城镇化过程中始终紧抓粮食基础地位不动摇，坚持实行最严格的耕地保护制度，持续开展“空心村”、砖瓦窑场和工矿废弃地等“三项整治”活动，粗略估算，近 17 年累计向农村投入资金 260 多亿元，整治土地 1 960 多万亩，新增耕地 460 万亩，连续多年实现建设用地占补基本平衡，基本农田面积稳定在 1 亿亩左右，粮食种植面积保持在 1.35 亿亩左右，处于全国高水平。

毋庸置疑，正是由于河南始终把粮食摆在突出位置，坚持守住耕地红线不动摇，在推进工业化、城镇化过程中做到了“两不牺牲”，不断强化农业，并千方百计地确保了粮食生产所必需的耕地红线，千方百计地抓住抓好了粮食生产，耕地面积连续稳定在 1.2 亿亩左右，小麦种植面积的连年增加，才使全省的粮食产粮能够不断迈上重大历史性台阶。

（二）强农惠农增动能

河南根据中央的统一部署，从 2000 年就开始了农村税费改革试点，提前全国 1 年，从 2005 年起全面取消了农业税。近些年来，河南为了把党的惠农支农政策落到实处，一方面，毫不动摇地加大了对农业和粮食生产投入。大力支持农业生产发展，构建农业产业政策支持体系，加大农业农村基础设施投入；大力支持现代农业发展，不断增加扶贫开发投入；积极支持农业产业化、农业科技研发体系、农业技术推广体系、农产品质量安全与执法体系、农作物病虫害和外来生物入侵防控体系建设；支持发展农村社会事业，逐步扩大公共财政覆盖农村范围，加大力度支持农村教育、卫生、文化、乡村公路、饮水安全、新型农村合作医疗等社会公共事业。另一方面，加大了对农民的补贴力度。完善粮食直补、农资综合直补、良种补贴、农机具购置补贴和粮食最低收购价制度等。2003 年—2014 年，河南累计兑现粮食直补资金 157 亿元、农资综合补贴资金 593 亿元和农作物良种补贴资金 133.8 亿元。农业三项补贴政策实施以来，1 926万个农户得到实惠，户均补贴 3 874 元；9 500 万亩种粮土地得到补贴，亩均补贴 789 元，增强了粮食保障能力，有力地推动了由“粮食大省”向“粮食强省”的转变。同时，为了不让产粮大县吃亏，除了国家给予的奖励政策和加大转移支付力度以外，河南省每年还拿出资金重奖产粮大县，仅 2008 年全省拿出的奖金就达 13.6 亿元。

（三）狠抓科技强支撑

近些年来，河南在耕地面积难以增加的大背景下，大力推广优良品种和先进耕作技术，使科技成为农业的“第二个太阳”，全力彰显科技威力。为此，省里专门成立了粮食作物高产创建活动领导小组，并在省农业厅设立了粮食高产创建办公室，对全省“科技兴粮”起到了十分重要的作用。尤其是，河南自主培育、科学实验、审定认定的一批主要粮食作物新品种的推广应用，支持了全省粮食生产对优质、高产专用优良粮种的需求，使全省小麦、玉米良种覆盖率达到 99%以上，为推动全省粮食生产水平提高探索了路子、积累了经验、挖掘了潜力，从而使河南粮食综合生产能力不断增强并呈加速之势。以夏粮为例。从 1984 年首破 300 亿斤到 1996 年突破 400 亿斤，用了 12 年；又到 2004 年突破 500 亿斤，用了 8 年；再到 2008 年突破 600 亿斤，用了 4 年。每上一个 100 亿斤台阶，就各自节省了

4年。2015年全省夏粮产粮突破700亿斤大关，为702.36亿斤，创历史新高。尽管突破700亿斤台阶用了7年，但仍然显示出了科技的强支撑力。2016年全省夏粮产量为695.36亿斤，虽略小于上年产量，但仍雄踞全国各省份之首，“中原粮仓”名副其实。

尤其是，河南还千方百计地健全农业科技推广体系。2010年，河南率先在全国启动农业综合开发粮食增产科技支撑行动计划，为提高粮食产量、保障国家粮食安全进行了有益探索。项目实施3年来，30个项目县建立小麦、玉米高产万亩方150万亩，平均亩增产180千克；辐射带动6 000多万亩均衡增产，增产幅度达5%以上，超额完成预期粮食增产目标。2013年，“粮食增产科技支撑行动计划”项目资金将由1 800万元提升到2 400万元，继续在农业综合开发重点县、高标准农田示范县中，选择滑县、武陟县、浚县3个高产县，封丘县等27个中低产县共计30个县组织实施，建设30个万亩示范方，带动1 000万亩辐射区，进一步提高河南省小麦、玉米、水稻的生产水平。通过技术集成与示范，提高粮食科技生产水平，全面提高河南省粮食生产能力。建立健全农机推广体系，积极争取中央财政项目资金，对130个县（市、区）的基层农技推广体系建设进行补助，全省农技推广能力有了一定提高。现代农业产业技术体系建设继续推进，在完善小麦等第一批3个产业技术创新团队的同时，新启动了水稻、花生等3个产业技术创新团队的建设工作。种业发展保持稳步提升，目前全省年产小麦种子16亿千克，优良品质供应能力显著提升，商品种子供应率达到70%，种质资源得到进一步整合。

为了大地的丰收，河南还通过实施阳光工程、农技培训等，积极开展农民培训。依托农村劳动力培训“阳光工程”，开展农民素质提升培训。大力实施科技入户工程，实现了技术人员直接到户，良种良法直接到田，技术要领直接到人的目标。确保一家至少有一个懂科技、会种田的明白人，大大提高了农民的科学种粮水平。2008年，科技对全省粮食生产的贡献率达到47%左右，相关农业科技成果转化率达到42%左右。2015年，科技对全省粮食生产的贡献率达到77%左右，相关农业科技成果转化率达到60%左右。

（四）高产创建促丰收

2012年，河南又在全国率先启动了高标准粮田“百千万”建设工程，集中打造6 000万亩平均亩产超吨粮的高标准粮田，通过实施高标准粮田

“百千万”建设工程，将百亩方、千亩方和万亩方划定为永久性基本粮田，确保粮食播种面积。截至 2016 年，全省整合各类农田项目建设资金集中投入到“百千万”方建设，农田有效灌溉面积已经达到 5 200 千公顷，旱涝保收面积已经达到 4 200 多千公顷，已建成高标准粮田 2 000 千公顷，确保了粮食总产量稳定在 1 100 亿斤以上。

尤其是在高标准粮田区域内，全省通过配套农田基础设施和农机物资装备，开展科技推广支撑条件建设，加强增产关键技术应用，增强抗灾减灾能力，实现稳产保收，粮食亩产超过吨粮水平，生产全程机械化，良种覆盖率、测土配方施肥、病虫害专业化统防统治达到 100%，土壤有机质明显提升，农业社会化服务全覆盖，逐步推进土地流转，实现规模集约化经营，具有完善的管理机构。

（五）强拉链条增效益

近些年来，河南为了改变粮食生产中曾经存在的效益低、卖粮难、农民积极性不高等状况，提高种粮效益和增加粮农收入，要求各地以工业理念发展农业，毫不动摇地推进粮食产业化经营，拉长粮食产业链条，大力发展食品工业，尽快由“中国粮仓”变成“国人厨房”。也正是依靠这些战略举措，河南不仅形成了豫北、豫西优质强筋小麦生产基地，豫中、豫东优质中筋小麦生产基地，豫南优质弱筋小麦生产基地，豫东、豫北优质专用玉米生产基地，沿黄、沿淮优质稻米生产基地，豫东优质高蛋白大豆生产基地等大型生产基地，调整和优化了粮食品种品质结构，促进了全省粮食生产优质率逐年提高，而且大大促进了农业产业化经营蓬勃兴起，食品工业茁壮成长。

如今，河南已经成为了全国最大的肉类生产加工基地，全国最大的速冻食品加工基地，全国最大的方便面生产基地，全国最大的饼干生产基地，全国最大的调味品生产加工基地。2007 年全省规模以上食品工业产值达到 2 600 亿元，由全国第五位跃居全国第二位，粮食加工能力居全国第一位，食品工业成为全省工业第一大支柱产业。2016 年河南省食品工业达到 1.1 万亿元，稳居全国第二。全省食品生产和经营者近 50 万家，其中获证食品生产企业近 9 000 家，有各类食品经营单位 36.8 万户，餐饮服务单位 12.2 万户，既有批发农贸市场等传统业态，也有现代物流配送、网络销售等新兴模式。

放眼国内食品市场，每 10 个速冻汤圆就有 6 个产自河南，每 10 根火腿肠就有5根产自河南，每10包方便面就有3包产自河南。与此同时，2016年与2008年相比，河南农村居民人均可支配收入增长了约211%，比全国平均水平（约208%）高出了3个百分点左右，切实实现了粮食增产、农民增收的“双重目标”。

（六）调优结构改供给

为了促进粮食产业发展，河南不断加大粮食和农业产业结构调整，推进大宗粮食作物生产进一步向优势区域集中，已经基本形成了豫北、豫西优质强筋小麦生产区域带，豫南淮河两岸优质弱筋小麦生产基地，豫东、豫北优质专用玉米生产基地，沿黄、沿淮优质稻米生产基地和豫东优质高蛋白大豆生产基地。

为了与粮食生产基地相配套，河南一是大力发展现代畜牧业，积极推进生猪、奶牛、肉牛、家禽、肉羊五大产业优势集聚区建设，加强优质安全畜产品生产基地建设，加快发展畜产品加工业和冷链物流；二是大力发展特色农业，加快建设优势特色农产品产业带，推进特色农产品精深加工和物流销售网络建设；三是加强林业生态建设，认真实施林业生态省建设规划；四是着力培育优势品牌和产品，实施农产品品牌战略，积极发展品牌农业。

尤其是，河南不断扩大农业对外开放，加快农业“走出去”步伐。全省通过举办全国农产品加工业投资贸易洽谈会、中国·郑州农业博览会、豫台农业合作洽谈会，加大全省农业招商引资和走出去力度，实现“引进一个、带动一批、富裕一方”的目标，在全国农产品出口大幅下滑的情况下，全省农产品出口出现了逆势增长的良好势头。2016年，为促进食品农产品出口，河南出台了《2016年河南省促进食品农产品出口行动计划》，这是全国首个从省政府层面发布的促进食品农产品出口行动计划。该计划帮扶南阳成功创建全国首个出口食品农产品质量安全示范市；新建国家级出口食品农产品质量安全示范区7家，总数达23家，居全国第二位；新增省级示范区16家，总数117家，首次实现18个省辖市示范区全覆盖。全省生态原产地保护产品达42个，总量继续保持全国第一。在出口产品种类上，食用菌出口货值达10.13亿美元，同比增长11.09%；茶叶出口4 700万美元，同比增长299.81%，增幅居首位。增幅较大的还有：蔬菜出口1.73亿美元，同比增长105.86%；三门峡市水果出口1.51亿美元，同比增长20.98%。2016年，河南省食品农产品出口突破200

亿元。

（七）产业集聚促融合

为了改变种粮低效的局面，河南着力打造粮食加工和农业产业化集群。在粮食生产核心区建设的进程中，河南创新发展思路，转变发展方式，借鉴工业集聚区发展模式，把工业的产业集聚与农产品加工业的产业化结合起来，打造“全链条、全循环、高质量、高效益”的农业产业化集群，积极实施“现代农业产业化集群培育工程”，通过强化政策扶持、加大资金投入、深化指导服务等一系列措施，进一步加大对农业龙头企业的扶持力度，特色龙头、集群龙头、品牌龙头不断壮大。

在《河南省人民政府关于加快农业产业集群发展的指导意见》中，已经明确了全省的现代农业产业集群发展的目标任务。即，到2015年，形成销售收入20亿元以上的农业产业集群100个、50亿元以上的集群50个、100亿元以上的集群20个；到2020年，形成销售收入20亿元以上的农业产业集群300个、50亿元以上的集群100个、100亿元以上的集群50个。截止到2016年，全省规划发展的现代农业产业集群已达540个。其中，作为主食的面（米）品产业集群当仁不让。为了加快面（米）品产业集群的创新发展，河南省政府出台了《大力推进主食产业化和粮油深加工的指导意见》，提出到2020年争取达到50个年产值不少于10亿元的主食产业集群。截止到2016年，全省规划发展的面（米）品产业集群已经达到79个。到2020年，面（米）品产业集群总数将达到83个。强筋小麦面业产业集群主要分布在新乡、濮阳、安阳、鹤壁等市；中筋小麦面业产业集群主要分布在郑州、商丘、驻马店、许昌等市；弱筋小麦面业产业集群主要分布在信阳市；米业产业集群主要分布在信阳、新乡、濮阳等市。

（八）稳固核心谋后劲

近些年来，河南审时度势，及时提出了“以粮为基，统筹‘三农’，推动全局”的战略思路，谋划和成功实施了国家粮食生产核心区建设这一国家战略，力争使全省粮食产量不断增长，并努力探索出一条做到“两不牺牲”、以粮为基带动“三农”和“四化”、确保全省和国家粮食安全等“共赢”的新型发展道路。

为了加快实施国家粮食生产核心区战略，河南一方面正在通过实施水利工程、加快中低产田改造、推进高标准农田建设、强化科技支撑能力、推动体制机制创新等重大措施，创造性地解决影响粮食生产的体制机制障碍，加快形成符合省情特点的现代农业产业体系、发展模式和发展格局，激发粮食生产活力，积蓄粮食增产后劲，促使河南粮食生产迎来更高的发展水平，为国家粮食安全做出新的更大的贡献。另一方面深化农业生产经营体制机制创新，稳步推进农村金融体制改革，积极发展各种类型的农民专业合作组织，加快建设覆盖全程、综合配套、便捷高效的农业社会化服务体系。成立了全国第一支农业产业投资基金——河南农业开发产业投资基金，专用于农业产业化发展。建立了省、市、县三级中小企业担保服务机构，担保体系得到明显加强。农民组织化程度也不断提高，截至2016年底，河南省共有各类新型农业经营主体21.8万家，其中农民合作社13.8万家，居全国第二位；国家示范社507家，省级示范社520家，全国农民用水合作示范组织12家。另外，省农村改革发展综合试验区建设取得了初步成效，分别在信阳市和新乡市设立了省农村改革发展综合试验区和省统筹城乡发展试验区，在土地流转、金融创新、合作组织、社会保障、统筹城乡发展等方面进行了积极探索。鹤壁、济源、舞钢等7个市的城乡一体化建设试点工作取得了阶段性成果。

四、制约河南粮食生产的因素分析

从主观、客观等方面来看，目前和今后制约河南粮食生产的因素很多，河南粮食增产难度越来越大。

（一）资源环境约束越来越强烈

现阶段，制约河南省粮食生产的因素主要是资源环境的约束越来越强烈，主要体现资源条件、自然环境、市场环境等方面。

从资源条件来看，不断增长的人口数量给粮食生产带来了巨大压力，不断减少的耕地数量和不断缺失的水资源给粮食生产带来了巨大阻力，粮食主产区农业资源环境约束越来越大，人增、地减、水缺的趋势难以逆转。全省人均耕地只有1.2亩，为全国平均水平的80%左右；全省人均水资源量只有250立方米，人均水资源仅为我国人均水平的1/6。从自然环境来看，除了空气、土壤、水污染比较严重之外，河南农业灾害发生范围广、类型多，其中旱涝灾害频繁。气候变暖又加重了气象灾害增多的趋势。极端天气的增多和全球变暖的加剧明显增加了病虫害发生频度、重度和防治难度，更是增大了农业防灾减灾、灾后的恢复生产和病虫害的治理难度。据统计，河南每年因为各种自然灾害损失的粮食高达 40 亿～50 亿斤，大约相当于增产量的一半左右。从市场环境看，农业市场约束不断增强，农业比较效益持续下降，农村生产要素外流加剧。近年来，政府出台了一系列强农惠农政策，在很大程度上激发了农民从事粮食生产的积极性，但由于农业比较收益较低，农民务工收入增加显著，尤其是伴随着化肥、农药等农资价格的不断上涨，大大消减了粮价上涨和国家惠农政策的效应，造成农业比较利益持续下降。这就造成了农业发展的恶性循环：农业的弱质性，决定了农业在市场利润机制的作用下，既难以有效地吸纳外部生产要素的持续投入，又难以有效防范劳动力、资本、土地等农村生产要素的外流；而农村生产要素外流的加剧，又进一步强化了农业的弱质性。

（二）粮食数量和质量之间难以兼得

自 2003 年以来，河南省粮食的种植面积不断增加，单位面积产量也呈上涨趋势，到 2015 年河南省粮食总产量达到最高的 6 067.1 万吨，实现全年粮食总产量的“十二”连增。2016 年受自然灾害和种植结构调整的影响，全省粮食总产量为 5 946.6 万吨，减产幅度为 2.0%，粮食产量较上年相比虽略有下降但仍保持高位运行。近年来，河南省粮食生产取得了一些可喜的成就，但是增产的基础依然薄弱。尤其是，多年以来，河南几乎已经将增加种植面积、提高单位面积产量、推广应用高新的集成化的科学技术等常规增产手段全部用尽，今后完成粮食增产这一刚性要求的难度越来越大，甚至令人望而生畏。

尤其是，随着经济发展和人们对生活水平要求的不断提高，以及人口的不断增长、全球能源危机的显现，对粮食等农产品的需求不仅在数量上将呈现持续加大的态势，而且在品种上呈现出多样化、特色化、稀有化等态势，而且在质量上呈现出高质化、高级化、高端化等态势。而粮食数量和质量之间有一定矛盾，即产量高时质量就低，质量高时产量就低，增产与提质难以同时达到理想状态。即使在粮食育种上，国家政策也是长时间重视增加粮食产量，而轻视甚至忽视粮食质量。目前，粮食生产也进入了供给侧结构性改革时代，无论是技术供给上，还是粮食生产者生产经营上，都难以把握到底以哪个为主要目标。

从理论层面讲增粮又增收两者存在内在悖论，从实际操作层面讲增粮又增收两者存在难以协同的机理。鉴于此，就不难理解如下现象：每逢大旱，中央政府、地方政府大力号召抗旱保收，甚至给粮农提供免费柴油和汽油，而农民却不“买账”——不愿意费时、费力地用高昂的成本生产廉价的粮食，抗旱保收的积极性怎么都调动不起来。

（三）生产基础设施越来越尴尬

河南省是受自然灾害较多的省份。尽管这几年来国家加大了对农业基础设施建设的投入，但因为历史遗留问题，当下的基础设施建设依旧无法达到粮食生产的要求，大部分地区的农田水利建设都已经非常老旧，还是在新中国成立初期构建的，一些区域的农田水利建设几乎无法为粮食生产带来任何保障。粮农的利益也无法得到保障。针对农田水利而言，尽管这几年来全国各个区域在国家政策的扶持下成效显著，但依旧存在各种各样的问题。因此，当下河南省的农田可利用的灌溉面积和旱涝保收田面积都受到了很大的影响。

目前，全省粮食主产区以农田水利为重点的农业基础设施老化失修情况严重，“靠天”吃饭意识仍然较强，农业基础设施建设投入不足，加之由于当前农业生产呈一家一户各自为政、分散经营的局面，水利设施在运行中存在只用不修、管理“空当”等现象。全省中低产田占耕地总面积一半以上。一些水利设施年久失修，老化严重；部分工程标准低，质量差，利用率低；水利重大轻小，重建轻管，投入不足。农业基础设施依然薄弱，已经严重制约了农业和农村经济的可持续发展，成为实现农业和农村现代化的一个重要障碍。

（四）生产主体积极性越来越低迷

这主要是由政府与粮食生产者追求的目标不一致，粮食价格阴晴不定，种粮比较效益低、收入低、反差大等原因造成的。

就政府与粮食生产者追求的目标不一致来说，中央政府、地方政府、粮食生产者等三者的利益诉求不一致，这突出地表现在：从国家或中央政府层面来看，重心在确保国家粮食安全，是以社会效益为主；从河南省及地方政府层面来看，既要保粮食安全，又要保财政收入及农民增收，或者说，既要有社会效益，又要有经济效益；从粮食生产者层面来看，主要是保收入增加，即以经济效益为主。

就粮食价格阴晴不定来说，不仅小麦、水稻的最低保护价价格上涨幅度没有生产资料“跟风式报复性上涨”幅度大，种粮者多有怨言，而且玉米价格由保护价变为临时收储价再变为市场价，种粮者更是多有不满，增粮积极性偏低。

就种粮比较效益低、收入低、反差大来说，由于种粮比较利益较低和种粮成本的不断上涨并存，价格“天花板”挤压与成本“地板”不断抬升双重不利，不仅大大削弱了国家惠农政策的优惠，而且很大程度上降低了粮食生产者从事粮食生产的积极性。日积月累之下，我国谷物的价格远远高出国际市场，国家不得不采取一些价格保护政策，最低收购价、临时收储价、目标价等轮番登场。对于河南而言，对粮食生产者影响较大的是最低收购价和临时收储价。尤其是 2016 年玉米等农产品价格大幅度下滑，国家勉强又实施了一次临时收储价，同时又明确 2017 年全面取消玉米临时收储价之后，对全省粮食主产区种粮尤其是增粮积极性影响很大，呈现出了种粮增粮积极性持续偏低态势，个别地方出现了农地荒而不转以及季节性撂荒等问题，严重加大了粮食增产难度。粮食市场不景气，种粮补贴无法满足种粮增收的要求，导致了种粮收益缩减，种粮的效益无法得到保障。与到城镇务工经商或城镇居民相比，种粮收入更是相差很大。

（五）劳动力素质越来越不适应

高素质劳动力是发展现代粮业的主体。尤其是，在现代粮业发展中，转变粮食发展方式，提高粮业物质装备和科技进步水平，把粮业发展转变到依靠科技进步的轨道上来，都离不开有文化、懂技术、会经营的新型职业农民。

这些年来，农村高素质劳动力外出务工在一定程度上推动了农民增收和农村经济的发展，但也在一定程度上对粮食生产造成了负面影响。因为随着青壮年劳动力转移比例越来越高，直接从事粮食生产的主要劳动力是老人、妇女及儿童（被戏称为“ 386 199”部队），他们科技文化素质不高，无法对粮食生产新技术进行掌握和合理运用，活劳动投入少，科学种田的水平低，主动抗灾的能力弱，这对科学技术的推广和发挥造成了很大的阻碍，进而对粮食单产和粮食生产能力的提高造成了影响。

尤其是，当前对现有粮食生产者的培训有效性依然不高。造成这种局面的原因是对农民培训的涉农部门有十几个之多，且资源没有很好整合，缺少统筹安排，造成管理多头、资金分散、各自为政的局面，同时对培训的过程与效果缺乏监督机制，造成对粮食生产者的教育和培训还没有形成系统和规模，教育培训的社会化服务质量与数量还不能满足农民培训的多元化需求。目前，河南省农民平均受教育年限低于全国水平，高中以上文化程度仅占16.1%，具有中专以上文化程度的只占3.7%，导致农业新技术推广难。可以讲，全省目前从事粮食生产的劳动力主要呈现“一高一低一多一少”特点，即年事高、文化程度低、女劳动力多、受过专业培训的少，综合素质低，对粮食生产非常不利。

（六）粮食发展方式越来越需要转变

目前，全省粮食生产中大水漫灌、滥施化肥农药等生产资料的粗放式粮食发展方式尚未根本改变，导致产量不高，质量一般，效益上不去。

最为典型的是，分散的家庭经营致使生产经营规模小，生产的盲目性大，基础设施建设薄弱，中低产田比重大，规模化、集约化、组织化、信息化程度不够高，既难以对抗御自然灾害和市场风险，又难以形成标准化生产和品牌化经营。

尤其是，被称为粮食生产发展“第二个太阳”科学技术没有达到理想的水准，粮食科技创新和科技进步能力需要进一步提升。河南作为粮食生产大省，其产品和加工量都占据我国的领先地位，但其生产和加工仍然欠缺高科技的应用和实现高附加值。粮食生产附加值低、加工链短以及水平低下等问题，都阻碍了粮食产业做大做强。

（七）种粮投入越来越迷离

目前，政府、金融保险企业、广大农民等不同程度地出现了“离粮现象”。

就政府而言，一方面觉得粮食供给只要不出现大问题——到了弄不来粮食的地步，就觉得粮食“过关了”，就不再关注粮食产业发展，而是将投入重点转移到了更容易彰显政绩的工业、商业和城市建设、交通道路等方面。

就金融保险企业而言，在商业化经营模式下，它们不愿意冒着自然风险巨大、贷款回收慢而难等风险，积极为粮食生产者贷款或保险。不少设在粮食主产区的金融机构，甚至成了把农村农民的资金挖走的“抽水机”。新时期出现的粮食经营主体，也大多面临着融资难的瓶颈困扰。

就广大农民来说，他们积蓄一点资金本来就十分不容易，而且还有住房改造、子女教育、疾病治疗等更多“花销”之处，所以很难下决心将有限的积蓄投入到粮食生产之中，制约了粮食增产潜力的发挥。

五、保护和提升河南粮食生产能力的对策建议

（一）强力保护资源和改善环境

要保护好粮地资源、水资源等自然资源。粮地上严防死守耕地红线，保证种粮面积不减少，水资源利用上除了通过改变大水漫灌等粗放经营方式等之外，还要充分利用南水北调中线工程开通的大好时机，争取多用调入水灌溉和不断抬升地下水水位。尤其是，提升资源利用率的重点要放在水资源的节约利用上。要对过去的灌溉方式进行变革，对管道输水、微灌、渠道衬砌以及喷灌等工程设施进行构建，综合利用农艺和管理措施，实施节水灌溉，发展旱作农业，构建节水农业示范工程、节水增效示范工程以及旱作节水示范基地。

要保护好自然环境。要让河南省的粮食生产能力得到有效提升，就要对粮食生产基地的生态环境进行保护，为稳定提高粮食生产水平提供保障，推动河南省粮食生产的发展。比如说，要针对河南省的西部丘陵区和南部亚热带湿润丘陵区，对其粮食生产结构进行调整，强调对生态环境的保护，对粮田进行综合整治，对农村的生产环境和生态环境进行改善，增强基本粮田的综合生产能力。

（二）强力夯实基础和改善条件

要增加农田水利工程建设专项资金，加强农田水利建设，逐步扩大对小型农田水利的补助资金规模，以改善农田水利条件为重点加大农田基础设施建设，搞好病险水库除险加固、节水改造项目和节水灌溉示范项目建设，切实抓好农田水利工程的建设管理，为保障粮食生产可持续发展创造有利条件。

要把“主攻单产、提质提效”作为粮食稳定增产的重点，加强对粮食主产区农业基础设施建设，提高粮食综合生产能力。着力支持粮食主产区重点建设旱涝保收、稳产高产基本农田。同时扩大沃土工程实施规模，增加保水保肥能力，不断提高粮地质量；围绕粮田基本建设，加快中小型水利设施建设，扩大粮田有效灌溉面积，提高粮田排涝和抗旱能力，实现粮食耕作、收获机械化，不断改善粮食生产条件。

要把深入推进粮田高产创建，作为中低产田改造、提高粮食综合生产能力的重点和着力点。也就是说，全省粮食增产要在中低产田改造上下大功夫。为此，全省必须把搞好中低产田改造作为一项重大战略，健全稳定增加中低产田改造投入的长效机制，加快科技进步和水利建设，结合新农村建设全面整合农村土地资源，完善生态环境保护，实施“稳定基数，奖励增量”的政策。

要依据国家粮食核心区河南建设规划，认真落实藏粮于地、藏粮于技战略，加快实施高标准粮田建设工程，并将高标准粮田划为永久基本农田实行特殊保护，确保其持续长久利用和发挥效益。加快中低产粮田改造，加快大中型灌区节水改造，积极推广先进适用节水灌溉技术，加大林业生态省建设力度，建成功能完善的综合农田防护林体系，为现代农业发展提供良好的生态保障。

力争到2020年，全省农村固体废弃物处理利用率达到90%左右，面源污染治理率达到85%以上，秸秆利用率达到95%以上，森林覆盖率达到27%左右。

力争到2020年，全省每公顷耕地拥有农机总动力15千瓦以上，主要粮食农作物综合机械化程度98%以上，粮食机械智能化水平大幅提高。农业机械化居国内先进水平。

力争到2020年，全省建成6 000多万亩平均亩产超吨粮的高标准粮田，届时在充分调动农民的种粮积极性，在没有不可抗御的自然灾害条件下，确保年粮食生产能力稳定达到1 300亿斤。那时河南每年生产的粮食，不仅能满足河南省消费，还能向外地调出原粮及其加工品500亿斤左右。

（三）强力稳定价格和保障收益

除了要积极争取小麦、水稻等粮食最低保护价收购政策在全省扎实贯彻落实，使粮食生产者的产粮积极性得以保持之外，还要科学谋划实施国家粮食生产核心区战略：将确保粮食安全作为坚定的总坐标；将构建与多方诉求一致的利益导向机制作为坚持的总思路；将科学实施国家粮食生产核心区战略作为完善的总方略。具体讲：其一，战略谋划一定要精准而精细。就精准而言，一定要讲究时间上的精确和空间上的准确，谋求地理上的准确定位；就精细而言，一定要讲究逻辑上的精致和指导上的细密，谋求发展上的协同。其二，所走路子一定要踏实而扎实。就踏实而言，一定要让粮食产业切实有利可图，让粮食生产核心区的粮食生产者获得社会平均之上的利润；就扎实而言，一定要普遍开展粮食产业集聚区建设，并将之作为全省粮食产业升级的重要抓手。其三，宣传基调一定要合情而合理。就合情而言，一定要多向国务院呈递报告，倾诉全省粮食生产核心区中的难处和苦衷，让中央政府理解和认可；就合理而言，一定要恳请中央政府多伸出援手，施行政策倾斜，让粮食生产核心区享受到充足的财政转移支付和种粮补贴特别待遇，让种粮成为一件很荣光的事情。其四，应对措施一定要得体而得力。就得体而言，一定要明晰建设中必须面对的问题和必须克服的困难，如针对近些年自然灾害越来越频繁，所造成的损失也越来越大的严峻形势，强力搞好基础设施建设；就得力而言，一定要积极向中央政府进言，由中央政府出大头、地方政府出中头、粮食生产者出小头，在粮食生产核心区优先普及开展农业政策性保险，彻底解除实施国家粮食生产核心区战略的一大后顾之忧。其五，政府行为一定要适度而适当。就适度而言，一定要宣传种粮的重要性，也可采取各种激励措施鼓励农民种粮，但不能逼迫农民只能种粮；就适当而言，一定要避免中央政府、地方政府行为中的越位、缺位、错位等“三位现象”，让粮食生产者在利益博弈中有话语权，有获得较高收益的权利和实惠。其六，发展目标一定要恰当和妥当。就恰当而言，一定要让粮食生产核心区的基本政策措施合乎粮食生产者的愿望和要求，让主要产粮区成为令人羡慕的地区；就妥当而言，一定要通过高标准粮田“百千万”建设工程打造“粮仓”中的“粮仓”，让粮食生产核心区的涉粮者感到有奔头，让粮食生产的“粮仓效应”能持续放大。

要广开粮食生产者的增收渠道，对粮食主产区实现农民增收进行系统考量和支持。比如：不断加强粮食综合生产能力建设，通过粮食增产实现农民增收；努力优化粮食生产品种结构，通过提高粮食品质实现农民增收；注重发展粮食加工和精深加工，通过拉长产业链条实现农民增收；积极转化粮食资源为畜牧养殖业，通过粮食过腹增值实现农民增收；引导和鼓励农村土地经营权流转，通过适度规模经营实现农民增收；调整和优化农业产业结构，通过发展特色高效农业实现农民增收；完善各项种粮激励政策，通过种粮补偿实现农民增收；大力提高农民转移就业能力，通过从事二三产业实现农民增收；全面深化农村产权制度改革，通过资源资产化实现农民增收；统筹推进城乡发展一体化，通过完善公益事业实现农民增收等。

（四）强力推广科技和提高素质

要对粮食生产和加工机械进行改进与推广，加大免耕播种机和联合收获机等机械的使用度，实现核心区粮食作物生产全程机械化，耕、种、收的综合机械化率，小麦生产过程基本实现机械化。

要发挥种业创新在粮食结构优化中的先导作用，加快发展现代种业，做大做强育、繁、推一体化种子企业，培育推广优质高产节水节能多抗广适新品种，加快主要粮食作物品种的更新换代，推动超高产优质小麦、水稻、玉米、大豆、薯类新品种的选育和推广，为粮食作物高产优质提供强有力的技术保障。

要对粮食主产区的主要粮食生产者——新型职业粮农进行培养。建议全省在粮食主产区创造扶持青年种粮大户和种粮骨干农民的专项基金，并通过专项资金的帮扶作用，创新科技成果转化机制，健全农业科技推广体系，加强农民技能培训，深入实施粮食科技入户工程，切实解决农技推广“最后一公里”问题，一方面让新型职业粮农成为掌握现代粮食生产技能、会生产、懂经营的专业型、职业化农民，增强他们的粮食种植水平和经营能力和粮食生产能力；另一方面让先进的农业机械和良种得到有效利用，开展适度规模经营，让粮食生产规模不断扩大，增强种粮劳动生产率，提高粮食生产机械化水平，开启“互联网＋粮食”新时代。

（五）强力增加投入和规模经营

要完善农村土地流转方式和方法。地方政府应在每年的财政预算中安排一定数量的资金设立土地流转专项基金，重点用于鼓励农户参与土地流转，积极构建农民进城就业、落户的鼓励政策。或者鼓励农户用土地承包经营权换取养老保险等做法，促进土地向种粮大户或农业企业流转。尤其是，对一些条件好的平原地区来说，基于当下农地的现状，将愿意流转的农户与不愿意流转的农户土地进行相互调整，实现土地集中连片，实施农田改造平整力度，使小田变大田，以此扩大规模，使水利灌溉条件实现整体规划、现代化高科技农业机械有用武之地，促进粮食主产区农业机械化的深入推广和粮食生产的规模化经营。

要完善财金支农体系，加强种粮务农资金支持推进现代农业大省建设的关键是调动好农民种粮务农的积极性。农业补贴要向实际务农者倾斜。增加优化农业结构财政专项资金，支持优势农产品产业带建设，增加直接农业生产者购置和更新大型农机具的补贴。加快构建多层次、广覆盖、可持续的农村金融服务体系，推动金融资源更多向农村倾斜，发展农村普惠金融。强化政策性金融机构服务“三农”的责任，鼓励商业性金融机构拓展“三农”业务。探索发展合作性金融，鼓励农民合作社内部开展信用合作，建立农权抵押风险补偿机制，努力降低金融贷款风险。增加农业保险品种，扩大农业保险覆盖面，完善农业金融保险服务体系。

（六）强力完善补贴和培育主体

要除了通过加大农民种粮补贴力度努力实现种粮补贴全覆盖，通过强化增粮增收国家财政支持使支农惠农政策继续向粮食主产区倾斜，通过开展主产区与主销区横向合作建立粮食产销区际种粮补偿机制，通过提高财政支农惠农资金效率合理有效发挥价格激励作用之外，还要积极开展三项补贴综合试点，将农资综合补贴、种粮直接补贴、粮食作物良种补贴合并为农业支持保护补贴，将80%的农资综合补贴存量资金加上种粮直接补贴和粮食作物良种补贴资金用于耕地地力保护，将20%的农资综合补贴存量资金加上种粮大户补贴试点资金和三项补贴增量资金用于支持粮食适度规模经营，以支持新型农业经营主体产粮越多收入越高。尤其是，要对粮食补贴方式进行改革，使补贴与出售商品粮挂钩。对传统的农户承包土地面积补贴的方式进行创新，基于对粮食生产者种粮土地面积的核定，按照粮食生产者对商品粮的出售量提供补贴。

要深化农村土地制度改革，培育新型农业经营主体。落实集体所有权，稳定农户承包权，放活土地经营权，保护好农民土地权益，保护好耕地。深化农村土地改革，依法自愿有序推进农地经营权流转，发展多形式的适度规模经营。引导农村通过互换等方式，解决粮田细碎化经营问题。鼓励开展代耕代种、联耕联种、土地托管等专业化、规模化服务。鼓励粮田向新型粮食经营主体有序流转，推动资金、土地、技术、劳力、装备的合作和联合。积极扶持家庭农场、种养大户、农民专业合作社、农业产业化龙头企业与农户、农技人员、返乡人员之间，通过土地流转开展连片的粮食规模经营，并建立起牢靠的订单粮食经营体系和紧密的利益联结关系。

（七）强力完善政策和活化服务

要提升工业反哺农业能力，统筹推进城乡一体化发展，完善以工哺农、以城带乡机制。培育发展涉农工业，在促进工业转型升级中不断增强工业反哺农业能力。比如说，有必要明确界定中央政府和地方政府的责任以及粮食调出省与粮食调入省的权责利，尽快设立国家粮食高产稳产综合试验区和国家粮食增产奖励基金，强力实施粮食稳定增产工程和“粮食银行”建设工程，彻底取消财政粮食风险基金地方配套和中央各种涉农投入要求的地方配套资金。

要完善粮食产业发展的生产、流通、消费政策体系。就粮食产业发展的生产政策体系来说，短期粮食生产主体政策主要包括粮食直接补贴政策、产业结构调整政策等，中期粮食生产主体政策主要包括产出差别补贴政策、重点品种支持政策等，长期粮食生产主体政策主要包括农民收入稳增政策、储备生产计划政策等；短期粮食生产配套政策主要包括富余劳动力转移就业政策、专业合作组织发展政策等，中期粮食生产配套政策主要包括优质劳动力培植稳定政策、高龄农民按时退休政策等，长期粮食生产配套政策主要包括产业结构调整优化政策、高科技武装农业政策等。就粮食产业发展的流通政策体系来说，短期粮食流通主体政策主要包括流通领域公共物品投入政策、市场环境优化政策等，中期粮食流通主体政策主要包括流通业务结构调整政策、流通基础设施强化政策等，长期粮食流通主体政策主要包括核心业务补贴政策、计划收购代存政策等；短期粮食流通配套政策主要包括基础行业扶持政策、工程建设导向政策等，中期粮食流通配套政策主要包括商业流通支持政策、商业保险支持政策等，长期粮食流通配套政策主要包括物流产业发展政策、大型仓储扶持政策等。就粮食产业发展的消费政策体系来说，短期粮食消费主体政策主要包括口粮消费安全政策、饲料用粮支持政策等，中期粮食消费主体政策主要包括绿色生产激励政策、口粮加工补贴政策等，长期粮食消费主体政策主要包括小微加工企业扶持政策、多种用途开发奖励政策等；短期粮食消费配套政策主要包括替代产品生产补贴政策、替代产品消费补贴政策等，中期粮食消费配套政策主要包括粮食精深加工扶持政策、粮食工业风险规避政策等，长期粮食消费配套政策主要包括加工企业小额贷款担保政策、加工科研发展支持政策等。

要有效推动现代农业要素供给，健全农业社会化服务体系。加大对农业科研和技术推广的支持，完善农业科技服务体系；大力推进农业机械化，实现农机服务产业化；强化农村金融创新，形成农业金融保险服务体系；加快农村信息化进程，健全农业信息服务体系；加快各类农产品市场建设，完善农产品流通服务体系；积极提高农民转岗就业能力，推进农村转移人口市民化；统筹推进城乡一体化发展，提高农村基本公共服务水平。尤其是，不要仅仅将活化服务的视野放在公益性服务上，要更多地更快地发展经营性服务。只有深刻地认识到新型农业服务体系的新意主要体现在服务内涵新、服务主体新、服务领域新、服务调节新和服务机制新等五个“新”上，新型农业服务体系的特征主要体现在公益性服务与经营性服务相结合、专项服务与综合服务相结合、全程化服务与全方位服务相结合、政府主导服务与市场调节服务相结合、社会服务与政府服务相结合等五个“相结合”上，才能将新型农业服务体系建设好完善好。

参 考 文 献

[1] 吴海峰．河南推进现代农业大省建设研究［J］．开发研究，2017（1）：32－37.

[2] 盛来运，唐平，阎芳．粮食主产区农民增收问题的调查分析［J］．中国农村经济，2003（5）：4－11.

[3] 赵予新．产粮大省粮食产业链优化研究［M］．北京：中国农业出版社，2013.

[4] 李铜山，马松林，王沛栋．河南粮食产业发展研究［M］．郑州：河南人民出版社，2015.

[5] 张东辉，张辉．河南省粮食生产现状、存在问题及建议［J］．中国种业，2016（9）：31－33.

[6] 崔闻天，李铜山．浅论河南科学谋划实施国家粮食生产核心区战略［J］．市场周刊，2015（7）：5－6.

[7] 吴海峰．粮食主产区实现农民增收的系统研究［J］．中州学刊，2014（10）：47－51.

[8] 吴海峰．加快发展方式转变 推进现代农业大省建设［N］．河南日报，2015－09－02（13）.

[8] 徐伟．河南粮食生产面临高基点增长难题［N］．中国经济时报，2011－12－23（1）.

[9] 李铜山，郭俊楠．论粮食产业发展的生产政策体系［J］．河南工业大学学报（社会科学版），2016（2）：1－7.

[10] 晋洪涛．政府“要粮”和农民“要钱”目标的兼容性——基于粮食生产社会效率和私人效率的考察［J］．经济经纬，2015（5）：25－30.

[11] 李铜山，韩苏玉．论粮食产业发展的流通政策体系［J］．河南工业大学学报（社会科学版），2017（1）：1－7.

[12] 蒋黎，朱福守．我国主产区粮食生产现状和政策建议［J］．农业经济问题，2015（12）：17－24.

[13] 李铜山，刘庆庆．论粮食产业发展的消费政策体系［J］．河南工业大学学报（社会

科学版)，2016 (4)：1-7.

[14] 陈锋正，刘新平，刘向晖．河南省粮食生产存在的问题及解决途径分析 [J]．农业经济，2015 (12)：9-11.

[15] 吴海峰，陈明星．进一步加大中低产田改造力度 [N]．经济日报，2010-10-18 (10)．

[16] 贺军伟，杨春华，李冠佑．当前粮食生产和农民增收值得关注的几个问题——来自河南三县的调查 [J]．农村工作通讯，2013 (16)：32-35.

[17] 吴海峰，陈明星．加强粮食主产区建设 确保国家粮食安全 [N]．经济日报，2008-10-20 (6)．

[18] 吴振鹏，凡科军，周艳伟．如何实现粮食增产与农民增收双赢 [J]．黑龙江粮食，2013 (9)：5-6.

[19] 李铜山．转变粮食产业发展方式的几点理性思考 [J]．东北农业大学学报（社会科学版)，2013 (5)：16-20.

[20] 高帆．中国粮食安全的理论研究与实证分析 [M]．上海：上海人民出版社，2005.

[21] 李铜山．促进粮食稳定增产的产业政策建议 [J]．河南工业大学学报（社会科学版)，2012 (3)：24-26.

[22] 李铜山．论新型农业服务体系的新意和特征 [J]．河南工业大学学报（社会科学版)，2013 (3)：1-4.

河南粮食加工业发展报告

刘　威

（河南工业大学管理学院）

一、河南粮食加工业发展概况

（一）总体现状

1. 河南省粮油加工业千亿规模，位居全国第六名、中部六省第三名

2015 年，湖北、山东、江苏、安徽等 4 省的粮油加工业总产值超过 2 000亿元，广东、河南、湖南、四川等 8 省超过千亿元，其中河南省油加工业总产值 1 403.7 亿元（图 1）。

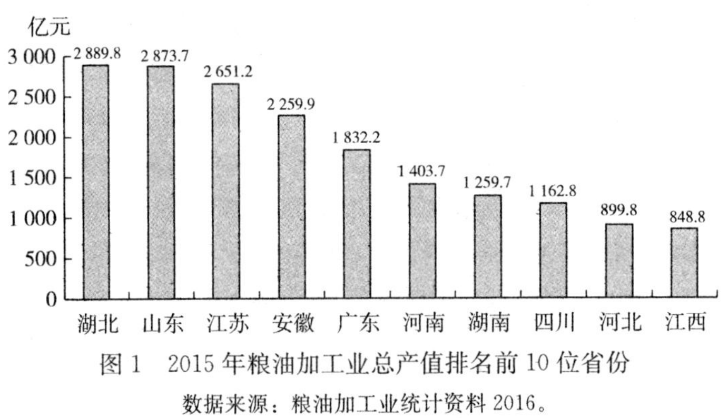

图 1　2015 年粮油加工业总产值排名前 10 位省份

数据来源：粮油加工业统计资料 2016。

2. 粮食产业经济发展活力不断增强，产业发展进入转型期

2016 年，河南省日处理原料能力 100 吨以上工厂化粮油加工企业 915 家，常年粮食加工转化能力达 8 037 万吨，实现工业总产值 1 597.1 亿元，实现销售收入 1 579.72 亿元，实现利润总额 48.59 亿元（图 2）。

从工业总产值看，规模以上粮油加工业实现工业总产值 1 597.1 亿元，较 2015 年增加 193.4 亿元，年增幅达 13.8%，摆脱两年连降的局面，呈现恢复式增长。值得注意的是，2015 年河南省粮油加工业弱势运行，总产值下降幅度较大，年降幅达 21.5%。可见，未来几年河南省粮油产业结构调整、转型升级任务紧迫。

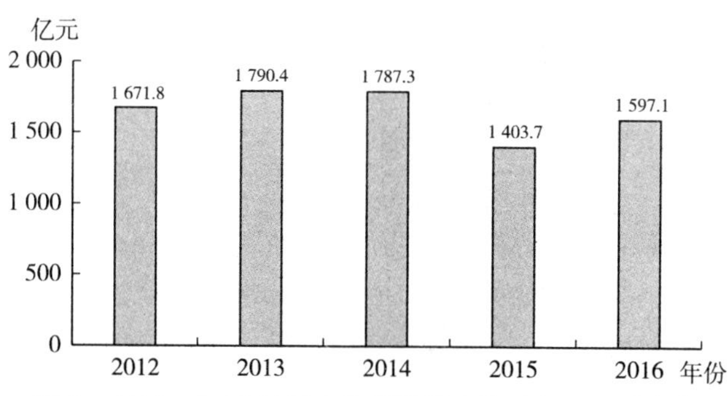

图 2　2012—2016 年河南省规模以上粮油加工业总产值

数据来源：粮油加工业统计资料 2011—2016，2016 年数据引自国家粮食局网站。

3. 小麦粉、挂面、方便面和速冻米面食品四个子行业的产量位居全国首位

2015 年，河南省小麦粉产量 5 325.4 万吨，占全国小麦粉总产量（14 461.6万吨）的 36.8%；挂面产量 232.2 万吨，占全国挂面总产量（620.0 万吨）的 37.45%；方便面产量为 357.8 万吨，占全国方便面总产量（1 017.8 万吨）的 35.1%；速冻米面食品产量 351.4 万吨，占全国速冻米面食品总产量（528.3 万吨）的 66.52%。

4. 龙头企业规模快速壮大，产品结构调整和市场竞争能力显著增强

大中型粮油加工企业通过发挥技术、资本等方面的优势，扩大生产规模、增加生产品种和提高产品品质，龙头企业规模不断扩大。2015 年，河南省日处理原料超过 1 000 吨企业达 62 家，是 2010 年的 3.4 倍。

（二）行业特征

1. 小麦粉加工业仍然占据主要地位，产值占比超 50%

2014 年，河南省小麦粉加工业、粮食食品加工业、饲料加工业、食用植物油加工业、玉米加工业 5 个产业产值过百亿元，分别为 843.1 亿元、221.3 亿元、195.8 亿元、186.7 亿元、128.6 亿元，分别占比 50.9%、13.4%、11.8%、11.3%、7.8%、4.9%。此外，大米加工业产值也达到了 80.6 亿元，占比 4.9%（图 3）。

小麦粉加工业：2014 年河南省小麦粉加工企业 728 家，年处理小麦

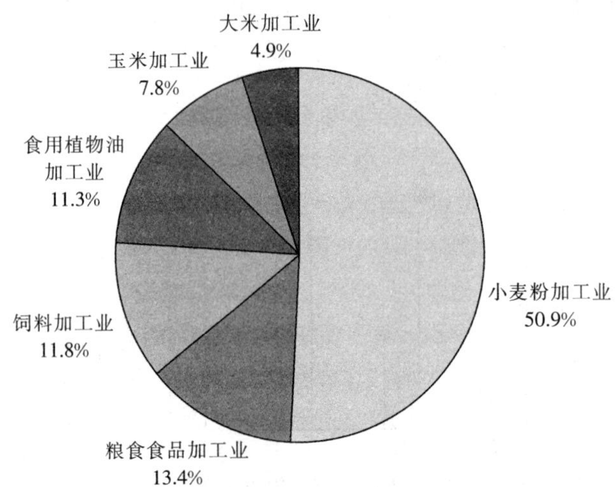

图 3　2014 年河南省主要粮油加工业产值占比

数据来源：粮油加工业统计资料 2015。

能力达 5 970.6 万吨，同比增长 5.8%，面粉产量达 2 665.4 万吨，实际消耗小麦 3 555.4 万吨。其中，停产企业 98 家，停产产能 398.6 万吨。

食用植物油加工业：加工企业 83 家，年处理油料能力达 829.5 万吨，精炼能力达 268.2 万吨，生产各类食用油 168.6 万吨（外购国内原油精炼 11.7 万吨、外购国内成品油分装 40.4 万吨、外购进口毛油精炼 0.2 万吨）。其中，停产企业 14 家，停产产能 58.3 万吨。

大米加工业：加工企业 173 家，年处理稻谷能力达 939.4 万吨，大米产量达 201.0 万吨，年实际消耗稻谷 323.7 万吨。其中，停产企业 60 家，停产产能 236.0 万吨。

玉米加工业：加工企业 25 家，年处理玉米能力达 443.9 万吨，玉米制品产量达 169.8 万吨。其中，淀粉及加工产品 110.1 万吨，玉米粉 25.3 万吨，酒精及加工产品产量 18.1 万吨。

饲料加工业：加工企业 118 家，饲料加工能力达 1 017.7 万吨，生产饲料 624.5 万吨，其中：配合饲料 531.0 万吨，预混合饲料 21.7 万吨，浓缩饲料 57.7 万吨，其他饲料 14.1 万吨；停产企业 19 家，停产产能 81.9 万吨。

2. 粮食食品加工业优势突出，工业总产值约占全国的十分之一

2014 年河南省粮食食品加工业生产粮食食品 302.1 万吨，加工企业 103 家，总产值 249.1 亿元，与湖北省、安徽省一起跻身全国前三。其中，馒头生产 15.3 万吨、挂面 127.6 万吨、方便面 38.6 万吨、米粉 15.6 万吨、速冻米面制品 88.0 万吨、其他产品 17.0 万吨。

3. 主食产业化和粮油深加工规划快速推进

河南省主食产业化工程实施 4 年来，全省主食产业化率从 2012 年的不足 15%提高到 2015 年的 32%，粮油加工转化率也从 70%提高到 81.5%，郑州、信阳、鹤壁、新乡、驻马店、许昌、永城等市主食产业化示范作用突出，2015 年全省主食加工业销售收入约为 1 500 亿元，稳居全国第一。自 2012 年，河南省共筹集商品粮大省奖励资金 3.85 亿元，先后分 5 批采取贷款贴息的方式对 195 个、总投资 210 亿元的主食产业化和粮油深加工项目给予贴息支持，同时带动了 222 个、总投资 291.6 亿元的主食产业化项目建设。2016 年，河南省政府安排财政资金 2 亿元设立粮油深加工企业扶持基金，1 亿元用于 2016 年、2017 年部分主食产业化和粮油深加工企业贴息扶持，带动河南省主食产业化率提高到 35%，粮油加工转化率提高到 82%。

4. 产业集聚区建设成效显著

根据河南省农业产业集群统计，全省建立以粮油食品为主的产业集聚区 64 个，占全部集聚区的 35.5%，明显高于其他工业行业，其中年产值超百亿的产业集聚区 6 个。

5. 粮油质检网络进一步健全，粮油食品安全基础有效夯实

截至 2014 年，河南省漯河市、南阳市、信阳市等 16 家市级粮油质量检验机构，被国家粮食局授予“国家粮食质量检测机构”，为粮食质量安全检验监测体系建设奠定了重要基础。

（三）企业特征

1. 民营粮食加工企业发展势头日趋强劲，国有和外商及港澳台企业占比下降

从工业总产值看，民营粮食加工企业产值较快增长，由 2011 年的 1 213.0 亿元上升到 2014 年的 1 477.9 亿元，占比由 79.4%增加到 82.8%；外商及港澳台粮食加工企业工业产值由 152 亿元增至 168.6 亿元，而占比则由 10.0%降低到 9.4%；国有企业则呈现数量和占比的双下降趋势，产值由期初的 162.3 亿元下降至期末的 138.7 亿元，占比也由 10.6%减少到 7.8%（图 4）。

2. 国有粮食企业改革稳妥推进，中原粮食集团探索产业转型新路径

2015 年 12 月，注册组建中原粮食集团，业务涉及粮食收购和销售、

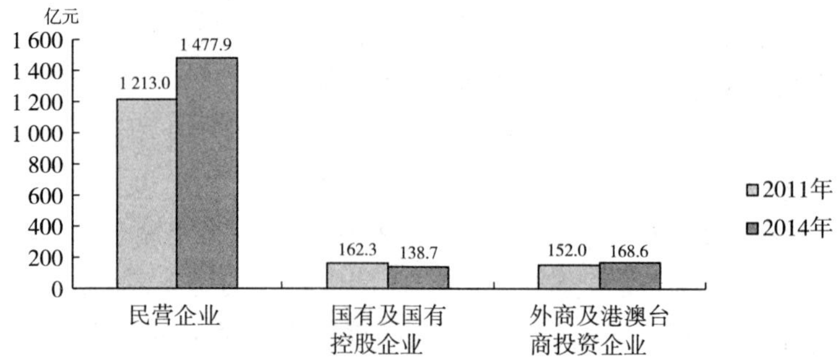

图 4　2011—2014 年河南省不同性质的粮油加工业产值

数据来源：粮油加工业统计资料 2012—2015。

饲料、粮油机械、农副产品销售等领域，为未来粮食产业转型发展提供了有力支撑。

3. 粮食行业投资和融资能力逐步增强

2016 年河南省粮油产业招商引资力度不断加大，全省粮食行业全年完成招商引资项目 92 个，而 2015 年仅有 38 个；招商引资金额 56 亿元，较 2015 年增加近 40 亿元；粮食产业投资担保公司累计担保额 12.89 亿元，行业融资难问题得到有效缓解。

二、河南粮食加工业重点企业发展分析

（一）食品加工业重点企业分析

1. 深耕速冻食品，引领消费健康升级

据粗略估计，中国速冻食品人均占有量 6～10 千克，而美国人均占有量达 60 千克，欧洲 30 千克，日本 20 千克。中国速冻食品占食品市场的 5%，发达国家则达到 60%～70%。从国际经验看，经济越发达，生活节奏越快，社会化分工越细，对营养方便的速冻食品需求就越旺盛。随着冷链的普及、新生代生活节奏快速化和消费能力的提升，速冻食品行业的市场潜力将持续拓展。

郑州思念食品有限公司是国内最大的专业速冻食品生产企业之一，成立于 1997 年，公司产品涵盖速冻汤圆、速冻水饺、速冻面点、速冻休闲食品、速冻西点、速冻调理制品等六大系列、300 多个花色品种，年生产能力超过 70 万吨，主要产品在国内市场占有率达 20%以上。目前公司在郑州、四川、湖州、广州等地建有生产基地，拥有几十条现代化的速冻及常温生产线，几万吨低温冷库和遍布全国的销售网络。

思念公司先后被河南省政府确定为“河南省农业产业化优秀龙头企业”、“河南省百户重点工业企业”；被国家农业部、发改委等八部委评定为“全国农业产业化优秀龙头企业”及“农业产业化国家重点龙头企业”；被国家信息化评测中心评为“中国企业信息化500强”；连续多年被中国食品工业协会、物流专业委员评为“中国食品物流50强”及“全国食品物流定点企业”。思念公司已通过ISO 9001：2008国际质量管理体系认证、ISO 22000食品安全管理体系认证并获得HACCP认证；公司拥有国家CNAS认可检测实验室、国家级企业技术中心和省级工程技术中心；“思念”牌汤圆、水饺还双双荣获“中国名牌产品”；2016年6月荣获河南省人民政府颁发的“河南省农业产业化集群”奖牌。

以创新为企业生命力的思念食品，分别从产品创新和营销转型上获得社会认可，如由中国社科院和中国经营报社联合主办的“2014中国企业竞争力年会”上荣膺“2014年度最佳产品创新奖”，由南方都市报社主办的“2014中国营销盛典”上荣膺“十大营销事件奖”。在整个行业陷入同质化竞争时，思念继续开拓创新，将目光投向了更为广阔的国际市场，思念将中国水饺和美食文化输出到了美国、加拿大、法国、澳大利亚、新加坡、德国等17个国家、70多个地区，成功踏上了国际化的征途，成为中国在海外市场份额最大、覆盖最广的速冻企业。

2. 专注面制品细分市场，开拓方便面生产及消费空间

白象集团食品有限公司创建于1989年，是一家以方便面生产、销售为主营业务，横跨面粉、挂面、粉丝、面点、饮料和种植等多个领域的全国大型综合性食品企业。至今已在河南、河北、山东、山西、湖南、江苏、四川、陕西、吉林等省市布局10个方便面生产基地、2个面粉生产基地、1个挂面车间和2家调味料公司。白象先后被评为“农业产业化国家重点龙头企业”、“河南省粮食深加工和食品生产龙头企业”、“全省粮食深加工十家重点保护企业”和“中国面制品业最具活力的企业之一”。

白象食品股份有限公司现拥有国际一流方便面生产线97条，年产方便面近100亿包。2003年，白象勇于创新、大胆探索，潜心研发出骨类系列方便面，首次成功打破了国内方便面行业多年只有牛肉面口味的产品格局，重新把握了方便面行业新的“定味权”。国际权威调查机构AC尼尔森数据显示，白象方便面始终保持18%左右的市场占有率，一直稳居全国方便面行业三甲之列。

通过对传统东方骨汤浓缩还原的工艺创新，开创了方便面从白水泡面到骨汤泡面的产业升级，迎合了消费者对健康的饮食诉求。2012 年，白象大骨面获得了拥有“食品界诺贝尔奖”之称的“全球食品工业奖”，成为世界方便面行业 50 年来唯一获此奖的产品。据央视市场研究（CTR）河南市场消费数据显示，数据统计的河南省 940 万户家庭中，白象大骨面为最近一年（截至 2015 年 3 月 20 日）河南省商超渠道消费量第一名的方便面产品。

3. 小作坊“牵手”大企业，主食产业化水平进一步提升

所谓“作坊置换”，就是规模化企业与有一定基础条件的作坊进行合作，让他们直接销售主食产业化项目生产的馒头和面条。通过这种方式，既让作坊主在销售环节获利，也减少了企业投资建设专卖店的费用，从而实现政府、规模化企业、作坊、消费者各方面的共赢。

河南麦佳集团有限公司创立于 1985 年，现拥有现代农业、麦佳食品、农超连锁、电子商务、众创空间五大业务板块。集团下属的新蔡麦佳食品有限公司，从 2014 年下半年开始，通过“车间参观—消费感受—利润核算—整体服务”的方式，率先在本地开展作坊置换整合，把小作坊主由生产者和经营者双重身份转变为单纯的经营者，以此扩大企业的销售渠道、提升优质主食产品的市场覆盖面。截至 2015 年，企业已置换小作坊 60 多家，占当地小作坊的 30%左右。

4. 依托科技创新，提升主食行业机械化、标准化和科技化水平

河南兴泰科技实业有限公司成立于 1991 年，是国内唯一从事面制主食全产业链科研开发、产业化示范及产业化推广的高科技企业。自 2001 年起，该公司以主食馒头为切入点，在产业理论、标准体系、基础科研、设备研制、市场实践等方面进行了深入研究和探索，先后经历了五个阶段：基础研究阶段（1994—2002 年）、抢占全国主食市场制高点阶段（2002—2010 年）、完善市场优势系统阶段（2010—2012 年）、项目验证阶段（2012—2013 年）和主食产业化项目推进阶段（2014 年之后）。

兴泰科技牵头起草我国第一个面制食品国家标准——《小麦粉馒头》；组织成立“全国面制主食产业技术创新战略联盟”，建立“面制食品国家地方联合工程研究中心”（国家级）；自主研发了可超越手工馒头口感的智能化仿生馒头生产线，研制的 DFD－V 型智能化仿生馒头生产线，经专家鉴定达到“国际领先水平”。从 2012 年起，兴泰将自有的技术成果进行优化，打造了主食产业化示范项目，加快产业成果在全国的推广。截止到

2016年，企业已在全国建立了20多个项目，转变之前的重资产运营模式，让技术通过市场转化为收益，向系统服务商转变。

兴泰科技下属的郑州多福多食品有限公司注册成立于2003年，是集面制食品的科研、生产、经营于一体的民营高科技企业。公司是全国第一个通过QS认证的馒头企业，建立有完善的质量控制体系。同时在硬件上，拥有国内领先的主食品生产设施和装备条件，形成了系统的生产销售能力。依托河南省面制食品工程研究中心的技术保障和支持，"多福多"馒头在综合品质上均优于目前市场上的同类产品。目前，馒头日产销量达到20万个，在郑州市内多福多拥有1 000多个销售网点，占据了郑州中高端馒头80%的市场份额。公司连续荣获河南省著名商标称号、河南省优质产品，被认定为"全国放心粮油进农村进社区示范工程示范主食厨房"称号。

5. 农企对接发展绿色食品，"互联网＋"保障市场供给

宝丰县积极推广"农企对接"和"互联网＋销售"的方式，山虎粮食加工有限公司引导鼓励企业与种粮的农民及农业合作社签订绿色小麦收购合同，从源头上保障绿色生产。从2014年企业依托建行善融商城、淘宝等电商平台开启网上销售，把生产出的面粉、挂面等绿色食品远销浙江、广州、湖北、四川等地，不仅规避了滞销等市场风险，保证了农产品质量，同时还帮助农民实现增收。

河南麦佳集团有限公司2014年建设电商平台（麦佳商城），开启公司O2O电商模式。借助互联网进一步扩大公司销售渠道和业务，同时也加强了公司信息化建设和管理水平。建立的麦佳农超连锁超市，常年深入开展"两代一换"业务，开展的麦佳"麦佳粮食银行储粮卡"互联网＋业务，进一步方便广大农民，促进农民增收。

（二）小麦粉加工业重点企业分析

1. 避免低层次同质化竞争，专用粉产品差异化发展

新乡市新良粮油加工有限责任公司确立了以优质麦精深加工，发展中高档专用粉，以专用粉市场为市场主体的企业发展战略。企业拥有国际先进的瑞士布勒、意大利GBS专用粉生产线4条，日处理小麦能力达到1 350吨，年加工转化优质小麦30万吨以上，各种面粉产销量20万吨以上。企业坚持走"市场细分、产品差异化"路线，是国内第一家使用小麦剥皮、重复清粉工艺，拥有先进完善的配麦、配粉系统，15个大型立筒钢板配麦仓，20 个独立配粉仓。目前已发展成为集粮油食品加工、国内国际贸易、粮油食品研发于一体的粮油企业集团，是河南省产销量最大的专用粉生产企业，也是国内专用粉四强制粉企业集团之一。

新良集团倡导成立了新良小麦产业合作协会和新良粮油服务社，加强优质专用小麦基地建设，推行订单种植，执行优质优价收购，在促进农业结构调整、带动农民增收、带动优势产业聚集、带动县域经济发展等发挥了重要的龙头作用。在新乡市周边县区组织由农业部认定的 45 万亩绿色小麦原料订单基地、2 万亩有机小麦原料生产基地；下属新乡新良位于中国著名小麦黄金走廊优质强筋小麦集中产区——河南新乡，以生产中高档高筋系列专用面粉为主；江苏新良位于中国著名优质弱筋小麦集中产区——江苏泰州，以生产中高档低筋系列专用面粉为主；延津新良仓库位于新乡市延津县，以种子培育到农产品仓储贸易经营为主；烘焙中心位于新乡市区，以食品烘焙与加工为主。

新良集团拥有“新良”、“神河王”等注册商标，涵盖高中低档终端食品焙烤全系列专用面粉。新良致力于中高档食品专用面粉的生产、研发与销售，形成面包专用粉、糕点专用粉、蒸煮专用粉、工业专用粉、精品小包装五大系列 50 多个产品，与国内达利园、盼盼、康师傅、克明面业、亲亲、福马、三全、桃李等十多家大型知名食品企业和高档连锁饼房建立了长期的战略合作关系，以稳定的产品质量和充足的供货能力，在全国粮油行业具有较高的品牌知名度和美誉度。

2. 按“需”定产，瞄准市场需求

息县宏升粮食制品有限责任公司自建 10 万亩优质弱筋小麦自有种植基地，形成从土壤改良、麦种选育到种植、田间科学管理、弱筋面粉生产的闭合产业链，从源头上保障弱筋面粉的优良品质。企业还致力于打造“香稻丸”稻谷产业，在息县八个古村抢救种植 5 000 亩稻田，对适宜种植的全地理区域进行科学统筹规划，“香稻丸”还成为国家非物质文化遗产、国家地理标志产品。

3. 拉长农业产业化链条，提升产品附加值

永城市河南华星粉业集团是以面粉加工、食品科技、食品包装、粮油加工、物流运输、谷物加工技术研究、绿色有机农业园区建设为一体的农产品深加工民营企业集团。河南华星面品产业集群实现年产值 30 亿元以上，2013 年被命名为河南省农业产业化集群。

通过实行“订单农业”、“土地流转”、“原料基地建设”、“集约化种植”相结合的发展战略，已经形成“公司＋农民专业合作社＋基地＋农户”为主的产业化经营模式，以合同制和合作制为主要利益联结方式，发展基地化种植，提供产前、产中、产后服务，既解决了农民种植的盲目性，降低了市场风险，又通过加价回收增加了农民收入。

河南华星粉业集团先后通过了ISO 9001、HACCP、环境体系、职业健康安全体系认证，企业的标准化管理水平管理得到了较大提升，实现了与国际标准化管理接轨。企业产品分别荣获“中国驰名商标”、“河南名牌”等荣誉，生产的富硒系列休闲食品深受市场欢迎，“多维富硒小麦粉”、“学生营养专用粉”、“小麦胚多功能食品”荣获“河南省高新技产品”、“河南省科技成果奖”、“国家专利”等荣誉称号。

4. 强化龙头示范引领，打造产城融合

中鹤集团，全称河南中鹤现代农业开发集团有限公司，成立于1995年，是由河南淇雪淀粉有限公司发展而来，位于鹤壁市浚县粮食精深加工园区。集团下辖淇雪淀粉、中鹤纯净粉、淇淇食品、中鹤粮油、中鹤营养面业、中鹤品鲜食品、中鹤地产、中鹤农业、中鹤制麦、中鹤谷朊粉、鹤飞农机、中鹤企业管理等二十余家子公司。中鹤集团是以玉米淀粉及淀粉制品深加工、小麦专用粉深加工、营养调理面生产、中高档系列糖果加工、中鹤品鲜食品、粮食存储于一体的农产品加工企业。

目前中鹤集团已发展成为以信息化为平台，以新型农业现代化为基础，以新型工业化为龙头，以新型城镇化为提升的产业融合发展的集团公司。中鹤集团是河南省规模较大的大型农产品加工基地，采用“公司＋基地＋农户”的农业产业化经营模式带动浚县及周边县市种植业发展。自集团公司成立以来，依托当地丰富的农产品资源，加大农副产品加工基地建设劳动力度，实现了公司农户双赢的目的，培育发展玉米、小麦种植基地30万亩，同时还带动了当地运输、养殖、食品加工等行业同步发展。同时公司造福当地，在当地建设10万人的新型农民社区。

2010年起中鹤集团以“经济实效”为出发点，规划打造了“全方位立体化”的“互联网＋”平台，由早期引进的“星陆双基”系统至田间地头的物联网四情监测站，将卫星遥感与地面传感、无线通信进行有效结合，对生态环境参数实时、动态、连续监测，并通过对通讯网、互联网、物联网与卫星通讯网的四网技术融合，及时掌握各农机设备的分布以及作业情况，在解决本区域的规模化、信息化、机械化作业同时，满足了对农机跨区作业的科学引导、合理有序调度，为跨区作业的顺利进行提供了坚实保障，实现了从种到收的全程机械化水平和统一耕作、统一供种、统一灌溉、统一施肥、统一植保、统一收割的“六统一”作业。

中鹤粮食精深加工园区自2009年成立以来，由玉米深加工拓展到小麦的精深加工，由淇雪淀粉一家加工企业相继建起中鹤纯净粉业、中鹤营养面业、中鹤谷朊粉公司等多家加工企业。产品种类由玉米淀粉拓展到麦芽糊精、饴糖、玉米蛋白粉、糖果、小麦专用粉、小麦淀粉、谷朊粉、营养调理挂面、速冻食品等七大类20多个品种。目前，园区建成区面积2平方千米，中鹤集团18家全资子公司全部布局园区，初步形成两大支柱产业：小麦产业，年产专用面粉23万吨，年产小麦淀粉、谷朊粉15万吨，营养调理挂面10万吨，速冻食品10万吨，保鲜馒头9 900万个；玉米产业，年产淀粉30万吨、麦芽糖浆8万吨、麦芽糖糊精5万吨。

中鹤新城社区，启动于2010年8月，是依托中鹤粮食精深加工园区，按照“工农互补、产城联动、协调发展”的理念进行规划的。总规划面积11平方千米，总投资60亿元，建成后可容纳8万人居住。中鹤新城一期工程，规划占地3 750亩，建筑面积72.63万平方米，总投资13.44亿元，建成后可以搬迁1.8万人左右。一期工程内容包括住宅楼工程、中小学工程、道路工程、社区服务中心工程和麦多超市商业中心工程等五部分。中鹤新城社区的两个特点：一是规模大，要把王庄镇45个行政村和一个居委会合并到一起；二是城市基础建设自成体系、服务功能一应俱全、绿化美化亮化应有尽有，从自来水厂到污水处理厂，从行政服务中心到中小学、商业中心以及（疗养院、敬老院、中心卫生院）三院合一的医疗卫生服务中心等。整个中鹤新城社区项目计划利用15年时间分三期建设完成，按照“群众自愿，先迁优惠，合理有序，逐步推进及公开、公平、公正的原则”引导全镇居民逐步向中鹤新城搬迁。

（三）食用植物油加工业重点企业分析

1. 油脂产业化步伐加快，产业集群效应增强

河南阳光油脂集团位于郑州市荥阳锦江工业园区，是一家集生产加工、科研开发、进出口贸易、仓储配送、物流运输、销售服务为一体的大型油脂集团，目前是河南省较大的食用植物油脂及大豆精深加工产品生产企业，日加工大豆能力2 400吨。经过多年来的发展，已拥有郑州、信阳、开封、安阳、南阳、许昌六家生产基地，以及河南阳光国际贸易有限公司、荥阳豫鸣物流有限责任公司、河南阳光油脂集团贸易有限公司、河南阳光油脂集团物流园开发有限公司等十家子公司，具有年加工油料 280 万吨，生产植物油 60 万吨和饲用植物蛋白 220 万吨，肩负着河南省 30% 的油脂和 40% 饲料蛋白粕的供应，2015 年产值达到 80 亿元。

阳光油脂集团产品以豆粕、食用油为主，产品拥有强大的渠道优势和品牌优势，其中“豫鸣”牌豆粕连续多年河南省市场占有率及销量均居第一，“奥利福”食用油品牌已荣获中国十佳粮油（食品）品牌，此外，集团注册的商标中已有 3 项荣获河南省著名商标（“奥利福”、“奥龙”、“豫鸣”），旗下的食用油产品也有 3 个已荣获河南省名牌产品（“奥利福”、“奥龙”大豆油、“奥龙”芝麻花生调和油）。阳光油脂集团还是首批国家应急商品重点联系企业，是“全国放心粮油进农村进社区示范工程首批放心粮油示范企业”，是河南省级农业产业化集群和河南省农业产业化龙头企业，近年来共荣获“全国十佳粮油集团”、“中国食用油油加工企业 50 强”、“全国粮食行业节粮减损示范企业”等国家级荣誉。

阳光油脂产业化集群 2016 年被河南省人民政府认定为河南省农业产业化集群，该集群是河南阳光油脂集团有限公司以新建占地 800 亩的物流园为依托，与中原饲料联盟联建的农业产业化集群，其成立于 2014 年，当年就被认定为郑州市农业产业化集群。集群内集聚 13 个企业、7 个合作社、3 个配套机构（仓储、物流、研发），集群的主导产品有食用油、豆粕、饲料等，产业链条有种植、加工、物流、仓储、研发、养殖、贸易等，集群自建、联建规模化基地 2 个，规模为 15 000 亩，订单农户 98 498 户，集群覆盖区域主要为荥阳市，集群内企业吸纳农民就业 1 648 人，带动当地农户 14.5 万户。集群 2014 年实现销售 39.86 亿元，2015 年实现销售 40.65 亿元。阳光油脂产业化集群有力地促进了当地种植、养殖、电力、运输、服务、包装等相关产业的发展，为促进农业产业化结构的调整，加快地区经济发展做出极大的贡献。

2. 瞄准市场需求，走品牌化发展之路

河南懿丰油脂有限公司位于全国油料百强县泌阳县，于 2011 年投产，利用当地的优质小白沙花生、油菜籽以黄白芝麻等特色油料作物，立足打造“中国菜籽油第一品牌”，创新生产出以菜籽油为主打的“悦生合”牌系列食用油。企业先后荣获“中国食用油加工企业 50 强”、“中国菜籽油加工企业 10 强”、“全国诚信粮油企业”、“全国放心粮油进农村进社区示范工程示范加工企业”、“河南省农业产业化重点龙头企业”、“河南省农业产业化集群”、“河南省创新型农业产业化集群”、“2015 年河南省质量诚信体系建设 AAA 级工业企业”、“河南省著名商标”、“市长质量奖”等称号，“悦生合”商标继荣获“河南省著名商标”后，2016 年又荣获“中国驰名商标”。

懿丰油脂有限公司还建立了 5 个销售公司和电子商务中心，与天猫、京东战略合作，实行品牌和销量两手抓，完善了物流配送体系和网络物流布局，打造了网上双低菜籽油全国第一品牌，开创了公司直销终端的新局面。2015 年“双 11”，实现了电商网购双低菜籽油品牌全国第一的好业绩。

建立和完善了“从田间到餐桌”全程质量品牌管理体系，积极探索“公司＋基地＋市场”的原料供应模式，大力发展绿色产品。依托当地丰富的优质油料资源，在泌阳县、确山县、正阳县和南阳市的唐河县等建立了 60 多万亩油菜籽和花生种植基地。同时，还在内蒙古呼伦贝尔、湖北建立了 20 多万亩双低油菜籽种植基地，签订了长期种植合同，保证了原料质量和来源。此外，结合当地的岗丘地形特点，专门从新疆引进易于培植、出油率高的“新 8”牌核桃品种进行培育，目前已在泌阳建立了 20 万亩核桃种植基地。

（四）粮食金融行业重点企业分析

1. 银企协作，破解粮企融资难题

河南省粮油食品加工企业普遍存在着可抵押资产少、缺乏融资信用担保等突出问题，河南省粮食局与河南省农发行和其他金融机构多次协调，经河南省人民政府批准，2014 年 9 月正式筹建河南省粮食产业投资担保有限公司，主要对河南省内粮食产业链中各类涉农涉粮企业提供融资性贷款担保，2016 年公司累计担保额达 12.89 亿元。

2. 创新粮食电子商务网络金融服务

“中华粮网”为帮助粮食企业融通资本，扩大粮食企业原粮采购量和市场竞争力，加快企业资金运转速度，增强企业抗风险能力，以“中华粮网自由贸易平台”、“托市粮交易平台”为依托，推出了“粮贸通”融资业务。2015 年初，“中华粮网”与中国建设银行郑州直属支行合作，正式推出适应新时期粮食电子商务发展大趋势的网络金融服务，将公司的电子交易系统与银行的资金管理系统对接，采用电子贷款模式，加快专项贷款申请流程，实现了贷款业务的网上申请与发放，实现了粮食行业中小企业足不出户即可获得银行资金支持的行业新突破。在为客户提供金融服务方面

具有操作简单便捷、资金发放速度快、全流程无纸化等新特点，为交易平台使用者在创造利润、规避风险、渠道建设、融通资本等方面提供更加贴心的一站式服务，开创了中国粮食行业网络金融服务之先河。

三、河南粮食加工业存在的问题

（一）粮油加工业产能总量过剩和结构过剩并存

以小麦粉加工为例，初加工产能过剩严重，落后产能比重较大，造成2014年的达产率仅为44.6%（表1）。导致产能过剩的原因，一是企业产能的盲目扩张，缺乏对城乡居民粮食消费需求的准确把握，精深加工和绿色优质粮油供给不足；二是许多粮油企业产品更新和技术创新的动能不足，将新增产能集中于传统加工领域，大量建设低水平重复项目，产品结构单一，企业生存能力差。

表1　2014年河南省主要粮油产品达产率

单位	小麦粉加工业	粮食食品加工业	饲料加工业	食用植物油加工业	大米加工业
生产能力（万吨）	5 970.6	550.1	1 017.7	268.2	939.4
产品产量（万吨）	2 665.4	302.1	624.5	116.0	201.0
达产率（%）	44.6	54.9	61.4	43.3	21.4

数据来源：粮油加工业统计资料2015。

（二）特大型粮油加工集团缺乏，粮油加工企业规模偏小

从企业规模看，2014年日处理能力在100吨以下的小规模加工企业253家，占企业总数的21.5%，落后的小产能企业占有相当大的比重；日处理能力在1 000吨以上的大规模加工企业仅有66家，仅占企业总数的5.6%。可见，河南省粮油加工小企业数量众多，品牌集中度低，产业集聚发展能力差（图5）。

（三）行业平均利润率不高，食用植物油加工业出现亏损

2014年河南省粮油加工业实现利润总额46.7亿元，其中小麦粉加工业实现利润25.4亿元，行业平均利润率不足3%。粮食食品加工业和饲料加工业利润率相对较高，分别为4.9%和4.1%；小麦粉加工业和大米

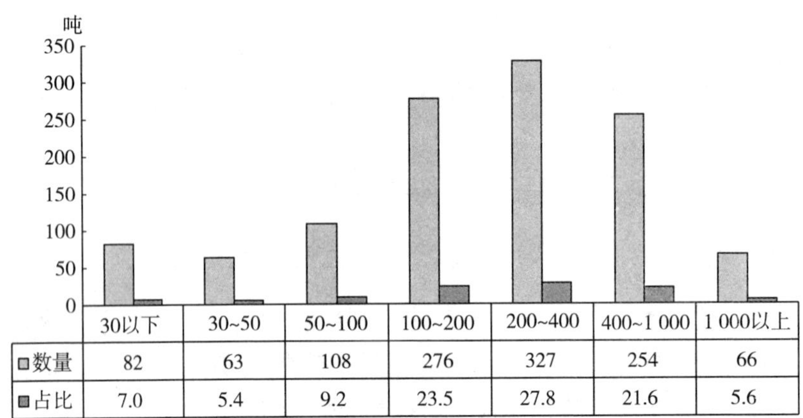

图 5　2014 年河南省粮油加工业的规模构成

数据来源：粮油加工业统计资料 2015。

加工业盈利水平一般，利润率分别为 2.8%和 2.2%；玉米加工业利润率较低，仅为 1.2%；食用植物油加工业甚至出现亏损，利润率为−0.1%（表 2）。

表 2　2014 年河南省粮油加工业利润率

	工业产值（亿元）	销售收入（亿元）	实现利润（亿元）	利润率（%）
小麦粉加工业	843.1	920.4	25.4	2.8
粮食食品加工业	221.3	192.8	9.5	4.9
饲料加工业	195.8	200.3	8.2	4.1
食用植物油加工业	186.7	185.3	−0.2	−0.1
玉米加工业	128.6	135.6	1.6	1.2
大米加工业	80.6	78.9	1.7	2.2

数据来源：粮油加工业统计资料 2015。

（四）农业生产加工方式不适应消费升级要求

河南农产品生产仍以传统的分散方式为主，规模化、标准化的种植、养殖基地较少，不能满足现代食品工业生产对原料品质一致性和稳定性的要求。粮油加工与农业生产之间尚处于简单的初级供需阶段，尚未形成一体化的发展模式，制约了粮油加工业的健康、良性发展，也增加了经营成本和市场风险。

（五）加工业原料来源过分依赖本地化

河南粮油加工原料绝大部分由河南省供应，省外高附加值、低成本原料利用较少，造成增值率小、成本高、产品结构单一等问题。通过到省外建立原料基地、充分利用原料优势的骨干企业数量少，原料供应渠道控制能力弱。

（六）行业整体技术和装备水平不高，技术对外依赖现象有待缓解

当前河南省粮油加工业处于由粗加工和劳动密集型为主向深加工和资金技术密集型为主的转型过程，整体技术和装备水平不高，具有较高附加值和技术密集型的产品少，难以有效延伸产业链，同类产品市场竞争能力不强。同时，整个行业对国外技术过度依赖，产品能否更新取决于是否拥有新的成套设备，高昂的设备进口成本迫使数量众多的中小企业局限在逐渐萎缩的传统产品市场。

（七）食品产业链条过短，产业附加值较低

整体上看，河南省粮油加工业仍以初加工和粗加工的上游半成品居多，直接到餐桌的制成品数量不多，适合特殊人群营养需求的功能性产品更少。由于食品产业的附加值主要集中在下游环节，产业链过短必然导致附加值低。

（八）配套服务体系不完善

围绕粮油加工业发展的社会化流通和服务网络尚未形成，冷链物流网络发展较沿海省份相对落后，粮食储备、电子商务、贸易和加工配送体系不完善。围绕骨干食品企业的配套协作产业滞后，不利于建立产品销售网络和有效承接产业转移。

（九）科研投入不足，创新能力不强

2014 年度，全省粮油加工企业投入的研究开发费用为 6.2 亿元，占企业产品销售收入的 0.3%，大部分企业研发经费严重不足甚至没有。全省 1 124 家企业仅有专利 356 项，其中：发明专利仅有 84 项，平均近 3.2 家企业才有一项专利，13.4 家企业才有一项发明专利。河南省粮油加工业研发程度仅相当于发达国家的 1/3，劳动生产率仅相当于发达国家 80

年代初的1/4。

四、制约河南粮食加工业发展的因素

（一）原料短缺问题将更加突出，尤其是优质原料

受耕地减少、水资源短缺等因素制约，粮食生产继续保持大幅度增产的可能性不大，粮食供求将处于紧平衡状态。

（二）粮食加工企业生产成本上涨

近两年来，粮食、生猪等农产品价格出现了较大幅度的上涨，石油、煤炭等能源产品及其相关的化肥、农膜、柴油等生产资料价格将步入上升通道，劳动力工资水平也同步提高，从而增加粮食生产成本和机会成本，粮食价格高位运行将是一种常态。加工企业生产成本居高不下，利润空间被不断压缩，开工率普遍不足。

（三）市场消费需求不振

近几年由于国内总体经济不景气，下游行业需求下降，粮食加工产品市场需求仍需摆脱低谷。随着人们生活水平提高，饮食结构逐渐多元化，粮食消费比重有所降低，口粮需求难以增长。同时，由于饲料业利润下降，上游饲料加工企业销售低迷，企业开工率较低。

（四）粮食价格倒挂问题突出

自2015年粮食价格呈现国内与国际市场、产区与销区、原粮与成品粮价格“三个倒挂”的态势。同时，“麦强面弱”、“稻强米弱”格局持续多年难以撼动，在经济低迷期对于传统粮食加工企业更是雪上加霜。

（五）粮食产业链上下游脱节

受制于粮食生产、经营和管理体制机制，粮食生产、加工与市场处于脱节状态。粮农的种植决策和品种改良，没有与加工需求形成有机结合，农业所提供的原料在品种、品质、规格等方面不能适应加工企业的要求。

（六）国有粮库小麦拍卖价与市场价背离

储备粮基本实行静态化的管理方式，在粮食轮换时需要经过管理部门

批准后才可轮出，常常因为计划指令而错过轮换时机，国有粮库小麦拍卖价明显高于市场价。一方面，导致市场上政策粮销售遇阻，导致高库存；另一方面，大量加工企业抢购低价商品粮，间接推动商品粮价格上涨，进而大幅增加粮食加工企业原料成本。以 2015 年为例，河南省政策性小麦最低收购价为 1.18 元/斤，国有粮库小麦到厂价为 1.27 元/斤。

（七）粮食产品过度加工现象仍需缓解

由于粮食加工产品片面追求“精、细、白”，既损失营养又明显降低出品率，导致粮食加工环节浪费严重。

（八）工业用粮快速增长

粮食工业对粮食消费需求快速增长，这是导致粮食需求快速增长的重要原因。粮食工业主要分为饲料工业、食品工业和化工工业，饲料用粮是粮食工业消费粮食的主渠道，约占粮食总消费量的近 40%。分品种看，作为工业和饲料用粮主力的玉米和小麦，消费快速增长，年均增长约 9%。

（九）资源和环保要求提高，可持续发展面临考验

部分粮食加工企业单位能耗、水耗较高、资源利用率不高，污染比较严重，不符合建设“两型社会”的要求。未来粮食加工业发展面临着减少资源消耗和加强环保治污的双重压力，行业准入的成本将提高。

五、优化河南粮食加工业发展的政策建议

（一）引导粮油精深加工

鼓励大型加工企业发展创新型导向的粮油加工产业模式，充分挖掘副产物潜在价值，最大程度延长产业链。鼓励向营养健康、新材料、生物化工、生物医药等领域拓展新空间，推进稻壳、米糠、麦麸、饼粕、玉米皮、玉米蛋白、玉米胚、玉米芯和油料皮壳等副产物深度综合利用试点，鼓励支持企业探索多元化途径实现副产物循环、全值和梯次利用，提升产品附加值。

（二）增加优质粮油供给

实施优质粮食品牌培育行动，发挥品牌引领作用，瞄准国际同行业标

杆，开展绿色优质粮食产品品质评价和推介活动，培育和创建一批质量好、消费者认可度高、市场占有率高、市场竞争力强的全国性粮油产品优质名牌。通过品牌建设，整合种植、收储、加工、销售等环节的资源，引导原粮标准化生产，建立一批规模化优质特色专用原粮生产基地。鼓励企业发展个性定制标准，引导建立标准自我声明制度，试点建立优质粮油产品标准领跑者制度。

（三）培育“产购储加销”一体化全产业链模式，促进一二三产业融合发展

借鉴全产业链运作模式，组建产、购、加、销、研一体化的大型粮油食品加工企业集团或龙头企业，增强企业竞争力。打破部门、地区及所有制界线，通过联合、兼并、重组，结合食品企业产权制度改革，重新整合食品产业资源，提升产业链竞争力。

开展多种类型的一二三产业融合发展示范工程试点，鼓励龙头企业与种粮大户、家庭农场、农民合作社结成粮食产业化经营联合体和利益共同体，以品牌为载体，发展规模化种植和标准化生产，通过订单农业、土地流转、土地经营权入股等方式建立稳定的原料生产基地，提供良种供给、技术指导、订单收购、烘干、储存、加工、销售等一条龙服务。探索开展分品种收购、分品种储存试点示范，促进优质优价，实现全链条增值，让农民分享增值收益。实施粮食产后服务工程，鼓励加工企业面向新型经营主体发展代烘代收代储代加代销专业化服务、农村电商等新业态。

（四）以市场化为导向，大力开展主食产业化

将传统河南饮食文化与现代粮食加工科技有机结合，是粮食加工产业以创新为导向的具体体现。围绕大中型城市市场消费中心，以现有的主食品企业为依托，促进主食品产业化链条的形成，重点发展馒头、包子、饺子等面制蒸煮食品，开发玉米、杂粮等新型全谷物主食品，加强面制主食品营销配送体系。

充分整合利用现有粮食行业及社会各类资源，形成规范化、标准化、网络化的“放心主食”、“放心粮油”供应服务体系。建设和完善城市社区和农村“放心主食”、“放心粮油”门店或经销店，努力实现“放心主食”、“放心粮油”网点城乡全覆盖，企业经济效益和社会效益全面提升。原则上在每个市建设或改造 1 个区域性物流（配送）中心，在每个县结合当地

交通、仓储、加工等资源和辐射区域，至少建设或改造1个县级“放心主食”、“放心粮油”配送中心。每个乡镇原则上至少建设或改造1个“放心主食”、“放心粮油”连锁中心店（含超市）。

（五）拓展粮油加工产业功能

推动普通食品向特色食品、功能保健品、方便食品的方向发展，扶持龙头企业的传统特色品牌走品质化、高端化道路。鼓励企业在粮食种植、加工环节与农耕体验、旅游休闲、文化教育、健康养生等领域深度融合。支持加工企业挖掘传统主食品文化内涵，充分发挥“老字号”品牌效应。

（六）培育区域性龙头企业，构建优势粮油产业集群

加快实施农业产业化集群培育工程，围绕主食加工、方便食品、休闲食品、速冻食品等优势加工产业，促进粮食初加工、精深加工及综合利用加工协调发展，形成一批优势产业集群。选择年销售收入3亿元以上的企业作为重点培育企业，鼓励上市融资，扩大规模，尽快成为国内知名的大型企业集团。鼓励以大中型企业为主体，推进债务与资产重组，进行兼并或联营合资，扩大优势产业集群。

（七）建立健全防范和化解产能过剩长效机制

一方面，发挥市场机制的作用，把住新增产能的入口；另一方面，充分发挥市场机制的作用，减少新增产能的盲目扩张，引导企业和地方减少投资冲动是关键。同时，积极抓住国家整治产能过剩的契机，利用各种手段，实施产业间、区域间粮油食品加工企业的兼并和收购，减少市场竞争者数量，减轻无序或恶性竞争。借鉴处置僵尸企业等办法，支持技术水平低、企业规模小、亏损严重的粮食加工企业退出或转向其他行业。

（八）深化产销合作，开展代储代销和代加工等合作形式

提高资源的跨区域、跨行业的社会整合力度，发挥主销区在技术、管理、资金、人才等方面的优势，推进上下游产品加工的联合与合作，尽快形成多个协作企业之间的粮食生产、加工、销售一体化模式。

（九）创新现代营销模式

推进实施“互联网＋粮食”行动，发展“网上粮店”，推广“网订店

取”“网订店送”等零售新业态、新模式；发挥全国及区域性粮食统一竞价交易平台的政策功能和市场功能，促进线上线下融合发展，创新粮食购销模式；逐步完善产业链质量安全追溯网络查询等功能，开展专用特色粮食代销代购对接。

（十）加强粮食产业链科技创新

强化企业技术创新的主体地位，支持在特色和重点产业领域建设产业创新中心、创新平台和众创平台。鼓励企业加大科研投入，与高校或科研院所联合开展技术创新示范企业、重点实验室、示范基地、工程（技术）研究中心、技术创新或产业联盟、众创空间等建设。

（十一）完善资金支持

支持各地壮大政府风险补偿资金池规模，鼓励省中小企业发展基金通过参股合作形式，支持各地设立中小企业发展基金，扶持优质粮食加工企业。运用支农、支小再贷款、再贴现等货币政策工具，加强激励引导，充分发挥开发性、政策性、商业性、合作性金融合力，加强对面粉食品产业园区、订单生产基地建设和粮食加工企业技术改造、中长期固定投资等贷款支持。支持符合条件的粮食加工企业在主板、中小板、创业板、全国中小企业股份转让系统和中原股权交易中心以及境外资本市场上市挂牌融资。

河南粮食物流发展报告

李凤廷　王　琳　王　伟

（河南工业大学管理学院）

河南是全国粮食生产核心区和粮食生产功能区①，是全国商品粮生产基地和食品加工大省，是全国“区域性餐桌”、“田园餐桌”、“商务餐桌”和“太空餐桌”②，构建粮食现代物流体系对保障国家粮食安全、发展粮食产业经济至关重要③。高效、顺畅的粮食物流，一方面为河南粮食收购、储存、销售、调运和加工提供了坚实的物质基础，以满足1亿人口的饮食需求；另一方面，将河南近2 000万吨的粮油食品运销全国，以保障国家粮食安全，支撑河南万亿食品工业大发展。

从现代物流本质上讲，粮食物流是指为原粮、成品粮及其信息流动提供一体化服务的过程[1-2]，如图1所示。粮食物流服务产生于粮食产后的收购、销售、交易、调运和加工等过程，是粮食产后服务体系建设的重要组成部分。粮食物流服务的提供过程涉及流体、载体、流向、流量、流程、流速和流效等物流要素，包括运输、储存、装卸、搬运、包装、流通

---

① 2014年5月9日，习近平总书记在河南调研视察时指出，河南粮食生产这个优势、这张王牌任何时候都不能丢。要立足打造全国粮食生产核心区这一目标和任务，在提高粮食生产能力上开辟新途径、挖掘新空间、培育新优势。

② 2017年全国“三农”发展大会上，河南省副省长王铁指出，河南已经建成了“四大餐桌”：一是“区域性餐桌”，如新乡股份食品有限开发公司的七个系列产品就畅销全国18个省市；二是“田园餐桌”，从种植、加工到美食一体化，河南每年这样的餐桌有900多万亩；三是“商务餐桌”，河南很多食品公司通过“中央厨房＋自动售货机”，创造了一种O2O性质的快餐模式，每年在郑州、上海、天津投放一千多台O2O的终端售卖机，深受“80后”、“90后”的欢迎；四是“太空餐桌”，河南一些食品公司已经连续多年为宇航员提供太空食品，烧鸡等38种航天食品成为中国航天员的美食。当然，这些餐桌还远远不够，我们未来的餐桌，可以叫做“创新未来餐桌”。现在河南在大粮仓的基础上，在现有餐桌的基础上，我们要研究未来的餐桌到底是个什么模式？我们农民企业家正在研究大数据，根据消费者的体型特点，需要哪种营养，需要什么样的有机食品，量身定做，根据消费者的需求来增支减基，使其更漂亮、更健康，未来餐桌可以好好地去畅想。

③ 粮食具有公共物品和一般商品的双重属性，相应地，粮食行业也具有“配置资源保安全、发展产业活经济”的两大使命。

加工、配送和信息处理等物流活动，是一个完整的系统工程。其中，物流要素和物流活动既是支撑粮食现代物流发展的重要物质基础，也是体现粮食流通活力的外在表现形式①。

本章以粮食流通过程中物流要素与物流活动为基点，集中阐述了河南粮食物流发展的基本现状和跨区域粮食流通的总体情况，重点分析了河南粮食物流发展的主要特征，提出了发展河南粮食物流的政策建议（图 1）。

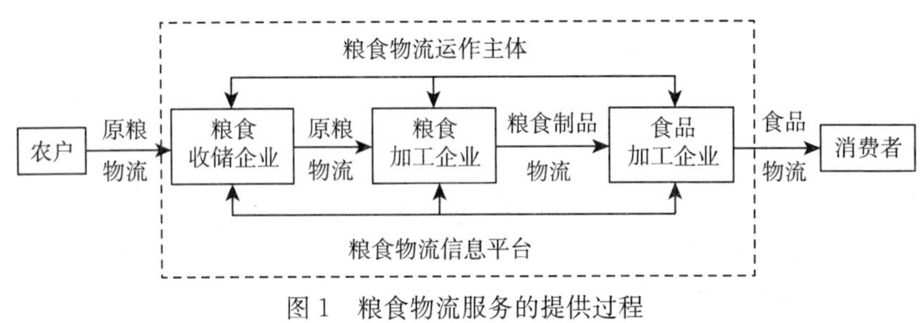

图 1　粮食物流服务的提供过程

数据来源：李凤廷、侯云先、胡会琴[1]（2013）。

一、河南粮食物流发展现状

（一）交通基础设施发展现状

河南地处中原，位居国家交通网络框架的核心部位，具有承东启西、连南贯北的区位优势和发达的公路、铁路、航空综合运输通道，以及便捷通畅的内河航运。尤其是在“十二五”期间，全省按照“大枢纽带动大物流，大物流带动大产业”的总体思路，深入实施民航优先发展战略，强力推进铁路、高速公路建设，累计投资 3 990 亿元建设重大交通基础设施，逐步建成一批打基础、管长远的交通项目，初步建立多式联运、高效衔接的现代综合交通体系②，为确保经济活力、保障粮食安全和发展粮食物流奠定了良好的区位优势和夯实的交通基础。

① 粮食物流强调以下几点：①不包括粮食生产环节，但更关注粮食产后从田间到餐桌整个过程中的实体流动；②不仅关注粮食本身的物流活动，还要关注粮食物流过程中的信息流动；③粮食物流并不简单等同于粮食储运，更注重导入供应链管理理念和先进的信息技术，对粮食储备、运输、装卸、搬运等传统功能实施整合，致力于粮食流通的安全、高效和节约；④粮食物流的本质是一种服务活动。

② 资料来源：《河南省“十三五”现代综合交通运输体系发展规划》（豫政办〔2017〕42 号）。

1. 公路网络基础夯实

河南公路网络基础夯实，发展势头良好。据统计，截至 2015 年底，河南公路通车总里程达 26.7 万千米，如表 1 所示。其中，高速公路通车里程达到 6 305 千米，居全国第三位；农村公路通车里程居全国第二。在“县县通国道、乡乡有干线”布局规划的基础上，实现了 64%的省规划城市组团与中心城区以一级公路连通，100%的省规划产业集聚区以二级及以上公路连通。实施了“县县畅、乡乡联”工程和农村公路三年行动计划乡村通畅工程，基本实现所有行政村通硬化路、通客车，为粮食从农户→粮食经纪人→粮食收纳库的收购环节奠定了良好的公路交通基础[①]。

2. 铁路交通优势突出

河南发展铁路交通具有天然的优势。到“十二五”末，全省铁路营业里程达到 5 118 千米，其中高速铁路 865 千米，城际铁路 171 千米，见表 1。到 2020 年，河南将形成 8 000 千米以上的铁路营运里程，为开展省内粮食铁路运输奠定了良好的基础[②]。届时，“米”字形快速铁路网和“四纵六横”货运铁路网基本形成，为将河南作为“天下粮仓”、“国人厨房”所生产的原粮、成品粮和主食食品运销全国，保障国家和区域粮食安全提供了优越的铁路物流支撑条件。

2016 年中欧班列（郑州）全年实现开行 251 班，综合竞争力在全国持续保持领先地位，为作为“世界餐桌”的河南将物美价廉的产业化食品销往世界各地提供了优良条件。同时，河南拥有中国首个不靠海、不临江、不沿边的内陆粮食口岸——郑州进境粮食指定口岸。郑州进境粮食指定口岸占地 289 亩，将依托郑州铁路口岸现有条件，高规格新建中转仓、截留仓、熏蒸区、检验检疫实验室等专用设施，打通西向进粮通道，打造中国最具特色的农副产品国际商贸集聚区[③]。

---

① 资料来源：《河南省“十三五”现代综合交通运输体系发展规划》（豫政办［2017］42 号）。

② 资料来源：《河南省“十三五”现代综合交通运输体系发展规划》（豫政办［2017］42 号）。

③ 资料来源：河南省人民政府网站，http：//www. henan. gov. cn/zwgk/system/2016/09/01/010668556. shtml，2016 年 9 月 1 日。郑州进境粮食指定口岸二期项目占地面积 248 亩，投资 5 亿元，项目位于经开区经北四路以南、第十六大街以西、经北一路以北、第十四大街以东，将重点探索进口粮食保税加工、期货交割、配额交易、跨境电商等更多创新业态，积极打造国内外知名的进口粮食交易分拨中心。

表1 "十二五"河南省交通基础设施建设情况

交通基础设施	单位	2010年	2015年	5年增加值	
				绝对值	增加率%
交通网络总里程	万千米	25.1	27.4	2.3	9.2
公路	万千米	24.5	26.7	2.2	9
高速公路	千米	5 016	6 305	1 289	26
普通干线	万千米	1.8	3.1	1.3	72
铁路	千米	4 224	5 118	894	21
高速铁路	千米	319	865	546	171
电气化率	%	49.9	80.1	—	—
复线率	%	56.6	80.1	—	—
内河航道	千米	1 439	1 675	236	16
高等级航道	千米	216	452	236	109
航空客运吞吐量	万人次	—	1 730	—	76
航空货运吞吐量	万吨	—	40.3	—	179.5

数据来源：《河南省"十三五"现代综合交通运输体系发展规划》。

3. 航空运输发展迅猛

河南航空发展迅猛，基础设施建设成效显著。目前，河南正在规划建设中国首个国家级航空港经济综合实验区——郑州航空港，并将其打造为国际航空物流中心和以航空经济为引领的现代产业基地。新开通郑州至纽约、法兰克福、东京、新加坡、雅加达等国际客货运航线，初步形成连接欧美亚主要枢纽机场的航线网络。截至2015年底，郑州机场共有客货运航线171条，全货机航线34条，年货物吞吐量达40.3万吨，货运增速居全国主要机场首位①。到2025年，郑州航空港航空货邮吞吐量达到300万吨左右，跻身全国前列，国际航空货运集散中心地位显著提升②。这为食品空运以及复杂形势下粮食的快速运输奠定了基础。

4. 内河航运条件良好

河南拥有良好的内河航运条件。截至2015年底，河南内河航道里程达1 675千米，其中高等级航道452千米，形成了沙颍河、淮河等通江达海的水运通道，为发展省内粮食水运提供了良好的支撑条件。

① 资料来源：《河南省"十三五"现代综合交通运输体系发展规划》（豫政办［2017］42号）。

② 资料来源：中国物流行业网，http：//www.cn56.net.cn/news/article-1420.html，2014年6月23日。

（二）粮食物流设施建设情况

河南是粮食资源大省，2016 年粮食总产量达 61 623.9 万吨，居全国第 2 位，并连续多年居全国首位。河南是食品加工大省，方便面产量占全国三分之一，水饺产量占全国 70%，火腿肠产量占全国 50%，馒头产量占全国 25%，是全国第一粮食转化加工大省①。2016 年，河南规模以上粮油加工业实现工业总产值 1 597.07 亿元，稳居全国前列②。

为把河南粮食的资源优势转化为经济优势，河南加大了粮食物流设施的建设力度，通过跨省散粮物流节点、粮食省内物流节点、“危仓老库”改造、粮库智能化升级改造等项目，大幅提高了粮食物流设施的机械化、信息化和现代化水平，并与全国 18 个省（市、区）建立长期稳定的粮食产销战略合作关系，致力于将河南原粮、成品粮和加工品输出到全国各地，每年向省外输出粮食及制成品 400 亿斤③。

1. 跨省物流节点

到目前为止，河南主要跨省散粮物流节点发展迅速。根据《河南省粮食物流设施建设“十三五”规划》[3]，到 2015 年底，河南粮食系统已重点建设了洛阳、安阳、新乡、漯河、信阳 5 个跨省散粮物流节点。按照《河南省粮食行业“十三五”发展规划》[4]，到 2017 年底，河南将重点建设郑州、开封、焦作、南阳、商丘、信阳、周口 7 个跨省散粮物流节点。到 2020 年，将把除平顶山、三门峡、济源以外的所有节点都建为跨省散粮物流节点，如表 2 所示。

表 2　河南重要散粮物流节点布局情况表

地区	2015 年			2017 年			2020 年			合计		
	跨省节点	省内节点	仓容	跨省节点	省内节点	仓容	跨省节点	省内节点	仓容	跨省节点	省内节点	仓容
	个	个	万吨	个	个	万吨	个	个	万吨	个	个	万吨
省局直属		1	3		1	3	1	2	5	1	4	11

① 资料来源：2017 年“三农”发展大会上河南省副省长王铁发言报告，中国农业新闻网。

② 资料来源：2017 年河南省粮食工作会议上河南省粮食局党组书记、局长赵启林所做的报告，报告名称为：《紧抓改革主线 推进产业升级 加快粮食资源大省向粮食经济强省转变》。

③ 资料来源：河南省粮食局网站．推动粮食产销合作转型升级 助力粮食资源大省向粮食经济强省转变。

（续）

地区	2015 年			2017 年			2020 年			合计		
	跨省节点	省内节点	仓容	跨省节点	省内节点	仓容	跨省节点	省内节点	仓容	跨省节点	省内节点	仓容
	个	个	万吨	个	个	万吨	个	个	万吨	个	个	万吨
郑州市粮食局		1	2.5	1	2	5.5				1	3	8
开封市粮食局		1	3	1	2	6.5				1	3	9.5
洛阳市粮食局	1	1	3		2	5		1	3	1	4	11
平顶山粮食局		1	3		1	3		1	3		3	9
安阳市粮食局	1		2.5		1	2.5		2	4.5	1	3	9.5
鹤壁市粮食局					1	2.5	1	1	4.5	1	2	7
新乡市粮食局	1	1	4		2	4		1	3	1	4	11
焦作市粮食局		1	2	1	1	5		1	2	1	3	9
濮阳市粮食局		1	2				1	1	4.5	1	3	8.5
许昌市粮食局		1	3		1	2	1	1	3	1	3	8
漯河市粮食局	1		2		1	2.5		1	2	1	2	6.5
三门峡粮食局		1	2					1	2.5		2	4.5
南阳市粮食局		1	3	1	1	4		2	4	1	4	11
商丘市粮食局		1	2	1	1	4.5	1	3	9.5	2	5	16
信阳市粮食局	1	1	4	1		3	1	2	6	3	3	13
周口市粮食局		1	2	1	2	6	1	2	7.5	2	5	15.5
驻马店市粮食局		1	2.5		1	2	1	1	4.5	1	3	9
济源市粮食局		1	2.5		1	2.5					1	3
合计	5	16	48	7	21	63.5	8	23	68.5	20	60	180

数据来源：《河南省粮食物流设施建设“十三五”规划》[3]（2017）。

但实际上，根据国家发改委和国家粮食局联合发布的《粮食现代物流发展规划（2006—2015 年）》，河南主要规划建设的跨省散粮节点为：郑州、商丘、信阳、驻马店、南阳和周口[4]。这些跨省散粮节点布局的标准为：年跨省粮食中转量 200 万吨以上，包括中转库、储备库、内河港口库和粮食码头、加工配送中心、批发市场等设施的跨省粮食中转量[4]。

根据《河南省现代物流业发展规划（2010—2015 年）》，河南主要跨省散粮节点和省内节点为：以郑州为中心，以周口、驻马店、商丘、南阳、信阳、新乡、安阳、开封、许昌、濮阳、焦作等粮食主产市为重点[6]。同时，从《粮食物流业“十三五”发展规划》看，河南需要重点发展的跨省散粮节点为：“两横”中沿陇海线的节点，包括郑州、焦作、商丘三个一级节点，开封1个二级节点；“六纵”中沿京广线的节点，包括郑州1个一级节点，安阳、新乡、漯河、周口、驻马店、南阳、信阳7个二级节点[7]。

比较几个重要的粮食规划文件，可以发现几个不一致的地方，如表3所示。

（1）国家规划与地方政府规划不一致。例如，国家发展改革委员会、国家粮食局对河南跨省散粮物流节点的规划布局与河南省对跨省散粮物流节点规划不一致。这种不一致将导致粮食物流规划在实施过程中存在定位模糊、规划难以落到实处等问题。

（2）物流行业的粮食物流规划与粮食行业的物流规划不一致。例如，河南省人民政府以郑州为中心，以周口、驻马店、商丘、南阳、信阳、新乡、安阳、开封、许昌、濮阳、焦作等粮食主产市为重点来规划粮食物流，强调了粮食物流节点之间的层级关系；而河南省粮食局则重点发展除平顶山、三门峡、济源以外的所有节点都建设为跨省散粮物流节点，节点之间并未体现一定的层级性。

（3）不同主体对跨省散粮物流节点有不同的选择和定位，在规划时强调的物流节点建设内容也不同。

由此得出以下判断和结论：

（1）河南跨省散粮物流节点建设仍处于初步发展阶段。初步发展阶段最明显的标志是：不同主体对物流节点的认识不一致，导致物流节点定位模糊，节点功能差异性大。

（2）跨省散粮物流规划时应加强中央与地方的协调。散粮物流规划主体不同，规划文件出台的时间先后不同，规划内容难以进行很好的衔接。为此，需要强化物流节点定位和协调工作，做到同一节点在全国物流网络中的定位基本一致，才能保证建设的顺利进行。

（3）粮食物流规划不同于单纯的物流设施建设。在规划时，需要先明确物流节点的功能定位及其与其他节点的衔接关系，再确定建设方案，而不应该重建设方案轻功能定位，也不能随意根据人的主观意志改变节点的客观功能定位。

表 3　相关规划文件对河南粮食物流节点的对比分析

序号	规划文件	对河南粮食物流的节点布局	布局依据和建设内容
1	《粮食现代物流发展规划（2006—2015年）》	主要跨省散粮节点为：郑州、商丘、信阳、驻马店、南阳、周口	布局依据：内陆城市物流节点的标准为年跨省粮食中转量200万吨以上（包括中转库、储备库、内河港口库和粮食码头、加工配送中心、批发市场等设施的跨省粮食中转量）。 建设内容：建设粮食综合物流园区、铁路散运战略装车点、粮食内河散运码头节点等
2	《河南省现代物流业发展规划（2010—2015年）》	主要跨省散粮节点和省内节点为：以郑州为中心，以周口、驻马店、商丘、南阳、信阳、新乡、安阳、开封、许昌、濮阳、焦作等粮食主产市为重点	布局依据：根据粮食生产主产市和物流通道进行布局。 建设内容：规划建设跨省粮食铁路战略装车点和省内粮食物流节点，形成长途跨省运输以火车散运为主、辅之以内河船舶散装运输，中短途范围内以汽车散运为主，公、铁、水等不同方式的联合运输和无缝衔接，覆盖全省、辐射周边、通达全国的粮食物流节点网络
3	《粮食物流业“十三五”发展规划》	“两横”中沿陇海线的节点：郑州、焦作、商丘为一级节点，开封为二级节点	布局依据：充分整合利用八大通道现有资源，优化物流节点布局。 发展重点：依托中转量较集中的节点，建设集装箱散粮发运接卸设施，发展公铁集装箱散粮联运
		“六纵”中沿京广线的节点：郑州为一级节点，安阳、新乡、漯河、周口、驻马店、南阳、信阳为二级节点	布局依据：充分整合利用八大通道现有资源，优化物流节点布局。 发展重点：依托粮食流量较大的企业，建设“点对点”散粮火车发运设施，逐步推广散粮火车运输，发展汽车散粮运输和汽车面粉散装运输
4	《河南省粮食物流设施建设“十三五”规划》	以郑州为中心，以周口、驻马店、商丘、南阳、信阳、新乡、安阳、开封、许昌、濮阳、焦作等粮食主产市为重点	布局依据：根据粮食生产主产市和物流通道进行布局。 发展重点：建设9个综合性粮食现代物流园区；在河南国家粮食物流通道上布局20个跨省物流节点；在省内粮食现代物流通道上，选择60个有充足粮源和物流需求，条件较好的中转库、储备库和大型粮食批发市场，建设省内粮食物流节点

2. 省内物流节点

根据《河南省粮食物流设施建设“十三五”规划》，截至2015年底，河南粮食系统建设了省粮食局、郑州、开封、洛阳、平顶山、新乡、焦作、濮阳、许昌、三门峡、南阳、商丘、信阳、周口、驻马店、济源 16 个省内重点物流节点，合计建设仓容 48 万吨，如前文表 4 所示。到 2017 年底，河南将规划建设 21 个省内粮食物流节点，规划建设仓容达 63.5 万吨。到 2020 年底，河南将规划建设 23 个省内粮食物流节点，规划建设仓容达 68.5 万吨。

2011—2015 年，河南粮食系统共建设物流设施项目 26 个，总投资金额 9.2 亿元，建设仓容达 139.06 万吨。其中，粮食物流设施建设仓容达 139.06 万吨，粮油深加工项目个数累计 176 个，如表 4、表 5 所示。

表 4　粮食物流设施建设情况

单位：个、万吨

年份	2011	2012	2 103	2014	2015	合计
粮食物流设施项目个数	4	5	5	8	4	26
粮食物流设施建设仓容	17.6	28.7	34	48.2	10.56	139.06
粮油深加工项目个数	0	46	70	60	0	176

数据来源：《河南省粮食物流设施建设“十三五”规划》[3]（2017）。

表 5　粮食物流设施建设资金投入

单位：万元

项目类别	2011 年			2012 年			2013 年		
	总投资	中央投资	省级投资	总投资	中央投资	省级投资	总投资	中央投资	省级投资
物流项目	10 700	1 400	0	23 250	1 400	0	18 850	1 900	0
深加工项目	—	—	—	3 500	0	3 500	4 700	0	4 700

项目类别	2014 年			2015 年			合计		
	总投资	中央投资	省级投资	总投资	中央投资	省级投资	总投资	中央投资	省级投资
物流项目	31 327	3 500	0	8 050	1 850	0	92 177	10 050	0
深加工项目	5 000	0	5 000	—	—	—	13 200	0	13 200

数据来源：《河南省粮食物流设施建设“十三五”规划》[3]（2017）。

截至 2015 年底，河南粮食系统拥有各种粮库完好仓容 5 950 万吨，拥有各类粮食仓库（库区）2 467 个。其中，完好仓容 7 184 万吨，简易仓 768 万吨，油罐 1 183 个，总罐容 113 万吨，如表 5 所示。从粮仓类型看，各类粮食企业平方仓容 5 489 万吨，浅圆仓仓容 97 万吨，立筒仓仓容 266 万吨，楼房仓仓容 1 024 万吨，其他仓型 308 万吨，如表 4－6 所示。从粮库规模看，10 万吨以上的粮库 116 个，5 万～10 万吨的粮库 174 个，2.5 万～5 万吨的粮库 381 个，其余为 2.5 万吨以下。拥有铁路专用线总长度 119 千米，有效长度 65 千米，如表 6、表 7 所示①。

表 6　各类粮食企业仓（罐）容

单位：万吨

	完好仓容	简易仓	油罐个数	总罐容
各类粮食企业	7 184	768	1 183	113
国有企业	4 475	516	351	44
中储粮	1 045	193	70	21
非国有企业	2 647	252	709	61
外资粮食企业	62	—	123	8
粮食收储企业	5 001	655	655	23
成品粮有加工企业	1 866	83	524	69
粮食转化企业	518	54	698	282

数据来源：《2015 年粮食行业统计资料》（2017）。

表 7　粮食仓型与仓容情况

单位：万吨

完好仓容										
平方仓		浅圆仓		立筒仓		楼房仓		其他仓型		总计
小计	15 年以上	小计	15 年以上	小计	15 年以上	小计	15 年以上	小计	15 年以上	7 184
5 489	1 495	97	5	266	48	1 024	5	308	115	

数据来源：《2015 年粮食行业统计资料》（2017）。

实际上，与跨省散粮物流节点的发展情况类似，河南省内粮食物流节点的建设也不明晰。这主要基于以下判断②：

（1）粮食物流发展缺乏现代物流意识。近 5 年来河南粮食物流设施建设力度越来越大，但粮食物流总体发展比较缓慢。主要表现在：政府对发

① 数据来源：国家粮食局 2015 年粮食行业统计资料。

② 为了解河南粮食物流发展现状，笔者走访了河南省粮食局、中华粮网、河南粮食交易物流市场，聆听了多位行业专家对河南粮食物流发展的意见和看法。感谢河南粮食局、中华粮网、河南粮食交易物流市场等单位提供的大力支持和帮助。

展粮食现代物流缺乏减税、增资、开辟“绿色通道”等政策支持；企业对发展粮食物流则缺乏现代物流意识和企业创新精神，致使粮食物流发展前景并不明朗。

(2) 粮食物流节点之间的层级关系尚不明确。河南省内各物流节点之间没有明确的功能分工与发展定位，缺乏明确的衔接与层级关系，物流设施建设多集中于粮库本身的功能性完善，而不是物流功能的适应性拓展。

(3) 粮食物流运作缺乏强有力的龙头企业。粮食属于大宗商品，需要一定规模和资金实力的企业才能有效运转。如果达不到一定的物流当量，将难以发挥现代物流的网络优势，造成不经济现象。这就需要粮食企业具备超强的融资能力和资金实力，以便集聚大量的流通实体，提高物流运作效益。粮食现代物流强调以粮食龙头企业为核心，以经济规模为基础，结合物流辐射的有效范围，实现区域内外各种原粮与制成品从供应地向接受地的有效流动、信息反馈与服务增值[8]。2016 年，河南积极稳妥推进国有粮食企业改革，大力发展粮食产业经济，成功组建中原粮食集团，为未来粮食产业转型发展提供了有力支撑①。

(4) 根据《河南省粮食物流设施建设“十三五”规划》，河南正在逐步形成以现代粮食物流园区为龙头、一级节点库为重点、中心库与骨干为补充和基层收纳库为支撑的粮食仓储物流体系。未来 5 年规划的粮食综合物流园区如表 8 所示。

表 8　粮食综合物流园区一览表

序号	园区（节点）名称	规划面积（亩）	规模（万吨）		园内分区				功　能			
			仓容	中转能力	仓储	加工	贸易	综合配套	贸易	信息服务	运输配送	电子交易
1	郑州粮食现代物流园区	100	8	40	√	√	√	√	√	√	√	√
2	开封城南粮食物流园区	300	12	70	√	√	√	√	√	√	√	√
3	新乡粮食现代物流园区	555	20	100	√	√	√	√	√	√	√	√
4	豫粮集团濮阳粮食产业园	608	6	60	√	√	√	√	√	√	√	√

① 资料来源：2017 年河南省粮食工作会议，国家粮食局门户网站。

（续）

序号	园区（节点）名称	规划面积（亩）	规模（万吨）		园内分区				功能			
			仓容	中转能力	仓储	加工	贸易	综合配套	贸易	信息服务	运输配送	电子交易
5	许昌市粮食物流园区	1 500	15	292	√	√	√	√	√	√	√	√
6	南阳市溧河物流园区	70	6	30	√	√	√	√	√	√	√	√
7	商丘粮食物流园区	300	20	40	√	√	√	√	√	√	√	√
8	周口粮食现代物流园区	150	6	100	√		√	√	√	√	√	√
9	信阳粮食现代物流园区	300	20	60	√	√	√	√	√	√	√	√

数据来源：《河南省粮食物流设施建设“十三五”规划》[3]（2017）。

（三）粮食物流流向流量总体情况

河南省粮食流通量较大，全省粮食商品量超过 3 200 万吨。其中，省内粮食年流通量为 2 650 万吨，商品率高达 60%。中央储备粮在河南省储备规模占全国的 1/10，每年有 1 550 万吨以上粮食（原粮）调出省外。

1. 河南粮食物流的流体分类

从粮食物流的流体看，河南粮食物流的流体主要分为原粮、成品粮和加工品。而且，随着国家粮食战略工程河南粮食生产核心区建设的深化，成品粮、加工品所占的比重将逐年增加，如表 9 所示。这种现象是由以下原因决定的：

（1）粮食生产核心区脱胎于原来的粮食主产区，经济发展相对滞后，人均财政收入低。

（2）粮食生产的弱质性强，种粮附加值低。粮食主产区与粮食主销区之间的利益补偿机制尚不完善，所发挥的作用还非常有限。

（3）对粮食主产区而言，当前的出路只有不断拉长粮食产业链，加强粮食与食品加工，提高粮食附加值，提高粮食生产核心区内经济发展水平。

因此，粮食生产核心区建设会对粮食物流要素产生重要影响，从而导致河南粮食物流流体发生了巨大变化。

2. 河南粮食物流的流量流向

(1) 粮食流出情况。从粮食流出情况看，河南主要流出品种为小麦、玉米、面粉和各种加工品，如表 9 所示。其中小麦流量为 1 000 万吨，流出地主要为山西、陕西、河北、贵州、湖南、广西、广东、江西、福建等。玉米流量为 250 万吨，流出地主要为安徽、山东、湖南、重庆、河北、江西、广东、广西。稻谷流量为 25 万吨，流出地主要为湖北、广东、江西。成品粮和加工品流出约 600 万吨，主要流向全国各地。

表 9 河南粮食物流的流体、流向和流量总体情况

流体分类 \ 流向流量			流向	载体	常年流出数量预计（万吨）	粮食调出地（省）
流体	原粮	小麦	河南→省外	粮食物流中心	1 000	山西、陕西、河北、贵州、湖南、广西、广东、江西、福建
		玉米	省外→河南		40	东北、河北、山东
			河南→省外		250	安徽、山东、湖南、重庆、河北、江西、广东、广西
		稻谷	省外→河南		50	东北、湖北
			河南→省外		25	湖北、广东、江西
	成品粮		省外→河南	粮食物流园区	—	主要粮食加工省份
			河南→省外		—	全国各地
	加工品		省外→河南	粮食产业园区	—	主要食品加工省份
			河南→省外		—	全国各地
合计	原粮、成品粮和加工品		河南→省外	—	2 000	全国各地

数据来源：《河南省粮食物流设施建设“十三五”规划》[3]（2017）。

(2) 粮食流入情况。从粮食流入情况看，主要流入品种为玉米、稻谷、大米、油菜籽、豆粕、杂粕、菜籽粕等①。其中玉米、稻谷为品种调剂，玉米流量为 40 万吨，流入地为东北、河北、山东；稻谷主要流向为

① 资料来源：笔者对河南粮食交易物流市场调研所得，感谢河南粮食交易物流市场总经理助理肖磊对调研给予的大力支持。

50 万吨，流入地为东北、湖北，见表 9。

3. 河南粮食物流的载体转型

（1）河南粮食物流的流体变化引致了载体的转型，如表 9 所示。对粮食主产区而言，主要以粮食储存为主，兼有一定的流通功能。粮食物流的流体主要是原粮，粮食物流的载体主要是储备仓库、散粮汽车、皮带输送机等设施和设备。这种载体形式主要适用于原粮的物流活动，远远不能满足粮食生产核心区的物流需求。

（2）粮食生产核心区建设过程中，商品粮的流通率会进一步提高，流通速度会大大加快；粮食初级加工和精深加工的比例会大幅增加，粮食的流向会更加合理。因此，粮食生产核心区的物流载体功能不应以单一的储存为主，而是形成能够更好体现粮食流通与加工功能的粮食物流园区。近年来，全国正在建设的多处粮食物流园区已经证实了这种载体的转型。

（3）对河南粮食行业而言，当前产业发展早已不是简单的食品加工，而是体现更大的“雄心壮志”，打造“国人厨房”和“世界餐桌”，创造万亿能级的支柱产业。在这种情景下，粮食产业园区便成为重要的物流载体形式。

4. 主要判断和结论

（1）河南粮食物流多关注小麦、玉米、稻谷等原粮的流向、流量，而对下游成品粮、食品的物流情况关注较少。这无疑将上游的原粮物流与下游的成品、食品物流割裂开来，将粮食供应链分割为多个环节，不利于粮食物流的整体优化。上游原粮物流的政策性很强，下游成品粮与食品物流的市场化程度高。当粮食产业链下游的市场需求逐级向产业链上游传递时，可能会受制于政策的约束而使消费需求发生扭曲，由此导致上游粮食生产品种的单一化和同质化。

（2）河南粮食核心区建设过程中，粮食物流运营优化必须沿着供应链方向进行。在优化时需要先设计与构建原粮供应链或成品粮供应链，再利用政策契机实现粮食供应链上下游的对接，形成一个完整的、协同的粮食供应链。由于原粮物流与成品粮物流的驱动原理不同，其发展策略也不尽相同（图 2）。

（3）无论是上游粮食生产基地的新建或扩并，还是中游粮食流通政策的变化，都必须考虑这些改变对粮食物流的影响。除了新建、改扩建粮食仓库、建设粮食物流中心或物流园区以及优化粮食物流通道以外，还需要深入探讨粮食物流运作的特点。原粮物流在由田间流向粮食收储企业、由粮食收储企业流向粮食加工企业的过程中，其结构呈现出订单方向与物流方向大致趋同的特征，如图 2 所示。特别是在粮食供应链的中游，政策性粮食通过拍卖机制投向市场，订单方向与物流方向趋同的特征更为明显。

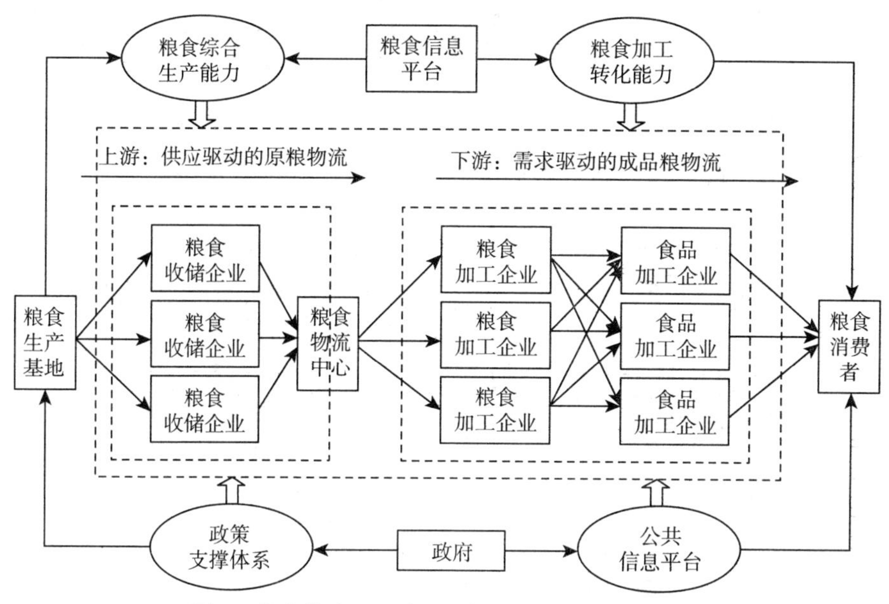

图 2　粮食物流：上游原粮物流与下游成品粮物流

数据来源：李凤廷、侯云先、胡会琴[1]（2013）。

（4）原粮物流的结构特征一方面凸显了粮食作为战略资源的首要地位，同时也对粮食物流运作产生了重要影响。根据结构决定行为的观点，供应驱动可能会受到反“牛鞭效应”的影响，其运作重点是“联通多个市场，开发多个线路”，解决供应通道中的瓶颈问题。因此，河南粮食产业链上游的原粮物流为达到高效运作以支撑和促进粮食生产核心区建设，需要在粮食物流发展政策的支持和带动下，关注供方各环节的资源整合，加强纵向（上下游）与横向协调能力，促进粮食供应链上游的二维协同，提高核心区内的粮食物流能力，如图 3 所示。

（5）需求驱动是下游粮食供应链运作的本质要求。大力发展粮食产品精深加工，促进初级农产品加工转化增值，有效延长粮食产业链条，提高农业整体效益，已在粮食生产核心区的实践过程中得到了充分论证，也成为助力核心区工业化与农业现代化协调发展的有效路径。因此，粮食供应链下游以成品粮为主、需求驱动的特点，一方面是由于粮食生产核心区建设促使产区必须提高粮食加工转化的能力，选择产业化加工的路径；另一

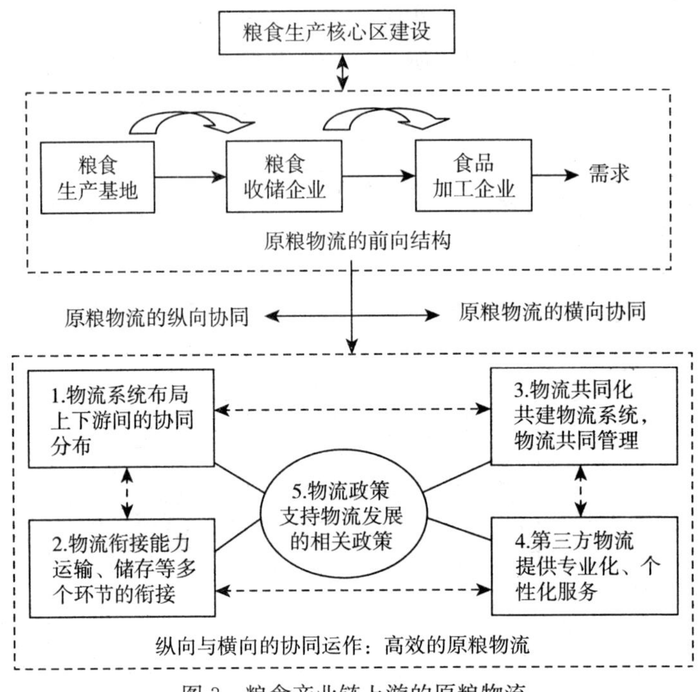

图 3　粮食产业链上游的原粮物流

数据来源：李凤廷、侯云先、胡会琴[1]（2013）。

方面也在于近几年产区经济发展培育了若干具有一定资金实力和规模的粮食企业，为粮食下游供应链构建与整合提供了条件。

（6）与原粮物流不同，成品粮物流在运作结构、目标和策略等方面具有差异性。成品粮物流呈现出订单方向与物流方向相反的结构，即粮食企业根据客户订单生产客户需要的产品，再将产品按照“7R”的要求送达客户，寻求客户满意度的最大化。这种结构特点同样决定了粮食供应链上下游在运作层面的本质区别。成品粮供应链的运作以市场驱动为主，侧重挖掘现有客户和潜在客户的需求，设计和开发具有差异化的产品，如优质强筋小麦粉、优质大米及其他粮食深加工产品等。

（7）下游的成品粮或食品物流可以借鉴制造业供应链的运作模式和管理方法，如准时制（JIT）模式、按订单生产（MTO）、供应商管理库存（VMI）等。在吸收这些成功管理经验的同时，必须考虑到粮食行业的特殊性，并将这些技术加以灵活应用。同时，由于我国的食品加工业与汽车、电子等制造业相比，还有很大的差距，粮食加工企业、食品加工企业及其与市场或客户的纽带还没有真正联系起来。此外，成品粮物流设备具有专业化和独特性，如小麦粉的“四散化”运输、速冻食品的全程冷链运输等所需的物流技术和装备，都与普通产品物流大不相同，对协同强度有着更高的要求。因此，根据现阶段成品粮物流的发展需求，成品粮物流的运作应具有一定的柔性与敏捷性，能够快速满足客户的物流需求；在运作策略上，强调粮食物流设施与设备的利用率，以提高成品粮供应链信息共享程度、发展与壮大成品粮第三方物流企业、加强成品粮企业共同配送为主。

（8）对粮食产业链下游的成品粮和食品物流而言，其物流运作还存在非常大的发展空间。能否搭上“互联网＋”发展快车，充分挖掘“第三方利润源”的战略价值，塑造“互联网＋”高效物流的平台优势，将是未来粮食物流发展的重要问题。

（9）河南粮食生产核心区建设的过程，同时也是河南粮食物流不断调整、逐步优化并有序发展的渐进过程。因此，粮食供应链上下游的对接也是一个循序渐进的发展过程。当前粮食供应链受政策机制约束、信息共享滞后、企业规模和实力不足等条件的影响，不大可能在短时间内一蹴而就。要形成一个较为完整的链条，可以学习并吸取发达国家粮食供应链管理的经验，但要注意这样一个事实：经济发达国家的粮食供应链管理主要是诱导性和自发性的，河南粮食供应链管理发展前期需要以政府或核心企业为主强制性推进，后期则以诱导性和自发性为主[9]。

（10）河南粮食供应链上下游的对接有多种途径。首先，粮食加工企业向上游整合，采取订单农业的方式完成一体化供应链的构建；其次，上游粮食生产企业采取合作化的方式进行规模化生产，再整合下游粮食加工企业，开发和生产差异化的产品；最后，利用粮食现代物流中心或物流园区建设的契机，同时整合上下游。

（四）流通主体和运输方式基本现状

1. 河南粮食物流的流通主体

从流通主体看，河南省粮食流通主体包括粮食经纪人、粮油食品加工企业、制酒企业、成品粮油加工企业、饲料企业、粮食精深加工企业、粮食购销企业、粮食物流企业等。据统计，截至2014年秋，河南粮食经纪人约2万个，占全省粮食流通主体的94.2%，规模小、实力差。截至2015年底，河南拥有各类粮油加工企业114个，制酒企业22个，小麦粉加工企业610个，大米加工企业166个，杂粮及薯类加工企业13个，食用油薯类加工企业 57 个，饲料企业 198 个，酒精企业 22 个，淀粉企业 25 个，如表 10 所示。

表 10　河南粮食流通主体和物流方式

<table>
<tr><th colspan="2">流通主体类型</th><th>数量（个）</th><th>比例（%）</th><th>特点</th><th>运输方式</th></tr>
<tr><td colspan="2">粮食经纪人</td><td>2 万</td><td>94.2</td><td>数量很多，规模小，实力差</td><td>利用三轮车、厢货面包车或大型车辆运输粮食，运输范围在 30～40 千米左右</td></tr>
<tr><td colspan="2">粮油食品加工企业</td><td>114</td><td>0.54</td><td rowspan="9">有一定规模和资金实力，产品有一定的品牌知名度，建立了较为广泛的销售网络</td><td rowspan="9">多数粮食企业采用自营物流方式，能够综合提供第三方粮食物流服务的企业数量颇少，物流增值服务较为匮乏</td></tr>
<tr><td colspan="2">制酒企业</td><td>22</td><td>0.10</td></tr>
<tr><td rowspan="4">成品粮油加工企业</td><td>小麦粉加工企业</td><td>610</td><td>2.87</td></tr>
<tr><td>大米企业</td><td>166</td><td>0.78</td></tr>
<tr><td>杂粮及薯类加工企业</td><td>13</td><td>0.06</td></tr>
<tr><td>食用植物油加工企业</td><td>57</td><td>0.27</td></tr>
<tr><td colspan="2">饲料企业</td><td>198</td><td>0.93</td></tr>
<tr><td rowspan="2">粮食精深加工企业</td><td>酒精企业</td><td>22</td><td>0.10</td></tr>
<tr><td>淀粉企业</td><td>25</td><td>0.12</td></tr>
</table>

数据来源：根据穆中杰[10]（2015）和 2015 年粮食行业统计资料（2017）整理所得。

2. 河南粮食物流的运输方式

从流通方式看，河南省散粮汽车运输进入快速发展阶段，散粮火车和内河散粮船舶运输刚刚起步。其中，省内粮食流通以汽车散运为主，跨省长距离粮食流通以包粮火车运输为主。粮食出库环节基本采用包装，抵达目的地后还需拆包。整个流通环节需要经过多次灌包、拆包，导致粮食物流成本高、损耗大、掺混杂质情况严重。

对粮食经纪人而言，由于实力小，他们通常利用三轮车、厢货面包车或大型车辆运输粮食，运输范围在 30～40 千米左右[10]。对河南大型粮食物流企业而言，虽已形成一定的规模，但多数粮食企业只能简单地提供运输（送货）和仓储服务，而在流通加工、粮食物流信息服务、库存管理、粮食物流成本控制等粮食物流增值服务方面，还有待提升。

3. 主要判断和结论

（1）河南粮食物流的流通主体规模偏小，粮食物流运作水平较低，需要依托核心企业对粮食产业链的上游、下游进行不断整合，以形成一个产品结构完善、地域结构合理、信息系统通畅的供应链系统。

（2）为消除规模不经济的现象，河南粮油企业的供应链整合不应一味地局限于主导企业粮食供应链的链内整合，应突破供应链范围的窠臼，侧重于主导企业供应链与合作企业供应链的整合活动。事实上，主导企业供应链与合作企业供应链并不是一开始就能融合与协同的，必须要进行包括链内、链间整合等一系列过程才能合二为一，最终获取协同效应。

（3）粮食供应链整合有链内整合、链间整合和交互整合三种。不同企业规模、所处环境、发展阶段不同，其整合范围和程度也不同，如表 11 所示。河南粮食核心区或粮食生产功能区建设过程中，一方面会促进主食产业化的大力发展，另一方面也会吸引跨国粮商因抢占粮源而对我国粮食产业的加速渗透。面对高度复杂和剧烈变动的外部环境，进行规模重组、实施从田间到餐桌的供应链整合已成为粮食企业发展与成长的一种趋势。当然，在粮食生产核心区中，粮食企业的整合策略是选择链内整合，还是选择链间整合或交互整合？整合过程中能够达到链的合作层次？还是链的协调或链的协同层次？这取决于粮食企业的竞争环境、共享资源以及买方关注等条件，如表 11 所示。

表 11　粮食流通主体供应链整合的类型、范围和特点

概念	整合类型	整合范围	整合条件	整合特点
供应链整合	链内整合	以主链为控制界域	主导企业对主链内的资源有一定的控制力	等同于原供应链整合，由主导企业对主链内的资源进行整合，整合难度较小，易成功，但容易忽视供应链以外的资源
	链间整合	超越主链范围，但不包含所有的副链	既要求主导企业对主链有较大的控制作用，又要求合作企业对副链有一定的影响力	不同于原有的供应链整合，由主导企业通过合作企业而对副链的资源进行整合，有较大难度，整合幅度较大
	交互整合	在主链、副链的范围内进行整合	主导企业与合作企业都对所处的链条有很大的控制作用，并且有相互关联的业务范围	不同于原有的供应链整合，由主导企业对主链与副链的资源进行整合，整合结果为一条协同的粮食供应链，但整合时间长，过程复杂，整合幅度与难度也最大

资料来源：李凤廷、侯云先[11]（2014）。

（4）要提高河南粮食流通主体的规模和实力，需要确立主导企业、制定粮食供应链战略、整合链内资源、利用链间资源、进行交互整合等步骤，逐级提高粮食流通主体的整合绩效和竞争优势，如图 4 所示。

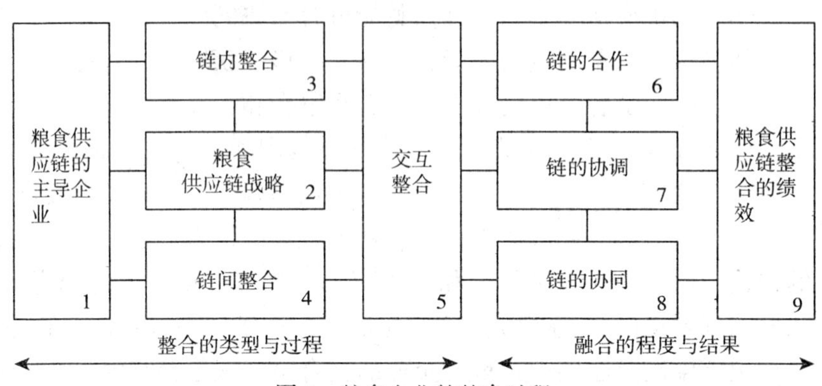

图 4　粮食企业的整合过程

资料来源：李凤廷、侯云先[11]（2014）。

（5）供应链整合的终极目的是要获取整合后的协同效应。但众所周知，供应链整合过程并不是一帆风顺的，多数企业还处于不断的整合过程中。针对这种情况，常用整合绩效描述供应链整合的情况。粮食供应链整合的绩效与整合类型、整合过程以及整合的层次都有非常大的关联，如图 5 所示。为提高粮食供应链整合的绩效，特别需要重视供应链整合的过程管理。链的过程管理需要注意以下几个关键成功因素[12]：制定合作计划，并使得活动计划达成一致协议；确定目标并形成明确的分配方案；制定清晰和有效的沟通计划；对各自文化的相互理解；与其他合作伙伴的合作经历。

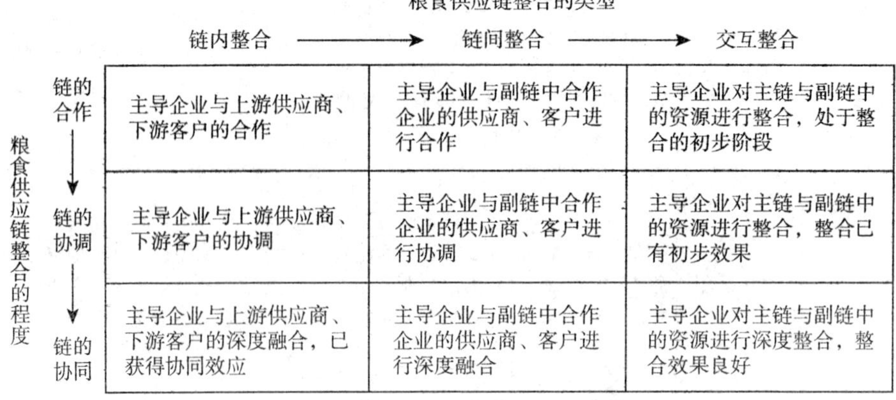

图 5　整合类型与整合层次的关系

（6）在粮食企业实施供应链整合的过程中，学习卓越供应链的运作经验非常必要。例如，在合作伙伴的管理上，利益的分配是最敏感也是最容易导致关系波动的因素，而嘉吉的做法是开诚布公，利益共享。粮食企业可以选择嘉吉、中粮等粮食企业作为行业标杆，也可以选择 IBM、利丰等非粮企业作为标杆，学习他们如何管理供应链的过程，如何把握关键成功要素，如何加强链内成员的沟通，将更有助于粮食企业供应链系统的顺畅运作。

（五）粮食装备和信息技术应用情况

1. 河南粮食装备应用情况

截至 2015 年底，河南省国有粮食企业完好仓容 4 475 万吨。其中，应用环流熏蒸技术的仓容达 2 667 万吨，应用粮情测控系统的仓容达4 385 万吨，应用机械通风的仓容为 4 694 万吨，应用谷物冷却的仓容为 357 万吨，应用气调储粮技术的仓容达 465 万吨。计算机管理系统、环流熏蒸系统、粮情检测系统等先进储粮和管理手段的应用，提高了储备粮管理水平和粮食企业的效益，确保了储粮安全。

2. 粮食信息技术应用情况

河南粮食信息优势地位明显，全省正在探索建设国家交通物流大数据创新应用示范区和国家农业粮食大数据创新应用先行区，粮食信息网络发展处于全国领先地位。截至 2016 年底，全省 371 个粮库智能化升级改造项目已全面开工，省级智能化综合信息管理平台正在抓紧建设，全省粮食行业信息化平稳推进。

中华粮网是国内粮食行业规模最大、实力最强的电子商务门户网站之一，集电子交易、信息服务、价格发布、网络认证等功能于一体，在应用信息化手段促使粮食物流与电子商务的结合方面取得成果。

郑州粮食批发市场积极推行信息化改造，推动粮食批发交易的网上远程交易，已经成为国家储备粮、最低收购价粮食等政策性粮食的重要交易平台。郑州商品交易所的“郑州价格”已成为粮食价格波动的“晴雨表”。“中华粮网”、河南省粮食交易物流市场等不断完善信息网络，发展成为集电子商务、仓储物流等多功能为一体的复合型平台。

3. 主要判断和结论

（1）物流装备和信息技术是河南粮食物流跨越式发展的“两只翅膀”。从粮食装备情况来看，与粮食流通相关的技术和装备主要集中于环流熏蒸、粮情测控、机械通风、谷物冷却等方面，有关散粮车、粮食集装箱等粮食物流装备相对较少。同样，粮食信息技术的应用还主要体现在储粮环节，对粮食物流运作的支撑作用还不太明显。

（2）随着互联网的普及和广泛应用，“互联网＋”作为新的经济形态深刻改变着传统发展模式，是粮食流通产业转型升级最突出、最重要的发展手段。河南推进“互联网＋粮食物流”，会为牢固树立“五大发展理念”增添腾飞的有力翅膀，会为总体推进“五大体系”建设提供强大的动力引擎，会为粮食供给侧结构调整提供崭新的发展平台，会为粮食行业转型升级提供良好的商业模式。

（3）河南粮食产业的发展，需要以发展粮食流通为先导，通过政府引导、市场化运作，重点扶持一批粮食批发、加工和贸易企业兼并重组，组建集团化、规模化的大型粮食流通产业集团，通过平台搭建、跨界融合、创新驱动、生态塑造的思路，以发挥“互联网＋”的网络效应，挖掘粮食物流的高效开源价值，推动产业转型升级，并不断创造出新产品、新业务和新模式，构建连接一切的新生态，如图 6 所示。

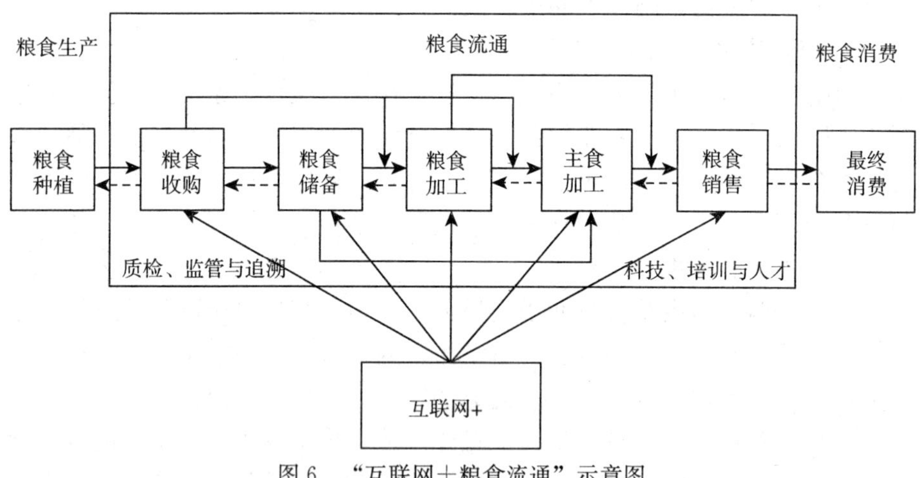

图 6　“互联网＋粮食流通”示意图

二、河南主要粮食品种跨区域流通情况

（一）总体流通情况

作为全国重要的小麦生产大省和食品加工大省，河南不仅保障了河南省 1 亿人口的粮食安全，每年还输出 1 000 万吨小麦、250 万吨玉米、25

万吨稻谷、600 万吨成品粮和加工食品，总计约 2 000 万吨，如表 8 所示。随着河南城镇化的加快推进、主食产业化的迅猛发展，预计跨省成品粮、加工品流量将进一步增加。为提高河南主要粮食品种跨区域流通效率，可以通过粮食收纳库将省内多个节点的粮源集聚于粮食战略装车点，并通过粮食运输通道（跨省通道）运往粮食销区战略卸车点，如图 7 所示。

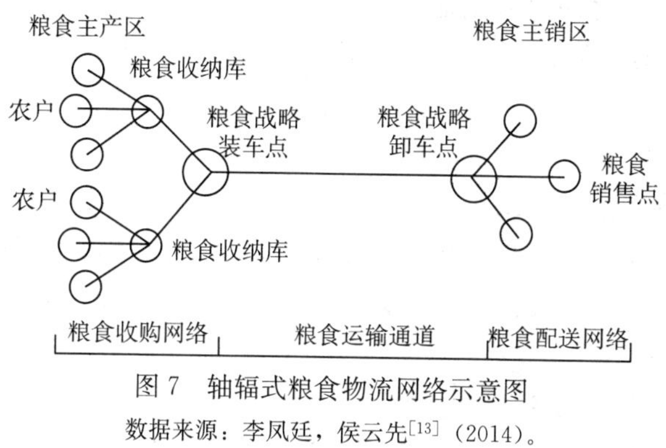

图 7　轴辐式粮食物流网络示意图

数据来源：李凤廷，侯云先[13]（2014）。

（二）主要跨省散粮通道

关于主要跨省散粮通道的分析与前述内容有类似之处。实际上，由于不同规划文件对河南跨省散粮节点的定位不同，所形成的主要跨省散粮通道也不同。根据《河南省粮食物流设施建设“十三五”规划》，河南省位于黄淮海小麦主产区，与黄淮海小麦流出通道相衔接，初步或正在形成 5 条跨省粮食物流通道，跨省粮食（原粮）调出量现状及未来估测如表 12 所示。围绕跨省通道，形成了连接省内产销、加工区的粮食物流通道网络体系。

表 12　跨省粮食（原粮）调出情况

单位：万吨

跨省粮食物流通道	2010—2015 年均调出量	2016 年调出量	2020 年预测调出量
河南—华南粮食输出通道	440	500	750
河南—华北粮食输出通道	190	200	320
河南—华东粮食输出通道	190	200	320
河南—西南粮食输出通道	80	100	160
合计	900	1 000	1 550

资料来源：《河南省粮食物流设施建设“十三五”规划》[3]（2017）。

1. 河南—华南粮食输出通道

省内粮食输出地主要为商丘、周口、开封、驻马店、信阳、南阳等市，省外粮食接收地为广东、福建及湖北、湖南、广西、云南等，品种主要是小麦、稻谷和少量玉米，占跨省粮食调出量的50%。同时，信阳地区还隶属于长江中下游稻谷流出通道。

2. 河南—华北粮食输出通道

省内粮食输出地主要为商丘、新乡、开封、安阳、濮阳、焦作等市，省外粮食接收地为北京、天津、河北、山西等省，品种以小麦为主，占跨省粮食调出量的20%左右。

3. 河南—华东粮食输出通道

省内粮食输出地主要为周口、商丘、开封、濮阳、信阳、南阳等市，省外粮食接收地为上海、江苏、浙江、山东等，品种主要是小麦、玉米，占跨省粮食调出量的20%左右。

4. 河南—西南粮食输出通道

省内粮食输出地主要为南阳、驻马店、漯河等市，省外粮食接收地为四川、重庆、贵州、云南等，品种主要是小麦、玉米及稻谷，占跨省粮食调出量的10%左右。

5. 河南沿淮河水运粮食输出通道

随着淮河及其支流航运条件的改善，为河南粮食输出提供了新的流通渠道，通过建设周口、漯河等沿淮河粮食码头物流项目，开辟粮食水运新通道。

（三）跨省粮食运输方式

河南跨省粮食流通方式以铁路运输为主、内河运输为辅，南北方向的粮食运输主要通过京广、京九和焦柳等铁路线，东西方向主要通过陇海、宁西、新焦、新荷等铁路线和省内淮河支流。跨省物流通道示意图如图8所示。

（四）主要判断和结论

（1）跨省散粮通道建设非一朝一夕之功。明确各个散粮节点的功能分工和战略定位，加强各级地市粮食局之间的合作，是建设跨省散粮通道的重中之重。对地方政府而言，在粮食安全省长负责制下，各级地方政府仅关注辖区内的粮食安全，而忽视了辖区外事关全局性的轴辐式物流网络共

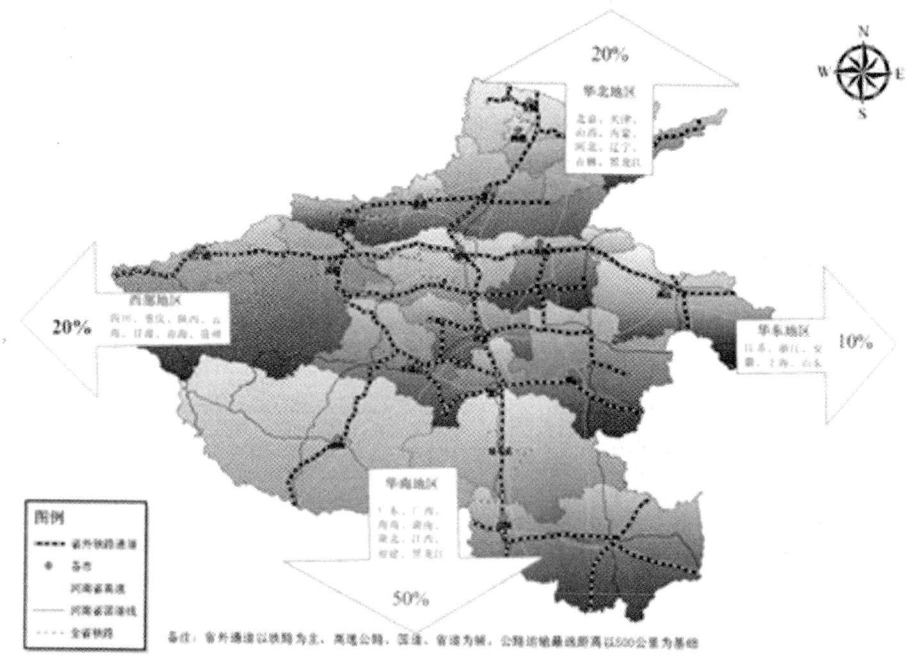

图 8　河南跨省粮食物流通道示意图

数据来源：《河南省粮食物流设施建设“十三五”规划》[3]（2017）。

建。由于地方利益的驱使，他们会努力争夺国有资本在辖区内的投资和工程项目，而一旦项目落在别处便没有动力与辖区之外的地方政府共同投资建设粮食物流通道。

（2）由于粮食产销之间的合作机制尚未建立，除缺粮省份有动机与产区建立产销间的纵向衔接外，产区之间或销区之间的网络建设几乎没有合作。因此，粮食物流的节点选择、通道建设等往往不是从提高全局的粮食流通效率考虑，而是各级政府之间博弈的结果，致使有限的国家投资分散在产区和销区，无法突破粮食物流的瓶颈制约。

（3）近年来粮食流通改革与发展的历程表明，粮食物流固然离不开粮食流通市场化的驱动，却又不能完全依赖市场的发展[14]。无论是粮食物流的公共物品特性，还是物流网络的外部性和规模效应，以及粮食物流市场的“第三类型市场失灵”[15]，都决定了政府在粮食物流网络建设中的投资主体地位。但是，政府对粮食物流网络的外在驱动力不够强大、粮食物流的公共性不足是造成我国粮食物流通道实施不易、进度较缓的首要原因。

（4）跨省散粮物流还处于由直通式网络向轴辐式网络的过渡，还存在运输线路多、网络复杂、运营主体数量多、规模小等问题。要想获取轴辐式粮食物流网络的规模收益，必须加强对粮食物流网络的协同整合。整合过程中所涉及的影响因素包括直接驱动因素、网络内部驱动因素、外部环境驱动因素，河南粮食企业的整合策略可分为物流网络节点的竞争化、物流载体利用的共同化、物流管理的共同化和网络资源的共同化，且从最左端过渡到最右端形成一个连续体结构，如图 9 中间层所示。

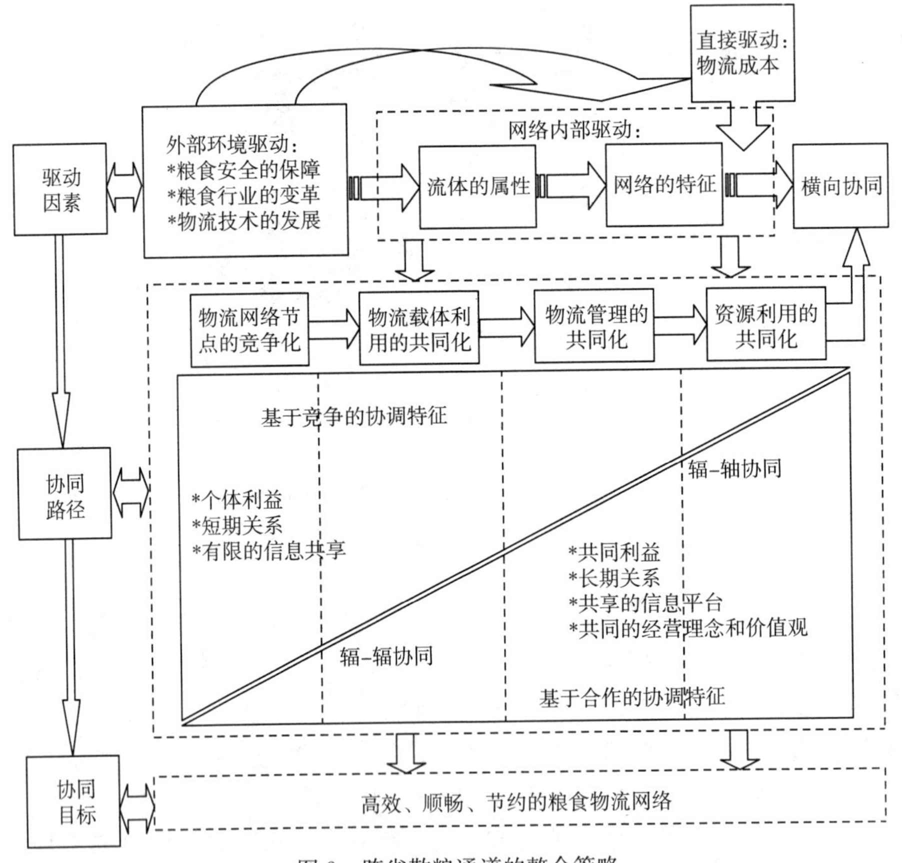

图 9　跨省散粮通道的整合策略

数据来源：李凤廷，侯云先[13]（2014）。

（5）轴辐式粮食物流网络的横向协同是一个渐进过程，其遵循的基本逻辑是，先在辐与辐之间开展试探性的合作业务，如果达到预期目标，这种合作会根据业务需求进一步深化，并逐渐拓展至轴与轴之间的战略性合作。随着协作层次的提高，协同难度也不断增大，如表 13 所示。

表 13　轴辐式粮食物流网络的整合比较

协同类型	协同环节	协同节点	协同层次	协同特征
物流网络节点的竞争化	—	—	—	极端的竞争策略，强调竞争忽视合作
物流载体利用的共同化	辐—辐环节	农户，粮食收纳库，粮食销售点	战术层次	竞争占主导地位，但节点间已有部分合作
物流管理的共同化	辐—辐环节	农户、粮食收纳库，粮食销售点	策略层次	共同管理物流业务，但节点间仍有一定的竞争关系
网络资源的共同化	轴—轴环节	粮食物流中心，粮食战略装车点，粮食战略卸车点	战略层次	理想的协同策略，节点间充分信任，共享资源，知识和信息

资料来源：李凤廷，侯云先[13]（2014）。

三、河南代表性粮食批发市场与信息平台发展情况

批发市场和电商平台作为粮食流通的重要节点和信息中心，在河南粮食物流发展中起着举足轻重的作用。河南代表性粮食批发市场和信息平台有：郑州粮食批发市场、河南省粮食交易物流市场和中华粮网等。在国家政策的支持引导下，各地粮食批发市场积极开展粮食竞价交易、不断创新粮食交易方式、努力完善信息发布机制，在国家政策性粮食竞价销售、各级储备粮轮换、粮食产销衔接等方面也发挥了积极作用。例如，郑州粮食批发市场积极开发商品粮场际交易新模式，2014 年通过网上交易平台共成交粮油 100 余万吨，成交金额近 30 亿元。河南省粮食交易物流市场联合相关企业专门经营豆粕现货业务，逐步促进上游企业在电子商务盘中挂单、下游企业通过电子商务买单，推动了豆粕电子商务的快速发展。

（一）郑州粮食批发市场①

中国郑州粮食批发市场，是经国务院批准于 1990 年成立的我国第一家全国性、规范化的粮食批发市场，是河南省人民政府管理的国有独资企业，是国家发改委“全国农产品信息化建设骨干批发市场”、农业部“全

① 资料来源：中国郑州粮食批发市场网站．http：//www.czgm.com/index.htm，2017 年 5 月 16 日。

国重点农产品批发市场”和国家粮食局“重点联系粮食批发市场”，是我国最大的小麦交易中心。2006 年，郑州粮食批发市场被国家粮食局确定为郑州国家粮食交易中心。2010 年成交量 1 010 万吨，成为国内唯一年交易量超千万吨的粮食批发市场。

郑州粮食批发市场成立以来累计成交各种现货粮油 4 688 万吨，成交金额近 658 亿元，位居全国粮食批发市场首位。不断开展粮食市场理论研究与实践创新，开创国家政策性粮食通过粮食批发市场公开竞价交易之先河；创立的中华粮网已成为业内应用最广泛的网络平台；投资控股的河南数字认证中心，被确定为国家“互联网电子身份认证示范工程”项目，广泛应用于电子商务和电子政务；主管主办的《粮油市场报》已成为全国粮食行业重要的平面媒体；发起主办的一年两届的“中国粮食市场论坛”已经成为业内的精品论坛和理论前沿；每年出版一卷的《中国粮食市场发展报告》填补了我国粮食行业的一项空白；通过规范交易形成的郑州价格的晴雨表作用和对未来粮食价格的预测功能，已经成为企业经营决策和政府部门制定政策的重要参考。自 2006 年 11 月起，郑州粮食批发市场开始承担销售国家临时存储小麦的重要任务，为稳定市场粮价，实现国家对粮食市场的宏观调控做出了积极贡献。

（二）河南省粮食交易物流市场[①]

河南省粮食交易物流市场是经河南省人民政府批准于 2004 年 3 月 16 日由河南省粮食局直属的金地、金粮、金麦、金鼎四大粮食集团公司及河南省粮食科学研究所、河南省粮油饲料产品质量监督检验站共同组建成立的大型股份制企业，隶属于河南省粮食局，下设综合部、交易部、结算部、信息部、研发部和河南豫粮物流有限公司、河南豫粮宸光散装运输有限公司两个专业性公司以及原阳直属粮库。

河南省粮食交易物流市场成立以来，发展会员千余家，总资产达 9 000多万元。特别是 2005 年底 520 平方米新交易大厅的落成，使物流市场在原有计算机电子读卡和举牌竞价交易方式的基础上，增加了具有 300 多个固定电子席位的电子交易功能。本着“公开、公平、公正”的原则，物流市场先后成功举办了六次全国性的大型交易活动，六次全省军粮统筹

① 资料来源：粮安天下河南“王牌”响当当［OL］. http：//www. moa. gov. cn/fwllm/qgxx-lb/qg/201702/t20170216 _ 5485325. htm，2017 年 2 月 16 日。

采购，并承担着国家最低收购价小麦的竞价销售任务。河南省粮食交易物流市场的辐射半径为全国各地客户，以河南地区、河北及山东局部为主。主要交易品种为：小麦、稻谷、菜籽、豆粕等。2016 年，河南省粮食交易物流市场成为河南省唯一政策性粮食交易市场。

（三）中华粮网[①]

郑州华粮科技股份有限公司（中华粮网）是由中国储备粮管理总公司控股，集粮食 B2B 交易服务、信息服务、价格发布、企业上网服务等功能于一体的粮食行业综合性专业门户网站。

自 1995 年成立至今，本着“为深化粮食流通体制改革服务，为粮食企业生产经营服务，为粮食流通市场化国际化服务”的宗旨，不断增强技术实力、扩充服务范围，实现了粮食信息传播和交易的电子化，大大降低了交易成本、提高了企业运营效率，为我国粮食行业改革及提高企业经营管理水平做出了贡献，取得了良好的经济和社会效益。

中华粮网的运营特色主要体现在[②]：

（1）实现粮食线上交易，优化交易效率和成本。中华粮网粮食交易平台的搭建，突破了传统的空间限制，提供 24 小时的全天候营业时间，实现网上供需直接见面，省去中间环节，降低买卖双方的成本。销区的客户可以第一时间直接看到产区的第一手挂单，拉近了产区销区时空上的距离，同时，交易双方可以自由选择粮食交易平台提供的网上竞价、招投标、双向撮合、无线竞标和电子协商等多种交易模式，有效地达成交易，提高效率。使用粮食交易平台进行交易的粮食产品平均交易成本较传统方式降低 20%～30%。

（2）提供电子商务技术支持，完善在线交易体系。为了给粮食企业提供交易软件系统和售后服务及技术支持体系，中华粮网先后研发了多项粮食交易相关的平台和系统。其中，“价格中心”、“全国粮油价格监测系统”两套报价系统，具有相关地区的信息采集系统，可以及时监测各地粮油行情，并通过系统对比进行相关信息评判；“中储粮电子购销交易平台”是为中储粮系统开发、促进产销协作的企业交易平台，采用保证金为主、信

---

① 资料来源：中华粮网网站 . http：//www. cngrain. com/about/about，2017 年 5 月 16 日 .

② 资料来源：商务部 2013—2014 年度电子商务示范企业案例集［OL］. http：//dzsws. mofcom. gov. cn/anli/detal _ 9. html.

用评级为辅的交易机制，为企业用户提供集中与日常两种交易模式，并在市场信息、资金结算、交割、纠纷处理以及物流信息等方面提供商务服务；“商易付”是针对粮食行业 B2B 在线支付平台，帮助交易企业安全快速实现在线支付，降低交易成本，提高资金使用效率。

（3）搭建信息门户网站，打造粮食行业数据中心。中华粮网设立有各类信息栏目 200 余个，每天及时发布粮食相关信息约 1 000 余条，约 20 万字；每周为各地粮食贸易和加工企业发布供需意向信息 500 余条；全年发布的粮食市场周报、月报、季报、年报等分析性报告超过 100 期（份）；同时，应用微博、微信、客户端、手机报等移动电子商务手段，帮助用户随时随地通过移动终端获取粮食行业信息。

四、发展河南粮食现代物流的政策建议①

（一）加强集成创新，实现速度换挡

1. 以点连线，强化粮食物流通道和节点建设，构建集成创新体系

（1）围绕河南省物流规划提出的五大跨省粮食物流通道和省内粮食物流通道网络，突出“四散化”功能，强化综合配套，重点构建 80 个国家级和省级粮食物流中心节点。

（2）物流中心应做到高起点规划、高标准建设，合理布局、高效率运转，要具有较强的资源优势、较广的辐射范围和较大的发展空间。仓型首选适合机械化作业的浅圆仓、立筒库等，完善配套散粮中转码头、铁路散粮专用线等散粮接收、发放设施。推动水路、铁路和公路多种运输方式高效衔接，提高粮食快速中转能力。通过综合配套提高定位，发挥综合服务功能，运用现代信息网络技术建设粮食物流信息系统，逐步推进电子商务。配套建设粮油质量检验检测系统，加强粮油质量安全全程监控。

（3）加大力度招商引资，在国家政策支持范围内积极吸纳国际国内知名企业入住中心园区，鼓励配套发展粮油精深加工、食品、饲料等产业，提升产业层次，促使物流中心成为粮食产业集聚区。

（4）完善粮食市场流通体系，打通线上线下交易。实施粮食批发市场体系建设工程，重点建设和发展大宗粮食品种的区域性、专业性批发市场

① 根据《河南省粮食物流设施建设“十三五”规划》和《粮食物流业“十三五”发展规划》整理所得。

和大中城市成品粮油批发市场以及城乡粮食集贸市场。重点扶持郑州粮食批发市场、河南省粮食交易物流市场建设粮食物流信息平台，支持和鼓励其完善市场服务功能，发展网上交易、现货合同交易等新型交易方式，发挥在粮食交易、电子商务、物流配送和和粮价形成方面的龙头作用，建设成为全国性粮食批发交易物流市场和河南省粮食信息行业的领军企业、政府实施粮食宏观调控的重要载体。

（5）推进粮食物流公共信息平台与粮食购销、储存、加工企业及粮食物流相关部门的互联互通，在全省范围内选择150个左右符合条件的粮食购销、加工、储运等企业，建设企业物流信息管理系统，提升企业信息化水平，实现与粮食物流公共信息平台对接。

（6）支持商丘、漯河等地建设区域性粮食批发交易市场，在保证仓储、装卸、交易等功能的基础上，完善加工、包装、配送和信息处理等功能；规范发展城乡粮食集贸市场。形成以全国性粮食批发市场为龙头，区域性粮食批发交易市场为骨干，城乡粮食集贸市场为补充，物流、商流、资金流、信息流有机结合的新型粮食流通体系。

2. 以线带面，培育大型粮食物流企业，实现集成创新运营模式

（1）积极营造良好的市场竞争环境，鼓励、支持非公有制粮食物流企业发展，建立健全对各种所有制形式企业一视同仁的政策体系和管理机制，营造有利于非公有制经济发展的良好环境和条件。推动传统粮食储运企业创新经营管理机制，加快改造仓储设施，提高粮食进出库机械化作业水平；调整车型结构，配置散粮专用车辆，发展单元化散装运输，提高运输效率；建立信息管理系统，提高企业信息化水平，充分发挥粮食集并、储存、运输、分货配送、信息及综合服务功能的优势，逐步发展成为现代粮食物流中心。

（2）大力推动粮食物流资源整合。加快粮食物流资源重组整合步伐，走规模化、集约化发展的路子，提高粮食行业总体竞争力。围绕增强企业核心竞争力，鼓励优势企业开展跨地区、跨所有制的兼并重组，加快规模扩张。整合郑州粮食批发市场、河南省粮食交易物流市场、金地集团、河南省豫粮粮食集团、中原粮食集团等粮食购销企业的物流资源。联合中储粮河南分公司，组建大型粮食现代物流企业集团。

（3）运用现代物流理念，推动传统粮食储运企业创新经营管理机制，通过构建可追溯的信息系统，充分发挥集粮食集并、储存、运输、分货配送一体的综合服务，加快改造仓储设施，提高粮食进出库机械化作业水平；调整车型结构，配置散粮专用车辆，发展单元化散装运输，提高运输效率，逐步发展成为现代粮食物流中心。引导粮食批发市场转变传统经营模式，积极开展物流、信息服务等增值业务。促使粮食信息中心与粮食批发市场相辅相成，紧密联系，互相促进，提高粮食流通产业的市场竞争力，拓宽粮食流通行业的发展空间。

（4）引导粮食批发市场转变传统经营模式，积极开展物流、信息服务等增值业务。促使粮食信息中心与粮食批发市场相辅相成，紧密联系，互相促进，提高粮食流通产业的市场竞争力，拓宽粮食流通行业的发展空间，为农业供给侧改革提供抓手。

（5）大力推动粮食物流品牌建设。积极引进国内外优势企业＋合理引导企业提高核心竞争能力：大力开展招商引资，积极引进国内外优势企业，整合省内粮食企业，带动行业快速发展。支持郑州、新乡等市的大型骨干粮食企业与中央大型粮食企业集团的合资合作。精管细作，跨界融合、新兴市场建立高效的营销体系这四点，建立品牌产业链条，引导粮食企业利用期货市场套期保值，规避风险，全面提高核心竞争力。

3. 以面带片，构建粮食物流一体化供应链，实现接二连三的产业链条

（1）本着第二产业要“抓深”、第三产业要“抓全”，大力发展粮食产业化经营，依靠各类龙头组织的带动，将粮食的生产、加工、贮藏、运输、销售等各个环节有机结合起来，推动河南省粮食产业升级和结构优化，积极推进服务的全面化、综合化。

（2）在跨省粮食物流节点和省内重要粮食集散地，依托现有粮食物流设施，建设和改造一批适应散装散卸的立筒仓、浅圆仓和粮食集装箱中转站等散粮中转设施，增强铁路、公路散粮发运、接卸能力。加强高大平房仓等粮食储备设施建设，满足河南省粮食生产发展的仓储需求。依托大型粮库、粮食批发市场以及大型粮食加工企业等主要粮食物流节点，完善和建设与散粮物流系统配套的卸粮坑、提升输送系统，提高散粮发运及接卸能力。

（3）鼓励粮食生产者、流通企业、加工企业之间的合作，形成“农户→粮食流通企业→粮食加工企业→食品加工企业”产业链。

（4）引导天冠、金苑等粮食加工龙头企业，制定物流发展战略，逐步依托自身的产业链条，尝试构建供应链并实施供应链管理，建立与上下游企业之间的战略联盟，构建一体化供应链，统筹配置各环节资源，开展面粉散装罐车配送等试点，实现综合效益最大化。同时，鼓励河南省粮食物流企业抓住机遇，完善企业信息系统，提升技术装备水平，积极与粮食供应链对接。

（5）打造豫粮名牌产品。引导大型粮食产业化经营企业紧紧围绕小包装精装粮食产品、绿色粮食产品等城乡居民对食品优质化、多样化的消费需求，创新技术、经营、管理和服务，提高产品的质量和档次，打造一批豫粮名牌产品，提高市场竞争力。

（6）强化粮食科技对现代粮食购销、仓储、物流、加工产业跨越发展的支撑作用，加快建立以企业为主体、市场为导向、产学研相结合的技术创新体系，推动科技成果的转化和推广普及。围绕粮食进出仓作业、流通运输等关键物流环节，应用新技术方法，开展系统化粮食物流技术及配套装备研发，提升粮食物流效率，降低物流成本，促进粮食物流产业现代化发展。

（7）在平房仓推广大产量高效环保进仓新工艺装备技术、新型智能化高效出仓装备技术；在立筒仓、浅圆仓推广粮食进仓多点智能化分级技术、高效智能化管控出仓技术。推广及研发散粮火车、粮食集装单元化运输快速装卸和智能化监测技术装备等。研究低碳节能环保新型粮食物流仓储设施技术。

（二）加强综合协调，促进结构转化

1. 推进粮食流通领域改革开放向纵深推进

（1）加快国有粮食企业改组改制，扶持一批国有粮食收购、仓储、加工骨干企业，提高市场营销能力，在粮食收购中巩固主渠道地位。

（2）鼓励发展散粮汽车运输，采取切实措施推进散粮运输方式变革。制定实施鼓励散粮运输发展的政策措施。

（3）推进粮食物流业的开放与品牌建设。鼓励和支持省外粮食物流企业，尤其是中央大型粮食企业集团，在河南省设立分公司、业务分支机构，或与河南省粮食企业合资合作。加快河南省粮食物流企业“走出去”的步伐，贯彻河南省东引西进战略措施，坚持优势互补的原则，加强与周边省市的交流与合作。

2. 积极发展以创新驱动为导向的粮食流通加工

（1）鼓励和支持河南省粮食物流企业适应用粮企业多样化需求，开展粮食除尘除杂、拆包灌包、为加工企业进行配粮、低水分粮食的增湿调质、高水分粮食的烘干、稻谷脱壳等粮食流通加工增值服务。

（2）鼓励粮食物流企业采购进货后将粮食按品质分类储存，根据粮食加工企业或其他用户的需要，按订单要求的品种、品牌和品质搭配比例进行粮食搭配，发展粮食配送业务。

（3）鼓励河南省粮食企业拓展服务领域，发展粮食制成品物流。针对城乡居民对食品优质化、多样化的消费需求，创新服务模式，调整产品供应结构，生产小包装精装粮食产品、绿色粮食产品等，提高产品附加值，增强市场竞争力。

（三）加大开放力度，加快动力转换

1. 打造内陆进口粮食口岸

（1）河南省是粮食生产、加工和消费大省，围绕航空港及铁路枢纽建设，通过建设进口粮食指定口岸，对于河南省利用国内、国外“两种资源、两个市场”，满足企业需要，打造国际粮食集散地、促进国家粮食生产核心区建设具有重要意义。通过中欧班列（郑州）、海铁联运、航空运输等方式进口境外原粮、成品粮，一改过去中西部地区粮食进口企业依赖沿海口岸进口粮食的局面，使国际粮食贸易的货源、定价、物流等上游主导权牢牢掌握在本土企业手中。

（2）通过探索进口粮食保税加工、期货交割、配额交易、跨境电商等更多创新业态，为把郑州打造成国内外知名的进口粮食交易分拨中心奠定坚实基础，助力河南粮食产业无缝衔接国际产业链、加快河南深度融入国家“一带一路”建设。

2. 打造金融产品，创造内生发展动力

（1）落实国家粮食安全战略，积极与省内外金融机构合作，抓住春耕备耕、“三夏”等关键节点，加大涉农贷款投放力度；打造粮食物流龙头企业，扩大服务覆盖面，拓展合作广度和深度，形成金融与财政双璧合一的效果，拉动地方经济拉动就业，解决贫困落后的农村地区人口脱贫问题。在积极投放贷款的同时，对龙头企业的金融需求，积极提供投资、理财、国际贸易融资、资金管理、汇兑结算等综合金融服务，助力农业产业化龙头企业发展壮大和“走出去”，进一步扩大了业务范围。

（2）加强与京东、阿里巴巴等主要互联网企业的合作，打造“7 天×24 小时”的互联网服务渠道，形成具有鲜明特色的互联网＋普惠金融战略打法，用互联网击中粮食物流“小散乱”等痛点难点，研发基于仓单、产能、产权、股权等新型金融产品，探索政府增信、银银合作、“互联网+”等新型经营模式，为粮食物流的发展打造内生动力。

参 考 文 献

[1] 李凤廷，侯云先，胡会琴．粮食生产核心区建设中的粮食物流运作模型——基于供需双重驱动的视角［J］．中国流通经济，2013（5）：35－41.

[2] 李凤廷，侯云先，邵开丽，钱向明．突发事件下的粮食物流——基于情景应对的储备粮紧急调运决策框架［J］．中国农村经济，2016（12）：60－75.

[3] 河南省粮食局．《河南省粮食物流设施建设“十三五”规划》，2017.

[4] 河南省粮食局．河南省发展和改革委员．《河南省粮食行业“十三五”规划》，2017.

[5] 国家发展改革委．《粮食现代物流发展规划（2006—2015年）》，2008.

[6] 河南省人民政府．《河南省现代物流业发展规划（2010—2015年）》，2010.

[7] 国家发展改革委、国家粮食局．《粮食物流业“十三五”发展规划》，2017.

[8] 吴志华．中国粮食物流研究［M］．北京：中国农业出版社，2007.

[9] 孙宏岭，等．粮食现代物流与供应链管理［M］．郑州：河南人民出版社，2008：121－139.

[10] 穆中杰．河南省粮食经纪人现状调查及其法治引导［J］．河南工业大学学报（社会科学版），2015（03）：13－16.

[11] 李凤廷，侯云先．粮食供应链整合研究——基于链内、链间交互整合的概念框架［J］．商业经济与管理，2014（1）：5－12.

[12] HENK F，HANS K. Challenges in International Food Supply Chain：Vertical Co－ordination in the European Agribusiness and Food Industries［J］. Supply Chain Management，1997，2（1）：11－14.

[13] 李凤廷，侯云先．轴辐式粮食物流网络的横向协同：一个整合的概念框架［J］．农业经济问题，2014（3）：75－82.

[14] 高铁生．粮食安全视角下的粮食物流发展对策［J］．中国流通经济（6）：8－10.

[15] 郭成，孙东升．新时期粮食物流业的现状、问题及发展方向［J］．中国农村经济，2006（2）：18－26.

河南粮食进出口市场发展报告

马松林

（河南工业大学经济贸易学院）

我国是世界上重要的粮食生产大国。2016 年，我国小麦产量位列欧盟之后排名世界第二，占世界小麦总产量的 17%左右；玉米产量位列美国之后排名世界第二，占世界玉米产量的 21%左右；稻谷产量位列世界第一，占世界稻谷产量的 29%左右。但我国粮食出口规模较小，以国内消费为主；粮食进口以大豆为主。

河南是我国粮食生产大省、粮食加工大省，但在粮食进出口方面规模较小。河南粮食出口以小麦和大豆为主，近些年出口规模不稳定。河南粮食进口以大豆为主，主要用于大豆压榨和大豆油消费。

河南是我国“一带一路”建设的重要节点，也是国家级自贸试验区。在“一带一路”战略背景下，河南应抓住新一轮对外开放机遇，提升粮食领域对外开放水平，扩大粮食国际合作，培育粮食企业“走出去”的能力和竞争力。

一、河南粮食进出口发展概况

河南是粮食生产大省，也是粮食进出口小省。河南粮食进口规模较小，粮食进口以大豆为主。受粮食生产成本高等因素影响，河南粮食出口规模更小。

（一）我国粮食进出口概况

2016 年，我国大豆进口达到 8 391 万吨，创历史新高，与 2015 年的 8 169万吨相比，增长 2.7%。2016 年，我国大豆进口较多的省份包括江苏、山东、北京、上海、广东等地区。

2016 年，我国小麦进口达到 337 万吨。与 2015 年的 297 万吨相比，

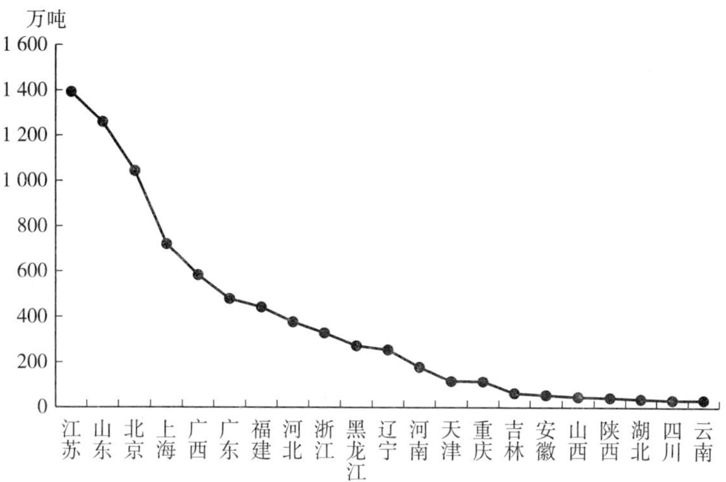

图 1　2016 年我国主要省份大豆进口情况

数据来源：布瑞克数据库。海关代码：12019010（黄大豆，种用除外）。

增长 2.7%。2016 年，我国小麦进口较多的省份包括北京、福建、广东等地区。

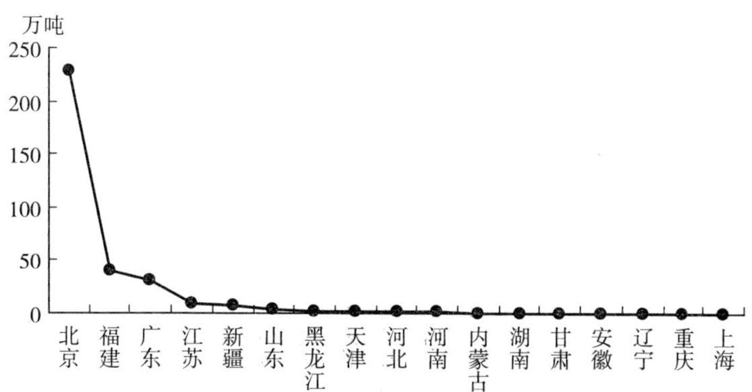

图 2　2016 年我国主要省份小麦进口情况

数据来源：布瑞克数据库。海关代码：10011900（其他硬粒小麦）、10019900（其他小麦及混合麦，种用除外）。

2016 年，我国玉米进口达到 317 万吨。与 2015 年的 473 万吨相比，下降 33%。2016 年，我国玉米进口较多的省份包括内蒙古、云南等地区。2016 年，河南玉米进口量为 0。

2016 年，我国稻谷和大米进口达到 354 万吨，与 2015 年的 338 万吨相比，增加 4.7%。2016 年，我国稻米进口较多的省份包括广东、浙江等

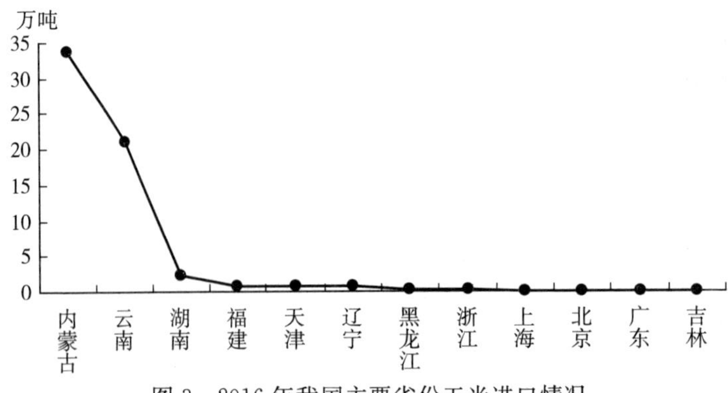

图 3　2016 年我国主要省份玉米进口情况

数据来源：布瑞克数据库。海关代码：10059000（玉米，种用除外）。

地区。2016 年，河南稻米进口量为 7.54 万吨。

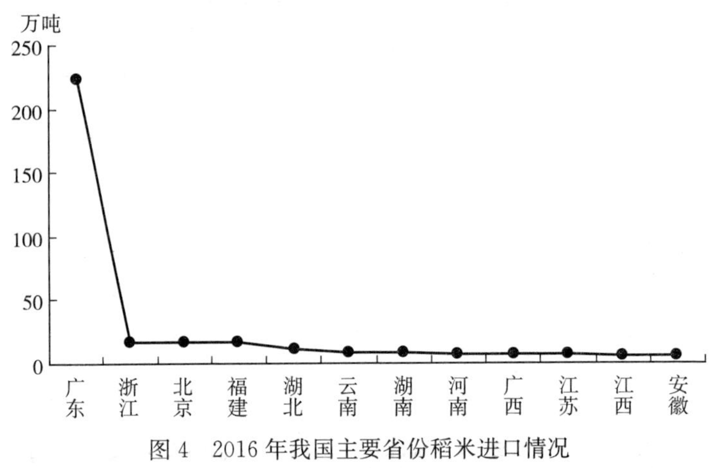

图 4　2016 年我国主要省份稻米进口情况

数据来源：中国海关。海关代码：1006（稻谷和大米）。

从上图可以看到，广东是我国大米进口的主要地区。

与世界粮食出口大国相比，我国粮食出口竞争力较弱，粮食出口规模较小。

2016 年，我国小麦出口 7.88 万吨。小麦出口地区主要是天津、陕西等。稻米出口 39.51 万吨。稻米出口地区主要是黑龙江、吉林、北京、辽宁、天津、安徽、广东、四川、福建等。玉米出口 0.41 万吨，较上年减少 63.4%。我国玉米出口地区包括吉林、广西、辽宁、黑龙江、湖北等。大豆出口 11.44 万吨，较上年减少 12%。我国大豆出口主要地区包括黑龙江、辽宁、吉林、河北、江苏、山东、内蒙古等。东北地区大豆出口优势明显。

（二）河南粮食进口情况

与其他省份相比，河南粮食进口规模整体较小。河南粮食进口品种以大豆为主，其次是稻米。

2016 年，河南大豆进口 178.71 万吨，占全国大豆进口的比重为 2%左右。小麦进口 0.97 万吨，占全国小麦进口比重为 0.3%左右。玉米进口量为 0。稻米进口 7.54 万吨，占全国稻米进口比重为 2%左右。

从粮食进口结构看，河南粮食进口结构与全国粮食进口结构特征基本一致。即，大豆进口是河南粮食进口的主要品种，其次是稻米进口。大豆进口是河南粮食进口的主要因素。

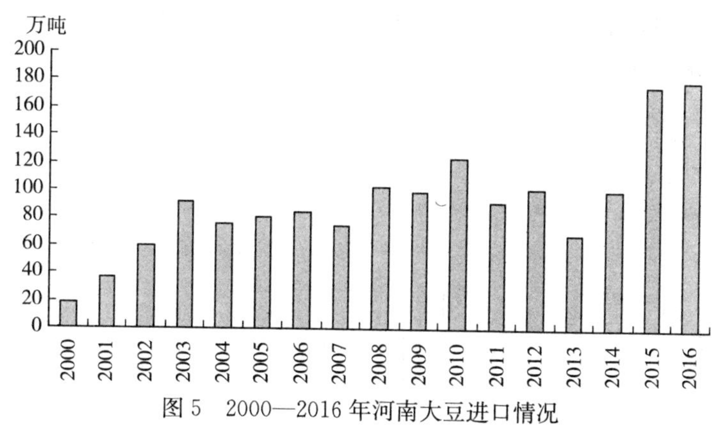

图 5　2000—2016 年河南大豆进口情况

数据来源：布瑞克数据库。海关代码：: 12019010（黄大豆，种用除外）。

从上图可以看到，河南大豆进口自 2000 年以来呈现逐年上升的趋势。尤其是 2015—2016 年，大豆进口增幅较大。

（三）河南粮食出口情况

在我国粮食出口竞争力整体较弱的背景下，河南尚不具备大规模出口粮食的能力。2016 年，河南小麦等粮食出口几乎可以忽略不计。

1993 年，河南粮食国内纯购进规模为 689.33 万吨。加入 WTO 以来，河南粮食出口规模虽然比较小，但经历了一个出口先增加、后减少的过程。在诸多粮食品种中，小麦和大豆是河南粮食出口的主要优势品种，稻米和玉米出口比较少，不能够常年持续出口。

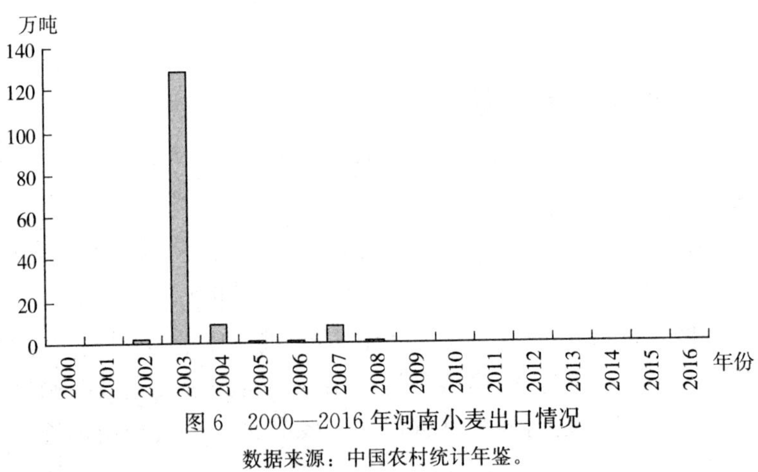

图 6　2000—2016 年河南小麦出口情况

数据来源：中国农村统计年鉴。

从上图可以看到，2003 年是河南小麦出口的一个峰值，此后小麦出口规模逐渐减少。

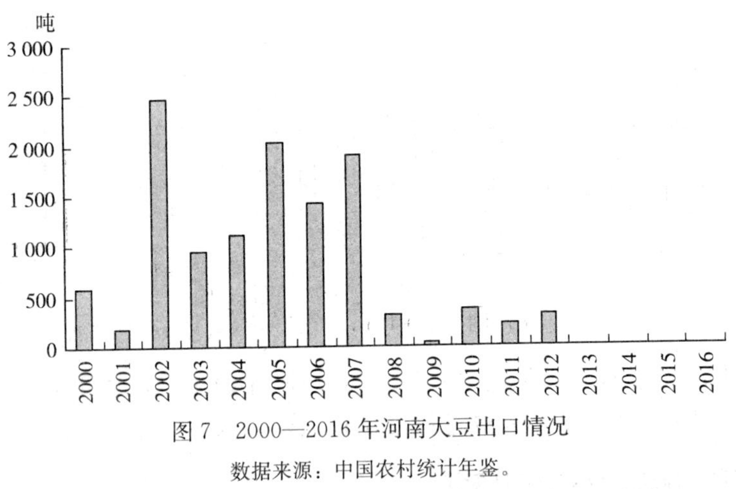

图 7　2000—2016 年河南大豆出口情况

数据来源：中国农村统计年鉴。

从上图可以看到，河南大豆出口规模比小麦出口规模要小。2002—2007 年是河南大豆出口的繁荣阶段，此后出口规模下降。但同期河南大豆进口规模要远远大于大豆出口的规模。进出口相减，河南大豆仍为净进口。

河南稻米在个别年份有出口，如 2001 年出口 18 000 吨、2008 年 23 吨、2012 年 47 吨，但多数年份没有出口。玉米也存在类似情况。

（四）河南粮食进出口的趋势

从河南过去粮食进出口的情况看，未来河南粮食进出口规模难以快速提高。河南是全国粮食生产大省，也是粮食调出大省。河南粮食对保障全国粮食安全具有至关重要的作用。

因此，从长期看，河南粮食仍以保障国内粮食供应为主，兼顾出口。在相当一段时期内，河南粮食进出口将维持在较低的水平。在当前粮食供给侧改革的背景下，河南粮食可以考虑通过粮食出口消化部分粮食库存。从进口品种看，大豆是河南粮食进口的主要品种，应该通过鼓励大豆种植，改善大豆种植技术，降低大豆进口依赖。从出口品种看，小麦和大豆是河南粮食出口的主要品种，应该通过土地流转，提高粮食种植规模，降低小麦和大豆的种植成本，提升河南小麦和大豆的价格竞争力。

二、影响河南粮食进出口的因素分析

影响河南粮食进出口的因素，主要为需求因素。河南居民对大豆油等产品的消费需求是河南粮食进口的主要因素。

（一）大豆进口影响因素分析

影响河南大豆进口的主要因素是日益增长的大豆油费需求。改革开放以来，随着人民生活水平的提高，植物油消费特别是豆油消费需求大幅上升。

1. 大豆油消费稳步上升

当前，我国处于全面建成小康社会的决胜阶段，人民生活水平全面提升，大豆油消费快速增长。根据《国家粮食安全中长期规划纲要（2008—2020年）》，食用植物油消费继续增加。据预测，2010年我国居民人均食用植物油消费17.8千克，消费需求总量2 410万吨；2020年人均消费量20千克，消费需求总量将达到2 900万吨。大豆油是食用植物油消费的主要品种。2000年和2015年，河南城镇居民人均购买食用植物油分别为6.9千克、9.6千克，16年间增长了39%。今后一段时期，河南人均植物油消费仍会继续上升。

2. 国产大豆种植日益减少

根据《全国农产品区域规划》，我国大豆优势产区包括东北高油大豆、东北中南部兼用大豆和黄淮海高蛋白大豆3个优势区。其中，河南属于黄淮海高蛋白大豆优势区。

2000年以来，全国大豆产量持续下降。2000年和2015年，河南大豆产量分别为115.78万吨、49.90万吨，16年间下降了49.9%。大豆种植减少，与进口大豆冲击、国产大豆价格偏低等因素有密切关系。若未来国内大豆产量不能够保持上升态势，大豆进口依赖度仍会比较高。

（二）玉米进口影响因素分析

玉米进口的主要影响因素在于饲料用玉米需求大幅增加。进口玉米和国内玉米相比存在价格优势。

1. 饲料用玉米需求稳步增加

近些年来，我国居民肉禽蛋奶类食品消费增长迅速，直接拉动了饲料用玉米的消费需求。2000年，我国饲料用玉米消费约为8 722万吨，到2016年增加到13 200万吨，增加了51%。2000年，河南饲料用玉米消费约为487万吨，到2016年增加到766万吨，增加了57%。饲料用玉米需求稳步增加是一个长期趋势。若国内玉米生产成本居高不下，进口玉米需求仍将旺盛。

2. 进口玉米价格优势明显

进口玉米价格优势十分明显。这是在国内玉米产量充足背景下玉米仍然大量进口的重要原因。

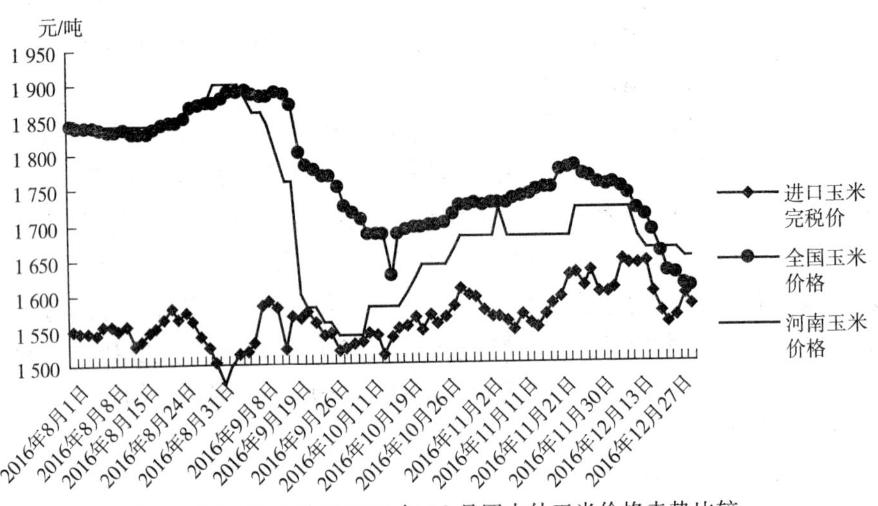

图8　2016年8月至2016年12月国内外玉米价格走势比较

数据来源：中华粮网。国内玉米价格为二等黄玉米价格，国外价格为进口完税价。

自2000年以来，我国玉米价格经历了逐渐长期上涨到快速下降的过程，国内外玉米价格差先扩大，后缩小。2010年11月1日，我国进口玉米完税价格为每吨2 511元；同期，国内玉米价格为每吨2 416元。2013年11月1日，我国进口玉米完税价格为每吨1 820元；同期，国内玉米价格为每吨2 279元。2015年11月1日，我国进口玉米完税价格为每吨1 589元；同期，国内玉米价格为每吨2 381元。

近些年，随着国内玉米库存增加，国内玉米价格大幅下降。2016年12月，国内玉米价格已经降至与进口玉米价格相近的水平。

（三）小麦进口影响因素分析

1. 国内优质小麦供需缺口大

不同的小麦制品对小麦质量要求不相同。我国进口小麦主要用于制作面包、意大利面等食物。进口小麦中优质强筋小麦主要用于制作面包，优质弱筋小麦主要用于制作糕点和饼干。国产普通小麦多数属于中筋小麦，主要用于制作面条、馒头、饺子等食品。我国也在推广优质小麦的种植，但受气候、土壤等因素影响，产量有限。国内优质小麦加工需求旺盛，优质小麦供需缺口大。

河南是全国小麦生产大省，优质小麦种植面积逐渐扩大，但无法满足国内需求。2016年10月，全国优质小麦价格在每吨2 750元，三等白麦价格为每吨2 350元，优质小麦价格比普通小麦每吨高出400元左右。

2. 进口小麦质优价廉

受生产方式等因素影响，小麦进口到岸价普遍低于国内小麦生产价

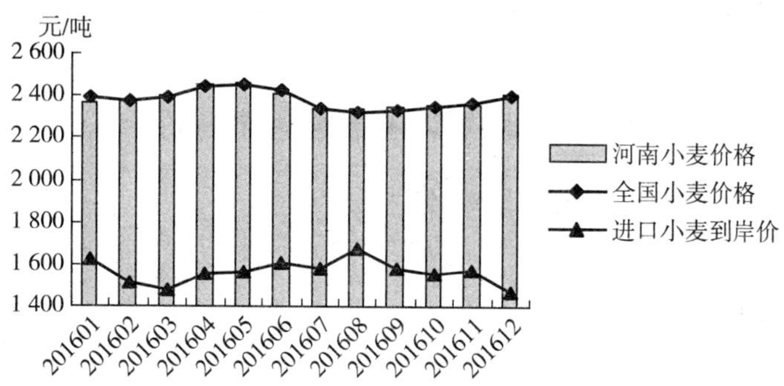

图9　2016年国内外小麦价格走势比较

数据来源：中华粮网。国内小麦价格为三等白小麦价格，国外价格为CIF价格，汇率按照当月平均汇率折算。

格。例如，2016 年 12 月，我国小麦平均进口单价为每吨 1 473 元，同期国内小麦价格为每吨 2 400 元，河南小麦价格为每吨 2 410 元。

由图 9 可以看到，国内外小麦价格差异较大，进口小麦价格优势明显。

国内小麦价格常年走高，导致国内小麦加工企业利润空间大幅减小，很多企业通过进口小麦降低小麦收购成本。

(四) 稻米进口影响因素分析

稻米进口的主要影响因素包括进口稻米品质优势、进口稻米价格优势等。

1. 进口稻米品质优势

东南亚是全球主要的稻米出口地区。泰国、越南、柬埔寨、巴基斯坦等国家是稻米出口的重要国家，也是我国主要的稻米进口来源国。

泰国香米得益于独特的生长条件，口感良好，享誉世界，质优价高。泰国稻米在我国深受欢迎，成为我国稻米市场的重要互补品种。

2. 进口稻米价格优势

越南、柬埔寨、巴基斯坦等国家稻米价格较低，也是我国稻米进口的重要原因。国内稻米价格偏高，进口稻米有助于稻米企业降低成本。

2016 年 3 月，我国从泰国进口的大米平均单价为每吨 544.37 美元，从越南、巴基斯坦进口的大米平均单价为每吨 455.28 美元、350.99 美元。2016 年 3 月，我国国内早籼稻价格为每吨 2 620 元，早籼米价格为每吨 3 890 元，粳米价格为每吨 4 413 元。按照 2016 年 3 月 1 美元兑人民币 6.461 2 元的汇率计算，泰国进口大米每吨价格为 3 517.28 元，低于同期国内大米价格。

(五) 制约河南粮食出口能力的影响因素分析

1. 粮食生产成本偏高，比较收益低

粮食生产成本偏高、比较收益低不仅制约农民种粮的积极性，也制约粮食出口竞争力。

从图 10 可以看到，2006 年以来，我国各地区小麦生产成本呈现逐渐迅速上升的趋势，各地区成本差异不大。

2006 年，河南小麦每亩总成本为 369.56 元，净利润为 215.68 元，每 50 千克产品净利润 26.59 元。2015 年，河南小麦每亩总成本为

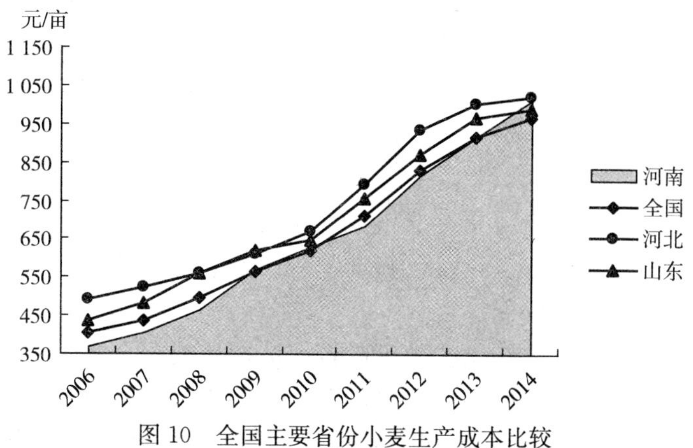

图 10　全国主要省份小麦生产成本比较

数据来源：《全国农产品成本收益汇编》。该成本为自然年度每亩小麦生产成本。

1 043.23元，净利润为 101.68 元，每 50 千克产品净利润 10.20 元。十年间，小麦种植的比较效益呈现下降的特点。

2. 外贸出口能力有待改进

改革开放以来，沿海、沿边地区外贸发展迅速，河南等内陆地区外贸发展水平有限。河南对外开放整体水平落后于沿海地区。

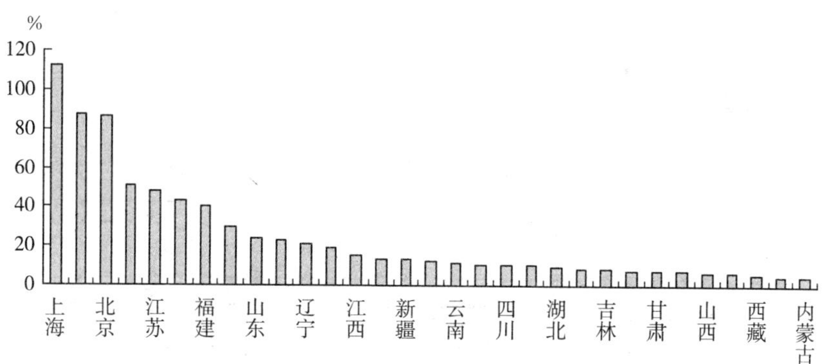

图 11　2015 年各地区贸易开放度比较

数据来源：《中国统计年鉴》(2016)。

上图中，贸易开放度指各地区进出口总额占本地区 GDP 的比重。河南整体贸易开放水平偏低，制约了河南粮食出口水平。因此，河南粮食比较优势在河南对外贸易中的潜力尚未充分发挥。

曾福生和李明贤（2006）分析了粮食大省产粮优势转化区域综合经济

优势的制约条件和对策建议。[①] 蒋和平等学者分析了粮食主产区利益补偿机制。[②③] 主产区迫切需要内生性利益补偿，做到硬投入与软投入补偿并重，政策公平与效率并举，体制机制与市场机制补偿相结合（陈明星，2012；张扬，2014）。[④⑤]

《深化农村改革综合性实施方案》提出要完善农业支持保护等体系，基本建立城乡经济社会发展一体化体制机制。2016 年中央 1 号文件强调要"用发展新理念破解'三农'新难题"，"推进农业供给侧结构性改革"，促进一二三产业融合发展。

构建区域产粮优势转化指数可以较简洁地反映一个地区产粮优势转化为经济优势的水平。区域产粮优势用区域人均粮食产量表示，区域经济优势用区域人均 GDP 表示。区域产粮优势转化指数（K_i）用区域人均粮食产量（PG_i）占区域总体（AG）比重与区域人均 GDP（$PGDP_i$）占区域总体（$AGDP$）比重之比表示。地区 i 的区域产粮优势转化指数 K_i 具体计算公式为：

$$K_i = (PG_i/AG)/(PGDP_i/AGDP) \quad (1)$$

根据《新中国 60 年统计资料汇编》和相关年份《中国统计年鉴》数据，整理出 1950—2014 年河南省和全国历年人均 GDP、粮食产量、人均粮食产量等数据，根据公式（1）计算出 1950—2014 年河南省区域产粮优势转化指数 K，绘制成图 12。

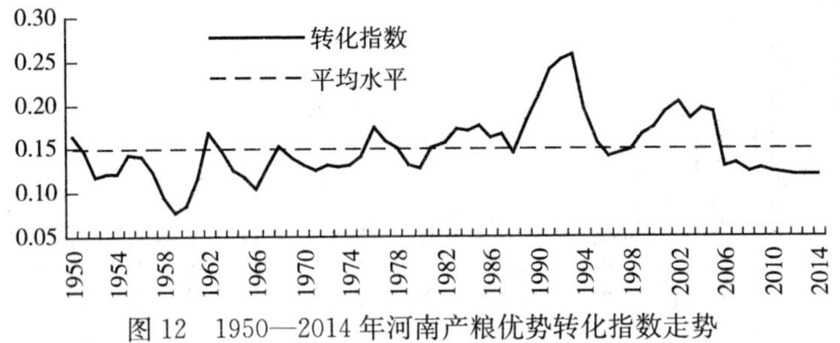

图 12　1950—2014 年河南产粮优势转化指数走势

① 曾福生，李明贤．粮食大省的产粮优势转变为区域综合经济优势研究［J］．湘潭大学学报（哲学社会科学版），2006（1）：122-128.

② 蒋和平，吴桢培．建立粮食主销区对主产区转移支付的政策建议［J］．中国发展观察，2009（12）：24-25.

③ 彭道宾．中部地区粮食安全现状及补偿机制探讨［J］．调研世界，2015（1）：11-14.

④ 陈明星．粮食主产区利益补偿效应评价体系研究［J］．调研世界，2012（7）：57-61.

⑤ 张扬．粮食安全下粮食主产区利益补偿新思路［J］．现代经济探讨，2014（1）：70-73.

根据计算结果，1950—2014 年河南省区域产粮优势转化指数 K 的平均值为 0.149 5，极大值为 1993 年的 0.256 8，极小值为 1959 年的 0.076 2。

由图 12 可知，改革开放以来，河南省区域产粮优势转化指数 K 走势呈现了先增后减的波动性特征。1978—2014 年，河南省区域产粮优势转化指数 K 的平均值为 0.163 7，高于改革开放以前的平均水平（0.130 7）。这说明改革开放后河南产粮优势转化经济优势的水平得到了整体提高。2006 年以来，河南区域产粮优势转化指数有下降趋势。

河南与其他地区产粮优势转化指数的比较。以 2014 年我国 31 个省（市、区）数据为基础，比较 2014 年各地区区域产粮优势转化指数 K 的差异。2014 年，我国各地区区域产粮优势转化指数 K 的平均值为 1.197 8。2014 年，我国各地区区域产粮优势转化指数 K 的极大值为黑龙江的 4.684 9，极小值为北京的 0.033 8。

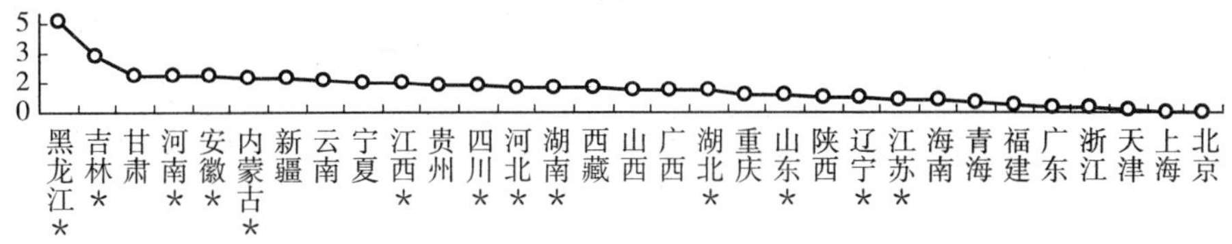

图 13　2014 年我国区域产粮优势转化指数比较

由图 13 可知，2014 年河南省区域产粮优势转化指数为 2.888 9，全国排名第四，但从具体值看，远低于黑龙江。

从时间维度看，河南省自 1950 年以来产粮优势转化为经济优势的走势存在较大的波动。改革开放以来，河南产粮优势得到较大的释放，为经济发展做出了贡献。但 2006 年以来河南产粮优势转化指数 K 呈现下降趋势。这种下降趋势一方面与河南经济的快速增长相关联，另一方面与河南粮食优势未能同步提升有一定关系。

从空间维度看，河南产粮优势转化指数 K 在 2014 年名次比较靠前，但与排名第一黑龙江的差距较大，还有很大的提升空间。

河南各地市产粮优势转化指数分析。根据产粮优势转化指数公式和《河南统计年鉴》（2015）计算出 2014 年各地市的产粮优势转化指数。

图 14 中，粮食产量较高的地市经济发展水平一般较低，这表现在图中左侧的驻马店、周口等地市。经济发展水平较高的地市粮食产量较低，这表现在图中右侧的郑州、济源、三门峡等地市。“种粮吃亏”的现象在

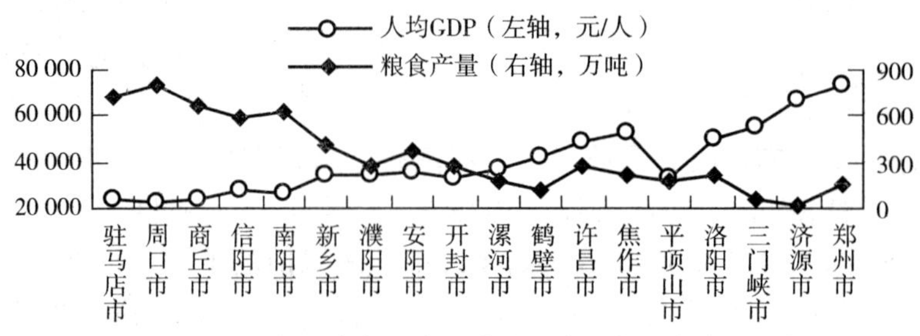

图 14　2014 年河南各地市经济发展水平与粮食产量比较

地区差异上充分表现出来。

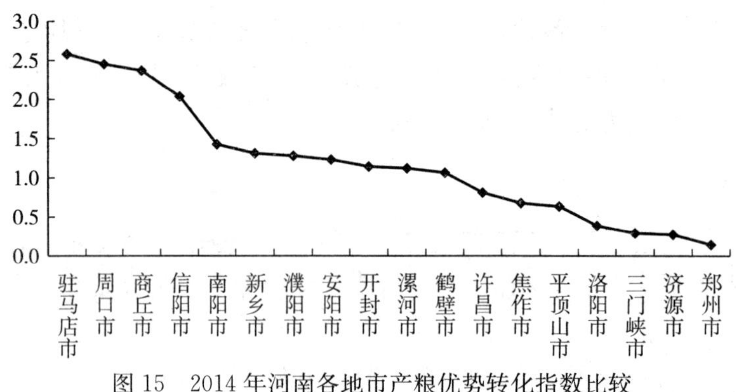

图 15　2014 年河南各地市产粮优势转化指数比较

图 15 中，驻马店、周口、商丘、信阳、南阳等地区粮食产量大，产粮优势得到了充分发挥，产粮优势转化指数也比较高。

三、“一带一路”战略下河南粮食“走出去”的思路

“一带一路”战略下，河南粮食“走出去”，是实现河南作为粮食大省，将产粮优势转化为经济优势、甚至是出口优势的新选择。

十八届五中全会提出的五大发展理念，使得粮食大省产粮优势转化为经济优势具有客观必然性，粮食优势转化为比较优势也需要通盘考虑。2015 年 10 月，十八届五中全会通过的《中共中央关于制定国民经济和社会发展第十三个五年规划的建议》，提出了“创新、协调、绿色、开放、共享”五大发展理念。促进河南粮食“走出去”，实现河南粮食生产与粮食外贸协调发展也是五大发展理念的基本要求。

2016 年中央 1 号文件要求一二三产业融合发展，为粮食大省将产粮

优势转化为经济优势，指明了方向。2016年中央1号文件指出“实施藏粮于地、藏粮于技战略，推动粮经饲统筹、农林牧渔结合、种养加一体、一二三产业融合发展，让农业成为充满希望的朝阳产业”。国务院办公厅《关于推进农村一二三产业融合发展的指导意见》（国办发〔2015〕93号）也为粮食领域一二三产业融合发展提供思路。

（一）规模化经营，转变经营方式

在粮食生产和粮食企业领域，都需要进行规模化经营，转变经营方式。

粮食生产方面，积极推进农村土地经营权有序流转，实现粮食生产规模化经营，是降低河南粮食生产成本的有效途径。

2014年，国务院下发了《关于引导农村土地经营权有序流转 发展农业适度规模经营的意见》，扶持粮食规模化生产。《全国农业现代化规划（2016—2020年）》指出，到2020年，多种形式土地适度规模经营占比达到40%左右。

目前，河南农业人口众多，人均耕地面积较少，不利于粮食规模化经营。降低粮食生产成本，是获得粮食比较优势的重要条件和基础。

在粮食企业方面，要积极组建大型粮食集团，实现粮食全产业链经营。河南省豫粮集团是根据省委、省政府关于省直机关企业脱钩改制精神，将原属河南省粮食局管理的24家国有粮食企业划归省政府国资委后实施战略重组成立的国有大型粮食企业集团，拥有总资产36.8亿元，净资产9.6亿元，粮油总仓容180万吨，粮油食品加工能力120万吨。业务范围涉及粮油购销、仓储管理、粮油食品加工、饲料加工、优质粮油基地建设、粮油产品进出口贸易、期货经营、物流配送、房地产、餐饮和酒店管理等多个领域。中原粮食有限公司于2015年12月注册成立，公司经营范围包括粮食收购、销售；饲料、粮油机械、农副产品的销售；从事货物或技术的进出口业务；农业技术开发与技术推广；酒店管理；农业信息咨询；仓储服务等。

（二）海外投资粮食，重建比较优势

目前，我国农业领域对外投资处于初级发展阶段。根据《中国对外农业投资合作报告》（2014）统计，截至2013年年底，中国农业对外累积投资总额39.56亿美元，共有373家境内投资机构在境外设立了农业企业，

设立企业数量共计 443 家，覆盖了生产、加工、仓储、物流等多项业务。中国对外农业投资的投资机构主要集中于东部省市，作为中国对外农业投资的重点省份，黑龙江省、山东省、天津市和上海市在对外农业投资中各有侧重，发展较具特色。目前，中国对外农业投资的产业分布涉及农、林、牧、渔及农副产品加工业、农林牧渔服务业等多个产业类别，行业投资日趋合理，不同类别产业发展的深度和广度都有所提高。但是，中国对外农业投资规模仍偏小、占中国对外投资总规模比例仍很低，面临着国内省份间发展不平衡、完整的政策支持体系和针对性的资金支持不足、企业抗风险能力较弱、国际负面舆论及东道国投资门槛制约等问题。①

海外投资粮食，不仅仅是粮食出口，还要鼓励粮食企业输出粮食生产技术、仓储技术等粮食领域相关技术，围绕粮食生产、流通、加工等环节价值链开展粮食投资，重建粮食比较优势。

（三）全方位经营，树立粮食品牌

当前，农业可持续发展、农业生态环境保护日益重要。坚持“绿色”发展理念，打造“绿色粮食”品牌，让国人吃上放心粮、有机粮，是实现河南粮食价值的有益探索。积极打造河南粮食品牌，全方位经营，可以有效提高河南粮食品牌的商业价值，提高河南粮食附加值。河南粮食已经在全国享有一定的知名度，充分挖掘这一品牌的内涵，将知名度转化为经济增长点和财富增长点，真正实现“粮食大省”到“粮食强省”的转变。

（四）粮食深加工，促进粮食增值

从“中原粮仓”到“国人厨房”，是河南粮食品牌价值的延伸。适度推进粮食深加工，促进粮食增值，是促进农民增收、壮大河南粮食加工业竞争力的有效途径之一。

中共中央和国务院发布的《关于深入推进农业供给侧结构性改革加快培育农业农村发展新动能的若干意见》指出，“成本攀升与价格低迷、库存高企与销售不畅、小生产与大市场、国内外价格倒挂等矛盾亟待破解”，要求“加强农业对外合作，推动农业走出去”。在粮食“去库存”、农业供

① 胡璇子 . 2014 年度《中国对外农业投资合作报告》发布［N］. 中国科学报，2015 - 06 - 03.

给侧改革背景下，适度促进粮食深加工，可以有效化解粮食库存，为粮食找到出路。

粮食深加工行业往往是劳动力密集型行业，促进粮食深加工发展，对带动农村劳动力就业和增收也有帮助。

（五）“互联网＋粮食”，改造粮食经济

国务院《关于大力发展电子商务加快培育经济新动力的意见》（国发［2015］24号）提出要积极发展农村电子商务，加强互联网与农业农村融合发展。国务院《关于积极推进“互联网＋”行动的指导意见》（国发［2015］40号）专题部署了“互联网＋现代农业”的重点发展领域，包括构建新型农业生产经营体系、发展精准化生产方式等。2015年9月，商务部等19部门出台了关于加快发展农村电子商务的意见，提出加快推进农村产品电子商务，鼓励发展农业生产资料电子商务。“十三五”规划纲要提出，必须牢固树立和贯彻落实创新、协调、绿色、开放、共享的新发展理念。

利用“互联网＋”改造提升粮食经济，需要从分析粮食价值链开始。一般把粮食价值链划分为粮食生产资料服务、粮食生产、粮食流通、粮食加工、粮食消费等环节，涵盖粮食的生产、交换、分配和消费诸环节。

“互联网＋”与粮食生产相结合，促成了智慧粮食的发展。国外智慧农业的发展经验值得借鉴，但应该考虑到我国农户家庭经营的特点。智慧粮食的推进必须循序渐进，必须从我国各地区农业、农村、农民的实际出发，走先试点、再推广的道路。目前，我国部分地区在进行智慧粮食试点。智慧粮食的成本、收益、风险等问题需要有定性和定量的分析。通过农业物联网实现对农业生产的精准控制。

粮食加工集聚可以提高农产品加工的规模效应，降低加工成本，提高加工利润空间。粮食加工集聚化是现代农业经济规模化要求的具体表现。粮食加工集聚化，可以是在产地集聚化加工，也可以是在消费地集聚化加工。

“互联网＋”与粮食加工相结合，可以深刻改变粮食加工的生产方式和质量管理方式。国务院《中国制造2025》（国发［2015］28号）要求食品等行业实行全生命周期的质量管理、质量自我声明和质量追溯制度；行业生产设备实现智能化改造，提高精准制造、敏捷制造能力；构建行业智

能检测监管体系建设，提高智能化水平。这也为农产品加工指明发展思路和方向。“互联网+”与粮食龙头企业相结合，可以提升农业龙头企业的信息化水平，显著提高对上下游企业需求的把握能力。对粮食龙头企业而言，“互联网+”不仅仅是建设企业网站，而是借助互联网平台实现原材料、生产、库存、销售、售后等诸多环节的有机融合。

“互联网+”与粮食价格相结合，可以有效整合粮食价格数据，通过大数据分析技术进行粮食价格预测和调控。粮食价格在农业经济中处于核心地位。粮食种类较多，地域分布较广，价格波动频繁，通过收集、汇总构建粮食价格数据库，可以充分发挥大数据分析的优势，为粮食经济决策提供服务。

四、开拓河南粮食进出口市场的政策建议

积极开拓河南粮食进出口市场，提高河南粮食对外开放和对外合作的发展水平，是贯彻“创新、协调、绿色、开放、共享”的发展理念，实现河南农业“走出去”的重要探索。通过降成本、调结构、补短板、抓绿色等手段重建河南粮食的比较优势，提升河南粮食的国内国际竞争力的有效途径。

（一）降成本，提高河南粮食出口价格竞争力

我国粮食生产成本高，粮食价格高于国际市场，导致粮食出口缺乏竞争力。

降低粮食成本，首先要降低粮食生产成本。降低粮食生产资料成本，适当提高农民生产补贴。鼓励种粮大户规模化经营，鼓励“公司+农户”经营模式。通过推广农业新技术、完善农业基础设施等措施，积极提高粮食单产，提高粮食产量，降低成本。积极推广农业机械，降低用工成本。

降低粮食成本，其次要完善粮食价格形成机制。理顺粮食价格关系，完善粮食宏观调控，充分发挥市场对形成粮食价格的重要作用。运用粮食价格杠杆指导农户的粮食生产经营活动。坚持粮食优质优价的基本准则，鼓励农民调整粮食种植品种结构，产好粮，以质增收，以质保价。逐渐缩小国内粮价与国际粮价的差距，要密切关注国际粮价对国内粮食市场的负面影响。

降低粮食成本，要提高粮食流通效率。近些年来，粮食生产重心向北方粮食主产区转移，粮食销区向南方转移。粮食物流呈现运输任务短期内较重的现象。完善水、陆粮食物流节点显得十分重要。打通粮食物流节点，完善粮食电子交易平台，有助于提高粮食流通效率。

降低粮食成本，要厉行节约，杜绝在产前、产中、产后的粮食浪费现象。粮食生产环节努力做到“颗粒归仓”，仓储环节做到防霉防蛀，加工环节做到不过度加工。片面追求“精、细、白”，导致粮食加工环节浪费严重。粮食消费环节要做到不铺张浪费。一边进口粮食，一边浪费粮食，造成严重的资源损失和浪费。

（二）调结构，提高河南粮食品种竞争力

加大河南优质小麦种植面积和产量，通过优质优价确保农民增收。优质小麦在国内有较为旺盛的需求。积极优化小麦品种，改善粮食生产条件，多种优质小麦。尽管河南优质小麦种植面积在全国领先，但是还有很大的增长空间。2016 年 5 月，中国优质小麦产业技术创新联盟在河南延津成立。该联盟三年内计划将优质小麦种植基地面积扩大到 1 000 万亩以上。

积极培育优质大豆，增加大豆种植规模。当前，我国大豆消费需求旺盛，但进口依赖度高。积极引进大豆优良品种，增加河南大豆种植面积，可以满足大豆消费需求，增加农民收入，优化粮食种植结构。近些年来，河南大豆种植面积从 2005 年的 800 万亩，下降到 2015 年的 500 多万亩，呈现显著下降趋势。2016 年，河南玉米种植面积调减，大豆种植面积大幅增加。

农业部 2016 年发布的《关于促进大豆生产发展的指导意见》（农农发［2016］2 号）指出，力争到 2020 年大豆面积达到 1.4 亿亩，比 2015 年增加 4 000 万亩；力争到 2020 年大豆平均亩产达到 135 千克，比 2015 年提高 15 千克；力争到 2020 年食用大豆蛋白质含量提高 2 个百分点，榨油大豆含油率提高 1 个百分点。

根据河南省情，实行粮豆套种比较可行，在玉米中间套种大豆效果较好。

根据当前玉米库存高的现状，玉米深加工可以有效“去库存”。2016 年，河南玉米种植面积下降 8.6%。

提高河南小麦和大豆的生产质量，是今后河南粮食发展的重要方向。

积极培育马铃薯等粮食新品种。2015年，农业部启动马铃薯主粮化战略，推进把马铃薯加工成馒头、面条、米粉等主食，使马铃薯成为稻米、小麦、玉米外的第四大主粮。农业部《关于推进马铃薯产业开发的指导意见》指出，到2020年，马铃薯种植面积扩大到1亿亩以上，适宜主食加工的品种种植比例达到30%，主食消费占马铃薯总消费量的30%。河南根据河南省情况，抓住机遇，适时调整农业种植结构，优化粮食种植品种。

（三）补短板，促进河南粮食规模化经营能力

规模化经营是今后河南粮食生产的发展方向，也是当前河南粮食发展的短板。当前，种粮大户、农业合作社等新型主体是河南农村实现粮食规模化经营的重要载体。

加快种粮大户、农业合作社等新型主体的发展，是当务之急。种粮大户在数量上、种植规模上还需要进一步扩大。土地流转价格上升、农资价格上涨、粮食价格波动等因素在一定程度上制约了种粮大户的快速发展。当前，需要加强对种粮大户的培训和再教育。

面对粮食种植中的各种风险，种粮大户需要学会使用期货交易规避风险，运用期货价格指导粮食生产。从长期看，需要培养专业的青年种粮队伍，提高粮食种植和经营的专业化水平。加强农业技术推广服务，提高粮食生产效率和水平。

2017年中央1号文件提出要积极发展适度规模经营。文件指出要“大力培育新型农业经营主体和服务主体，通过经营权流转、股份合作、代耕代种、土地托管等多种方式，加快发展土地流转型、服务带动型等多种形式规模经营。积极引导农民在自愿基础上，通过村组内互换并地等方式，实现按户连片耕种。”这也为今后粮食规模化经营指明了方向。

（四）抓绿色，改善河南粮食品质竞争力

食品安全是全面建成小康社会的重要物质保障。粮食生产安全是食品安全的基础。从生产源头强调绿色生产，确保粮食品质和营养，是保障食品安全的前提。抓绿色，是改善河南粮食品质竞争力的基本保障。

构建绿色粮食生产体系，确保粮食生产质量。中共中央、国务院2015年发布的《关于加快推进生态文明建设的意见》，提出要构建绿色农业体系，要大力推动农业生产资源利用节约化、生产过程清洁化、废物处

理资源化和无害化、产业链接循环化，促进农业生产方式转变，提高农业综合效益。

构建绿色粮食流通体系，确保粮食流通质量。积极改进粮食物流、粮食仓储条件，减少粮食产后损失，保障粮食运输安全，提高粮食仓储质量，防止粮食变质。

2016年中央1号文件指出要实施食品安全战略。文件提出要加快完善食品安全国家标准，到2020年农兽药残留限量指标基本与国际食品法典标准接轨。加强产地环境保护和源头治理，实行严格的农业投入品使用管理制度。推广高效低毒低残留农药，实施兽用抗菌药治理行动。创建优质农产品和食品品牌。

（五）保增收，激发农民种粮积极性

历年中央1号文件多次强调农民增收的重要性。保障种粮农民的收入稳步增加，是激发农民种粮积极性的关键。进一步完善国家粮食收购价制度，在国家粮食宏观调控和市场调控之间，保障农民种粮收入，是确保我国长期粮食安全的必然选择。当前，农民种粮与打工之间、农民种粮与种植经济作物之间收入差距较大，种粮比较效益低的局面必须得到改善，才能有效提高农民种粮积极性。

（六）找需求，开拓“一带一路”粮食市场

河南是我国“一带一路”战略的重要节点和省份，也是全国为数不多的国家级自贸试验区。要抓住这一战略机遇，扩大河南粮食的对外开放和合作水平，积极探索建立河南粮食的国际市场。

积极推进河南粮食“走出去”。2017年中央1号文件指出要创造良好的农产品国际贸易环境，“鼓励扩大优势农产品出口，加大海外推介力度。加强农业对外合作，推动农业走出去。以‘一带一路’沿线及周边国家和地区为重点，支持农业企业开展跨国经营，建立境外生产基地和加工、仓储物流设施，培育具有国际竞争力的大企业大集团”。这一论断也为河南粮食“走出去”指明了方向。加快重建河南粮食比较优势，推进河南粮食“走出去”，进一步提升河南粮食对外开放水平。

积极推进河南粮食企业对外开放水平。国家粮食局《粮食行业“十三五”发展规划纲要》指出，“鼓励和支持粮食企业‘走出去’，鼓励和引导粮食生产、仓储物流、加工、贸易、农资及农业技术服务等企业和单位组

建产业联盟，主动参与国际粮食生产流通，带动粮食精深加工产品和粮食仓储物流设施、机械设备、储粮技术等‘走出去’“培育大型跨国粮食集团，培养国际化粮食经营管理人才，提升企业核心竞争力。到2020年，力争我国有一定数量的大型粮食企业跃居全球跨国粮商前列”。适应当前国际竞争要求，积极组建跨地域、跨行业的粮食产业集团，提高粮食全产业链竞争力。

河南粮食期货市场发展报告

马　强

（河南工业大学粮食经济研究中心）

一、粮食期货市场发展历程

粮食期货市场是伴随着商品经济的不断发展在现货市场的基础上产生的，并且根据商品经济迅速发展的需要不断完善。现代规范意义上的粮食期货市场起源于美国的芝加哥。

中国改革开放以来，随着市场化进程的推进，粮食商品价格逐步放开，市场和价格波动渐趋频繁、剧烈，经营风险逐渐显化，广大农产品（粮食）生产经营者有着有效转移经营风险、稳定收益的强烈诉求，而政府为了社会经济健康发展，也有稳定农产品（粮食）市场，完善农产品（粮食）市场体系的强大动力，二者力量共同促进了中国农产品（粮食）期货市场的诞生。经过多年的发展，农产品（粮食）期货市场在发现未来市场价格，提供信息指导，转移经营风险等方面取得了很大的成效。

（一）期货市场的理论探索与现实试点（1988—1990年）

随着市场经济体制的逐步确立，进入市场调节的农产品不断增多，但由于农产品自身特征和小农户分散经营相结合造成的农产品市场年度之间起伏不定、价格暴涨暴跌现象也越来越严重，导致“买难”“卖难”交替，中国农产品市场发散性蛛网效应越来越明显。如何有效应对并解决这一难题，在与国外交流经济发展经验，借鉴西方发达国家运用市场手段合理配置粮食资源机制的基础上，中国经济学界和政界人士一并对期货市场进行了探索。

1988年2月，国务院总理李鹏要求国务院发展研究中心组织研究国外的期货制度，以运用到城市的副食品购销，保护生产者和消费者的利益，保持市场价格的基本稳定。同年 3 月，李鹏在政府工作报告中明确提出要“加快商业体制改革，积极发展各类批发交易市场，探索期货交易”。

在国务院的支持下，国务院发展研究中心、国家体改委和商业部研究所联合组成期货市场研究工作小组，开始了构建中国期货市场的课题研究。1988 年 4 月，在北京召开了首届期货市场研究工作座谈会，第一次明确提出在全国选择 2～3 个有条件的省市开办实验性期货市场的设想。在会议推动下，郑州、武汉、沈阳开始设计以经营农产品为主的期货市场方案，其他省市也开始设计地方性期货市场方案。

1988 年 5 月，期货市场研究课题组提交了《关于期货制度研究的报告》，提议先行设立农产品期货市场。1988 年 6 月，第二次期货市场研究工作会议召开，交流了各地的期货市场方案设想。会议认为，小麦、杂粮、生猪、麻等品种已基本上放开了价格管制，价格波动比较大，可以进行期货交易。1989 年 1 月，期货市场研究课题组提交了《关于结合国情试办期货市场的报告》，制定出了农产品期货市场的初步方案，开始了期货市场的筹建工作。

1990 年 10 月 12 日，经国务院批准，由商业部和河南省政府联合主办的中国第一家农产品交易所——中国郑州粮食批发市场正式开业，引起全球瞩目。尽管当时这一市场还只是一个以远期合约交易为基础的现货批发市场，但它已经超越了一般意义上的批发市场，引入了期货市场的交易机制（如会员制度、保证金制度、公开竞价制度等），明确了由现货市场起步，最终向期货市场过渡的指导思想。郑州粮食批发市场的成立及顺利运作，迈出了中国期货市场发展的第一步，成为中国期货市场诞生和起步的重要标志。

（二）期货市场的萌动发育与盲目发展（1991—1993 年）

自郑州粮食批发市场开业后，全国各地仿照“郑州模式”相继建立了一批地方性批发市场，如江西九江粮食批发市场、安徽芜湖大米批发市场、吉林玉米批发交易市场等。这些市场的成立标志着中国农产品期货市场的过渡形式——带有期货交易机制的农产品批发市场已经从起步阶段走向发展阶段，也意味着试办期货市场的工作已在全国展开。

1993 年 5 月 28 日，郑州商品交易所（ZCE）正式开业，与中国郑州粮食批发市场并行运作，标志着中国农产品市场完成了“批发市场”初试运作的过渡，开始进入“期货交易所”时代。

郑州商品交易所开业后，进一步改造、完善了郑州粮食批发市场建立的期货交易制度，规范了交易规则，加强了现代化期货交易的科技手段（如采用计算机撮合交易方式），最根本的还是推出了标准化期货合约。郑州商品交易所开业后就推出了小麦、玉米、大豆、绿豆、芝麻五种农产品期货合约，1994 年 1 月 20 日，又推出了花生仁、豆粕、红小豆、粳米等农产品期货合约。

郑州商品交易所的成立，标志着中国农产品期货市场的正式建立。它在一定程度上改变了过去交易分散、难以形成集中的能够反映整个社会农产品供求价格的格局，对调节全国农产品产销起到了积极的作用。

鉴于郑州粮食批发市场和郑州商品交易所运行中所体现出来的巨大社会、经济效益，各地各部门纷纷创办现货及期货交易市场，一时间全国兴起了“期货市场热”，一批以经营农产品期货为主的期货交易所相继开业运营，一大批农产品期货合约也开始上市经营（表 1）。

很快，中国期货市场陷入了盲目发展、混乱无序的状态。一些部门和地方竞相兴办期货交易所，设立期货经纪公司，整个期货市场一哄而起，遍地开花。

表 1　中国农产品期货市场（1993 年 5 月—1995 年 5 月）

交易所	成立时间	农产品期货品种
郑州商品交易所	1993.5	小麦、玉米、大豆、绿豆、芝麻、花生仁、豆粕、红小豆、粳米
天津联合期货交易所	1993.5	大豆、天津红小豆、白糖
沈阳商品交易所	1993.5	落叶松加工用原木、白松加工用原木、水曲柳加工用原木、高粱、花生仁、啤酒大麦
上海粮油商品交易所	1993.6	大豆、玉米、白小麦、红小麦、粳米、籼米、大豆油、菜籽油、红小豆、白糖、绿豆、黄麻、红麻、啤酒大麦
苏州商品交易所	1993.10	红小豆、豆粕、桑蚕丝、桑蚕茧、羊毛、毛条
海南中商期货交易所	1993.11	棕榈油、天然橡胶、可可、咖啡、白砂糖、红小豆、啤酒大麦
大连商品交易所	1993.11	大米、玉米、大豆、绿豆、小麦、豆粕、红小豆、豆油、干海带
北京商品交易所	1993.12	玉米、大豆、红小豆、大米、白糖、小麦、豆粕、绿豆、菜籽油、花生仁

（续）

交易所	成立时间	农产品期货品种
成都联合期货交易所	1993.12	大豆、豆粕、高粱、菜子油、油菜籽、籼米、红小麦、玉米、糯米、棕榈油、桐油、冻内销分割肉、冻白条肉
长春联合商品交易所	1993.12	玉米、大豆、豆油、豆粕、红小豆、白小麦、和绿豆、大米
广东联合期货交易所	1994.9	玉米、大豆、籼米、豆粕、白糖
上海商品交易所	1995.5	白糖、天然橡胶、干茧、生丝
深圳有色金属期货联合交易所	1992.1	玉米、白糖、豆粕

（三）期货市场的整顿（1994—1998年）

针对期货市场盲目发展的状况，1993年11月，国务院发布了《关于坚决制止期货市场盲目发展的通知》，采取了一系列旨在规范期货市场的措施，展开了一场持久而深入的期货市场清理整顿工作。

首先是对交易所进行清理整顿。1994年10月，中国证监会（CSRC）将50多家期货交易所调整合并，确定保留了15家试点期货交易所。

其次，对交易品种进行了清理。暂停了包括农产品期货品种粳米、白糖、菜籽油、干茧、生丝、大豆油、红小麦在内的19个交易品种，批准保留了47个交易品种（其中23个农产品和约品种）。

表2　中国农产品期货市场（1995年5月—1998年12月）

交易所	上市和约	试运行和约
郑州商品交易所	绿豆	小麦、玉米、花生仁、豆粕、芝麻
大连商品交易所	玉米、大豆	干海带
上海粮油商品交易所	大豆	玉米、白小麦、籼米、绿豆、红小豆、黄麻、红麻、啤酒大麦
海南中商期货交易所	棕榈油、天然橡胶	咖啡、可可、啤酒大麦
北京商品交易所	绿豆	玉米、花生仁
天津联合期货交易所	天津红小豆	大豆
沈阳商品交易所		高粱、花生仁、啤酒大麦、原木（落叶松、白松、水曲柳）

（续）

交易所	上市和约	试运行和约
广东联合期货交易所		籼米、豆粕
苏州商品交易所		红小豆、羊毛、毛条、豆粕
上海商品交易所		天然橡胶
成都联合期货交易所	高粱	玉米、小麦、籼米、桐油、菜籽油
长春联合商品交易所	玉米、大豆	豆粕、红小豆、白小麦

再次，从清理外盘交易入手对期货经纪机构进行整顿。取消了50多家中外合资期货经纪公司的业务资格，并将期货经纪公司的审批权由国家工商局转移到中国证监会。

第四，在清理整顿的同时，进一步加强监管力度，规范市场运作。中国证监会颁布了一系列管理规章，严厉打击操纵市场行为，指导交易所建立了一系列规章制度，采取了一系列严格规范市场的措施。

经过治理整顿，1995年，经批准的15家试点期货交易所相继开业，期货市场进入了一个短暂的相对规范的发展期。但是，由于中国市场经济发展不成熟，相关法规不完善、不配套，加之期货市场杠杆效应的强大诱惑力，1995年后，中国农产品期货市场又相继爆发大米、咖啡、天然橡胶、绿豆、红小豆、玉米等一系列事件，中国证监会先后取消或暂停了这些品种的交易。

1998年8月，国务院发布《关于进一步整顿和规范期货市场的通知》，中国证监会对期货市场再次进行大力度的治理整顿，将原来的14家期货交易所（长春联合商品交易所因出具虚假注册仓单被关闭）合并为郑州商品交易所（ZCE）、大连商品交易所（DCE）、上海期货交易所（SHFE）三家，将上市交易期货品种调减为12个，保留农产品期货和约品种9个（表3）。

表3　中国农产品期货市场（1999—2006年）

交易所	1999年上市农产品期货品种	2006年上市农产品期货品种
郑州商品交易所（ZCE）	小麦、绿豆、红小豆、花生仁	优质强筋小麦、硬冬白小麦、一号棉花、白砂糖、绿豆
大连商品交易所（DCE）	大豆、豆粕、啤酒大麦	黄大豆1号、黄大豆2号、黄玉米、豆粕、豆油

（续）

交易所	1999 年上市农产品期货品种	2006 年上市农产品期货品种
上海期货交易所（SHFE）	天然橡胶、籼米	天然橡胶

（四）期货市场的相对规范发展（1999 年以后）

经过两次治理整顿，中国期货市场进入低态发展时期。人们逐渐认识到，期货市场是市场经济发展到一定阶段的产物，它只有在成熟的市场经济条件下才能正常发挥作用。在市场经济不太发达的情况下，期货市场发展必然会遇到各种阻力而步履维艰，期货市场套期保值和发现价格的作用受到很大的限制，必须在逐步完善市场经济体制的同时，渐进地发展期货市场，逐步发挥期货市场的作用。

但是，市场经济条件下，市场、价格机制要发挥调节作用，离不开期货市场功能的发挥。现货市场的自身发展，客观需要期货市场来提高其效能，共同构成完整的市场体制。

正是基于以上对期货市场的理性认识，随着市场化经济改革的推进，在政府强化监管，交易所加强自控、期货业加强自律的同时，中国期货市场也逐步走向复苏，期货市场各项功能的发挥也越来越得到各界的认可。

表 4　中国商品期货市场历年交易额

单位：亿元

年份	1993	1994	1995	1996	1997
交易额	5 522	31 601	100 565	84 119	61 171
年份	1998	1999	2000	2001	2002
交易额	36 967	22 343	16 082	30 145	39 490
年份	2003	2004	2005	2006	2007
交易额	108 389	146 935	134 448	210 046	409 722
年份	2008	2009	2010	2011	2012
交易额	719 142	1 305 107	1 134 884	937 476	952 825
年份	2013	2014	2015	2016	
交易额	1 264 673	1 279 697	1 364 707	1 774 125	

数据来源：中国期货业协会网站。

表 5 目前三大商品交易所上市的农产品期货品种

交易所	目前上市农产品期货品种
郑州商品交易所（ZCE）	优质强筋小麦、普通小麦、一号棉花、早籼稻、晚籼稻、粳稻、白砂糖、菜籽油、油菜籽、菜籽粕
大连商品交易所（DCE）	黄大豆1号、黄大豆2号、玉米、玉米淀粉、鸡蛋、豆油、豆粕、棕榈油
上海期货交易所（SHFE）	天然橡胶

二、河南粮食期货市场交易规模分析

郑州商品交易所目前上市交易期货品种有普通小麦、优质强筋小麦、早籼稻、晚籼稻、粳稻、棉花、油菜籽、菜籽油、菜籽粕、白糖、动力煤、甲醇、精对苯二甲酸（PTA）、玻璃、硅铁和锰硅，基本形成了覆盖农业、能源、化工、建材和冶金等国民经济重要领域的综合性品种体系。其中粮食期货品种有普通小麦、优质强筋小麦、早籼稻、晚籼稻、粳稻。

（一）河南粮食期货总体交易规模分析

郑州商品交易所自1993年国内首家推出粮食期货交易以来，运转相对平稳，虽然其间也经历了绿豆期货“1·18事件”（1999年1月18日闭市后，郑州商品交易所对绿豆GN903、GN905、GN907合约的所有持仓以当日结算价对冲平仓）及小麦期货“WT309合约事件”（2003年8月29日硬冬麦WT309合约强制平仓），成交量和成交金额也随着政府对期货市场的治理整顿有所起伏，但整体发展相对比较规范，交易规模稳步增加。其中，1997—1999年，郑商所期货交易量连续三年位居全国第一，市场份额占50%左右。目前，郑州小麦期货已纳入全球报价体系，在发现未来价格、套期保值等方面发挥积极作用，“郑州价格”已成为全球小麦价格的重要指标。

1. 粮食期货交易金额变化

郑州商品交易所成立之初，上市期货品种主要是粮食期货，形成交易规模的只有绿豆和小麦两个期货品种，尤其是绿豆期货，可以说是一个小品种期货独自撑起了郑州商品交易所的交易大厦。但1999年的绿豆期货“1·18事件”及2003年的小麦期货“WT309合约事件”，严重损毁了郑

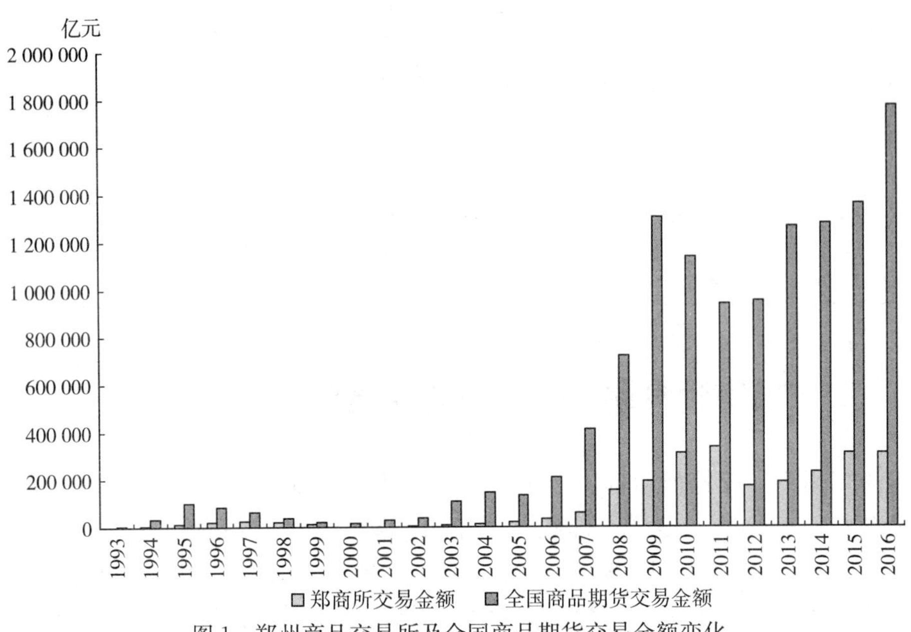

图 1　郑州商品交易所及全国商品期货交易金额变化

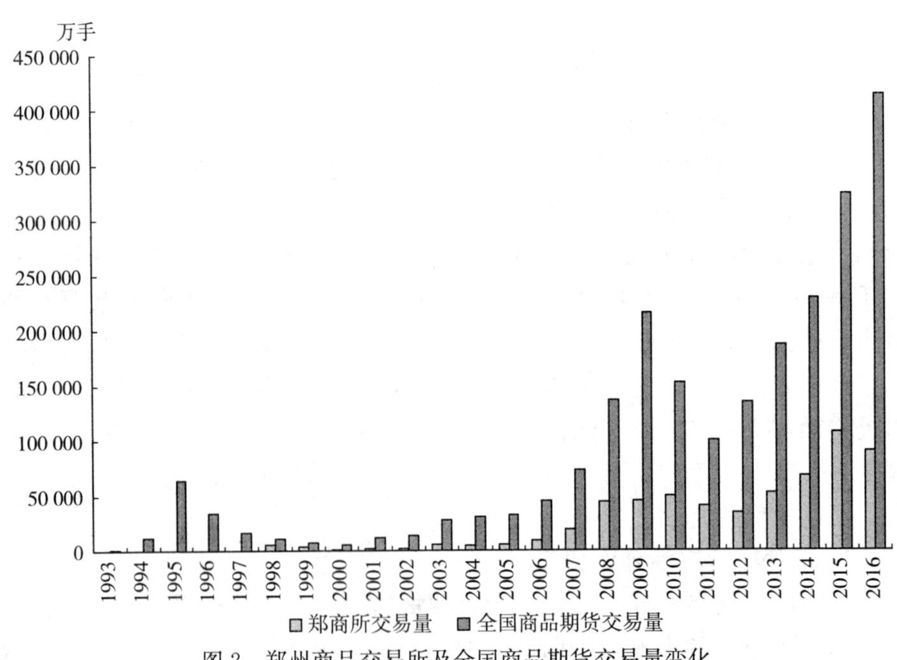

图 2　郑州商品交易所及全国商品期货交易量变化

州商品交易所的品牌形象，也严重挫伤了投资者的投资信心，导致郑州商品交易所粮食期货交易规模急剧下滑。其后几年，随着非粮食类其他期货合约的陆续上市及交易量的稳步增长，虽然郑州商品交易所交易规模趋于稳定并逐步转向快速增长，但粮食期货交易除发生国际性粮食危机的2007—2008年有短暂剧增外，无论是交易金额或是所占比例，都是趋于快速下滑的。时至今日，粮食期货交易在郑州商品交易所的重要性可以说已经微不足道了，粮食期货所应起到的发现价格、转移风险等功能发挥严重不足，这与河南作为粮食生产、消费大省的现实不相符合，也与郑州商品交易所作为农产品期货交易中心的定位严重背离。

从交易金额变化角度看，1993—2016年，全国商品期货交易总金额从5 521.99亿元增长到1 774 124.99亿元，增加了321倍；郑州商品交易所期货交易额从305.7亿元增长到310 297.11亿元，增加了1 015倍；郑州商品交易所粮食期货交易额从305.7亿元短期激增到1997年最高23 318.27亿元，增加了76倍，绿豆期货“1·18事件”后，快速下降到2000年的1 601.64亿元，虽然2007—2008年由于国际粮食危机导致粮食价格异常上涨带动粮食期货再次成交活跃，交易额分别上冲到15 135.99亿元和11 466.74亿元，但此后成交活跃度加速下滑，2014年下降到千亿元以下，2016年更下降到282.78亿元。

表6 郑州商品交易所粮食期货交易金额变化统计

单位：亿元，%

年份	郑商所粮食期货交易金额	郑商所交易金额	全国商品期货交易金额	郑商所粮食期货交易金额占郑商所交易金额比例	郑商所粮食期货交易金额占全国商品期货交易金额比例	郑商所交易金额占全国商品期货交易金额比例
1993	305.70	305.70	5 521.99	100.00	5.54	5.54
1994	3 473.00	3 473.00	31 601.41	100.00	10.99	10.99
1995	11 877.70	11 877.70	100 565.30	100.00	11.81	11.81
1996	20 208.47	20 208.47	84 119.16	100.00	24.02	24.02
1997	23 318.27	23 318.27	61 170.66	100.00	38.12	38.12
1998	21 053.28	21 053.28	36 967.24	100.00	56.95	56.95
1999	11 004.88	11 004.88	22 343.01	100.00	49.25	49.25
2000	1 601.64	1 601.64	16 082.29	100.00	9.96	9.96
2001	1 835.19	1 835.19	30 144.98	100.00	6.09	6.09
2002	2 252.47	2 252.47	39 490.16	100.00	5.70	5.70
2003	7 953.13	7 953.13	108 389.03	100.00	7.34	7.34

（续）

年份	郑商所粮食期货交易金额	郑商所交易金额	全国商品期货交易金额	郑商所粮食期货交易金额占郑商所交易金额比例	郑商所粮食期货交易金额占全国商品期货交易金额比例	郑商所交易金额占全国商品期货交易金额比例
2004	7 855.18	11 640.36	146 935.31	67.48	5.35	7.92
2005	5 958.55	21 629.60	134 448.38	27.55	4.43	16.09
2006	5 073.66	31 792.59	210 046.32	15.96	2.42	15.14
2007	15 135.99	59 172.38	409 722.43	25.58	3.69	14.44
2008	11 466.74	155 568.73	719 141.94	7.37	1.59	21.63
2009	3 723.88	191 086.75	1 305 107.20	1.95	0.29	14.64
2010	7 836.67	308 956.65	1 134 883.55	2.54	0.69	27.22
2011	3 789.96	334 185.15	937 475.70	1.13	0.40	35.65
2012	7 586.34	173 636.50	952 824.53	4.37	0.80	18.22
2013	1 674.57	188 978.31	1 264 673.31	0.89	0.13	14.94
2014	752.22	232 399.30	1 279 696.87	0.32	0.06	18.16
2015	256.77	309 794.68	1 364 707.05	0.08	0.02	22.70
2016	282.78	310 297.11	1 774 124.99	0.09	0.02	17.49

数据来源：根据中国期货业协会、中国证监会网站相关数据计算整理。

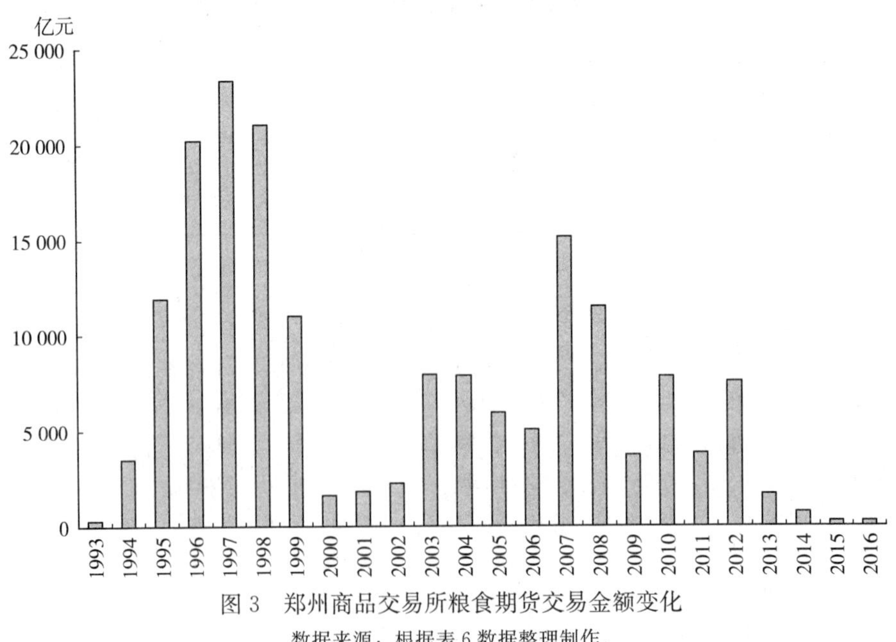

图 3　郑州商品交易所粮食期货交易金额变化

数据来源：根据表 6 数据整理制作。

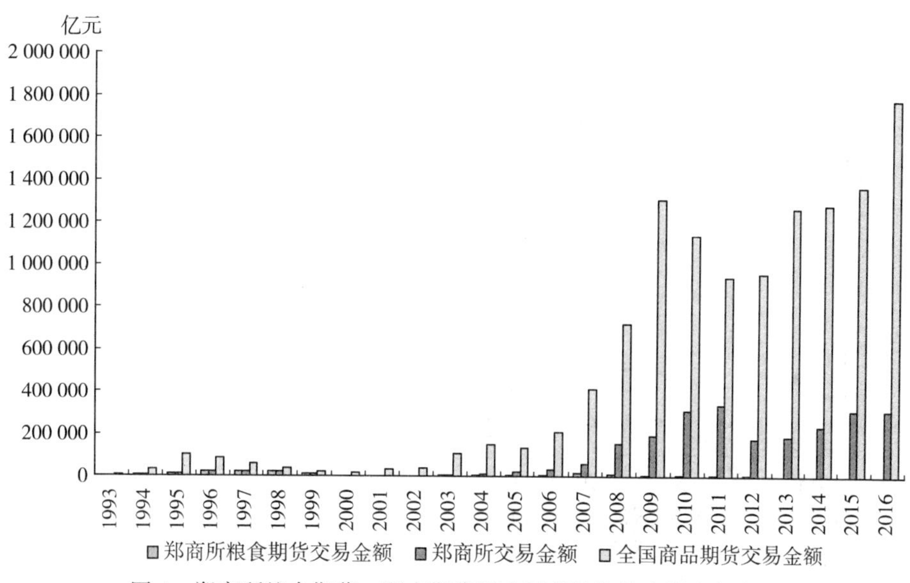

图 4　郑商所粮食期货、所有期货及全国商品期货交易金额变化

数据来源：根据表 6 数据整理制作。

从交易金额占比角度分析，1993—2003 年，郑州商品交易所期货交易基本全部由绿豆和小麦两个粮食期货品种构成，郑州商品交易所粮食期货交易金额占郑商所交易金额比例达 100%。郑州商品交易所粮食期货交易金额占全国商品期货交易金额比例，随着 20 世纪 90 年代后期郑州绿豆的火热快速增长，1993 年占比 5.54%，1996 年增长到 24.02%，尤其是 1997—1999 年，绿豆期货成为全国第一大期货交易品种，占比 1998 年达到惊人的 56.95%。2000 年开始，绿豆热急剧降温，小麦期货交易由于政府政策限制不温不火，郑州商品交易所粮食期货交易金额占全国商品期货交易金额比例快速下降到个位数。从 2004 年开始，随着非粮食类其他期货合约的陆续上市及交易规模的逐步扩大，无论是粮食期货交易金额占交易所交易金额的比例，还是占全国商品期货交易金额的比例，都呈现出快速下滑的趋势，到 2016 年已分别下降为 0.09%和 0.02%。

2. 粮食期货交易量变化

与前文交易额分析类似，1999 年的绿豆期货“1·18 事件”及 2003 年的小麦期货“WT309 合约事件”前，郑州商品交易所粮食期货交易活跃，交易量增长快速，粮食期货交易量及郑商所期货交易量占全国商品期货交易量比例较高，尤其是 1998—1999 两年，由于绿豆期货的火热，郑

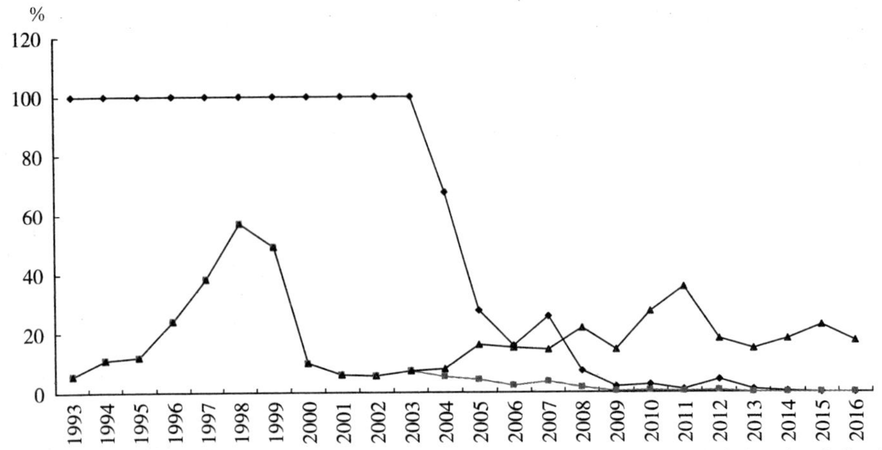

图 5 郑州商品交易所粮食期货交易金额占比变化

数据来源：根据表 6 数据整理制作。

州商品交易所期货交易量占据了全国期货交易半壁江山。

表 7 郑州商品交易所粮食期货交易量变化统计

单位：万手，%

年份	郑商所粮食期货交易量	郑商所交易量	全国商品期货交易量	郑商所粮食期货交易量占郑商所期货交易量比例	郑商所粮食期货交易量占全国商品期货交易量比例	郑商所交易量占全国商品期货交易量比例
1993			890.69			
1994			12 110.72			
1995			63 612.07			
1996			34 256.77			
1997			15 876.32			
1998	5 828.22	5 828.22	10 445.57	100.00	55.80	55.80
1999	3 697.14	3 697.14	7 363.91	100.00	50.21	50.21
2000	1 139.77	1 139.77	5 461.07	100.00	20.87	20.87
2001	1 463.93	1 463.93	12 046.35	100.00	12.15	12.15
2002	1 827.17	1 827.17	13 943.26	100.00	13.10	13.10
2003	4 975.77	4 975.77	27 986.42	100.00	17.78	17.78

（续）

年份	郑商所粮食期货交易量	郑商所交易量	全国商品期货交易量	郑商所粮食期货交易量占郑商所期货交易量比例	郑商所粮食期货交易量占全国商品期货交易量比例	郑商所交易量占全国商品期货交易量比例
2004	4 248.65	4 847.45	30 569.76	87.65	13.90	15.86
2005	3 519.79	5 691.86	32 284.75	61.84	10.90	17.63
2006	2 939.64	9 256.21	44 947.41	31.76	6.54	20.59
2007	7 800.81	18 607.14	72 842.68	41.92	10.71	25.54
2008	5 534.54	44 504.13	136 388.71	12.44	4.06	32.63
2009	1 760.71	45 413.71	215 742.98	3.88	0.82	21.05
2010	3 268.19	49 582.54	152 089.14	6.59	2.15	32.60
2011	1 398.81	40 639.07	100 367.68	3.44	1.39	40.49
2012	2 964.67	34 702.82	134 540.06	8.54	2.20	25.79
2013	381.87	52 524.92	186 822.39	0.73	0.20	28.11
2014	142.01	67 630.63	228 823.75	0.21	0.06	29.56
2015	46.35	107 022.37	323 704.12	0.04	0.01	33.06
2016	50.26	90 124.08	413 776.82	0.06	0.01	21.78

注：1993—1997 年郑州商品交易所期货交易量及粮食期货交易量数据缺失。

数据来源：根据中国期货业协会、中国证监会网站相关数据计算整理。

从交易量变化角度看，1993—2016 年，全国商品期货交易量从 890.69 万手增长到 413 776.82 万手，增加了 465 倍；郑州商品交易所期货交易量从 1998 年的 5 828.22 万手下降到 2000 年的 1 139.77 万手，随后恢复性增长，到 2015 年达到最高的 107 022.37 万手；从 2000 年到 2015 年，增加了 94 倍。由于绿豆期货“1・18 事件”及小麦期货“WT309 合约事件”影响，郑州商品交易所粮食期货交易量从 1998 年的 5 828.22万手，下降到 2000 年的 1 139.77 万手，此后交易量缓慢回升，2007—2008 年由于国际性粮食危机导致粮食价格急涨，带来粮食期货交易量快速放大，分别达到 7 800.81 万手和 5 534.54 万手。而随着非粮食类其他期货合约的陆续上市及交易规模的逐步扩大，粮食期货交易量快速下降，2015 年降到最低的 46.35 万手，2016 年也只有区区 50.26 万手。

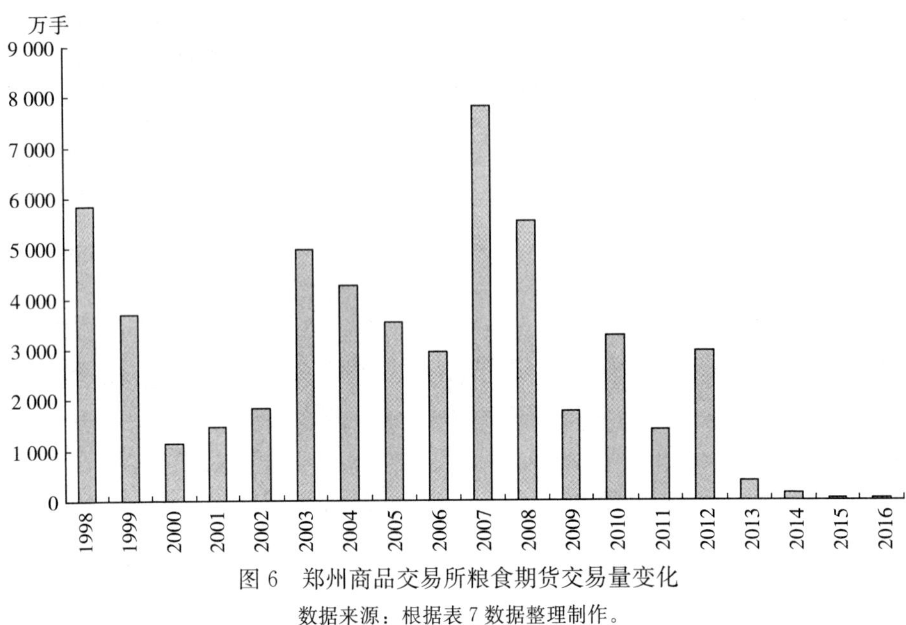

图 6　郑州商品交易所粮食期货交易量变化

数据来源：根据表 7 数据整理制作。

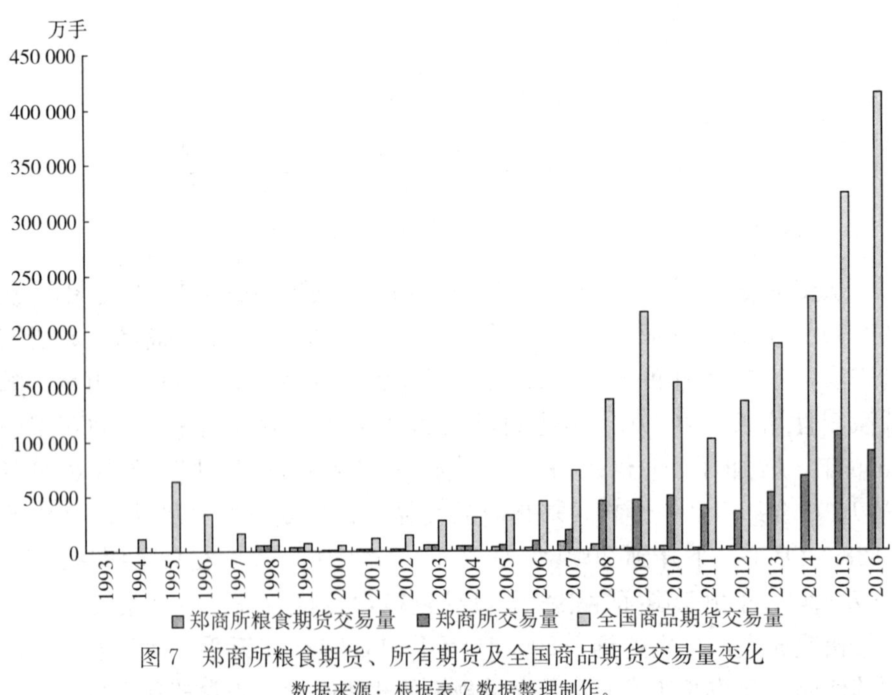

图 7　郑商所粮食期货、所有期货及全国商品期货交易量变化

数据来源：根据表 7 数据整理制作。

从交易量占比角度分析，与前文交易金额分析相同，1993—2003 年，

郑州商品交易所依靠绿豆和小麦两个粮食期货品种支撑起全部期货交易，粮食期货交易量占郑商所交易量比例达 100%。郑州商品交易所粮食期货交易量占全国商品期货交易量比例，也随着绿豆期货交易的火热快速增长，1998 年达到 55.805%，1999 年达到 50.21%。而从 2000 年开始，郑州商品交易所粮食期货交易金量占全国商品期货交易量比例快速下降到。虽然 2007—2008 年国际性粮食危机带来粮食期货交易量快速放大，粮食期货交易量占郑州商品交易所期货交易金量比例也从 2006 年的 31.76%增长到 2007 年的 41.92%，从 2008 年开始，随着非粮食类其他期货合约交易规模的逐步扩大，无论是粮食期货交易量占交易所交易量的比例，还是占全国商品期货交易量的比例，也都呈现出快速下滑的趋势，到 2016 年已分别下降为 0.06%和 0.01%，这一数字还低于粮食期货交易金额相关占比。

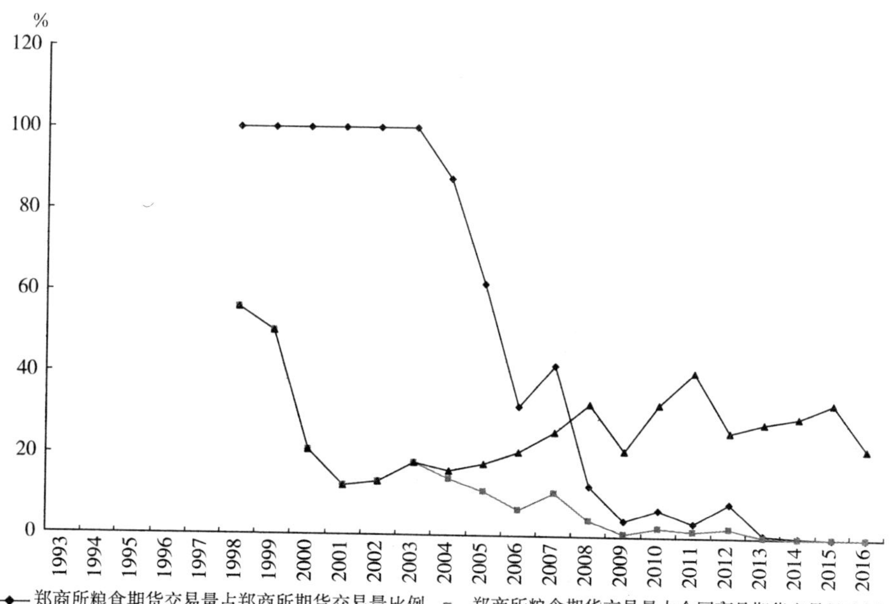

图 8　郑州商品交易所粮食期货交易量占比变化

数据来源：根据表 7 数据整理制作。

（二）河南粮食期货分品种交易规模分析

郑州商品交易所目前上市的粮食期货品种有普通小麦、优质强筋小麦、早籼稻、晚籼稻、粳稻。历史上曾经上市绿豆、红小豆、花生仁等粮食期货品种，但只有绿豆期货一度成交异常活跃。

1. 绿豆期货交易规模分析

郑州商品交易所成立之初，上市期货品种主要是粮食期货，形成交易规模的只有绿豆和小麦两个期货品种，尤其是绿豆期货（代码 GN），曾经成交火热，交易规模一度占据全国商品期货半壁江山。但 1999 年的绿豆期货“1·18 事件”，严重损毁了郑州商品交易所的品牌形象，也严重挫伤了投资者的投资信心，导致郑州商品交易所粮食期货交易规模急剧下滑。

表 8　1992—1997 年全国商品期货分品种交易统计

单位：亿元，%

年份	1992		1993		1994		1995		1996		1997	
品种	成交额	比重	成交额	比重	成交额	比重	成交额	比重	成交额	比重	成交额	比重
绿豆	/	/	189.12	3.08	5 991.94	15.4	27 391.1	27.05	28 529.95	33.9	24 842.8	40.8
小麦	/	/	27.9	0.46	49.71	0.13	176.77	0.17	22.71	0.02	132.96	0.22
胶合板	/	/	18.15	0.3	2 647.47	6.8	31 094.3	30.7	12 742.3	15.2	815.21	1.34
天然胶	/	/	62.65	1.02	114.67	0.29	7 743.59	7.65	12 767.64	15.2	7 777.04	12.8
铜	355.2	71.5	3 635.1	59.3	5 892.8	15.1	6 832.92	6.74	4 020.89	4.78	3 749.77	6.48
玉米	/	/	77.49	1.26	1 042.32	2.68	6 650.06	6.57	20.29	0.02	3.84	0.01
大豆	/	/	260.09	4.24	1 774.64	4.56	2 239.95	2.21	7 420.2	8.82	10 497.7	17.2
棕榈油	/	/	/	/	596.8	1.53	1 967.02	1.94	135.74	0.16	19.83	0.03
铝	141.9	28.5	617.25	10.1	2 811.92	7.22	1 350.99	1.33	192.42	0.23	2 081.42	3.41
豆粕	/	/	0.7	0.01	45.63	0.12	670.71	0.66	795.2	0.94	1 486.92	2.44
咖啡	/	/	/	/	/	/	564.79	0.58	9 180	10.9	4 092.6	6.17
啤酒大麦	/	/	/	/	/	/	243.62	0.24	909.09	1.08	/	/
籼米	/	/	29.63	0.48	549.35	1.41	964.15	0.95	895.08	1.06	/	/
高粱	/	/	/	/	0.002	/	94.99	0.09	961.91	1.14	418.67	0.69
其他	/	/	1 213.3	19.8	14 007.2	36	13 239.5	13.07	5 518.02	6.56	1 491.65	2.4
合计	497.1	100	6 131.4	100	35 524.5	91.2	101 224	99.95	84 111.44	99.9	60 968.1	100

数据来源：中国期货业协会网站。

表 9　1998—2002 年全国商品期货分品种交易统计

单位：亿元，%

年份	1998		1999		2000		2001		2002	
品种	成交额	比重	成交额	比重	成交额	比重	成交额	比重	成交额	比重
绿豆	20 711	58.2	10 918	48.9	41.05	0.26	0	0	0	0
小麦	786.2	2.21	87.27	0.39	1 560.61	9.71	1 835.11	6.09	2 252.46	5.7
胶合板	39.58	0.11	/	/	/	/	/	/	/	/
天然胶	964.4	2.71	281.41	1.26	895.82	5.57	52.9	0.18	4 017.83	10.2
铜	5 781	16.3	4 249.1	19	5 037.21	31.3	6 511.19	21.59	9 190.30	23.3
玉米	0.41	/	/	/	/	/	/	/	/	/
大豆	6 755	19	6 421.7	28.7	9 596.53	47.3	19 121.9	63.41	19 258.52	48.8
棕榈油	/	/	/	/	/	/	/	/	/	/
铝	487.2	1.37	384.75	1.72	731.81	4.55	1 994.64	6.61	3 193.27	8.09
豆粕	/	/	/	/	213.1	1.33	638.82	2.12	1 577.76	4
咖啡	/	/	/	/	/	/	/	/	/	/
啤酒大麦	/	/	/	/	/	/	/	/	/	/
籼米	16.78	0.05	5.02	/	/	/	/	/	/	/
高粱	/	/	/	/	/	/	/	/	/	/
其他	33.12	0.09	/	/	/	/	/	/	/	/
合计	36 800	100	22 341	100	16 076.1	100	30 154.3	100	39 490.16	100

数据来源：中国期货业协会网站。

表 10　绿豆期货交易量、交易金额统计

单位：万手，亿元，%

年份	绿豆期货交易量	绿豆期货交易金额	郑商所交易量	郑商所交易金额	全国商品期货交易量	全国商品期货交易金额	绿豆期货交易量占郑商所期货交易量比例	绿豆期货交易金额占郑商所期货交易金额比例	绿豆期货交易量占全国商品期货交易量比例	绿豆期货交易金额占全国商品期货交易金额比例
1993		189.12		305.70	890.69	6 131.37		61.86		3.08
1994		5 991.94		6 041.65	12 110.72	35 524.45		99.18		16.87
1995		27 391.05		27 567.82	63 612.07	101 224.40		99.36		27.06
1996		28 529.95		28 552.66	34 256.77	84 119.16		99.92		33.92
1997		24 842.79		24 975.75	15 876.32	61 170.66		99.47		40.61
1998	5 376.11	20 711.43	5 828.22	21 497.67	10 445.57	36 967.24	92.24	96.34	51.47	56.03

（续）

年份	绿豆期货交易量	绿豆期货交易金额	郑商所交易量	郑商所交易金额	全国商品期货交易量	全国商品期货交易金额	绿豆期货交易量占郑商所期货交易量比例	绿豆期货交易金额占郑商所期货交易金额比例	绿豆期货交易量占全国商品期货交易量比例	绿豆期货交易金额占全国商品期货交易金额比例
1999	3 627.94	10 917.60	3 697.14	11 004.88	7 363.91	22 343.01	98.13	99.21	49.27	48.86
2000	12.09	41.05	1 139.77	1 601.64	5 461.07	16 082.29	1.06	2.56	0.22	0.26
2001	0.06	0.09	1 463.93	1 835.19	12 046.35	30 144.98	0.00	0.00	0.00	0.00
2002	0.003 2	0.01	1 827.17	2 252.47	13 943.26	39 490.16	0.00	0.00	0.00	0.00
2003	0.002 4	0.01	4 975.77	7 953.13	27 986.42	108 389.03	0.00	0.00	0.00	0.00

数据来源：根据中国期货业协会、中国证监会网站相关数据计算整理。

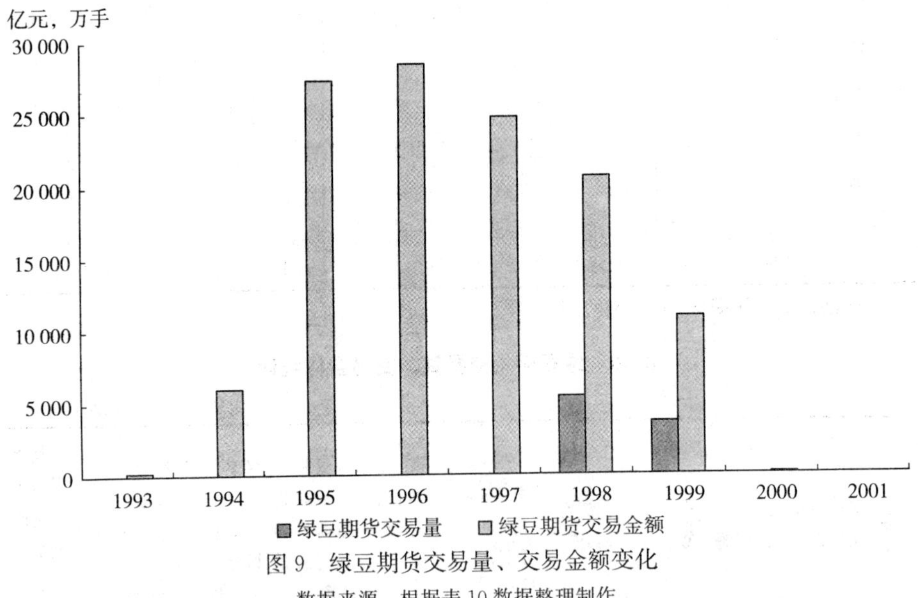

图 9　绿豆期货交易量、交易金额变化

数据来源：根据表 10 数据整理制作。

2. 小麦期货交易规模分析

郑州商品交易所开业后就推出了小麦期货合约，包括硬冬白小麦期货合约（代码 WT）和优质强筋小麦期货合约（代码 WS）。随着郑州小麦期货成交逐步放大，在国内、国际的影响力日趋扩大，小麦期货价格也被纳入全球报价体系，“郑州价格”成为全球小麦价格的重要指标，在发现未来价格、套期保值等方面发挥了积极作用。但小麦作为一个期货大品

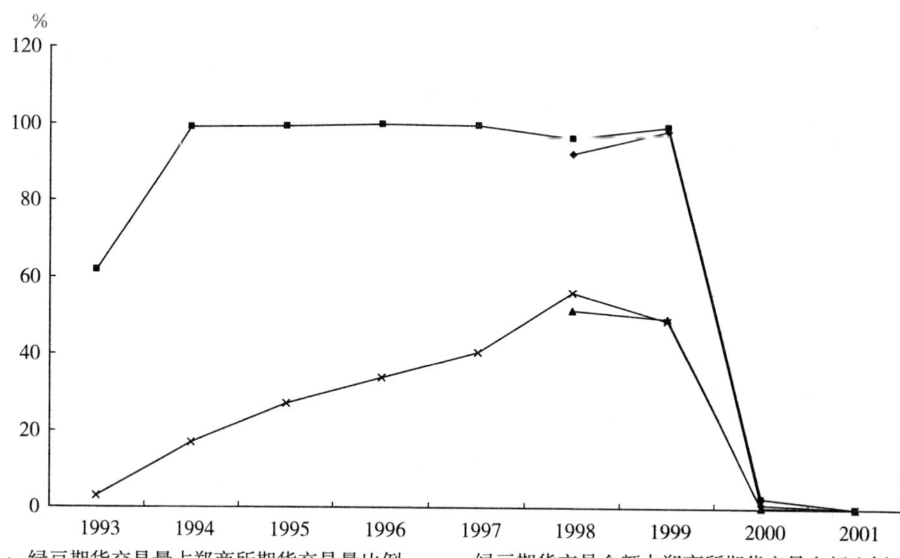

图 10　绿豆期货交易量、交易金额相关占比变化

数据来源：根据表 10 数据整理制作。

种，市场容量大，交易所需资金巨大，且政府出于稳定市场考虑，也对其价格变化设有种种限制，因此小麦期货交易长期不温不火。2003 年的小麦期货“WT309 合约事件”进一步挫伤了投资者的投资信心，导致郑州小麦期货交易规模进一步下滑，目前在郑州商品交易所期货交易中的地位日益下降。2012 年，郑州商品交易所废止了原有的硬冬白小麦和优质强筋小麦期货品种，推出了新的优质强筋小麦期货合约（代码 WH）和普通小麦期货合约（代码 PM），但交易规模起色不大。

表 11　小麦期货交易量、交易金额统计

单位：万手，亿元，%

年份	小麦期货交易量	小麦期货交易金额	郑商所交易量	郑商所交易金额	全国商品期货交易量	全国商品期货交易金额	小麦期货交易量占郑商所期货交易量比例	小麦期货交易金额占郑商所期货交易金额比例	小麦期货交易量占全国商品期货交易量比例	小麦期货交易金额占全国商品期货交易金额比例
1993		27.90		305.70	890.69	6 131.37		9.13		0.46
1994		49.71		6 041.65	12 110.72	35 524.45		0.82		0.14

（续）

年份	小麦期货交易量	小麦期货交易金额	郑商所交易量	郑商所交易金额	全国商品期货交易量	全国商品期货交易金额	小麦期货交易量占郑商所期货交易量比例	小麦期货交易金额占郑商所期货交易金额比例	小麦期货交易量占全国商品期货交易量比例	小麦期货交易金额占全国商品期货交易金额比例
1995		176.77		27 567.82	63 612.07	101 224.40		0.64		0.17
1996		22.71		28 552.66	34 256.77	84 119.16		0.08		0.03
1997		132.96		24 975.75	15 876.32	61 170.66		0.53		0.22
1998	537.17	786.24	5 828.22	21 497.67	10 445.57	36 967.24	9.22	3.66	5.14	2.13
1999	69.24	87.27	3 697.14	11 004.88	7 363.91	22 343.01	1.87	0.79	0.94	0.39
2000	1 127.67	1 560.61	1 139.77	1 601.64	5 461.07	16 082.29	98.94	97.44	20.65	9.70
2001	1 463.90	1 835.11	1 463.93	1 835.19	12 046.35	30 144.98	100.00	100.00	12.15	6.09
2002	1 827.16	2 252.46	1 827.17	2 252.47	13 943.26	39 490.16	100.00	100.00	13.10	5.70
2003	4 975.77	7 953.12	4 975.77	7 953.13	27 986.42	108 389.03	100.00	100.00	17.78	7.34
2004	4 248.65	7 855.18	4 847.45	11 640.36	30 569.76	146 935.31	87.65	67.48	13.90	5.35
2005	3 519.79	5 958.55	5 691.86	21 629.60	32 284.75	134 448.38	61.84	27.55	10.90	4.43
2006	2 939.64	5 073.66	9 256.21	31 792.59	44 947.41	210 046.32	31.76	15.96	6.54	2.42
2007	7 800.81	15 135.99	18 607.14	59 172.38	72 842.68	409 722.43	41.92	25.58	10.71	3.69
2008	5 534.54	11 466.74	44 504.13	155 568.73	136 388.71	719 141.94	12.44	7.37	4.06	1.59
2009	1 370.69	2 910.91	45 413.71	191 086.75	215 742.98	1 305 107.20	3.02	1.52	0.64	0.22
2010	583.97	1 505.30	49 582.54	308 956.65	152 089.14	1 134 883.55	1.18	0.49	0.38	0.13
2011	806.27	2 271.33	40 639.07	334 185.15	100 367.68	937 475.70	1.98	0.68	0.80	0.24
2012	2 580.84	6 542.35	34 702.82	173 636.50	134 540.06	952 824.53	7.44	3.77	1.92	0.69
2013	290.53	1 295.47	52 524.92	188 978.31	186 822.39	1 264 673.31	0.55	0.69	0.16	0.10
2014	102.67	563.14	67 630.63	232 399.30	228 823.75	1 279 696.87	0.15	0.24	0.04	0.04
2015	45.88	254.38	107 022.37	309 794.68	323 704.12	1 364 707.05	0.04	0.08	0.01	0.02
2016	49.99	281.29	90 124.08	310 297.11	413 776.82	1 774 124.99	0.06	0.09	0.01	0.02

数据来源：根据中国期货业协会、中国证监会网站相关数据计算整理。

3. 稻谷期货交易规模分析

稻谷期货是郑州商品交易所上市比较晚的期货品种，2009 年，郑州商品交易所推出早籼稻期货合约（代码 ER），2012 年，废止了原有的早籼稻期货合约，推出了新的早籼稻期货合约（代码 RI），2013 年，郑州商

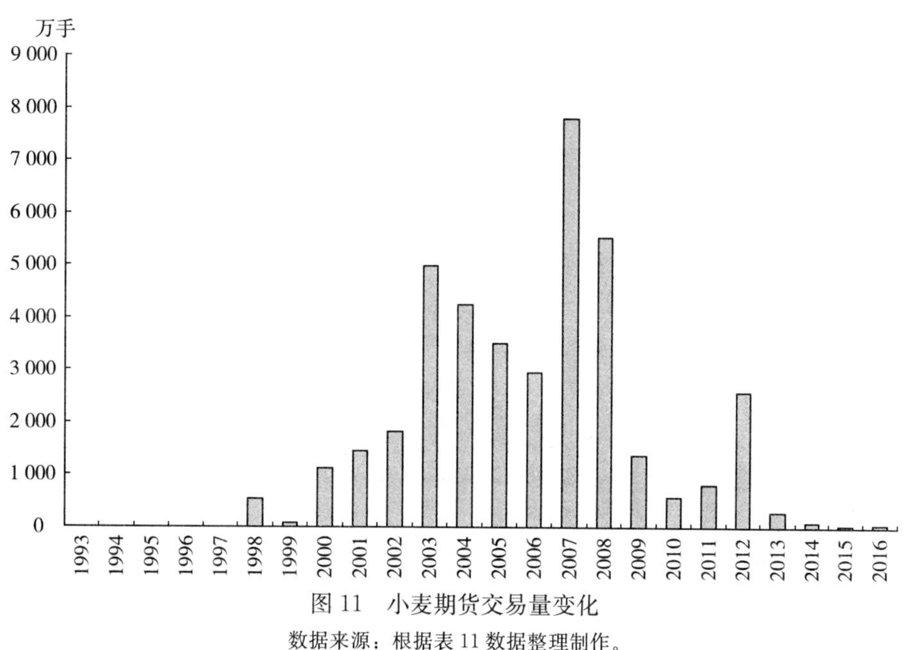

图 11　小麦期货交易量变化

数据来源：根据表 11 数据整理制作。

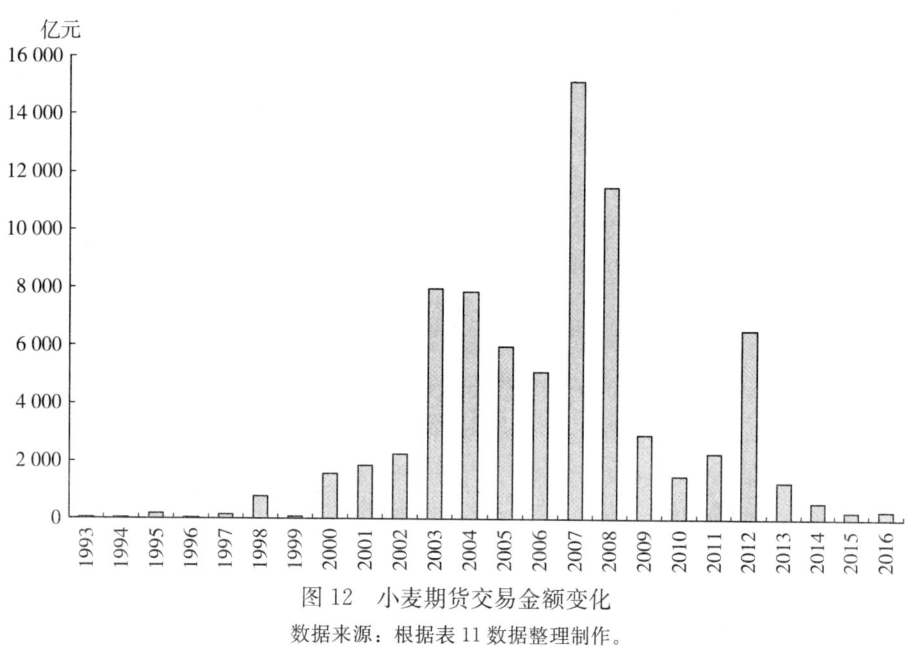

图 12　小麦期货交易金额变化

数据来源：根据表 11 数据整理制作。

品交易所推出粳稻期货合约（代码 JR），2014 年，郑州商品交易所推出晚

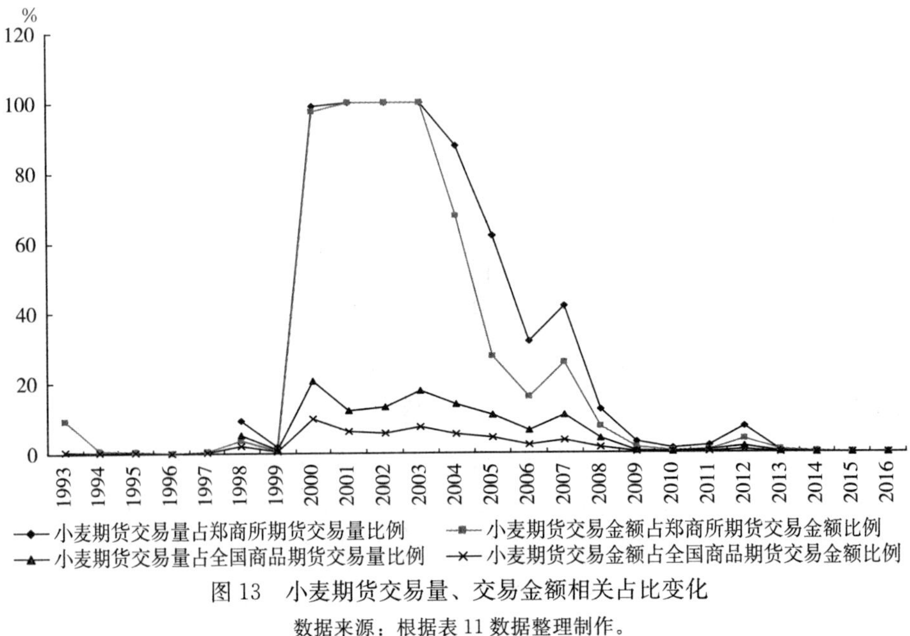

图 13　小麦期货交易量、交易金额相关占比变化

数据来源：根据表 11 数据整理制作。

籼稻期货合约（代码 LR），从而形成覆盖主要稻谷品种的期货体系。

早籼稻期货刚上市的 2010 年，由于国内早籼稻减产，也由于国际市场粮食价格波动上行，早籼稻期货交易曾经短期小火了一时。但同小麦一样，稻谷作为关系国计民生的大期货品种体系，市场容量大，交易所需资金巨大，且政府出于稳定市场考虑，对其价格变化设有种种限制，因此稻谷期货交易很快也转为长期不温不火，且近两年交易规模下滑剧烈，目前在郑州商品交易所期货交易中的地位严重下降。

表 12　稻谷期货交易量、交易金额统计

单位：万手，亿元，%

年份	稻谷期货交易量	稻谷期货交易金额	郑商所交易量	郑商所交易金额	全国商品期货交易量	全国商品期货交易金额	稻谷期货交易量占郑商所期货交易量比例	稻谷期货交易金额占郑商所期货交易金额比例	稻谷期货交易量占全国商品期货交易量比例	稻谷期货交易金额占全国商品期货交易金额比例
2009	390.02	812.97	45 413.71	191 086.75	215 742.98	1 305 107.20	0.858 8	0.425 4	0.180 8	0.062 3
2010	2 685.22	6 331.38	49 582.54	308 956.65	152 089.14	1 134 883.55	5.415 7	2.049 3	1.765 6	0.557 9
2011	592.55	1 518.63	40 639.07	334 185.15	100 367.68	937 475.70	1.458 1	0.454 4	0.590 4	0.162 0

（续）

年份	稻谷期货交易量	稻谷期货交易金额	郑商所交易量	郑商所交易金额	全国商品期货交易量	全国商品期货交易金额	稻谷期货交易量占郑商所期货交易量比例	稻谷期货交易金额占郑商所期货交易金额比例	稻谷期货交易量占全国商品期货交易量比例	稻谷期货交易金额占全国商品期货交易金额比例
2012	383.83	1 043.99	34 702.82	173 636.50	134 540.06	952 824.53	1.106 0	0.601 3	0.285 3	0.109 6
2013	91.34	379.10	52 524.92	188 978.31	186 822.39	1 264 673.31	0.173 9	0.200 6	0.048 9	0.030 0
2014	39.35	189.08	67 630.63	232 399.30	228 823.75	1 279 696.87	0.058 2	0.081 4	0.017 2	0.014 8
2015	0.47	2.39	107 022.37	309 794.68	323 704.12	1 364 707.05	0.000 4	0.000 8	0.000 1	0.000 2
2016	0.27	1.49	90 124.08	310 297.11	413 776.82	1 774 124.99	0.000 3	0.000 5	0.000 1	0.000 1

数据来源：根据中国期货业协会、中国证监会网站相关数据计算整理。

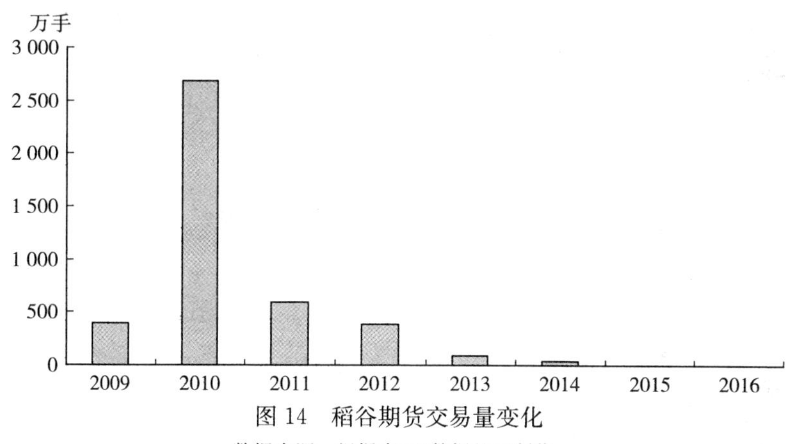

图 14　稻谷期货交易量变化

数据来源：根据表 12 数据整理制作。

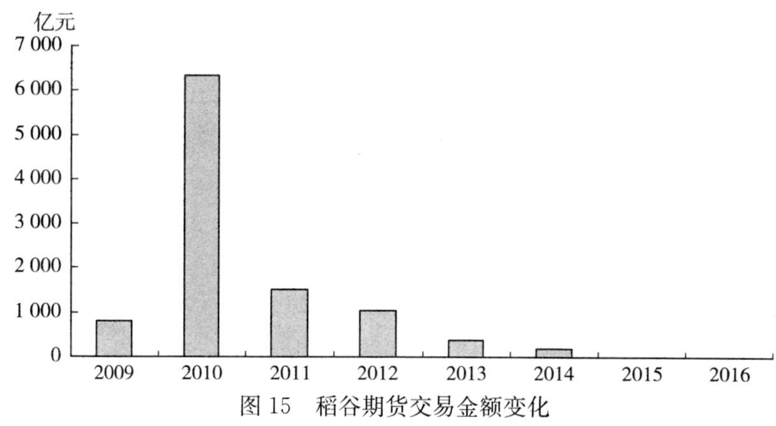

图 15　稻谷期货交易金额变化

数据来源：根据表 12 数据整理制作。

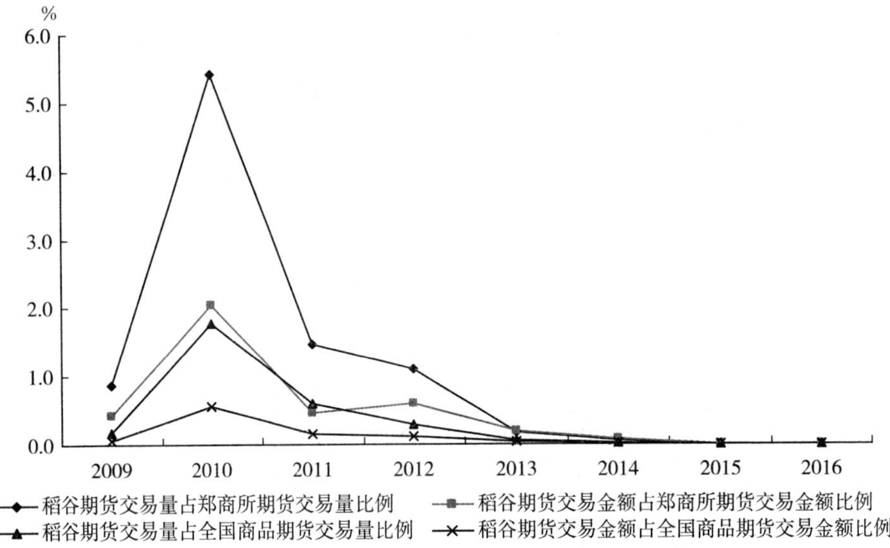

图 16　稻谷期货交易量、交易金额相关占比变化

数据来源：根据表 12 数据整理制作。

三、粮食期货市场存在的问题及其制约因素

河南以及全国农产品（粮食）期货市场起步初期由于制度和环境存在诸多缺憾，有一定的先天不足。由于现货市场不发达、不完备，也由于期货市场发展的渐进性，农产品（粮食）期货市场发展过程中一直是政府干预力量强大，期货市场功能的发挥受到一定限制。

（一）期货市场立法缺失

期货市场作为市场经济的最高市场形态，其规范运营依靠一整套统一、健全的法律制度约束和保障，否则就极易被非法投机者操纵。美国期货市场成立初期，也出现过大户操纵市场现象，虽然管理者采取了诸如罚款和吊销营业执照之类的办法，但收效不大。1936 年，美国制定并通过了《期货交易法》，才使期货市场中的大户操纵行为大大减少。

我国《期货法》至今未能出台，期货交易缺乏法律的保障或制裁。这使得一些蓄意违规者肆无忌惮，利用法规漏洞扰乱市场、牟取暴利。而事发之后，多是给予一定的经济惩罚，这在客观上纵容了一些会员单位和客户的违规行为，也在一定程度上放纵了交易所出于利益目的而疏于对市场违规行为的管理甚至配合市场违规行为。在《期货法》短期内不能出台的情况下，为加强对期货市场的规范管理，1999年《期货交易管理暂行条例》颁布实施，2007年修订为《期货交易管理条例》，并于2012年和2016年两次对《期货交易管理条例》进行了修订。作为条例，一方面法律地位不高，约束力有限；另一方面由于《期货交易管理条例》出台的背景是对期货市场进行治理整顿，监管思路是以不出风险为目的，没有充分考虑期货市场的长远发展，许多条文都是限制或禁止性的规定，众多国际期货市场上通行的业务在国内成为被禁止之列。如《条例》中对国有企业、金融机构投资期货市场的种种限制，证监会任命交易所高级管理层，客户唯一交易编码设置，会员严格持仓限制，套期保值头寸的严格审批等措施现在看来已经影响了中国期货市场的顺利发展。

（二）期货市场管理错位

中国期货市场在总结市场风波、教训，借鉴国成熟经验的基础上，逐步形成了政府行政监管、交易所自我监管及期货行业自律三级管理模式，对期货市场的管理趋于规范和理性，但在现实运行中，还存在着行政监管错位、交易所自我管理混乱和行业自律乏力等现象。

1. 行政监管

国外成熟期货市场上的监管以间接管理、法律管理为主，较少使用行政手段。监管部门在期货市场上是一个执法者，只对期货市场进行法律监管，而不干预期货市场交易活动。

美国对期货市场管理的专门机构是商品期货交易委员会（CFTC）。CFTC并不直接管理交易所，而是通过批准或否决交易所规则的办法进行法律监管。交易所和期货行业协会的自我管理活动受CFTC的监督，交易所的规则必须经过CFTC的批准，交易规则的实施也在CFTC的严格监视之下。

英国期货市场监管的最高权力机构是金融服务管理局（FSA）。FSA是一个独立的非政府组织，受权依法对包括期货行业在内的整个金融市场进行统一监管，直接向财政部负责。

中国期货市场管理综合了美国和英国的模式，实行中国证监会统一管理的方式，将证券、期货业一起监管。由于前文已述的期货立法缺位，中国期货市场的监管目前是以行政干预为主要手段，对期货市场干预程度也较深。

中国证监会对交易所的高级管理层实行直接管理，交易所直接隶属于中国证监会，交易规则由中国证监会确定，交易所出了风险，也只能由中国证监会出面处置管理，使用行政手段包办一切。虽然各交易所设立了理事会，形同虚设，矛盾和问题只能由中国证监会解决。中国证监会经常陷入日常行政琐事的监管之中，代替交易所和行业协会甚至期货公司处理一些业务事情。

2. 交易所自我管理

国际上成功的交易所以前大都实行严格的会员管理体制，会员制的核心内容是交易所的自我监管和交易所不以营利为目的。

按照国际惯例，会员制期货交易所的最高权力机构是会员大会，对交易所的章程、规则有最终决定权；理事会是最高权力执行机构，由会员大会选举产生并对会员大会负责。理事会的理事长、副理事长由理事会选举产生，上报政府监管部门审批或备案，理事长为交易所法定代表人；负责日常业务管理的行政总裁由理事长提名、理事会聘任并对理事会负责。这一层层制约的权力链，是保证交易所市场中立地位，保持期货市场健康发展的屏障。这一机制最终体现了会员的权益，会员自己管理自己，自我规范，从而实现了交易所的自我监管。交易所的会员制自我监管是期货市场管理的基础，是期货市场防范风险的重要保证。

根据《期货交易管理条例》，中国证监会对交易所实行直接管理，期货交易所的负责人由中国证监会任免。这种体制与真正的会员制相差甚远，会员权益无从体现，交易所自我监管流于形式，使得交易所不再是一个完全意义上的自我监管机构，不仅造成交易所自我监管缺位或者说异位，也使得交易所的营利冲动强烈。交易所考虑问题的出发点不外两个：一是如何提高成交量；二是如何控制住“风险”，使期货市场基本功能得不到充分发挥。

3. 行业自律

在市场经济条件下，每一行业都有自律组织，通过相关行业协会进行行业自律是市场经济条件下的管理惯例。期货市场作为利益、矛盾和风险集中的场所，自律更加严格。

美国期货市场发展过程中，行业自律起着巨大的作用。美国全国期货协会（NFA）在CFTC的监督和管理下实施行业自律。NFA的会员包括期货经纪商、中介经纪商、期货共同基金的组织者、为客户做期货交易的期货交易顾问等。美国主要的交易所都是NFA会员。

NFA 的主要职责有：①强化职业道德、规范，实施客户保障条例，制止、查处操纵市场价格、欺诈和非法交易行为；②审查会员资格，协助 CFTC 进行期货经纪商资格登记和管理；③负责对期货经纪机构的财务进行监督，对违反规定的经纪机构进行处罚；④调解、仲裁期货交易纠纷，NFA 有司法裁判权，仲裁结果为最终裁决；⑤普及期货知识和期货技能培训。[①]

中国期货市场上的行业自律组织是中国期货业协会。与 NFA 相比，一方面中国期货业协会缺乏明确的法律授权，法律地位不明；另一方面由于中国证监会管理范围广泛，中国期货业协会只有道德建设、资格考试及年检、咨询研究、宣传普及、纠纷调节等职能，职责和管理权限狭窄，作用有限。此外，由于中国市场经济还处于建设、完善过程中，自律意识缺乏，还没有形成行业自律的习惯，就更加限制了中国期货业协会职能的发挥。

（三）期货市场风险认识偏误

中国农产品（粮食）期货市场运行多年来一直风险事件不断、事端频发，其中一个重要的原因在于对期货市场风险存在和市场投机行为认识偏误，导致应对措施偏差。

1. 期货市场是风险转移场所而不是风险制造场所

市场经济条件下，风险是竞争的伴随物，现货市场本身就存在风险，只是由于交易各自达成，风险相对分散。期货市场出现后，把现货市场众多分散的风险集中在一个相对有限的空间内，风险因而比较集中。然而，正是风险的存在和可转嫁，以及有愿意承担风险、并以承担风险为代价而追求盈利的资本的介入，才使得期货市场的套期保值和价格发现功能得以实现，期货市场才有了生存的可能和存在的意义。期货市场只是把生产经营者的经营风险转移给了愿意承担这种风险的投机者，并没有制造出什么新的风险。

根据期货市场价格发现理论，期货市场发现的是现货市场远期可能价格，不是即期现货价格；而根据随机漫步理论，期货市场价格与即期现货价格的偏离是正常的，也不可能与现货价格步步一致。不应该把期货市场价格与即期现货价格发生偏离就认为是有市场风险产生，相反，这正是期

① 陶琲，王献．期货经济学教程［M］．北京：商务印书馆，2003：234.

货市场价格发现功能在发挥作用，引导现货价格理性发展，避免暴涨暴跌。

2. 投机者是期货市场必不可少的参与者

市场经济活动中，投机是一种很普遍的现象，期货市场投机也是一种很正常的投资行为。正是投机者承担了套期保值者希望转移的经营风险，使得套期保值交易能够顺利进行。而且，投机者的频繁买卖增加了期货市场的流动性，提高了套期保值交易的效率，降低了交易成本。同时，也只有当大量投机者介入市场，交易量进一步放大且使交易更趋平稳之后，才能真正形成一个对现货市场具有指导意义和约束力的、反映未来供求状况的期货价格。因此，期货市场的功能是由套期保值者和投机者共同完成的，投机者是期货市场必不可少的参与者。

纵观国际期货市场，参与者中的绝大部分是投机者。美国期货市场多年来运行平稳、规范，较少有风险事件发生，但据美国农业部农产品交易管理局调查分析，在美国期货市场上套期保值者约占市场参与者总数的10％左右，也就是说，90％左右的参与者是投机者（见表 13）。当然，由于投机者承担了生产经营者转移出来的经营风险，投资风险也相对较高，对投机者的投资行为进行适当、合理的制约，防止过度投机行为出现，化解可能的市场风险，这是国际通行做法。

表 13　美国期货市场套期保值者和投机者构成比例

单位：％

	大豆期货市场		玉米期货市场		小麦期货市场	
	套期保值者	投机者	套期保值者	投机者	套期保值者	投机者
1959.11.30	9.34	90.66				
1961.9.30			7.88	92.12		
1964.8.31					7.21	92.79
1967.1			11.42	88.58		

数据来源：沈开艳．中国期货市场运行与发展［M］．北京：学林出版社，2003：190－191.

中国农产品期货市场发展中存在的一个很重要的问题就是没有分清正常投机和非法投机的界限，对所有投机行为都一概否定。非法投机是期货市场参与者为追逐暴利，越出法制及理性轨道，违背市场原则，恶性操纵市场、垄断价格的行为，而期货市场上绝大部分投机者在入市交易时，出于自我保护意识，都有细致的理性思维和严格的交易规划，极少做出超出自己承受范围的投资决策。因此，中国农产品期货市场上同声谴责的以垄断和逼仓为特征的所谓“过度投机”现象其实就是“非法投机”，其所表现出的违法违规操纵市场行为正是导致期货市场功能不能正常发挥、风波频发的根源。

（四）期货市场上市合约问题

1. 关于合约上市主导权限

在成熟规范的期货市场上，上市合约的设计和推出由交易所根据市场需求状况和客户要求决定，政府行政监管部门负责审查。

如美国期货市场上，合约上市与否完全由交易所自己确定，CFTC 只负责审核。CFTC 审核上市新合约的标准有两个：①最严格的“经济目的测验”，交易所必须证明所提出的新的上市品种合约被用于发现价格和生产经营者套期保值；②依法说明新合约“不会损害公众的利益”。①

反观中国农产品期货市场，政府为控制所谓的“风险”，对合约设计和上市标准控制严格，交易所没有推出新合约品种的权力，甚至就连中国证监会也无权决定，往往需要由国务院高层最终裁决。

2. 关于合约交易手续费

与国际比较，中国目前期货合约交易手续费偏高，而且对会员和非会员、套期保值者和投机者也没有规定差别待遇。这在加大市场参与者交易成本的同时降低了期货交易效率，也阻碍了期货市场的正常发展。例如，郑州商品交易所上市期货品种中，普通小麦手续费为每手 5 元，优质强筋小麦每手 2.5 元，早籼稻每手 2.5 元，晚籼稻每手 3 元，粳稻每手 3 元，曾经火热的绿豆每手 6 元。而美国芝加哥商业交易所每张农产品合约对会员只收取 2 美分（对非会员收取 55 美分），同值相比，相差大约 30 倍；与日本比较，中国手续费收取为合约价值的万分之二左右，日本则为万分之 0.1，差距仍然巨大。②

（五）期货市场交易规则问题

1. 涨跌停板制度

为保证期货价格具有连续性，同时也为了防止期货价格的剧烈波动，国内外期货市场上都有每日价格最大波动幅度限制，即涨跌停板制度。这

① 常清．中国期货市场发展的战略研究［M］．北京：经济科学出版社，2001：290.

② 常清．中国期货市场发展的战略研究［M］．北京：经济科学出版社，2001：200，272.

一制度为交易所、会员单位及客户的日常风险控制创造了必要条件，可在一定程度上有效控制突发事件和非法投机行为对期货价格的冲击，为化解市场风险争取了时间。涨跌停板制度和保证金制度相结合，对于保障期货市场的运转，稳定期货市场秩序以及发挥期货市场的功能都具有极为重要的作用。

郑州商品交易所规定，某期货合约在某一交易日（该交易日称为D1交易日，以下几个交易日分别称为D2、D3、D4交易日）出现单边市的，D1交易日结算时和D2交易日该期货合约交易保证金标准为9%；D2交易日该期货合约的涨跌停板幅度为7%；D2交易日该期货合约未出现同方向单边市的，当日结算时交易保证金标准恢复到调整前水平；D3交易日涨跌停板幅度恢复到调整前水平。D2交易日出现同方向单边市的，当日结算时和D3交易日该期货合约交易保证金标准为12%；D3交易日涨跌停板幅度为10%；D3交易日该期货合约未出现同方向单边市的，当日结算时交易保证金标准恢复到调整前水平；D4交易日涨跌停板幅度恢复到调整前水平。D3交易日该期货合约仍出现同方向单边市的（即连续三个交易日出现同方向单边市），D4交易日该期货合约暂停交易一天；根据市场情况，D4交易日交易所决定在D4交易日或D5交易日对该期货合约选择采取相应措施。在D4交易日强制减仓。在D5交易日分别采取提高交易保证金、暂停开、平仓、限制出金、限期平仓等措施。

CBOT的涨跌停板规定为：当某一特定商品的3个或更多的交割月份合约的期货价格在一日内达到涨跌停板水平时，这些合约的涨跌停板幅度可在原规定基础上自动扩大50%，这一新的价格水平将至少保持3个交易日，如果市场价格在第3天仍升至或跌至新的停板额，将再持续3天，如果在第3天时，价格波动幅度减小，则停板额降至原来水平。

中美期货市场涨跌停板规定比较，差别相当大。CBOT规定新价幅至少保持3个交易日，如果对新价幅进行再次调整，则要观察6个交易日，然后视情况再作决定。中国期货市场中对涨跌停板幅度调整短期内过于剧烈，且存在连续调整的现实性。另外，美国期货市场上对进入交割月的期货合约放开涨跌停板限制，由市场自由决定交割月份期货价格，从而促进了期货价格向现货市场价格的回归及期、现价格的一致性。而在中国期货市场中，交割月份的期货合约仍然要遵守价幅限制。这些规定在一定程度上为非法投机者操纵市场价格留下了空间和空隙，也给套期保值者和正常投机者退出市场设置了障碍，放大了市场风险。

2. 交易头寸限制制度

国际期货市场上，对交易头寸较少限制，即便有些市场做出限制（如日本），也是根据市场交易的客观规律对交易总量设置限制，而且这一总量限制一般比较宽松，不会成为交易者入市交易的障碍。

我国期货市场治理整顿期，出于中国证监会的要求，也出于控制风险目的，各交易所纷纷采取严格的交易头寸限制措施，对各合约持仓总量、会员席位持仓总量及客户（交易编码）持仓总量等都做出了十分严格的限制，超出部分就会被强制平仓。同时，交易头寸限制措施的出台缺乏科学论证，人为因素大，且经常变动。在期货交易实践中，这种人为限制交易头寸的办法并没有真正起到控制风险的作用，反被非法投机者利用，成为他们操纵市场的工具，反而限制了套期保值者和正常投机者入市交易。

期货市场治理整顿后，各交易所仍然对交易头寸采取限制措施，只不过是采用所谓的“国际通行惯例”，套期保值头寸不再限制，对投机持仓总量采取分阶段限制，且总量限制额有所放松。但对进入交割月份持仓量，则没有采用国际惯例（为使期货价格和现货价格趋向拟合，国外各交易所对交割月持仓和涨跌停板均不作人为限制），仍然采取严格限制措施（表 14）。这种规定虽然名义上限制了投机交易，但投机者的出场，使得套期保值者失去了交易对手和交易机会，也实际上限制了套期保值交易和实物交割，也为非法投资者操纵市场和逼仓提供了可能。

表 14　郑州商品交易所非期货公司会员和客户限仓规定（粮食期货品种）

品种	非期货公司会员及客户最大单边持仓（手）		
	自合约挂牌至交割月前一个月第 15 个日历日期间的交易日	交割月前一个月第 16 个日历日至交割月前一个月最后一个日历日期间的交易日	交割月份（自然人客户限仓为 0）
普麦	2 000	600	200
强麦	2 500	1 000	300
早籼稻	7 500	2 000	400
粳稻	20 000	3 000	500
晚籼稻	20 000	3 000	500

3. 交易编码制度

客户唯一交易编码制度是中国期货市场规则“创新”的结果。它出台的初衷是为了控制风险，防止非法大户操纵市场，但在具体实践中，它对大户的非法交易无能为力，倒是在一定程度上限制了其他合法交易者的交易机会，提高了交易成本，降低了交易效率。非法大户则完全可以通过编造虚假客户资料分仓交易，使得许多客户资料成为虚假信息。价格波动时，大户进出方便，中小散户则因编码跑道拥挤，往往无法顺利斩仓止损。

交易编码制度又是一种用计划手段管理期货市场的措施，它不仅没能起到控制非法投机者操纵市场的目的，更违背了期货市场分层次控制风险的金字塔结构，交易所直接面对投资者，使期货市场的正常运行机制遭到破坏。

4. 结算制度

在国际成熟的期货市场上，作为风险控制的一个极为重要的环节，期货结算机构与交易所、经纪公司具有同种重要的作用。结算机构的职能是为期货交易及时办理盈亏和交割结算，同时为投资者提供履约担保，以保证市场具有足够的流动性和履约率。结算机构这种职能客观上要求具有相对独立的地位，以保证独立行使交易结算及保证履约的功能。

我国当前期货市场体系中，期货结算机构隶属于期货交易所，只具备资金结算职能而缺失履约保证职能。由于中国期货交易所还广泛具有追逐利润、追求交易量的逐利动机，期货交易所与期货结算机构合为一体，在发生风险和突发事件时，交易所往往采取强制平仓、暂停交易等措施，以牺牲广大会员和客户利益来保证自身利益不受损失，粗暴干预期货市场正常运转。而且，由于期货结算机构受交易所管理，它与期货交易所之间难以形成互相监督、相互制衡的机制，也难以有效防止交易所因片面追求交易量而引发恶性操作事件。

（六）期货市场交易主体问题

1. 期货公司业务功能单一

当前我国期货经纪公司只有经纪和投资咨询职能，而非经纪公司只能从事自营业务。这种业务单一现象，一方面造成期货公司实力有限，承受风险能力低下；另一方面则造成经纪公司间为追逐利润展开恶性竞争，甚至违规拉拢大户，为非法投机行为提供种种方便。而国际上的期货公司一般隶属于大型金融机构，属于金融服务企业，其职能范围也相当广泛：①经纪职能，包括经纪业的“批发”和“零售”代理；②结算职能，不仅为自己的客户或分支机构结算，还为一些小的介绍经纪商（IB）、场内自营商（LOCA）、期货顾问公司（CTA）等结算；③场外交易职能，即24小时为全球客户提供及时、迅速的交易服务，为闭市后的场外交易者报出买卖价，撮合成交；④期权发售职能；⑤基金管理职能，期货市场基金的发起、销售和管理是期货经纪公司的主导业务之一；⑥顾问服务职能，为大的客户提供财务分析、投资理财方案等全方位服务；⑦融资职能，即作为金融机构，给一些重要的有信誉的客户提供融资服务，给予一定的保证金透支额度即所谓的“透支交易”；等等。[①]

2. 广大农民难以进入期货市场

面对剧烈波动的农产品市场，受害最重的是广大农民，农民对转移生产经营风险的要求也最为强烈。当前，由于分散经营，农民普遍经济力量弱小，没有实力入市交易，被排除在期货市场大门之外，难于利用期货市场进行套期保值。而农产品流通企业出于自身利益考虑，不仅不能代表农民的利益，反而利用市场优势加强对农民的剥夺。因而，需要建立一种能够代表农民利益，壮大农民力量的组织，参与市场竞争和套期保值，才能真正保障农民的利益。

3. 期货市场机构投资者缺位

我国期货市场上，除各种非法投机者外，参与者一般资金较少，既无力抵制非法投机者操纵市场行为，也没有充足的资金从事长线操作，做出战略方向投资，在一定程度上导致期货市场上非法投机者横行，事件、风波不断。因此，必须放开并加速培养期货市场机构投资者，用他们的战略投资稳定市场，同时防范非法操纵市场行为。

四、增强粮食期货市场功能发挥的政策建议

多年的实践已经证明，农产品（粮食）期货市场业已成为农产品体系中的一个重要环节，成为资源合理配置的一个重要手段。要在正视问题存在的同时，更多关注期货市场已经发挥的重要作用和对国民经济发展的贡献，充分利用后发优势，借鉴国际上发达、成熟期货市场成功经验，促进农产品（粮食）期货市场进一步快速、健康发展，并利用期货市场对现货市场的反作用力促进农产品现货市场走向成熟和规范，进而完善整个农产品市场体系。

① 常清．中国期货市场发展的战略研究［M］．北京：经济科学出版社，2001：14-15.

（一）加快期货市场相关立法步伐，把期货市场发展纳入法制轨道

市场经济是法制经济，期货市场由于利益、矛盾和风险的高度集中，更需要法律的指引和规范。市场经济在本质上是相通的，期货市场发展规律在本质上也是相同的，我们在立法时要立足期货市场发展的内在、本质规律，摒弃那些不必要的所谓的“中国特色”，最大限度地促使中国农产品期货市场发挥“后发优势”，取得跳跃性规范发展。同时，期货立法要立足于“发展”，尽量减少各种人为限制措施，给期货市场的发展创造一个相对宽松的发展环境。

（二）完善期货市场管理，构建完整的三级管理模式

市场不是万能的，政府也不是万能的。政府层面的管理，主要是保证期货市场法律、规则的贯彻实施，不能事无巨细，什么都要管。当前的行政监管，一要改变多头管理的现实，重新依法明确中国证监会管理期货市场的授权；二要依法确定政府监管部门的职责范围。应该由交易所解决的问题，交由交易所依照法律和交易所规则管理解决，应该由市场通过自律解决的问题，由行业协会协调处理。

交易所层面，真正实现交易所的会员制管理，改变交易所对政府的依附性，断绝其营利冲动。要依法保证会员大会作为交易所最高权力机构的地位；理事会作为会员大会的执行机构，由会员大会选举确定，理事长不能再由中国证监会提名，中国证监会只能认可或否决；交易所的法定代表人只能是理事长，而不能是总经理；交易所总经理、副总经理应由理事长提名，理事会聘任，不能再由中国证监会任命。期货交易日常运营管理和风险防范、控制、惩处等措施的出台，要区分情形由会员大会或理事会协商做出，而不能再任由行政管理层为所欲为。

行业自律方面，期货市场参与者最能知道自己的利益和矛盾所在，也最能依照法律和市场规则高效解决自己能够解决的问题，他们的自律管理也因而最有效率。要适当扩大期货协会权限范围，依法授权期货协会管理行业内部事务，能由期货协会通过自律管理解决的问题完全由协会自己决定、协调、解决。

（三）科学制定期货市场交易规则，去除不必要的“中国特色”

国家和地域的不同并不影响期货市场内在发展规律的相通和趋同，在

制定交易规则时，完全应该参照国际成熟期货市场已有范例。

客户唯一交易编码制度作为中国期货市场的独创，实践证明已完全背离了设立它的初衷，应当尽快废除。

涨跌停板的设定要经过科学论证，既要控制交易风险，又要保证市场交易和价格的连续性。要参考国际成熟期货市场成功经验，适当放大市场价格可波动幅度，放宽交易者理性抉择时限。进入交割月的合约涨跌停板要完全放开，以促进期货价格和现货价格的趋同变动。

交易头寸设定要顺应国际期货市场发展趋势，尽量减少不必要的人为限制，提高期货市场流动性，促进其各项经济功能的正常发挥。改变变相用交割月交易头寸限制来限制实物交割的现状，在方便生产经营者有效转移经营风险的同时增加期货市场和现货市场的联动性。

期货合约交割标准的制定既要有现货交易基础，又要充分起到指引生产者自觉提高农产品质量的目的。改进仓单注册程序，减少人为因素对仓单数量的限制。投资者自主决定符合标准的货物注册成为仓单及从交割仓单中退出时间，从而把仓单注册的主导权交由投资者确定。废除个人投资者不能参与交割的规定，为农民进入期货市场保值创造有利条件。适当延长仓单有效期限，合理确定不同年限间仓单的升、贴水标准，促使较长年限的仓单自然退出期货市场，减少仓单变化对期货市场价格的不合理影响，最大限度保持期货市场与现货市场供求状况一致，从而保证两个市场的高度联动。

鉴于中国经济发展现状和期货经纪公司及各类投资者经济实力，为了有效消除交易所在价格异动时为保护自身利益不受损失而随意干预市场交易的现象，应参考英国期货结算模式建立独立结算制度，期货交易结算机构从交易所独立出来，并引导有实力的金融机构加入，以增加结算机构的公正性，增强其结算保证能力和履约保证能力。

（四）积极培育市场参与者，促进期货市场理性发展

放宽对期货经纪公司经营范围和分支机构设立的限制，使其成为完整意义上的金融服务企业，增强经纪公司实力，活跃市场交易，减少经纪公司为逐利而恶性竞争甚至违法、违规经营现象。

放开对国有企业、金融机构入市交易的限制。随着国有企业改制工作的推进，国有企业和金融机构作为市场经济条件下独立的市场主体，有自身完善的法人治理结构，其从事期货交易应有自己严密的控制、约束机

制，只要不违法经营，政府不应该再参与决定应由企业自己确定的经营范围设定。

引导农民进入期货市场。广大农民面对起伏不定的农产品市场，为保护自身利益，有参与期货市场交易、转移经营风险、锁定预期收益的迫切需求。为解决农民由于经营分散，经济实力有限而难于有效参与期货市场的问题，应参照日本、韩国及我国台湾地区模式，逐步推进能真正代表农民利益的农村中介组织（如农民协会等类区域性以及全国性组织）建设，由它们代表分散的农民入市交易。同时，有了这类组织作为农民的代表，期货市场所发现的未来农产品价格更能照顾到农民的利益，也更具合理性。

适时推出期货市场基金，培育期货市场机构参与者。基金等机构参与期货市场交易，一方面扩大了市场规模，增加了市场流动性，促进了期货市场各项功能的发挥；另一方面由于机构参与者入市交易比一般投机者更具理性，同时实力较强，可有效防范非法投机者操纵市场和垄断行为。

（五）完善上市农产品（粮食）期货品种结构

改进农产品期货合约上市机制，把上市品种的主导权交还给交易所，由全体会员和交易所根据市场需求自主决定上市品种和上市时机。

当前阶段，为解决农产品期货市场上市品种“错位”现象，完善河南农产品期货市场结构，增强河南农产品期货市场实力，扩大期货市场对现货市场引导力，可考虑健全小麦期货体系，推出面粉期货；完善稻谷期货体系，推出大米（粳米、籼米）期货；上市花生（花生仁、花生油、花生粕）系列期货；同时可考虑恢复上市曾经交易异常火热，也是河南特色产品的绿豆期货；重新上市作为河南特产的红小豆、芝麻（芝麻油）等期货品种。

（六）适应经济全球化潮流，争取成为区域性或国际性农产品定价中心

20世纪世界农产品期货市场的重心在美国。如CBOT的小麦、玉米、燕麦、大豆、豆油、豆粕、大米等品种的交易量居世界首位，芝加哥商业交易所（CME）的牛、猪、木材等品种成交量名列世界第一，纽约可可、糖、咖啡交易所（CSC）是世界最大的软性食品期货市场，纽约棉花交易所（NYCE）是世界上最大的棉花、橘汁国际期货市场，堪萨斯城期货交

易所（KCBT）是世界上最主要的硬红冬小麦期货市场，明尼阿波利斯谷物交易所（MGE）是世界上最大的硬红春小麦的期货交易中心。美国农产品期货市场所形成的价格不仅是美国农产品现货交易基准价格，也成为国际农产品市场的基准价格。

我国是世界农产品生产大国，小麦、大米、花生、油菜籽等品种的产量一直居世界第一位，玉米、大豆、木材等的产量也居世界前列。同时中国人口众多，消费市场潜力巨大，中国农产品国内消费量和价格的变动，对国际市场的影响逐年增大。而河南作为人口大省和粮食生产、消费大省，小麦、稻谷、绿豆、红小豆、芝麻、花生的生产、消费规模地位重要，消费市场潜力巨大，区域内农产品国内消费量和价格的变动，对国内、国际市场的影响也在逐年增大。但是，由于世界主要农产品的定价中心在美国，中国屡屡因为国际农产品市场价格意外变动而蒙受重大损失。因此，为稳定国内农产品市场，保障民族利益，同时也是为了提高民族竞争力，保证粮食安全，中国农产品期货市场必须打破“闭关自守”局面，逐步走向国际化。应努力培育主要农产品期货品种，增强其国际影响力，在稳固现有郑州小麦国际影响力的基础上，力争促使大米、绿豆、花生、芝麻等农产品期货市场也成为区域性甚至世界性交易中心和定价中心。

（七）适时推出农产品期权交易

期权交易实际上就是买进、卖出商品或期货“权利”的交易，它是期货市场的延伸，是期货市场发展的高级形式。与期货交易主要是为现货经营者提供转移风险、套期保值的渠道不同的是，期权交易不仅能够为现货经营者规避现货价格风险，还能在一定程度上发挥为期货交易参与者规避期货交易风险的作用，相当于给高风险的期货交易上了一份“保险”。

期权交易的开展为交易者远期农产品买卖提供了更多可供选择的工具。由于期权交易所需资金较少，农产品生产经营者利用期权交易保值，可大量节约交易成本。美国农业部就曾大力鼓励农场主参与期权交易保值（从 1993 年开始实施期权试验项目，鼓励部分小麦、玉米和大豆的生产者自行购买相当于保护价格水平的看跌期权来代替政府价格保护，购买期权的权利金和交易手续费由政府承担，用市场体系来实施价格和收入保护政策）。同时，有了期权交易这一保险手段，可以大大促进农产品期货市场的交易，增加期货市场流动性，提高期货交易效率，从而推动期货市场的扩展。

当前，由于中国农产品市场体系不健全，现货市场不完善，农产品期货市场积累了较大的交易风险，而广大农民虽有保值的需求却缺乏进入期货市场进行套期保值的实力。因而，无论是出于为期货市场参与者提供更多有效控制和防范期货交易风险工具的需要，还是出于为农产品生产经营者提供更多保值渠道，特别是为经济实力有限的广大农民提供有效保值渠道的考虑，我国农产品期货市场都应该尽快推出期权交易。

参 考 文 献

[1] 李光．加快河南期货市场发展的对策探讨［J］．中国证券期货，2011（4）：43-44.

[2] 许春燕．利用农产品期货市场完善粮食流通体系［J］．中国流通经济，2007（6）：10-12.

[3] 张学仁．郑州商品交易所规范发展之研究［J］．改革与理论，2002（10）20-22.

[4] 沈雅琴．中国粮食期货市场的发展：困境、原因和未来的道路［J］．经济经纬，2005（6）：130-133.

[5] 张舒龙．我国小麦期货市场价格发现和传导机制的研究［D］．北京：中国社会科学院，2013.

[6] 任奕嘉．中国农产品期货市场的定价效率研究［D］．北京：首都经济贸易大学，2014.

[7] 丁皞．中国农产品期货价格指数与宏观经济变量波动关系分析［D］．西安：陕西师范大学，2009.

[8] 威廉·格罗斯曼，常清．期货市场的理论与管理［M］．济南：山东人民出版社，1992.

[9] 托马斯·A·海尔奈莫斯，王学勤．汤姆期货文集［M］．北京：中国财政经济出版社，2000.

[10] 陶琲，王献立．期货经济学教程［M］．北京：商务印书馆，2003.

[11] 全良．期货论——中美期货市场比较研究［M］．武汉：湖北人民出版社，2003.

[12] 常清．中国期货市场发展的战略研究［M］．北京：经济科学出版社，2001.

第二部分

河南粮食产业发展专论

贯彻五大发展理念　促进河南粮食优势转化为经济优势的体制机制研究①

马松林

（河南工业大学经济贸易学院）

摘要：河南是全国粮食大省，粮食产量优势明显。粮食大省粮食优势转化为经济优势，具有客观必然性、现实重要性和时间紧迫性。粮食大省产粮优势转化为经济优势的机制创新包括激励机制、约束机制、平衡机制、协作机制、补偿机制、内生机制等方面的创新。促进粮食大省产粮优势转化为经济优势体制机制创新的配套政策，从承责、确权、定利和责权利综合配套四方面进行分析。坚持全面贯彻“创新、协调、绿色、开放、共享”的发展理念，促进产粮优势转化为经济优势，可以从以下五个方面入手：贯彻“创新”理念，探索产粮优势转化为经济优势的升级路径；贯彻“协调”理念，构筑产粮优势转化为经济优势的坚实保障；贯彻“绿色”理念，夯实产粮优势转化为经济优势的产品基础；贯彻“开放”理念，优化产粮优势转化为经济优势的市场环境；贯彻“共享”理念，明确产粮优势转化为经济优势的根本目标。

关键词：发展理念；粮食优势；经济优势

一、河南粮食优势转化为经济优势的“三性”分析

河南作为粮食大省，产粮优势转化为经济优势的“三性”包括客观必然性、现实重要性和时间紧迫性。

---

① 本成果为河南省哲学社科规划项目《粮食大省产粮优势转化为经济优势的体制机制创新研究》（2015BJJ052）阶段性研究成果。

（一）客观必然性

2015 年中央 1 号文件“三个必须”的提出，使得粮食大省产粮优势转化为经济优势具有客观必然性。2015 年中央 1 号文件提出“三个必须”。中国农业必须强，客观要求粮食大省必须强；中国农民必须富，客观要求粮食大省农民必须富；中国农村必须美，客观要求粮食大省农村必须美。

中共十八届五中全会提出的五大发展理念，使得粮食大省产粮优势转化为经济优势具有客观必然性。2015 年 10 月，十八届五中全会通过的《中共中央关于制定国民经济和社会发展第十三个五年规划的建议》提出了“创新、协调、绿色、开放、共享”五大发展理念。[①] 促进区域协同发展，实现粮食主产区与主销区经济协调发展是五大发展理念的基本要求。

2016 年中央 1 号文件要求一二三产业融合发展，为粮食大省将产粮优势转化为经济优势，指明了方向。2016 年中央 1 号文件指出“实施藏粮于地、藏粮于技战略，推动粮经饲统筹、农林牧渔结合、种养加一体、一二三产业融合发展，让农业成为充满希望的朝阳产业”。[②] 国务院办公厅《关于推进农村一二三产业融合发展的指导意见》（国办发〔2015〕93 号）也为粮食领域一二三产业融合发展提供思路。

粮食安全省长责任制考核办法为粮食大省将产粮优势转化为经济优势提供了制度上的必然性。《国务院办公厅关于印发粮食安全省长责任制考核办法的通知》（国办发〔2015〕80 号）明确了粮食安全省长责任制的具体考核办法。在粮食安全省长责任制考核表中，保护种粮积极性成为重要考核内容，具体考核内容为“保护种粮积极性，财政对扶持粮食生产和流通的投入合理增长，提高种粮比较收益，落实粮食收购政策，不出现卖粮难问题”。粮食主产区考核分数满分为 15 分，粮食主销区考核分数满分为 5 分。保护种粮积极性，提高种粮比较收益，为粮食大省将产粮优势转化为经济优势提供了制度保障。

---

① 参见《中共中央 国务院关于落实发展新理念加快农业现代化实现全面小康目标的若干意见》（《中华人民共和国国务院公报》，2016－02－29）。

② 参见《中共中央 国务院关于落实发展新理念加快农业现代化实现全面小康目标的若干意见》（《中华人民共和国农业部公报》，2016－02－20）。

（二）现实重要性

种农增收的需要，决定了粮食大省将产粮优势转化为经济优势的现实重要性。农民增收在微观上涉及到农民种粮的积极性，在宏观上涉及到农业的可持续发展、国家粮食安全等重大命题。受农业比较效益偏低的制约，农民的种粮收入有限，农民的非粮收入在农民总收入中比重快速上升。增加农民种粮收入，不仅要增加农民粮食补贴，最重要的途径就是将产粮优势转化为经济优势①。

保障国家粮食安全的需要，决定了粮食大省将产粮优势转化为经济优势的现实重要性。粮食大省真正将产粮优势转化为经济优势，才能为粮食可持续生产奠定坚实的经济基础，国家粮食安全在市场经济条件下才能得到有效的体制机制保障。不计成本、不计收益的粮食生产，无法持续下去，更无法保障国家粮食安全。

主产区与主销区协调发展的需要，决定了粮食大省将产粮优势转化为经济优势的现实重要性。目前，粮食主产区经济社会发展滞后与非粮食主产区的现象仍然存在，“粮食大省、财政穷省”、“种粮吃亏”的现象仍然存在。粮食大省只有将产粮优势真正转化为经济优势，实现内生发展，才能实现粮食主产区内部协调发展，最终实现产销区的协调发展。

三不牺牲、四化同步的需要，决定了粮食大省将产粮优势转化为经济优势的现实重要性。三不牺牲（不牺牲农业与粮食、不牺牲生态与环境、不牺牲农村与农民）关系到农业、生态环境和农村的可持续发展。四化同步（工业化、信息化、城镇化、农业现代化同步发展）涉及如何妥善处理工农关系、城乡关系等基本命题。坚持三不牺牲、四化同步，客观要求粮食大省必须将产粮优势转化为经济优势。

（三）时间紧迫性

粮食大省经济协调发展的紧迫性，决定了粮食大省将产粮优势转化为经济优势的时间紧迫性。从全国来看，五大发展理念要求区域协同发展，粮食主产区和主销区必须实现协同发展。但粮食产销区经济社会发展差距仍然较大。东部地区和中部地区的粮食主产区经济社会发展水平也存在较

① 曾福生．粮食大省的粮食安全责任及实现途径分析［J］．湖南农业大学学报（社会科学版），2005（6）．

大差异。即使在粮食主产区内部，经济社会发展也存在区域差异。粮食大省尽快将产粮优势转化为经济优势，具有时间上的紧迫性。

农业现代化短板矫治的紧迫性决定了粮食大省将产粮优势转化为经济优势的时间紧迫性。农业现代化是我国四个现代化的短板。2014、2015、2016 三年的中央 1 号文件题目中，均出现“农业现代化”字样。这说明中央高度重视并且意识到实现农业现代化的时间紧迫性。没有农业的现代化，是不完整的现代化。矫治农业现代化短板，迫切要求粮食大省尽快将产粮优势转化为经济优势。

2020 年全面实现小康目标的紧迫性，决定了粮食大省将产粮优势转化为经济优势的时间紧迫性。2020 年全面实现小康目标，重点在农村发展，关键是农民增收。“十三五”时期是全面建成小康的决胜阶段，也是粮食大省将产粮优势转化为经济优势的关键时期。

在新粮食安全战略和新形势下，深入研究粮食主产区和主销区的责权利关系，改变产区发展滞后和种粮农民收入偏低的现状，是落实国家新粮食安全战略、维护我国产销区利益平衡、促进“四化”同步协调发展亟待解决的重大问题。

二、河南粮食优势转化为经济优势的贡献和窘境

（一）河南粮食对保障国家粮食安全的特殊贡献分析

1. 粮食大省保障自身粮食安全的贡献

河南省是人口大省，也是粮食消费大省。历史经验表明，河南地区缺粮就会出现灾荒；河南粮食充裕，即使遇到旱涝等不利气候条件，也能平稳度过。改革开放以来，河南省依靠自身粮食生产优势，有效保障了河南本地粮食消费问题，为我国粮食安全做出了巨大贡献。

2. 粮食大省保障粮食调入地区粮食安全的贡献

河南省不仅是粮食生产大省，也是粮食调出大省。每年从河南调出的粮食，有力地支持了粮食主产区居民消费需求。以 2011 年为例，当年河南省粮食购销企业累计收购原粮 175.79 亿千克，占全国的 12.4%，位列全国第三；累计销售原粮 265.12 亿千克，占全国的 13.5%，位列全国第三①。

① 数据来源：根据《中国粮食经济》2012 年第 4 期相关数据计算。

3. 粮食大省支持粮食调入地区发展工业的贡献

河南是劳动力大省，也是劳务输出大省。河南省统计局《2014 年河南省农民外出务工情况调查报告》显示，2014 年河南省 85.1%的农村家庭有劳动力转移，户均劳动力转移人数为 1.74 人。① 农村富余劳动力主要流向广东、江苏、浙江、北京和上海五个省（市），总量占到 62.9%；长三角、珠三角、北京仍是河南劳动力省外转移的主要地区②。河南劳动力输出有力地支持了发达地区经济的发展。

此外，河南也是消费大省，是发达地区重要的消费市场。来自发达地区的工业品在河南占有较大的份额。

4. 作为重点产粮地区支撑国家发展战略的贡献

邓小平"两个大局"思想是粮食主产区支持非粮食主产区优先发展经济的重要理论基础。

1988 年 9 月，邓小平强调："沿海地区要加快对外开放，使这个拥有两亿人口的广大地带较快地先发展起来，从而带动内地更好地发展，这是一个事关大局的问题。内地要顾全这个大局。反过来，发展到一定的时候，又要求沿海拿出更多力量来帮助内地发展，这也是个大局。那时沿海也要服从这个大局。"③邓小平"两个大局"思想以及后来的实践证明，中、西部地区支持东部沿海地区优先发展起来的战略构想是有效的，极大地推动了我国经济的发展。

目前，在"十三五"时期，在全面建成小康社会的决胜阶段，已经到了解决沿海与内地经济发展差距的时候，尤其是解决粮食主产区与粮食主销区之间经济差距的时候了。粮食主产区中，河南、山东、黑龙江等地区承担较重的粮食生产任务，土地等资源主要配置在粮食生产方面，基本解决了粮食主销区的吃饭问题；但在工业上配置的资源相对有限，工业经济发展相对滞后。粮食主销区中，北京、上海、天津、浙江、福建、广东等地区承担的粮食生产任务相对较小，但从主产区调入粮食满足消费需求，经济资源主要用于工业和服务业的发展。粮食主产区对经济发展的粮食贡献不可磨灭。

---

① 梁昊．河南省劳动技能人才的个人调查状况分析［J］．现代工业经济和信息化，2016（1）．

② 资料来源：河南省统计局《2014 年河南省农民外出务工情况调查报告》，中原经济网，2014-02-27。网络文献地址：http：//www.zyjjw.cn/news/jjwk/2014-02-27/148630.html.

③《邓小平文选》第 3 卷，第 277-278 页。邓小平论科学发展（5）．（http：//www.bjpopss.gov.cn/bjpssweb/n30918c13.aspx）．

（二）河南粮食优势转化为经济优势的多重窘境分析

河南作为粮食大省，粮食优势转化为经济优势的多重窘境包括生产分散性、区域失衡性、政策不得力性等。

1. 工农业比较效益的差异

农业的弱质性不仅表现为受气候变化影响较大，而且表现为比较效益与工业相比较低。农民一亩地一年的收入水平与工人一个月的工资相当，这导致大量农村青壮年劳动力进城加工。中老年人成为种地的主要群体。

2. 城乡结构的二元性

发展中国家典型的城乡二元结构长期存在，导致城乡差异较大。城镇化化、工业化是现代市场经济发展的大趋势。农村人口涌向城市、劳动力从农业转移到工业成为一种发展趋势。种粮劳动力数量会持续下降。再加上种粮收入不及打工收入，愿意种地的青年人越来越少。

3. 粮食生产的小规模与市场经济竞争的冲突

目前，我国粮食生产仍然以家庭联产承包责任制为主。小规模的家庭生产与市场化的规模经济之间存在冲突。单一的家庭生产无法抵挡市场冲击。通过组建合作社等农村微观经济组织，有望扩大生产规模，提高抵御市场冲击的能力。

4. 粮食价格的波动性与稳定性

在当前市场条件下，粮食价格过于稳定，农民种粮积极性会受到影响。粮食价格上涨过快，居民消费会受影响，甚至引发通货膨胀。在这种两难选择中，出现了粮食价格两边波动的情形。近些年来，粮食价格整体持续上升，但带给农民的增收效果有限。如何破解农民增收难、缩小城乡居民收入差距，仍然是一个亟待解决的问题。

三、河南粮食优势转化为经济优势的体制创新

粮食大省产粮优势转化为经济优势的体制创新的途径包括转变思路与政策，切实提高粮食产业化、市场化水平；明确分工与合作，重新界定粮食主产、主销区的责权利等方面。

（一）转变思路与政策，切实提高粮食产业化、市场化水平

国务院《关于积极推进“互联网＋”行动的指导意见》（国发［2015］

40号）专题部署了“‘互联网’＋现代农业”的重点发展领域，包括构建新型农业生产经营体系、发展精准化生产方式等。[①] 利用“互联网＋”改造提升粮食经济，需要从分析粮食价值链开始。一般把粮食价值链划分为粮食生产资料服务、粮食生产、粮食流通、粮食加工、粮食消费等环节，涵盖粮食的生产、交换、分配和消费诸环节。通过提升加工能力，引导粮食大省从“卖原粮”转变为“卖产品”，从“卖产品”提升为“卖品牌”，实现传统加工产业转型升级。

（二）明确分工与合作，重新界定粮食主产、主销区的责权利

主产区要“强责、赋权、增利”，主销区要“增责、明权、分利”。

1. 主产区责权利的界定

责的界定：强责。强化粮食安全意识和责任；巩固和提高粮食生产能力；切实保护种粮积极性；管好地方粮食储备；促进粮食产业健康发展等。[②]

权的界定：赋权。主产区合理利益补偿权；主产区农民公平收入保障权；主产区耕地严格保护权等。

利的界定：增利。提高粮食加工深度和附加价值；粮食规模化经营；提高一产、三产产业化水平等。

2. 主销区责权利的界定

责的界定：增责。增强粮食安全意识和责任；保持一定的粮食生产能力；保障区域粮食市场基本稳定；强化粮食质量安全治理；大力推进节粮减损和健康消费等。[③]

权的界定：明权。主销区二三产业优先发展权；主销区农民公平收入保障权；主销区耕地适当占用权；主销区适度进口粮食权等。

利的界定：分利。主销区对主产区的利益补偿；主销区在主产区进行粮食投资；粮食购销合作等。

（三）兼顾公平与效率，提高产粮大省、产粮大县的财政支持力度

中央财政支持和地区自身发展相结合，力争使产粮大省、产粮大县的

---

① 马松林．利用“互联网＋”改造提升农业经济的发展思路和对策［J］．农村经济与科技，2015（10）．

② 杜海涛．承担主体责任，保障粮食安全［N］．人民日报，2015-01-23.

③ 杜海涛．承担主体责任，保障粮食安全［N］．人民日报，2015-01-23.

人均财政支出达到全国平均水平。河北、河南、湖南、安徽等多数粮食主产区人均财政支出水平较低，北京、上海、天津等主销区人均财政支出水平较高。彻底改变粮食主产区人均财政支出水平偏低的现状，是全面建成小康社会决胜阶段必须要完成的任务。

四、河南粮食优势转化为经济优势的机制创新

（一）激励机制

粮食大省粮食安全激励机制。《粮食安全省长责任制考核办法》对省长的粮食安全责任进行了详细的界定。该办法规定“对考核结果为优秀的省（区、市）人民政府给予表扬，有关部门在相关项目资金安排和粮食专项扶持政策上优先予以考虑”①。该激励机制表现在精神和物质两个层次。但在粮食大省层面上尚未给出进一步的具体激励安排。建议粮食大省完成粮食安全责任时，应给予省级财政额外的财力支持，以实现责权利的对等。

种粮主体激励机制。由于我国种粮农民数量庞大，粮食种植面积较大，各项粮食补贴政策在宏观上补贴资金规模较大，落实到一个农民身上时，激励效果不够明显。粮价上涨带给农民的增收效应在宏观上效果显著，但具体到小规模农户时，增收效果不明显。调动种粮主体的积极性，还需要一种长效机制。

（二）约束机制

农业资源利用约束机制。《全国农业可持续发展规划（2015—2030年）》提出，要增强创新驱动发展新动力，促进农业发展方式转变。粮食大省落实粮食安全责任，必须考虑到农业资源的可持续发展，不以牺牲环境和资源为代价，实现粮食生产的可持续发展。真正保护农业资源作为发展粮食生产的先决条件和约束条件，彻底贯彻“藏粮于地、藏粮于技”的发展战略②。

粮食成本上升约束机制。近些年来，我国粮食生产成本居高不下，粮食价格的“天花板”效应日益显现。国内粮食产量和我国粮食进口规模同

① 孙俨．山东贯彻落实粮食安全省长责任制［N］．中国改革报，2016-01-18.

② 资料来源：藏粮于地，藏粮于技［N］．光明日报，2015-11-18.

步增长，除粮食产品结构差异等原因外，其重要原因之一是国内外粮食价格差。通过土地流转，鼓励种粮大户和粮食合作社实现规模化生产，机械化作业，破除家庭经营、条块分隔的束缚，可以有效降低粮食生产成本，提高我国粮食价格的竞争力。

粮食消费引导机制。粮食浪费的现象仍然存在，“舌尖上”的安全和餐桌上的安全是粮食安全的重要控制环节。建立健康、绿色的粮食消费观，积极引导居民粮食消费，反对奢靡浪费，崇尚节俭、营养，在全社会形成良好的粮食消费氛围。

（三）平衡机制

建立产销区粮食安全利益平衡机制。农业和工业比较效益的差异、粮食安全的战略重要性等因素决定了主产区在国家粮食安全战略中的重要地位。改革开放以来，“种粮吃亏”的现象要从根本上予以纠正，就需要建立产销区粮食安全利益平衡机制。例如，完善产销区利益补偿机制，加大对主产区的粮食安全利益补偿力度。主销区要贯彻国家粮食安全新战略中“适度进口”的要求，就要兼顾主产区粮食生产的现实情况，避免粮食进口对主产区的负面冲击。

城乡居民收入平衡机制。2002—2013 年，我国城镇可支配收入与农民纯收入之比保持在 3.03∶1 和 3.33∶1 之间。2014 年，城乡居民收入比为 2.92∶1。从收入结构看，农民的经营性收入在总收入中的比重在下降，工资性收入的比重在上升。

农民纯收入水平较高的地区多数为沿海地区。粮食主产区中，仅江苏、山东、辽宁、湖北等地区农民纯收入水平较高；四川、安徽、河南、内蒙古、湖南等粮食主产区农民纯收入水平低于全国水平。从工资占农民纯收入比重看，仅河北、江苏、湖南、山东等粮食主产区高于全国水平。从农村经营收入占农民纯收入比重看，吉林、黑龙江、内蒙古、辽宁、湖北、山东、河南、四川、江西等粮食主产区高于全国水平。河北、江苏等地区农民纯收入中的经营性收入较低。这说明，农业收入在农民收入中的比重比较有限，发达地区农民收入以工资性收入为主，粮食主产区农民收入以经营性收入为主。

进一步增加农民收入，特别是农业收入，是提高农民种粮积极性的根本。继续坚持缩小城乡收入差距，有利于稳定种粮农民规模，提高农民种粮积极性。

（四）协作机制

粮食购销合作机制。通过建立区域粮食购销合作机制，稳定产销区粮食供销关系，开拓粮食市场。目前，广西和广东、黑龙江和浙江、黑龙江和上海、浙江和湖北等地区建立了粮食购销合作关系。河南和福建、甘肃、广东等多个地区建立了粮食购销合作关系。依托粮食购销合作机制，可以大幅提高主产区粮食的市场化水平，带动粮食商品率的提升，有效促进了粮食流通，保障了国家安全。

粮食储备合作机制。粮食主产区是粮食储备的重点地区。积极探索在主产区推进粮食储备能力建设，可以缓解主产区粮食储备压力，提高主销区粮食储备保障能力。

粮食投资合作机制。在粮食生产、加工、流通和消费等环节，产销区可以建立粮食投资合作机制。共同从事粮食种子研发、粮食加工等活动，提高粮食产业链附加值。

（五）补偿机制

粮食大省财政补偿机制。考虑到粮食主产区对国家粮食安全做出的巨大贡献，参照全国财政收入水平，对粮食大省进行适当财政补贴，可以保持和调动省级层面推动粮食生产的积极性。产粮大县是从事粮食生产、保障国家粮食安全的基本载体。对产粮大县进行财政奖励，可以保证产粮大县持续从事粮食生产，为确保粮食安全奠定坚实基础。

主销区转移支付机制。建立主销区转移支付机制，经济发达地区对主产区进行经济扶持，缩小工农业分工、区域分工带来的发展差距。

粮食大省种粮农民补偿机制。种粮农民是从事粮食生产的主体。在土地流转的背景下，直接对种粮大户和种粮农民进行补贴，更能提高种粮者的积极性。按照粮食产量进行补贴比按照面积进行补贴效果更好，按照出售的粮食数量和质量进行补贴，比按照生产的粮食数量进行补贴效果更好。

（六）内生机制

建立主产区粮食安全利益内生增长机制。目前讨论较多的主产区粮食利益补偿机制仅能解决短期的问题，无法从根本上解决主产区粮食安全责权利失衡的局面。必须建立主产区粮食利益内生增长机制，从主产区的内生发展动力出发，实现主产区粮食和经济社会的协调发展。通过粮食产业化和规模化生产、提高粮食附加值等方式，逐步建立主产区粮食安全利益内生增长机制，克服农业现代化的短板，实现“四化同步”发展。

粮食市场调节机制。构建完善的粮食市场调节机制，需要从国内市场区域调节和国内外粮食市场协调机制两方面着手。国内粮食市场调节，既要调节粮食供求的区域差异、季节差异，又要考虑到粮食价格的波动性和稳定性，有利于宏观经济增长。国内外粮食市场协调，一方面是协调国内外粮食价格关系；另一方面是协调进口粮食品种结构，要把握粮食进口的节奏。统筹利于国内、国外两个粮食市场，是构建粮食市场调节机制的关键。

农业服务化机制。构建农业服务化机制，关键是为粮食生产提供覆盖粮食全产业链的服务。从粮食生产资料到粮食生产过程管理，从粮食收储到粮食销售，各环节都需要社会服务参与进来，解决种粮农民在粮食生产前后遇到的各种困难，解决农民种地之忧。比如小麦收割期间，提供充足的收割车辆，做到及时收割、快速收割、高效收割，不延迟，不浪费。

粮食产业化机制。目前，粮食生产环节产业水平较弱，粮食加工的现代化水平需要提高，粮食产品的安全系数、营养价值需要提升，粮食产品的品牌效应需要加强，粮食创造财富的效应需要夯实基础。

五、促进河南粮食优势转化为经济优势体制机制创新的配套政策

促进粮食大省产粮优势转化为经济优势体制机制创新的配套政策，从承责、确权、定利和责权利综合配套四方面进行分析。

（一）承责的配套政策

在财政资金有限、国内外粮食市场互相影响、宏观经济波动等背景下，通过各种措施，要确保粮食大省有条件、有动力、愿意承担、能够承担国家粮食安全责任。

粮食大省粮食综合生产能力提高政策。粮食综合生产能力建设是粮食大省的长期任务，是保障有效粮食供给的基石。划定永久粮田建设是这一基石的有力保障。此外，在粮食育种、化肥投入、水利建设等方面需要配套推进。

粮食大省粮食流通能力建设政策。粮食流通方面，需要进一步加强粮食“四散化”建设，提高粮食流通的效率，降低粮食物流成本，降低粮食流通环节的损失。提高粮食储藏效率，减少粮食储藏坏损。

粮食大省节粮减损政策。产后减损是粮食安全保障的重要内容。积极进行节粮、爱粮教育，减少餐桌上的浪费。此外，在粮食加工环节，也需要提高粮食加工转化率和粮食利用率，避免过度加工浪费。

（二）确权的配套政策

完善粮食大省利益补偿机制政策。按照主产区粮食贡献进行补偿。具体来讲，就是按照粮食的商品化率和调出规模对省级政府和售粮农民进行补偿，实现“精准补偿”。中央政府需要协调销区对产区的利益补偿资金的来源和补偿方式。

粮食大省种粮农民公平收入保障政策。基于五大发展理念，城镇居民共享经济社会发展成果，但城乡收入差距仍然长期存在，需要通过补贴等方式，对农民收入合理增长进行保障。

粮食大省基本粮田保护政策。继续打造高标准永久良田，守住粮食安全底线。《河南省高标准粮田保护条例》界定了“百亩方”、“千亩方”、“万亩方”的内涵，明确了责任义务。这为通过土地流转引导粮食实现规模化生产，创造了有利条件。

（三）定利的配套政策

完善主销区转移支付机制。通过制度化设计，粮食主销区每年通过转移支付、项目投资等形式，对粮食主销区进行定向补偿，促进主产区经济社会协调发展。

粮食大省内生发展支持政策。粮食大省通过提高粮食附加值，延伸粮食产业链，积极将产粮优势转化为经济优势，实现内生发展。借助“互联网+”，积极支持传统粮食加工企业转型升级，积极扶持本地粮食品牌做大做强。

主产区与主销区粮食产、购、销、储、运协调政策。粮食大省与主销区积极协调粮食产、购、销、储、运问题，提高粮食流通效率，降低粮食物流损耗，保障粮食供应质量。

主产区与主销区粮食进口协调政策。“适度进口”的规模、节奏需要统筹考虑国内外粮食市场的变动趋势，需要考虑对粮食主产区的影响。主销区粮食进口过多，对国内粮食市场、尤其是粮食主产区会产生不利影响。中央提出“确保谷物基本自给、口粮绝对安全”，重心和责任在粮食主产区。

（四）责权利综合配套政策

粮食安全责、权、利互相影响，互相制约。在“五大”发展理念指导下，尤其是在区域“协调”发展理念指导下，实现我国粮食责、权、利协调发展至少要从以下几方面努力：

建立全面的粮食安全责权利评价机制。粮食省长负责制确保区域粮食安全责任有了一个相对完善的制度约束。但在粮食安全的权力和利益方面，尚缺乏完善的制度约束。建议以政策或立法的形式确立区域粮食安全权力和利益保障机制，保障粮食主产区承担粮食安全责任应有的利益，避免出现责任重、权力弱、利益少的局面①。

参　考　文　献

[1] 曾福生．建立农地流转保障粮食安全的激励与约束机制［J］．农业经济问题，2015（1）．

[2] 李国祥．新常态下如何防范国家粮食安全风险［N］．中国财经报，2015-01-31.

[3] 彭道宾．中部地区粮食安全现状及补偿机制探讨［J］．调研世界，2015（1）．

[4] 王铮，吴凤羽．中国粮食进口量逼近红线原因分析及定量测算［J］．农业经济，2015（1）．

[5] 李若云．新时期国家粮食安全战略的思考［J］．农业经济，2014（9）．

[6] 罗必良．家庭经营的性质及其产权含义［J］．世界农业，2014（3）．

[7] 陈锡文．粮食安全面临三大挑战［J］．中国经济报告，2014（2）．

[8] 武拉平．中国粮食经济进入新的阶段、特征、原因和对策［J］．农业经济与管理，2014（1）．

[9] 温铁军等．粮食金融化与粮食安全［J］．理论探讨，2014（5）．

[10] 张扬．粮食安全下粮食主产区利益补偿新思路［J］．现代经济探讨，2014（1）．

[11] 温铁军．粮食金融化挑战中国粮食安全［N］．上海证券报，2014-12-03.

[12] 张扬．粮食安全下粮食主产区利益补偿新思路［J］．现代经济探讨，2014（1）．

[13] 程国强，朱满德．中国粮食宏观调控的现实状态与政策框架［J］．改革，2013

① 解宗方．基于三螺旋模型的国家粮食安全保障战略——以河南省为例［J］．中国人口·资源与环境，2012（12）．

(1).

[14] 罗光强．中国粮食安全责任分解与评价研究［J］．农业技术经济，2013（2）．

[15] 曾晓昀．粮食安全权何以确立——从中国《粮食法》的制定展开［J］．安徽农业大学学报（社会科学版），2013（5）．

[16] 庞增安．我国粮食安全的政府责任［J］．湘潭大学学报（哲学社科版），2009（11）．

[17] 蒋和平．建立粮食主销区对主产区转移支付的政策建议［J］．中国发展观察，2009（12）．

[18] 龙方，曾福生．论粮食产区与销区关系的协调［J］．农业现代化研究，2007（9）．

[19] 曾福生．粮食大省的粮食安全责任及实现途径分析［J］．湖南农业大学学报（社会科学版），2005（6）：1-6.

[20] 张睿．粮食安全保障机制变迁的内在逻辑［J］．经济问题探索，2007（8）．

[21] 赵益平，郭玮．粮食安全与主销区生产［J］．调研世界，2005（3）．

[22] 闻海燕．粮食购销市场化与主销区粮食安全体系的构建［J］．粮食问题研究，2003（3）．

[23] 郑风田．粮食安全政策代价与中国农业的国际化［J］．经济理论与经济管理，2002（10）．

[24] 洪涛，傅宏等．中国粮食安全发展报告（2013—2014）［M］．北京：经济管理出版社，2014.

[25] 胡非凡，吴志华．主销区粮食安全与供应链整合［M］．北京：中国农业出版社，2014.

[26] 程国强．重塑边界：中国粮食安全新战略［M］．北京：经济科学出版社，2013.

[27] 卢代富，肖顺武．中国粮食安全法律制度研究［M］．北京：法律出版社，2012.

[28] OECD. Agricultural Policy Monitoring and Evaluation：OECD Countries［M］. Paris：OECD，2014.

[29] Peter Wallensteen. Scarce Goods as Political Weapons：The Case of Food［J］. Journal of Peace Research，1976，13（4）.

[30] Jean Ziegler，Christophe Golay，Claire Mahon，Sally-Anne Way. The Fight for the Right to Food：Lessons Learned［M］. London：Palgrave Macmillan，2011.

[31] Ioana Cismas. The Right to Food Beyond De-Mysthification：Time to Shed the Inferiority Complex of Socio-Economic Rights［J］. Global Policy，2014，5（4）.

[32] Christophe Golay，Irene Biglino. Human Rights Responses to Land-Grabbing：a right to food perspective［J］. Third World Quarterly，2013，34（9）.

河南省粮食生产比较优势分析[①]

关浩杰

（河南工业大学粮食经济研究中心）

摘要：以比较优势理论和竞争优势理论为基础，从分析性指标和综合比较优势指数两个方面对河南省粮食产业竞争力进行分析，发现目前河南省小麦和玉米每亩单产水平均位居全国主产区首位，但是生产成本也较高，尤其是人工成本和土地成本偏高，导致小麦和玉米成本收益率不高。河南小麦规模比较优势和综合比较优势均位居主产区首位，效率比较优势位居第二位，说明河南省小麦生产具有较强的生产能力和竞争力，效率规模优势虽然位于第二位，但是并不十分明显，玉米生产不具有规模优势，效率优势也不显著，目前河南省玉米生产几乎不具有综合比较优势。

关键词：粮食产业；竞争力；比较优势

一、引言

河南省作为我国粮食核心生产区，2016 年，粮食总产量位居全国第二位（5 946.6 万吨），仅次于黑龙江（6 058.6 万吨）[②]，占全国粮食总产近 10%。目前，河南省粮食产业综合生产能力显著提高，在全国粮食生产中具有一定的竞争优势和发展潜力，然而粮食产业竞争力相对不高，制约着河南农业现代化进程的实现及“四化同步”发展。农业作为国民经济的基础，而农村地区作为我国社会经济发展的最后一块儿“洼地”，其社会经济发展直接关系着“十三五”时期全面小康社会的实现。对河南省粮

① 基金项目：国家社科基金资助项目（16BJY110）：“三重资源约束下华北平原营粮家庭农场发育机理及政策精准支持问题研究”；河南省科技厅软科学项目（172400410361）：“中部粮食主产区农村一二三产业融合发展模式创新及实现路径研究”；河南省政府决策研究课题（2016B185）：“农地流转促进河南农业适度规模经营问题及对策研究”。

② 资料来源：国家统计局《2016 年粮食总产量公告》.

食产业竞争力进行分析，不仅有助于充分发挥河南省粮食主产区农业生产优势、促进农业提质增效、推动河南粮食产业竞争力更上“高地”，而且对于稳步促进农村经济发展、农民增收、确保国家粮食安全具有重要的现实意义。

产业竞争力方面的研究可以追溯到大卫李嘉图的比较优势理论和迈克尔·波特的竞争优势理论。19 世纪，大卫·李嘉图提出比较优势理论，认为一个国家或地区应该出口具有比较优势的产品，这样对于世界各个国家而言均会获利。1990 年，迈克尔·波特提出竞争优势理论即“钻石模型”，认为影响一个国家产业竞争力的因素包括四个决定因素（要素条件、需求条件、相关及支持产业、公司战略组织和竞争）和两个外部因素（随机事件和政府行为）[①]。芮明杰（2006）在此基础上提出了产业竞争力的“新钻石模型”，认为产业竞争力除了上述六个因素之外，还包括知识和创新这两个核心因素[②]。

国内学者对于粮食产业竞争力也从不同视角展开研究，朱希刚（2003）运用农产品保护率这一指标对我国大米产业是否具有比较优势进行测算，发现我国大米，尤其是优质大米具有很强的比较优势[③]。岑彩云（2010）利用资源成本系数法和社会净收益指标对我国农产品国际竞争力进行研究，发现园艺产品、畜产品和烤烟等产品具有比较优势，而小麦、玉米等农产品不具有国际竞争优势[④]。孟庆福等（2011）构建粮食产业竞争力评价体系，并结合我国 31 个省（市、区）数据进行实证研究[⑤]。孙丽姗（2013）认为信息化建设是提升河南现代粮食产业竞争力重要因素，并提出河南粮食产业信息化发展的对策建议[⑥]。通过上述分析可知，目前国内学者对我国粮食产业竞争力分析进行了定性和定量分析，然而对于区域粮食竞争力方面的研究需要强化，作为我国粮食主产区之一的河南省粮食产业竞争力方面的研究较为不足。笔者运用综合比较优势分析方法对河南粮食生产比较优势进行测算，并结合测算结果为促进河南省粮食产业竞

① 迈克尔·波特．国家竞争优势［M］．北京：华夏出版社，2002.

② 芮明杰．产业竞争力的“新钻石模型”［J］．社会科学，2006（4）：68－73.

③ 朱希刚．中国稻米生产发展和国际竞争力分析［J］．农业经济问题，2003（6）：65－69.

④ 岑彩云．提升山东特色农产品地域品牌竞争力的探讨［J］．青岛科技大学学报，2010（1）：60－63.

⑤ 孟庆福，李峰，王艳廷，李丹．基于熵值法的粮食产业竞争力评价研究［J］．河北工业大学学报，2011（8）：110－113.

⑥ 孙丽珊．提升河南现代粮食产业竞争力的对策研究［J］．河南农业，2013（12）：23－24.

争力提出针对性的对策建议。

二、实证分析

（一）分析性指标

1. 成本比较分析

由表1可以直观看出，小麦生产总成本主要包括生产成本和土地成本，生产成本由物质服务费用（种子、化肥、农药、租赁作业费等）和人工成本两部分组成。2015年，河南省小麦生产每亩总成本（1 043.23元）高于全国平均水平（984.3元），略低于河北（1 050.68元），居全国小麦主产区第二位，安徽总成本最低，为河南总成本的近80%。

从总成本构成来看，2015年，全国小麦生产成本占总成本比重平均水平的79.71%，河南生产成本占比为71.4%，而土地成本占比高达28.6%，居全国主产区之首，主要原因是河南省区位优越，是全国重要的交通通信枢纽和物资集散地，再者中原经济区上升为国家战略以来，河南省将拉动全国东西南北各枢纽带联运起来，成为国家经济社会发展中的重要战略支撑点，更是中部崛起的一个重要区域，人多地少的矛盾尤为突出，土地资源尤其是耕地资源显得尤为稀缺，土地成本相对较高。从生产成本构成来看，2015年河南省小麦生产物质与服务费用占比为55%，略低于全国水平（53.6%），而人工成本占比为45%，也排在全国小麦主产区首位，安徽省最低为36.8%。

表1　2015年小麦主产区每亩生产成本

单位：元

项目	平均	河南	山东	河北	江苏	安徽
总成本	984.30	1 043.23	990.18	1 050.68	898.97	831.10
一、生产成本	784.62	744.87	831.28	869.98	691.72	624.13
（一）物质与服务费用	420.23	409.62	464.60	484.97	431.19	394.26
（二）人工成本	364.39	335.25	366.68	385.01	260.53	229.87
二、土地成本	199.68	298.36	158.90	180.7	207.25	206.97
（一）流转地租金	26.60	51.32	0.82	3.00	59.53	42.27
（二）自营地折租	173.08	247.04	158.08	177.70	147.72	164.70

数据来源：2016年《全国农产品成本收益资料汇编》。

总体来看，河南省小麦生产总成本较高，而在生产成本构成中，人工成本比较高，农业劳动力资源优势并未显现出来，目前河南省小麦生产物质和服务方面的投入相对较少，导致总成本较高，在成本方面不具有比较优势。从另一方面也反映出，目前河南省小麦生产成本方面还存在较大的降低空间，因此，应加强农业科技利用，提高机械化水平，有助于降低小麦生产成本。

表 2　2015 年玉米主产区每亩生产成本

单位：元

项目	平均	河南	辽宁	吉林	黑龙江	内蒙古	山西	河北	山东
总成本	1 083.72	996.14	1 070.60	1 230.80	898.52	914.87	1 145.25	983.20	995.75
一、生产成本	844.94	711.07	721.29	839.42	554.35	683.66	997.39	794.34	848.60
（一）物质与服务费用	376.22	346.19	372.79	416.56	334.87	383.74	415.71	350.6	430.21
（二）人工成本	468.72	364.88	348.5	422.86	219.48	299.92	581.68	443.74	418.39
二、土地成本	238.78	285.07	349.31	391.38	344.17	231.21	147.86	188.86	147.15
（一）流转地租金	28.82	50.24	38.05	50.97	78.13	27.31	7.04	2.87	1.01
（二）自营地折租	209.96	234.83	311.26	340.41	266.04	203.90	140.82	185.99	146.14

数据来源：2016 年《全国农产品成本收益资料汇编》。

由表 2 可知，2015 年，河南省玉米生产每亩总成本（996.14 元）低于全国平均水平（1 083.72 元），居全国玉米主产区第四位，比较优势不明显，其中黑龙江玉米生产总成本最低为 898.52 元。从总成本构成来看，2015 年，全国玉米生产成本占总成本比重平均水平为 77.96%，河南生产成本占比为 71.38%。从生产成本构成来看，2015 年河南省小麦生产物质与服务费用占比为 48.69%，略高于全国水平（44.53%），排在主产区第六位，而人工成本占比为 51.32%，也排在全国玉米主产区第三位，黑龙江省最低为 39.6%。总体来看，河南省玉米生产总成本也较高，而在生产成本构成中，同小麦生产类似，人工成本比较高。

2. 成本收益分析

成本收益分析是对小麦生产过程中的投入与产出进行测算，是衡量农业活动经济效益的一个重要指标。由表3可知，2015年，河南省小麦每亩产量和产值均高于其他小麦主产区，净利润（101.68元）、成本利润率（9.75%）均远高于全国平均水平，并且远高于河北（35.55元和3.38%）和江苏（19.32元和2.15%）两省水平，但是低于山东和安徽两省，处于中间位置，这表明目前河南省小麦生产并不具有绝对优势。

目前，河南省小麦亩产产量和产值位居主产区首位，但是净利润和成本利润率不高，这在很大程度上影响农户生产积极性，降低农业生产投资意愿，不利于农业科技的广泛利用，制约了河南农业现代化进程。因此，如何充分发挥河南省粮食核心生产区优势，提高劳动力、土地、资本和技术等生产要素回报率，成为目前河南省亟须解决的现实问题。另外，2015年，河南省仍有53.15%的人口在农村，农业生产仍以传统散户小规模经营为主导，生产效率较低，这也是导致河南农业生产成本较高的一方面原因。

表3　2015年小麦主产区每亩成本收益

项　　目	平均	河南	山东	河北	江苏	安徽
产值合计（元）	1 001.71	1 144.91	1 095.57	1 086.23	918.29	957.42
总成本（元）	984.30	1 043.23	990.18	1 050.68	898.97	831.10
主产品产量（千克）	420.79	494.91	461.68	450.07	399.73	426.24
净利润（元）	17.41	101.68	105.39	35.55	19.32	126.32
现金成本（元）	458.82	475.84	465.42	487.97	498.14	437.86
现金收益（元）	542.87	669.07	630.15	598.26	420.15	519.56
成本利润率（%）	1.77	9.75	10.64	3.38	2.15	15.20

数据来源：2016年《全国农产品成本收益资料汇编》。

由表3可知，2015年，河南省玉米每亩产量为540.17千克，高于全国平均水平（488.81千克），低于山西水平（577.65千克），位于玉米主产区第二位，但是净利润为负值，只有内蒙古玉米亩产净利润为正值（112.98元），河南省玉米亩产净利润和成本利润率均位居玉米主产区第四位，这表明目前河南省玉米生产并不具有绝对优势。目前，河南省玉米亩产量位居主产区首位，但是净利润和成本利润率为负值，这表明河南省玉米生产过程中成本较高，生产要素回报率较低，玉米生产还处于粗放式经营状态，这在很大程度上影响农户生产积极性，因此应进一步提高玉米种植精细化和专业化程度，积极有序做好农地流转工作，实现农业适度规模经营，以获取规模经济效益，确保玉米产量，促进农民增收。

表4　2015年玉米主产区每亩生产成本

项　目	平均	河南	辽宁	吉林	黑龙江	内蒙古	山西	河北	山东
产值合计（元）	949.54	930.93	847.76	1 048.81	874.40	1 027.85	1 032.18	928.13	918.36
总成本（元）	1 083.72	996.14	1 070.60	1 230.80	898.52	914.87	1 145.25	983.20	995.75
主产品产量（千克）	488.81	540.17	408.89	512.30	447.43	518.77	577.65	482.04	516.03
净利润（元）	−134.18	−65.21	−222.84	−181.99	−24.12	112.98	−113.07	−55.07	−77.39
现金成本（元）	426.59	401.34	453.58	525.35	441.38	443.04	425.12	356.04	431.22
现金收益（元）	522.95	529.59	394.18	523.46	433.02	548.81	607.06	572.09	487.14
成本利润率（%）	−12.38	−6.55	−20.81	−14.79	−2.68	12.35	−9.87	−5.60	−7.77

数据来源：2016年《全国农产品成本收益资料汇编》。

（二）综合比较优势指数分析

1. 规模优势指数分析

规模比较优势指数（SAI）是反映一个地区某种农产品生产规模和专业化水平的一个指标，计算公式为：

$$SAI=\frac{S_{ij}/S_i}{S_j/S}$$

其中，SAI 为比较优势指数，S_{ij} 为 i 区 j 种农产品播种面积，S_i 为 i 区农产品播种面积，S_j 为全国 j 种农产品播种面积，S 为全国农产品播种面积。$SAI\geqslant 1$ 时，表明 i 区 j 种农产品生产具有比较优势，即具有规模优势和专业化生产优势；$SAI<1$ 时，表明 i 区 j 种农产品生产不具有比较优势。

由表5可以看出，总体来看，除河北省外，其他几个省规模比较优势指数均呈现稳步上升趋势，并且均大于1，表明小麦主产区小麦生产具有较强的竞争优势，小麦主产区规模优势指数从高到低依次排序为河南>山东>江苏>安徽>河北。历年河南省规模比较优势指数在小麦生产主产区中位居首位，表明近年来河南省规模比较优势越来越明显。2015年，河南省规模优势指数达到2.48>1，说明河南省小麦生产在全国而言具有较强的比较优势，即小麦生产在国内具有较强的竞争力。充分保持和发挥这种优势，提高小麦深加工、流通、销售等各个环节效率和效益，提高小麦产业附加值，践行农村产业融合实践和农业供给侧改革，有助于实现农业提质增效，促进农民增收，增强农村活力。

表5　2011—2015年小麦主产区规模比较优势指数

年份	河南	山东	河北	江苏	安徽
2011	2.46	2.29	1.74	1.81	1.64
2012	2.45	2.31	1.75	1.83	1.67
2013	2.47	2.34	1.75	1.86	1.70
2014	2.48	2.35	1.73	1.88	1.72
2015	2.48	2.38	1.70	1.89	1.74

数据来源：根据2012—2016年《中国统计年鉴》数据整理计算。

由表6可以看出，近年来吉林玉米生产比较优势指数相比之下最高，具有比较明显的规模优势，辽宁其次，这两个省在玉米种植规模和专业化程度方面具有显著的比较优势，内蒙古和黑龙江两省玉米规模比较优势指数呈增长态势，表明两省玉米生产规模优势日益明显。而山西、河北、山东和河南四省玉米生产规模比较优势指数整体反而呈现下降趋势，表明四省玉米种植规模比较优势减弱，竞争力下降。

表6　2011—2015年玉米主产区规模比较优势指数

年份	河南	辽宁	吉林	黑龙江	内蒙古	山西	河北	山东
2011	1.01	2.22	2.27	1.31	1.58	1.65	1.59	1.38
2012	0.99	2.18	2.26	1.43	1.61	1.61	1.54	1.33
2013	0.98	2.15	2.25	1.45	1.74	1.57	1.52	1.29
2014	0.98	2.19	2.24	1.41	1.81	1.55	1.52	1.28
2015	0.97	2.18	2.23	1.47	1.77	1.52	1.51	1.26

数据来源：2016年《全国农产品成本收益资料汇编》。

尤其是河南，2012年以来玉米规模比较优势指数连续四年小于1，且逐年下降，2015年，河南省玉米生产规模优势指数降至0.97<1，说明近年来河南省玉米生产在全国而言不具有比较优势。追其主要原因可能有：①玉米收储制度改革，导致玉米价格下跌，农民农业收益减少，玉米占粮食总播种面积比重总体不高，仅为32%左右，仅占小麦播种面积60%左右；②玉米主要用于饲料原料（70%），几乎很少用于口粮，导致农民玉米种植积极性不高，甚至有些地区农民粗放式经营，导致玉米单产不高，进而影响总产量，最终引致农民农业收入增速乏力，形成不良循环。

2. 效率优势指数分析

效率比较优势指数（EAI）是反映一个地区某种农产品种植适应程度的一个指标，计算公式为：

$$EAI = \frac{P_{ij}/P_i}{P_j/P}$$

其中，EAI 为比较优势指数，P_{ij} 为 i 区 j 种农产品单位面积产量，P_i 为 i 区农产品单位面积产量，P_j 为全国 j 种农产品单位面积产量，P 为全国农产品单位面积产量。$EAI \geqslant 1$ 时，表明 i 区 j 种农产品生产具有效率比较优势；$EAI < 1$ 时，表明 i 区 j 种农产品生产不具有效率比较优势。

表 7　2015 年小麦主产区效率比较优势指数

河南	山东	河北	江苏	安徽
1.13	1.04	1.18	0.83	1.01

数据来源：根据 2016 年《中国统计年鉴》和《全国农产品成本收益资料汇编》数据整理计算。

由表 7 可知，2015 年，小麦主产区除江苏外其他四个省份生产效率优势指数均大于 1，山东和安徽两省略高于 1，效率优势不是十分明显，而河南和河北两省相对最高，在全国小麦主产区小麦生产具有较强的效率比较优势。

表 8　2015 年玉米主产区效率比较优势指数

河南	辽宁	吉林	黑龙江	内蒙古	山西	河北	山东
1.06	0.81	0.84	0.86	1.11	1.65	1.09	1.00

数据来源：根据 2016 年《中国统计年鉴》和《全国农产品成本收益资料汇编》数据整理计算。

由表 8 可知，2015 年，玉米主产区除黑、吉、辽三省外其他省份生产效率优势指数均低于 1，山东近似为 1，效率优势不是十分明显，山西玉米生产效率比较优势指数最高为 1.65，表明山西地区气候和土地资源最为适合种植玉米作物，其次为内蒙古、河北和河南三个省。河南省玉米生产效率比较优势指数位居第四位，在全国玉米主产区而言效率比较优势并不十分明显。

3. 综合比较优势指数分析

综合比较优势指数（AAI）是反映一个地区某种农产品种植比较优势全面衡量的测算指标，计算公式为：$AAI = \sqrt{EAI \times SAI}$。$AAI \geqslant 1$ 时，表明 i 区农产品生产具有综合比较优势，其值越大表明具有的综合比较优势越强；$AAI<1$ 时，表明 i 区农产品生产综合比较优势越弱。

由表 9 可知，2015 年，小麦主产区五个省份小麦生产综合比较优势指数均大于 1，其中河南最高为 1.67，表明河南省小麦生产从规模、专业化程度和效率等各方面综合衡量生产能力最强。

表 9　2015 年小麦主产区综合比较优势指数

河南	山东	河北	江苏	安徽
1.67	1.57	1.42	1.25	1.33

由表 10 可知，2015 年，玉米主产区五个省份玉米生产综合比较优势指数均大于 1，其中山西最高为 1.58，表明山西省玉米生产从规模、专业化程度和效率等各方面综合衡量生产能力最强。而河南玉米生产综合比较优势略高于 1，表明河南省玉米综合生产能力相对较弱，玉米种植无论是从单产还是种植规模均有待提高。

表 10　2015 年玉米主产区综合比较优势指数

河南	辽宁	吉林	黑龙江	内蒙古	山西	河北	山东
1.01	1.33	1.37	1.12	1.40	1.58	1.28	1.12

三、结语

通过上文分析发现，目前河南省小麦和玉米每亩单产水平均位居全国主产区首位，但是生产成本也较高，尤其是人工成本和土地成本偏高，导致小麦和玉米成本收益率不高；河南省小麦规模比较优势和综合比较优势均位居主产区首位，效率比较优势位居第二位，说明河南省小麦生产具有较强的生产能力和竞争力，效率规模优势虽然位于第二位，但不是十分明显（1.13 略大于 1），玉米生产不具有规模优势，效率优势也并不明显（1.06），导致综合比较优势近似等于 1，说明目前河南省玉米生产几乎不具有综合比较优势。为了稳步提高河南省粮食产业竞争力，结合上述分析结果，笔者从以下几方面进行思考：①健全政府政策支持体系，适当加大对粮食生产补贴力度，调整补贴标准和结构，适当向具有比较优势的农产品倾斜。②优化农产品结构，依靠农业科技，提高农产品品质。劳动密集型农业不能满足现代农业发展的要求，并且随着劳动力成本的上升，必须借助于农业科技，引进和培育优良品种，提高机械化程度，降低劳动强度，实现粮食生产降本增效。③坚持集约化和规模化经营方向，在土地连片地区，重点推广标准化规模发展模式，实现集约化经营。发挥新型经营主体带动作用，有序推进土地流转，完善农业公共服务体系，实现农业土地或服务适度规模经营。④制定适宜河南粮食产业发展的信息化发展战略，加强信息化服务设施建设，将信息化贯穿到粮食生产整个产业链中，推动粮食现代化和产业化。

参 考 文 献

[1] 迈克尔·波特．国家竞争优势［M］．北京：华夏出版社，2002.

[2] 芮明杰．产业竞争力的“新钻石模型”［J］．社会科学，2006（4）：68－73.

[3] 朱希刚．中国稻米生产发展和国际竞争力分析［J］．农业经济问题，2003（6）：65－69.

[4] 岑彩云．提升山东特色农产品地域品牌竞争力的探讨［J］．青岛科技大学学报，2010（1）：60－63.

[5] 孟庆福，李峰，王艳廷，李丹．基于熵值法的粮食产业竞争力评价研究［J］．河北工业大学学报，2011（8）：110－113.

[6] 孙丽珊．提升河南现代粮食产业竞争力的对策研究［J］．河南农业，2013（12）：23－24.

基于粮食安全的河南省耕地资源社会价值测算[①]

马文博

（河南工业大学管理学院）

摘要： 本文以河南省耕地资源为研究对象，依据耕地资源的功能剖析了耕地资源的价值体系，并综合采用市场价值法、替代成本法等方法，分别对耕地资源的社会稳定价值和社会保障价值进行了测算。结果显示：河南省耕地资源的社会价值总量为 8 531.86×10^9 元，这表明耕地资源具有巨大的社会价值，在耕地资源总价值中占有重要的地位；耕地是实现粮食安全的前提，为了保障粮食安全，应显化耕地资源社会价值，将耕地利用的社会成本纳入耕地经营和耕地非农化开发投资成本中，以促进耕地资源的优化配置；应采取适当措施对耕地保护进行经济补偿，将社会价值纳入补偿体系之中，降低耕地保护的机会成本，使国家粮食安全更有保障。

关键词： 耕地资源；社会价值；粮食安全；河南省

一、引言

伴随着城镇化的持续推进和社会经济的快速发展，我国耕地资源面临着数量减少、质量下降的严峻现实。2015 年，全国农村人口比重为 47.43%，耕地不仅为大量农民提供了就业保障和社会保障，更为关键的是确保了我们这个世界上人口最多的国家的粮食安全和生态安全，而我国耕地资源的处境无疑对农民、农业及农村的可持续发展、社会的稳定带来

① 基金项目：国家社会科学基金项目“基于耕地资源外部性价值空间异质性的差别化生态补偿机制研究”（15CJY013）；省属高校基本科研业务费专项资金创新人才培育项目“土地城镇化与人口城镇化的非均衡性、空间异质性及其耦合关系——中原城市群的实证”（2015SKCX04）

了挑战，近年来，该问题日益凸显[1]。如果从耕地资源的价值角度考虑该问题，不难理解其思想根源，即人们对耕地资源的价值认识不足，耕地资源不仅能够使农民获得一定经济收入而具有经济价值，而且能够为全社会提供重要的生态价值和社会价值，而这种长期以来的片面认识又源于耕地资源社会价值及生态价值的正外部性。因此，显化耕地资源的正外部性价值尤为重要。目前，学术界对该问题的关注与日俱增，逐渐由单一的耕地承载力研究转向综合的耕地价值体系核算[2]。许多学者对耕地资源经济价值的测算进行了深入研究，较多采用收益还原法[3-5]。对耕地资源生态价值的研究呈现出多尺度、多区域的特点，大多基于耕地生态系统的各种服务功能。谢高地等学者建立了“中国陆地生态系统单位面积服务价值表”，并以此为基础，通过对生物量等因子的修正，对青藏高原农田生态系统服务价值进行了估算[6]。后经众多学者的进一步研究，逐步形成了较为成熟的当量因子法[7]。对耕地资源社会价值的探索也为数众多，一些学者运用条件价值评估法（CVM）进行测算[8-9]，但该方法的数据采集过程被认为容易受到主观性影响。因此，对耕地资源社会价值的测算仍未形成被广泛认同的方法。河南省作为我国粮食主产区之一，担负着维护国家粮食安全的重任，因此，本文以河南省为研究区域，从剖析耕地资源价值体系入手，依据耕地资源的社会功能对其社会价值进行测算。

二、耕地资源价值体系的综合分析

（一）耕地资源的功能与价值

1. 耕地资源的经济产出功能及经济价值

耕地资源的经济产出功能是指耕地作为农业生产的基本组成要素，通过人力、物力等的投入所具备的生产粮食、蔬菜、油料作物等的功能。耕地资源的经济价值即为耕地生产农产品所能获取的经济收益，其价值量的大小一方面取决于耕地的生产能力，另一方面取决于农产品的市场价格。耕地资源的经济功能是耕地资源最早被认识和使用的功能，是耕地资源功能的构成部分之一。

2. 耕地资源的生态功能及生态价值

国内学者谢高地认为，耕地资源的生态功能主要包括气候调节、水源涵养等方面。气候调节主要是指耕地土层与农作物群体通过光合作用、呼吸作用、能量转化等生物和物理过程所形成的具有温度较低、湿度较高等特征的局部气候；水源涵养是指农作物通过发达的根系对地表径流进行截留、吸收、蒸发等而产生的径流调节、蓄水、抗旱等功能；土壤形成和保护是指耕地资源对死亡农作物或动物尸体经过微生物分解为腐殖质，成为土壤肥力的重要来源，对耕地农作物产出能力的维持和保护具有重要作用；废物处理是指土壤通过各种物理的和化学的过程，对各种污染物进行分解和处理；生物多样性维持是指耕地及种植的农作物，为特有动植物的生存提供了载体。耕地资源的生态价值则是耕地资源生态功能能够为人类带来的各种效用。

3. 耕地资源的社会功能及社会价值

耕地资源的社会功能一方面体现在为农民提供基本养老、生存和就业保障等，另一方面体现为维护国家粮食安全，确保社会稳定和国家长治久安。在当前我国养老保障体系尚不健全的情况下，耕地种植收入可作为日常消费的来源、通过转包等形式获得粮食或资金补偿等。对于缺乏一技之长的劳动力而言，耕地为其提供了最后的就业保障，特别是国家赋予农民集体成员 30 年耕地承包经营权，可在一定程度上确保农民安居乐业。耕地是粮食生产的基础，确保一定面积的耕地保有量才能够实现国家粮食安全，尤其在我们这样的人口大国，“中国威胁论”叫嚣尘上，经济建设如火如荼，只有明确耕地资源的社会稳定价值才能够更加珍惜宝贵的耕地资源。因此，本课题认为耕地资源社会价值的内涵，不仅包括耕地保障农民基本生活形成的价值[10]，即社会保障价值，而且包括保障社会粮食安全所具备的价值，即社会稳定价值[11]。

（二）耕地资源的价值体系

耕地资源的经济价值和社会价值之间并非是孤立的，而具有密切关系。首先，可将耕地资源的价值划分为市场价值和非市场价值，市场价值是指可通过市场交易而实现经济收益的价值，等同于经济价值，具有利己性和排他性特征；非市场价值是指无法在市场交易中实现经济收益的价值，主要包括生态价值和社会价值，具有公益性和非排他性的特征。其次，耕地资源生态价值中的涵养水源、保持水土、土壤形成等功能以及社会价值中的养老保障、生存保障等功能是在人类使用耕地过程中形成的，因而可以概括为使用价值。而耕地资源生态和社会价值中不依赖于人类使用而存在的诸如存在价值等则属于非使用价值。

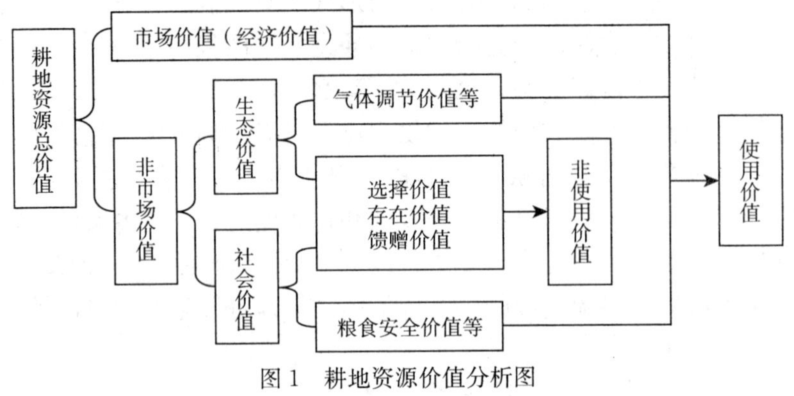

图 1　耕地资源价值分析图

三、研究区域概况和研究方法

（一）研究区域概况

河南位于中国中东部、黄河中下游。截至 2016 年年底，河南省下辖 17 个地级市、1 个省直管市、52 个市辖区、20 个县级市、85 个县，省会郑州市，常住人口 9 532.42 万人，居中国第 3 位。河南是我国重要的粮食主产省，河南肥沃的土地和优越的光、热、水资源，奠定了农业发展的坚实基础，2015 年耕地面积为 810.20 万公顷，粮食产量和小麦产量分别达到 6 067.10 万吨和 3 501.00 万吨的历史最高水平，用我国 1/16 的耕地，生产了我国 1/10 的粮食、1/4 的小麦，不仅解决了我国第一人口大省自身的吃饭问题，而且每年要外调大约 150 亿千克粮食支援外省，新增粮食产量占我国新增粮食产量的 1/3 以上，为确保国家粮食安全做出了重要贡献。同时，经济和城镇化发展势头强劲，河南 2016 年国内生产总值为37 002.16亿元，稳居中国第 5 位、中西部首位，郑州航空港区为中国唯一一个国家级航空港经济实验区，2016 年 12 月，郑州正式入选国家中心城市，以河南为主体的中原城市群是中国经济第四增长极。综上所述，河南的耕地保护和粮食生产状况直接关系到我国的粮食安全，而其在全国的经济地位也日益凸显，因此，测算河南省耕地资源的社会价值，有利于耕地资源价值的全面认识，并进一步寻求解决“人地矛盾”的途径。

（二）研究方法

耕地资源的社会价值是耕地资源总价值的重要组成部分，对于耕地资源社会价值的分类和定量测算方法，学术界还未达成共识。本课题立足于粮食安全视角，借鉴叶姗、李世平等学者[12]的研究成果，将耕地资源的社会价值划分为农民基本生活保障和社会稳定两方面。依据河南省经济、社会发展状况，综合采用市场价值法、替代成本法等对耕地资源社会价值进行测算。其公式可表示为：

$$SHV = SHW + SHB \tag{1}$$

其中，SHV 表示耕地资源社会总价值，SHW 表示社会稳定价值，SHB 表示社会保障价值。

四、河南省耕地资源社会价值测算

（一）耕地资源社会稳定价值测算

耕地资源社会稳定价值主要体现在维护国家粮食安全以及满足人民精神、物质需求等方面。对于社会稳定价值的核算，一方面要从市场角度出发，综合考虑河南省作为粮食生产大省，在满足国家粮食需求方面所做出的贡献；另一方面，为保护日益稀缺的优质耕地资源，维持并提高耕地资源的生产能力，政府需要付出更多的保护成本。故从成本和收益两方面出发，可将社会稳定价值的核算公式表示为：

$$SHW = (S_1 + S_2)/2 \tag{2}$$

$$f = A \times \frac{1-(1+r)^{-n}}{r} \tag{3}$$

$$S_1 = \sum Q_g P_g \tag{4}$$

$$S_2 = S'_2 \cdot M \tag{5}$$

$$S'_2 = Z + B \tag{6}$$

$$Z = Z_1 + Z_2 + Z_3 \tag{7}$$

$$B = B_1 + B_2 + B_3 \tag{8}$$

式中，SHW 表示耕地资源社会保障价值，S_1 表示农作物市场价值，S_2 表示耕地保护成本支出，Q 表示 2015 年耕地保护单位面积价值量，M 表示 2015 年河南省耕地资源总面积，Q_g 表示粮食总产量，P_g 表示粮食单价，Z 表示耕地占用费，Z_1、Z_2、Z_3 分别表示耕地开垦费、耕地占用税和新增建设用地有偿使用费，B 表示耕地保护支出费用，B_1、B_2、B_3 分别表示灾毁耕地复垦费、耕地资源动态检测费和水土保持费。

依据《河南统计年鉴（2016）》，2015 年，河南省小麦产量总计 3 501

万吨，玉米产品共计 1 853.7 万吨，水稻产量 531.52 万吨，当年郑州市粮食批发市场小麦、玉米和水稻市场价分别为 2 540 元/吨、1 860 元/吨和 2 360 元/吨，依据上述公式，可知 2015 年通过市场价格测算的河南省耕地资源社会稳定价值为 135.95×10^9 元。

耕地占用费包含开垦费、占用税和新增建设用地有偿使用费，其中耕地开垦费依据《关于加强土地调控严格土地管理》中的收费标准和耕地种植类型面积加权求得，考虑到耕地占用税各地市标准不一，其测算依据河南省各县市耕地占用税加权平均求得。新增建设用地有偿使用费依据国家颁布实施的使用标准和各县市各等级土地有偿使用费用征收标准加权平均求得。维持耕地生产能力付出费用主要包括废弃地复垦费和水土流失防治费，其中耕地复垦费按照相关收费标准①，结合统计年鉴相关数据计量所得；水土流失防治费按照执行标准的中值进行计算。测算结果如表 8 所示：

表 1　河南省耕地保护支出费用

单位：万元/公顷

	费用类别	费用标准
耕地占用费	耕地开垦费	17.00
	耕地占用税	22.38
	新增建设用地有偿使用费	18.36
耕地保护费	耕地复垦费	5.08
	水保和流失防治费	1.00
合计		63.82

2015 年，河南省耕地总面积为 810.20 万公顷，依据上述公式可知，基于耕地保护成本核算角度的社会稳定价值为 517.07×10^9 元。同时，从成本和收益两个角度出发，可测算河南省耕地资源社会稳定价值为 653.02×10^9 元。

（二）耕地资源社会保障价值测算

耕地资源社会保障价值是指其能够为满足农民生存和生活所具备的价

① 河南省发展计划委员会、河南省财政厅：《关于明确全省土地复垦收费标准及资金管理有关问题的通知》.

值，包括生存、养老和失业等保障。其计算公式可表示为：

$$SHB = SCB + YLB + SYB \tag{9}$$

其中，SHB 表示耕地资源社会保障价值，SCB 表示生存保障价值，YLB 表示养老保障价值，SYB 表示失业保障价值。

生存保障价值的测算主要考虑农民在城镇化进程中如果失去土地转为城镇市民，政府为保证其基本生活保障所需要付出的财政支出。考虑到未来将有越来越多的农村进入城市，基本生活保障应充分考虑城镇和农村居民的基本生活保障，可采用机会成本法进行测算，其计算公式可表示为：

$$SCB = (ZDB \times M)/(m \times i) \tag{10}$$

式中，SCB 表示耕地资源生存保障价值，ZDB 表示加权计算后的城镇和农村基本生活保障金，m 表示人均耕地面积，i 表示 1 年期银行存款利率。

养老保障价值主要考虑未来农民生活的需求，随着城镇化的不断推进，城乡融合将会成为必然趋势，故采用社会养老保险来核算。其计算公式可表示为：

$$YLB = (CYB \times b \times M)/(m \times i_2) \tag{11}$$

$$i_2 = i/(1+t) \tag{12}$$

式中，YLB 表示人均养老保障价值，M 表示 2015 年河南省耕地总面积，m 表示人均耕地面积，CYB 表示城镇居民社会养老保险金，b 表示农村居民和城镇居民人均可支配收入比率，i 表示 1 年期银行存款利率，t 表示 2000—2015 年消费价格指数均值。

耕地资源失业保障价值的测算主要以农民非农产业技能培训所需要付出的成本等为衡量依据。其计算公式可表示为：

$$SYB = (f \times M)/m \tag{13}$$

$$f = A \times \frac{1-(1+r)^{-n}}{r} \tag{14}$$

式中，SYB 代表人均耕地资源失业保障价值，M 代表 2015 年耕地资源总面积，f 代表人均劳动力培训费用，A 代表人均培训费用，r 代表当年度最长期国债利率，n 代表折现年限。

2015 年，河南省农村最低生活保障标准为 2 800 元/人·年，城镇居民最低生活保障标准为 3 600 元/人·年；河南省总人口为 10 722 万人，农村人口为 5 699 万人，占总人口的 53.15%，城镇人口为 5 023 万人，占总人口的 46.85%；耕地总面积为 810.20 万公顷，农村人均耕地面积为

0.16 公顷；2015 年人民银行公布的一年期银行存款率为 2.5%，按照上述公式计算可得，河南省耕地资源基本生活保障价值为 100.79 万元/公顷，总价值为 6 552.04×10^9 元。

2015 年，河南省农村居民人均可支配收入为 10 852.86 元，城镇居民人均可支配收入为 25 575.61 元，二者之比为 0.42，2000—2015 年平均居民消费价格指数为 2.58%，1 年期银行存款利率为 2.5%，净值率为 2.36%。2015 年，全国参加城镇职工基本养老保险共 35 361 万人，保险基金支出共计 25 813 亿元，人均养老保险金为 7 299.85 元，则农村居民人均养老保险金为 3 065.94 元，单位面积耕地养老保险价值为 12.99 万元/公顷，总价值为 1 052.55×10^9 元。

耕地资源就业保障价值核算中涉及的农村从事非农产业之外工作所需支出的培训费用，参考任纲的核算结果为 1 262 元/年。2015 年财政部公布的 5 年期国债利率为 5.32%，根据式（13）和式（14），可测算出农村居民人均培训费用为 5 415.80 元，单位耕地面积培训费用为 33 848.77 元/公顷，价值总量为 274.24×10^9 元。

（三）耕地资源社会总价值测算

综上可知，河南省耕地资源生活保障价值为 6 552.04×10^9 元，养老保障价值为 1 052.55×10^9 元，就业保障价值为 274.24×10^9 元，社会保障总价值为 7 878.84×10^9 元；社会稳定价值为 653.02×10^9 元；耕地资源社会总价值为 8 531.86×10^9 元。以耕地资源面积为权重，可计算出 2015 年各地市耕地资源社会价值，如表 2 所示：

表 2　各地市耕地资源社会价值

单位：公顷、10^9 元

地市	耕地总面积	社会价值	地市	耕地总面积	社会价值
郑州市	325 060.44	341.29	许昌市	337 419.47	354.27
开封市	414 300.39	434.99	漯河市	189 627.55	199.10
洛阳市	432 077.98	453.65	三门峡市	176 661.23	185.48
平顶山市	320 164.80	336.15	南阳市	1 053 364.45	1 105.97
安阳市	409 125.80	429.56	商丘市	705 782.12	741.03
鹤壁市	119 636.53	125.61	信阳市	840 538.87	882.51
新乡市	474 560.79	498.26	周口市	854 782.89	897.47

（续）

地市	耕地总面积	社会价值	地市	耕地总面积	社会价值
焦作市	195 179.84	204.93	驻马店市	948 947.41	996.34
濮阳市	282 851.06	296.98	济源市	45 979.92	48.28

五、结论及讨论

第一，依据耕地资源的功能将耕地资源价值总体上划分为经济价值、生态价值和社会价值，并进一步基于粮食安全视角，将耕地资源社会价值划分为社会稳定价值和社会保障价值。经测算，河南省耕地资源的社会价值总量为 $8\ 531.86\times10^{9}$ 元，这表明耕地资源具有巨大的社会价值，不容忽视。

第二，耕地是保护粮食安全的前提，“珍惜和合理利用土地，切实保护耕地”是我国的基本国策，这是由耕地资源和粮食产量的特殊关系决定的。为了保障粮食安全，应显化耕地资源社会价值，将耕地利用的社会成本纳入耕地经营和耕地非农化开发投资成本中，这样做虽然会提高非农建设占用耕地的成本，但是可以有效地保护紧缺的耕地资源，防止耕地资源的过度性损失，同时可以激励非农建设用地向节约、集约和高效利用方向发展。

第三，为了达到耕地资源的优化配置，充分发挥其价值，应采取适当措施对其进行经济补偿，并逐步建立起耕地保护经济补偿机制，将社会价值也纳入补偿体系之中，通过补偿，降低耕地保护的机会成本，协调区域在耕地保护上的利益关系，提高耕地保护任务较重区域的收益，使国家粮食安全更有保障。

参 考 文 献

[1] 陈丽，曲福田，师学艺．耕地资源社会价值测算方法探讨——以山西省柳林县为例［J］．资源科学，2006，28（6）：86-90.

[2] 唐莹，穆怀中．我国耕地资源价值核算研究综述［J］．中国农业资源与区划，2014，35（5）：73-79.

[3] 俞奉庆，蔡运龙．耕地资源价值探讨［J］．中国土地科学，2003，17（3）：3-9.

[4] 陈会广，曲福田，陈江龙．山东省耕地资源价值评估研究［J］．中国人口·资源与

环境，2003，13（1）：25-30.
[5] 任平，吴涛，周介铭．耕地资源非农化价值损失评价模型与补偿机制研究［J］．中国农业科学，2014，47（4）：786-795.
[6] 谢高地，鲁春霞，冷允法，等．青藏高原生态资产的价值评估［J］．自然资源学报，2003，18（2）：189-196.
[7] 鄂施璇，宋戈．东北区县域耕地资源非市场价值测算及其空间分布［J］．经济地理，2015，35（6）：149-153.
[8] 马文博，李世平，陈昱．基于 CVM 的耕地保护经济补偿探析［J］．中国人口·资源与环境，2010，20（11）：107-111.
[9] 牛海鹏，张安录．耕地保护的外部性及其测算——以河南省焦作市为例［J］．资源科学，2009，31（8）：1400-1408.
[10] 曹志宏，郝晋珉．黄淮海地区耕地资源价值核算［J］．干旱区资源与环境，2009，23（9）：5-10.
[11] 李景刚，欧名豪，张效军．耕地资源价值重建及其货币化评价——以青岛市为例［J］．自然资源学报，2009，24（11）：1870-1880.
[12] 叶姗，李世平．耕地资源社会价值评估研究——以西安市为例［J］．中国农业资源与区划，2013（34）2：26-31.

河南粮食产量影响因素的计量分析

郭慧萍

（河南工业大学经济贸易学院）

摘要：为找到影响粮食产量的主要因素，使用 2003—2015 年河南省数据，通过主成分分析法求出主成分，再通过最小二乘回归法找到粮食产量和主成分及其他影响因素之间的量化关系，进一步求出各影响因素对粮食产量边际影响的准确的量化关系。数据分析得出农业机械总动力、化肥、农用柴油、有效灌溉面积、粮食播种面积、农村用电量、农药使用量和农林牧渔业全社会固定资产投资的增加都会促使粮食的产量增加，但是增加农资投入已经不经济；而农林牧渔业从业人员和农业生产资料价格对粮食产量没有显著影响；成灾面积对粮食产量有显著的负向影响。所以政府应优化产品结构，注重农业可持续发展；加快土地流转制度的建设完善，推广适度规模种植；加强科技支持力度；加强耕地土壤的保护。

关键词：河南省；粮食产量；主成分分析法；回归分析

2016 年我国粮食总产量在实现了“十二连增”之后出现了反转，2016 年比 2015 年粮食总产量下降了 520.1 万吨。粮食生产面临着资源约束和环境挑战，是我国当前需要高度关注的一个重大问题。河南作为国家重要的粮食基地，2016 年产量是 5 946.6 万吨，比 2015 年减产 120.5 万吨，减产幅度为 2.0%，产量仅次于黑龙江省。研究河南省粮食产量的影响因素，精确衡量各影响因素对粮食产量的定量影响非常必要。

一、粮食产量影响因素研究综述

研究人员普遍认为我国粮食生产面临着人多地少、水资源短缺、水土污染、森林破坏、生态环境恶化、自然灾害频繁及农民科技文化素质低等问题。如何组织生产，精确量化各因素对粮食综合生产能力的影响大小，使生产更具有效益，可保证粮食产量的目标实现，也可提高农民的收益。

综合来看，量化分析的方法主要有：主成分分析、C—D生产函数或多元回归计量模型分析、灰色关联度分析。对于数据，用得较多的是使用时间序列数据和面板数据分析某地区粮食产量与哪些因素相关，也有使用截面数据，通过某省各地区数据分析该省粮食生产情况。

主成分分析法可以使用两种数据分析，例如王光宇（2012）用截面数据找到影响粮食产量的因素有：平均降水量、机电排灌面积、农村用电量、旱涝保收面积、年均降水量、总人口文盲率、耕地拥有量。赖晓璐、葛立群（2013）用时间序列找到：农业贷款额占年末贷款余额的比重、农业劳动力占全部劳动力的比重、化肥施用量、有效灌溉面积和粮食播种面积占农作物播种面积的比重、成灾率和粮食单产等影响因素。李心慧等（2016）用时间序列找到的是：塑料薄膜使用量、农用机械总动力、农村用电量、化肥施用折纯量、农药实物量、有效灌溉面积对河南省粮食单产的提高起到了重要推动作用。

使用模型回归的文献使用时间序列数据的较多，例如李福夺（2016）得到新疆粮食产量的增长主要取决于粮食有效灌溉面积、农业机械总动力和化肥施用量三个方面水平的提升。刘凌（2015）得到粮食产量与农村用电量和化肥施用量相关。王海平等（2014）得到粮食播种面积、农业劳动力、成灾面积、化肥施用量均为重要因素。还有通过分析面板数据，丁欣、杨洛新（2016）得出农业机械总动力、粮食作物播种面积和化肥施用量对安徽省粮食产量有显著的正向影响，受灾面积有显著的负向影响，农业劳动力无显著影响。王新华（2015）得到农业劳动力、耕地面积、农业机械化对湖北省粮食产量有显著影响，而化肥施用量无显著影响。邬舒静（2016）对安徽的粮食及5类主要粮食作物的影响因素进行了分析。

使用灰色关联度分析的有：刘晓敏等（2016）、王晨筱等（2015）、刘青利等（2015）、孟凡琳等（2015）、赵奇等（2014）均认为农药、化肥、粮食播种面积、有效灌溉面积、农业机械总动力对粮食产量有重要影响。刘晓敏等（2016）、王晨筱等（2015）和赵奇等（2014）认为农村用电量、农业从业人员也有影响。孟凡琳等（2015）和赵奇等（2014）认为农用塑料薄膜对粮食产量的影响不可忽视。

二、河南粮食产量的影响因素

为了找到影响粮食产量的主要因素，根据其他人已有的研究成果，结合河南粮食生产发展的实际，使用2003—2015年的全省数据，正好是河南粮食12连增期间的数据。顾及数据的可得性、准确性，确定12个影响因素。这些因素包括各种生产要素投入，主要有耕地（用粮食作物播种面积来表示）、化肥、农药、柴油、用电量、用水（用有效灌溉面积来表示）、农林牧渔业从业人员、机械（用农业机械总动力来表示）、成灾面积或受灾面积，以及农、林、牧、渔业全社会固定资产投资和农业生产资料价格指数。原始数据见表1、图1和图2。从图中可以看出，河南粮食产量"十二连增"期间，农业机械总动力、粮食作物播种面积、农用柴油使用量、农用化肥折纯量、农药使用量、农村用电量、农林牧渔业全社会固定资产投资、有效灌溉面积均表现为递增趋势，而农林牧渔业从业人员和农作物受灾面积和成灾面积表现出明显的递减趋势。

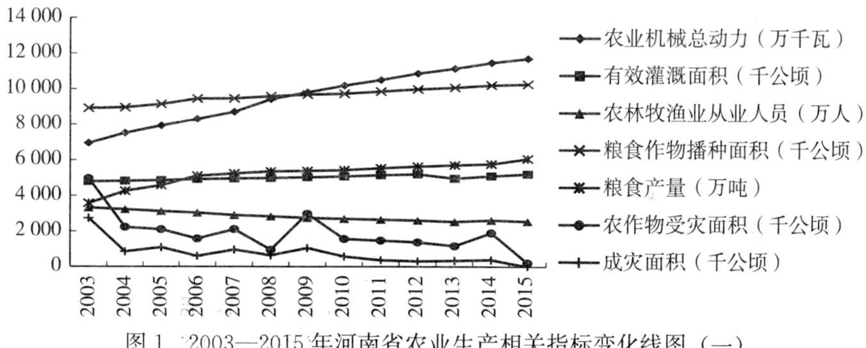

图1　2003—2015年河南省农业生产相关指标变化线图（一）

图2　2003—2015年河南省农业生产相关指标变化线图（二）

注：右侧所列指标，上面三个看左侧坐标轴，下面三个看右侧坐标轴。

表 1　2002—2015 年河南省影响粮食产量的主要因素的原始数据

年份	农业机械总动力（万千瓦）	有效灌溉面积（千公顷）	农用化肥施用折纯量（万吨）	农村用电量（亿千瓦小时）	农林牧渔业从业人员（万人）	农用柴油使用量（万吨）	农药使用量（万吨）	粮食作物播种面积（千公顷）	粮食产量（万吨）	农作物受灾面积（千公顷）	成灾面积（千公顷）	农业生产资料价格指数（上年=100）	农、林、牧、渔业全社会固定资产投资（亿元）
2003	6 953.17	4 792.22	467.89	144.59	3 321.24	84.58	9.87	8 923.33	3 569.47	4 965	2 739	101.9	149.49
2004	7 521.12	4 829.08	493.16	157.69	3 234.98	86.86	10.12	8 970.07	4 260	2 234.4	863.8	111.4	129.51
2005	7 934.23	4 864.12	518.14	172.15	3 127.67	89.79	10.51	9 153.41	4 582	2 111.8	1 103.4	107.9	166.56
2006	8 309.13	4 918.8	540.43	188.82	3 039.48	93.04	11.16	9 455.94	5 112.3	1 585	608	101.2	193.35
2007	8 718.71	4 955.84	569.68	223.43	2 909.88	96.42	11.8	9 468.03	5 245.22	2 116	967.8	106.1	286.02
2008	9 429.27	4 989.2	601.68	227.36	2 837.24	99.24	11.91	9 600	5 365.48	966.7	652.9	120.9	537.56
2009	9 817.84	5 033.03	628.67	257.76	2 754.21	104.17	12.14	9 683.61	5 389	2 987.4	1 063	98.1	761.5
2010	10 195.89	5 080.96	655.15	269.41	2 698.45	107.92	12.49	9 740.17	5 437.09	1 568.1	584.7	103.1	824.1
2011	10 515.79	5 150.44	673.71	281.82	2 655.29	111.07	12.87	9 859.87	5 542.5	1 477.6	380.2	111.1	720.89
2012	10 872.73	5 205.63	684.43	290.03	2 611.18	112.25	12.83	9 985.15	5 638.6	1 388.8	325.9	105.4	825.89
2013	11 149.96	4 969.11	696.37	305.42	2 541	113.4	13.01	10 081.81	5 713.69	1 179.9	359	101.3	962.03
2014	11 476.81	5 101.74	705.75	313.23	2 621	115.95	12.99	10 209.82	5 772.3	1 905.2	824	97.9	1 343.18
2015	11 710.08	5 210.64	716.09	321.01	2 553	114.7	12.87	10 267.15	6 067.1	225.1	12.2*	100.3	1 738.89

注：2015 年成灾面积数据使用的是绝收面积。

数据来源：国家统计局网站。

（一）主成分分析法提取并计算主成分

由于这些数据之间有相互联系，具有较强的相关性，直接使用这些变量做回归分析，必然引起严重的多重共线性，使得各因素的影响效果无法辨别，所以先使用主成分分析法，此方法能对相关性较高的数据进行综合简化，并确定各个指标的权重，起到降低指标数量、提高模型自由度的作用，还避免人为确定权重时的随意性。因此，运用主成分分析法分析河南省 12 年来粮食产量的影响因素，提取主成分，为后续回归分析结果的稳定性提供了保证。

对数据进行主成分分析，考虑公因子方差超过 0.8 的因素，筛选出 8 个变量，见表 2，KMO 检验和 Bartlett 球体检验结果见表 3。根据 Kaiser 给出的度量标准：0.7 一般、0.8 合适，可以知道该组数据 $KMO=0.763$，基本适合做主成分分析。Bartlett 球体检验的 P 值为 0.000，表明影响河南粮食产量的 8 个变量间存在较强的相关性，适合进行主成分分析。从表 4 可以看出最佳的主成分提取数量是 1 个，解释方差变动的 94.763%，这表明这个主成分基本保持了原来 8 个变量的绝大部分信息。

表 2　公因子方差

	初始	提取
农业机械总动力（万千瓦）	1.000	0.993
有效灌溉面积（千公顷）	1.000	0.843
农用化肥施用折纯量（万吨）	1.000	0.993
农村用电量（亿千瓦小时）	1.000	0.991
农用柴油使用量（万吨）	1.000	0.987
农药使用量（万吨）	1.000	0.949
粮食作物播种面积（千公顷）	1.000	0.976
农、林、牧、渔业全社会固定资产投资（亿元）	1.000	0.847

提取方法：主成分分析。

表 3　KMO 和 Bartlett 的检验

取样足够度的 Kaiser - Meyer - Olkin 度量		0.763
Bartlett 的球形度检验	251.152	227.073
	28	28
	0.000	0.000

表 4　解释的总方差

成分	初始特征值			提取平方和载入		
	合计	方差的 %	累积 %	合计	方差的 %	累积 %
1	7.581	94.763	94.763	7.581	94.763	94.763
2	0.210	2.628	97.391			
3	0.168	2.096	99.487			
4	0.024	0.295	99.782			
5	0.011	0.138	99.920			
6	0.004	0.051	99.972			
7	0.002	0.025	99.997			
8	0.000	0.003	100.000			

提取方法：主成分分析。

（二）回归分析

从表 4 可以看出最佳的主成分提取数量是 1 个。根据表 7 中得分系数可以计算出成分得分，即成分的得分就是表 7 中系数与对应因素的标准分相乘再求和。以粮食产量（*Y*）为被解释变量，以成分得分（*X*）、受灾面积（*SZ*）、成灾面积（*CZ*）、农林牧渔业从业人员（*RY*）、农业生产资料价格指数（*ZS*）为解释变量进行回归。由于变量是时间序列数据，先检验各变量是否存在单位根，检验结果是：*Y*、*X*、*ZS* 是 I（1）序列，而 *SZ*、*CZ*、*RY* 是 I（0）序列。通过回归发现最优结果见表 5，此时 $R^2=0.9387$，调整 $R^2=0.9264$，$F=76.5738$，*F* 检验对应的 *P* 值为 0，方程显著成立，$DW=0.8158$。

对回归结果检验，不存在明显的序列相关性，结果可以直接使用。其他变量因共线性问题或显著性水平达不到要求无法选入模型，但是其系数符号还是有一定的参考价值，农业生产资料价格指数前面的系数为负，说明农业生产资料价格上升，会使得粮食产量减少。对回归残差进行单位根检验，结果见表 6，表明不存在单位根，模型是协整的。

求出各影响因素的系数，考虑到农作物种植中，粮食的播种面积占农作物播种面积的比例情况，求出 2003—2015 年此比例的平均值为 68.231%。各影响因素的系数除以此数值进行调整（由于粮食播种面积是实际投入，不需要修正），最后结果见表 7。

表 5 回归结果

Dependent Variable：Y
Method：Least Squares
Date：04/28/17 Time：10：29
Sample：2003 2015
Included observations：13

Variable	Coefficient	Std. Error	t - Statistic	Prob.
C	5 528.416	106.372 6	51.972 17	0.000 0
X	454.786 4	76.346 17	5.956 899	0.000 1
CZ	−0.398 198	0.115 160	−3.457 783	0.006 1
R - squared	0.938 706	Mean dependent var		5 207.288
Adjusted R - squared	0.926 447	S. D. dependent var		689.5323
S. E. of regression	187.005 8	Akaike info criterion		13.499 33
Sum squared resid	349 711.6	Schwarz criterion		13.629 70
Log likelihood	−84.745 65	Hannan - Quinn criter		13.472 53
F - statistic	76.573 75	Durbin - Watson stat		0.815 802
Prob（F - statistic）	0.000 001			

表 6 回归残差的单位根检验结果

Null Hypothesis：E has a unit root
Exogenous：None
Lag Length：0（Automatic - based on AIC，maxlag=0）

		t - Statistic	Prob. *
Augmented Dickey - Fuller test statistic		−1.782 441	0.071 9
Test critical values：	1% level	−2.771 926	
	5% level	−1.974 028	
	10% level	−1.602 922	

表 7 各影响因素对粮食产量的影响系数

	成分 1 得分系数	依据回归结果计算出的对粮食产量（万吨）的影响系数	对粮食产量（万吨）的影响系数（修正过的）
农业机械总动力（万千瓦）	0.131	0.037 8	0.055 4
有效灌溉面积（千公顷）	0.121	0.400 134	0.586 44
农用化肥施用折纯量（万吨）	0.131	0.693 137	1.015 868

（续）

	成分1得分系数	依据回归结果计算出的对粮食产量（万吨）的影响系数	对粮食产量（万吨）的影响系数（修正过的）
农村用电量（亿千瓦小时）	0.131	0.971 914	1.424 446
农用柴油使用量（万吨）	0.131	5.306 057	7.776 607
农药使用量（万吨）	0.128	51.469 29	75.433 89
粮食作物播种面积（千公顷）	0.130	0.133 419	0.133 419
农、林、牧、渔业全社会固定资产投资（亿元）	0.121	0.111 019	0.162 711
农作物受灾面积（千公顷）		−0.398 2	−0.583 6

（三）结果解释

根据表7可以看出：农业机械总动力每增加1千瓦，粮食产量增加55.4千克；有效灌溉面积每增加1公顷，粮食产量增加5.86吨；农用化肥施用折纯量每增加1吨，粮食产量增加1.02吨；农村用电量每增加1万千瓦时，粮食产量增加1.42吨；农用柴油每增加1吨，粮食产量增加7.78吨；农药使用量每增加1吨，粮食产量增加75.43吨；粮食播种面积每增加1公顷，粮食产量增加1.33吨；农、林、牧、渔业全社会固定资产投资每增加1万元，粮食产量增加162.7千克；农作物受灾面积每增加1公顷，粮食产量减少5.84吨。

从上述分析知道，依据现在农用化肥的使用水平，每增加1吨化肥，粮食产量只增加1.02吨。从效益上看，2015年8月河南尿素的市场批发价是1 660～1 700元/吨，磷酸二铵为2 650～2 950元/吨，钾肥在2 040～2 160元/吨，而粮食的价格，小麦为2 360元/吨，玉米为2 120元/吨，综合来看，增加化肥的使用量能增加的收入微乎其微。农药、柴油、用电量也有类似的结果。所以，增加农资投入带来的经济效益较差。

数据反映出农业劳动力一直在减少，对粮食产量的变化没有显著影响，农业生产资料价格的波动对粮食产量也没有显著影响。

三、对策建议

通过上文的分析可以看出，河南省农户想通过高投入来提高产量已经不经济，必须通过降低成本获得预期的收益。考虑到粮食是缺乏弹性的商品，增产不增收，尤其近年玉米价格较低，减少玉米的播种面积，改种经济价值更高的农产品是必然的选择。所以，政府应该顺应现实的需要，做好以下四项工作：

（一）在优化结构的同时促成粮食生产的可持续发展

宣传引导农户种植高品质粮食和其他经济作物，在保证粮食供给的基础上，提高农民的收入。例如原阳大米一直受到大家的喜爱，可以扩大原阳大米的种植规模，减少其他地区的种植数量。随着大家的健康意识增强，杂粮的需求越来越多，可以鼓励农民种植一定规模的杂粮。研发新品种，提高农作物的抗虫抗灾害能力，并可以进一步减少农作物产量对农药、化肥的依赖。

宣传推广用有机肥替代化肥，提高土壤有机质含量，改善土地板结的现状，逐步减少化肥的使用。继续大力推广测土配方施肥，依据耕地状况调整化肥施用结构，提高配方肥到田到户率。改进施肥方式，采用机械化施肥，提高施肥的精确度。为了增加有机肥的供给，鼓励并财政支持畜禽规模养殖户购买设备，对畜禽粪便集中快速处理，养殖户还可以通过出售有机肥获得收入。

推进新型农用机械的研发，提高机械化操作的准确性和效率，减少由于机械不精确造成的农资的浪费及农作物无法收获带来的损失。依据新的需要，研发适合的新机械。例如玉米的机收，考虑到河南省要种植冬小麦，玉米收获时间为 9 月底 10 月初，此时玉米还未完全干透，机收玉米会导致玉米粒粉碎，造成粮食损耗大，机械化推广难。为了提高秸秆回田的效率，在机收过程中对秸秆粉碎，粉碎后的秸秆作为肥料直接留在田地里，而且粉碎的程度有利于土地对秸秆的腐化吸收。

推广节水灌溉技术，提高农业用水的效率。这些研究都需要农业技术人员和化工、机械研发人员的合作，才能取得较好的效果。

（二）在加快土地流转的同时推广适度规模种植

推广测土配方施肥、秸秆还田、精量半精量播种、模式化栽培等节本增效新技术，提高粮食生产科技含量往往和机械化、规模化分不开，规模化农场是未来发展的趋势，让老弱农业劳动力从耕种一线解放出来，安心养老的最佳方式就是土地流转制度。所以要加快土地流转制度的建设，使得其运行规范化、有法可依，保护双方的利益，确保耕地的有效利用。可以通过保护合同的有效性，鼓励农户自主合并土地，支持多种方式流转土地，加速土地的流转。政府要设计好相关的规则，管理到位，监督到位，做到公正公平。

（三）在加强科技支持力度的同时提高科技进步质量

建立完善农业社会化服务体系，提供农技、农机、金融、保险等服务要素的供给。完善对农业的支持方式，在保持补贴政策的连续性和稳定性的同时，提高补贴的引导性，促使耕地流转，提高规模化种植程度。

对中青年农民或土地承包人免费培训，科技人员定期给农民培训，并建立应急处理问题通道，加强农民和科技人员的日常联系，比如电话、QQ、微信等，让农户的问题得到及时的回应和处理。通过科技人员对农民的培训，提高农民的科技水平，提高其应对问题的处理能力，以获得更高的收益。同时，科技人员的科研也更切合实际，研发的价值得以体现。

（四）在加强土壤保护的同时确保耕地红线

我国土壤污染已经越来越严重，大气污染导致的酸雨、江河污染导致的地下水污染和灌溉中对土壤的污染、固体污染物的填埋堆放、污水直接流入深井导致对地下水的污染，这些都导致土壤的污染，进而影响农作物的品质，带来食品安全问题。开展重金属污染耕地修复，扩大对面源污染的综合治理，都可以提升农作物的品质。推进耕地轮作休耕制度，支持农业土壤改良，增加土壤有机质，减少化肥、农药的使用，保护土壤，才是从根本上保护食品安全。

严格控制非农建设用地对耕地的占用，耕地是最原始、最必要的生产要素。流转出去的耕地严禁私自变更用地性质，通过立法、加强监督保护耕地。高污染企业的选址，要避开基本农田保护区，避免出现因工业污染减少耕地的数量。另外，政府应确定合理的城镇化率目标，控制城镇建设用地的无效、低效增加，保护耕地的数量，以保证粮食的供应。

参 考 文 献

［1］王光宇．安徽省粮食综合生产能力的影响因素分析［J］．土壤与作物，2012（2）：84－88.

［2］赖晓璐，葛立群．辽宁省粮食综合生产能力影响因素分析［J］．辽宁农业科学，

2013（4）：38-40.

［3］李心慧，朱嘉伟，王旋，董晓光．基于主成分分析的河南省粮食产量影响因素分析［J］．河南农业大学学报，2016（2）：268-274.

［4］李福夺．新疆粮食产量主要影响因素分析［J］．中国农机化学报，2016（5）：268-274.

［5］刘凌．基于格兰杰检验的河南城镇化与粮食产量变动研究［J］．当代经济，2015（22）：42-44.

［6］王海平，曾玉荣，周琼．福建省粮食生产特点及综合生产能力分析［J］．福建农业学报，2014（8）：789-793.

［7］丁欣，杨洛新．基于扩展C—D生产函数的安徽省粮食产量影响因素分析［J］．粮食科技与经济，2016（4）：11-13，26.

［8］王新华．基于面板数据模型的湖北省粮食产量影响因素实证研究［J］．江苏农业科学，2015（7）：482-484.

［9］邬舒静．安徽省粮食产量的影响因素研究［J］．江西农业学报，2016（10）：116-119，125.

［10］刘晓敏，石喆．山东省粮食产量影响因素分析及增产对策研究［J］．中国农学通报，2016（12）：171-174.

［11］王晨筱，龚敏，李晓．黑龙江粮食生产灰色关联分析和预测［J］．安徽农业科学，2015（23）：323-325.

［12］刘青利，杨铭．河南粮食生产影响因素的改进广义灰关联度分析［J］．河南科学，2015（6）：1007-1013.

［13］孟凡琳、王娜、李炳军．基于灰色关联分析的河南省粮食安全影响因素双层诊断［J］．河南农业大学学报，2015（3）：411-416.

［14］赵奇，郭运宏．河南粮食产量与农业生产条件的灰色关联分析［J］．安徽农学通报，2014（8）：6-7，17.

论河南粮食产业发展的主体政策体系

李铜山

（河南工业大学粮食经济研究中心）

摘要：粮食产业发展的主体政策体系，主要是指政府主导的，可按短期、中期与长期三个时间类别进行革新设计的生产政策体系、流通政策体系和消费政策体系。其中，短期粮食生产主体政策主要包括粮食生产低息贷款政策、粮地改良补贴政策等，中期粮食生产主体政策主要包括产出差别补贴政策、重点品种支持政策等，长期粮食生产主体政策主要包括农民收入稳增政策、储备生产计划政策等；短期粮食流通主体政策主要包括流通领域公共物品投入政策、市场体系建设政策等，中期粮食流通主体政策主要包括流通业务结构调整政策、流通基础设施强化政策等，长期粮食流通主体政策主要包括核心业务补贴政策、计划收购代存政策等；短期粮食消费主体政策主要包括口粮消费安全政策、消费风险预警规避政策等，中期粮食消费主体政策主要包括绿色生产激励政策、口粮加工补贴政策等，长期粮食消费主体政策主要包括大中型加工企业扶持政策、多种用途开发奖励政策等。

关键词：粮食产业；主体政策体系；短期；中期；长期

这里所谓的粮食产业发展的主体政策体系，主要是指政府主导的，可按短期、中期与长期三个时间类别进行科学设计的生产政策体系、流通政策体系和消费政策体系。河南作为粮食大省，要贯彻好《国务院关于支持河南省加快建设中原经济区的指导意见》并成为当之无愧的国家重要粮食生产和现代农业基地，落实好国家粮食战略工程河南核心区建设并成为名副其实的国家粮食生产核心区，谋划好《国务院关于建立粮食生产功能区和重要农产品生产保护区的指导意见》并成为持续稳定的小麦玉米生产功能区和大豆生产保护区，就必须合理制定粮食产业发展的主体政策体系。只有主体的生产政策体系、主体的流通政策体系和主体的消费政策体系等三个政策体系之间相互联系和密切配合，才能更有利于振兴粮食产业和保障粮食安全。

一、主体的粮食生产政策体系

（一）短期粮食生产主体政策

建立短期粮食生产主体政策，是为了通过制定并实施受益面广、见效快的粮食生产政策，确保在严峻的粮食生产形势下，强力增加粮食产量，维持和逐步提高粮食质量，使粮食自给保持在高水平上。除了粮食直接补贴政策、良种补贴政策、大中型农机局购置补贴之外，还可包括：

1. 粮食生产低息贷款政策

目的是帮助粮食生产者克服经济基础还不雄厚，在购买粮食生产资料、修建生产设施、购置大型农业机械中的自有资金经常不足，银行贷款利息较高难以承受等困难，采取财政贴息或低息方式给予粮食生产者专项贷款补贴的资金援助，以解决粮食产业发展中的资金短缺问题。为此，可考虑制定专项贴息贷款政策、贴息贷款风险担保政策、分期偿还本息政策、专项低息贷款政策等，推动粮食生产者商业贷款的优惠化、可承受化。

2. 粮地改良补贴政策

目的是鼓励粮食生产者稳定粮食播种面积，改善耕地质量，建设标准化农田和旱涝保收田，由政府提供一些财政补贴，以解决粮食产业发展中的耕地资源可持续利用问题。为此，可考虑制定耕地改良补贴政策、耕地改造政策、耕地整治补贴政策、非法改变耕地用途的经济惩罚政策等，推动耕地尤其是粮田数量和质量的保护性利用。

3. 基础设施投入政策

目的是完善农田水利设施、粮食流通设施、商品粮生产基地以及农业教育、科研、技术推广、气象和环境保护基础设施等农业基础设施，专门列支一些财政援助支持，以解决粮食产业发展中的基础建设问题。为此，可考虑制定农田水利设施建设投入政策、粮食流通设施补贴政策、商品粮生产基地设施投入政策、农业教育基础设施补贴政策、农业科研基础设施补贴政策、农业技术推广基础设施补贴政策、农业气象基础设施补贴政策、环境保护基础设施补贴政策等，进一步夯实粮食产业发展基础。

4. 高新技术推广政策

目的是更快地、更多地、更好地将已经发明或即将发明的高新技术推广应用到田间地头，转化为第一生产力，使科技兴粮战略落到实处，专门给出一些财政资金支持，以解决粮食产业发展中的技术革命问题。为此，可考虑制定高新技术引进补贴政策、高新技术使用损失补贴政策、高新技术应用培训补贴政策、高新技术推广奖励政策等，进一步推动粮食产业发展中高新技术的产业化。

5. 粮食增产奖励政策

目的是又好又快地推动发展粮食生产，不断巩固和壮大粮食生产主产区和粮食生产核心区，每年拿出一些财政资金，甚至专门设立资金，用于奖励粮食增产的单位和生产者，以解决粮食产业发展中的激励问题。为此，可考虑制定分别针对产粮大县和新型粮食经营主体的粮食总产大幅度增长奖励政策、粮食单产大幅增长奖励政策等，进一步解决粮食产业发展中的集约经营问题。

6. 粮食生产保险政策

目的是更好地抵御自然风险、市场风险等多重风险，使粮食生产者大灾之年不至于因为大幅度减产或绝产而导致收入大幅度减少或者损失惨重，保障扩大再生产的顺利进行，投入部分财政资金对投保粮食生产的粮食生产者给予支持，以解决粮食产业发展中的风险规避问题。为此，可考虑制定自然风险保险补贴政策、市场风险保险补贴政策、其他风险保险补贴政策等，进一步解决好粮食产业发展中的风险规避问题。

（二）中期粮食生产主体政策

建立中期粮食生产主体政策，是为了通过制定并实施较长时期的粮食生产政策，在中期目标内既能维持粮食生产数量不降低、粮食质量不断提高，又能在保持粮食供求均衡状态情况下使粮食收入不断增加。具体可包括：

1. 产出差别补贴政策

目的是更好地践行国家粮食安全新战略、保障口粮安全和满足市场需求，可通过宏观调控仅对小麦、稻米等主要粮食生产进行补贴，而对玉米、大豆生产等次要粮食不进行补贴，以解决粮食产业发展中的口粮确保问题。为此，可考虑制定小麦生产补贴政策、稻米生产补贴政策或口粮生产补贴政策等，进一步解决好粮食产业发展中的主粮供给问题。

2. 重点品种支持政策

目的是更好地满足口粮中主要消费品种不同类型的需要，可通过财政资金引导对某些重点粮食品种生产给予特殊支持，以解决粮食产业发展中的特殊需求问题。为此，可考虑制定强筋小麦生产补贴政策、弱筋小麦生产补贴政策、优质糯米生产补贴政策等，进一步解决好粮食产业发展中的特殊效用问题。

3. 生产条件硬化政策

目的是更好地维护生产设施，新建生产设施，配套生产设施，可通过财政资金支持使其得到落实，以解决粮食产业发展中的生产条件优化问题。为此，可考虑制定生产设施维护补贴政策、生产设施新建补贴政策、生产设施配套补贴政策等，进一步解决好粮食产业发展中的设施完善问题。

4. 综合绿色生产政策

目的是鼓励粮食生产者在生产环节与生产过程中更多地投入绿色生产要素，更频繁地采用绿色生产工艺，更广泛地使用绿色作业方式，政府有必要给予一定的政策性奖励，以解决粮食产业发展中的优质粮食生产问题。为此，可考虑制定绿色生产要素投入补贴政策、绿色生产工艺采用补贴政策、绿色作业方式使用补贴政策等，进一步解决好粮食产业发展中的生态环境质量持续改善问题。

5. 生产资金缓冲政策

目的是更好地解决粮食生产者开展生产经营活动中财力紧缺问题，可借鉴美国无追索权贷款政策与欧盟目标价格政策经验，对粮食生产者实行产前预期粮食抵押贷款，再由粮食生产者酌情出售粮食偿还贷款，或以粮食实物偿还贷款的暂缓过渡政策，以解决粮食产业发展中的资金投入问题。为此，可考虑制定预期粮食抵押贷款政策、粮农卖粮偿还贷款政策、粮农以粮偿还贷款政策等，进一步解决好粮食产业发展中的流动资金问题。

（三）长期粮食生产主体政策

建立长期粮食生产主体政策，是为了通过制定并实施长时期的粮食生产政策，力争粮食数量供给大于粮食需求、粮食质量供给完全满足等，使粮农生产者收入稳定增长，粮食产业发展富有生机和活力。具体可包括：

1. 农民收入稳增政策

目的是无论年景丰收还是歉收，粮食价格无论上涨还是下跌，都保证粮食生产者有利可图，收入稳定增长，以解决粮食产业发展中的粮农收入体面问题。为此，可考虑制定粮农收入补贴政策、粮食生产成本降低政策、粮食生产津贴政策等，进一步解决好粮食产业发展中的收入问题。

2. 储备生产计划政策

目的是适当减少粮食生产量，试图达到“藏粮于地”的目的，政府根据具体粮食供求状况，酌情制定粮食储备生产计划，以解决粮食产业发展中的后备储蓄问题。为此，可考虑制定粮田休耕补贴政策、粮田轮种补贴政策等，进一步解决好粮食产业发展中的地力培肥问题。

3. 专业化产业带政策

目的是打破传统粮食生产的完全竞争市场格局，在粮食主产区内引导优质特产粮食生产因地制宜地走区域化发展道路，形成专业化的高效率的产业带，以解决粮食产业发展中的高产优质高效问题。为此，可考虑制定小麦产业带建设补贴政策、稻米产业带建设补贴政策、玉米产业带建设补贴政策、大豆产业带建设补贴政策等，进一步解决好粮食产业发展中的主导产业培植问题。

二、主体的粮食流通政策体系

（一）短期粮食流通主体政策

建立短期粮食流通主体政策，是为了保护粮食生产经营者积极性，促进粮食生产经营，维护粮食生产者、经营者、消费者的合法权益。具体可包括：

1. 流通领域公共物品投入政策

目的是搞好粮食流通所必需的粮食仓储、粮食运输、专用站台码头、交易场所设施、粮食物流、专项设施、信息网络、电子商务平台等公共品建设，以完善粮食流通领域的基础及高级设施条件，政府拿出财政资金给予投入，以支持粮食流通业务顺利展开。为此，可考虑实施流通公共品建设财政投入政策、流通公共品建设财政贴息政策、信息网络建设财政投入政策、信息网络建设财政贴息政策、电子商务平台建设财政投入政策、电子商务平台建设财政贴息政策、专项设施与设备购置财政贴息政策等政策措施，来解决好粮食产业发展中流通领域的公共物品供给问题。

2. 市场体系建设政策

目的是更好地发展粮食现货市场，及时开拓粮食期货市场，政府投入一部分钱，同时开展粮食现货市场和粮食期货市场建设，从基础上支持粮食流通目标的实现。为此，可考虑实施现货市场发展财政投入政策、现货市场发展财政贴息政策、批发市场建设财政投入政策、批发市场建设财政贴息政策、期货市场建设财政投入政策、期货市场建设财政贴息政策等政策措施，来解决好粮食产业发展中的市场依托问题。

3. 物流工程扶持政策

目的是鼓励发展粮食物流，更好地促进粮食流通，对粮食物流工程建设及信息网络建设，给予一定的财政投入，以降低粮食流通成本，提高粮食经济收益，加快粮食经济发展。为此，可考虑实施大型物流项目建设财政贴息政策、小型物流项目建设财政扶持政策、物流作业设备购置财政补贴政策、专用公共设施与设备财政贴息政策等政策措施，来解决好粮食产业发展中的货畅其流问题。

4. 国粮企业发展政策

目的是充分发挥国有粮食流通企业的骨干作用，对国有粮食流通企业完成市场化改革，转换经营机制，扩大经营规模，提升流通市场贡献，成为保障国家粮食安全的主渠道，政府通过财政给予一定支持。为此，可考虑实施国粮企业政策性负债政府全额支付政策、国粮企业历史性负债政府财政适度补贴政策、国粮企业扩大经营规模财政扶持政策、国粮企业开辟流通新业态财政支持政策等政策措施，来解决好粮食产业发展中的国粮企业发展活力问题。

（二）中期粮食流通主体政策

建立中期粮食流通主体政策，是为了在维护粮食生产者、经营者、消费者合法权益的基础上，维护粮食流通秩序，优化流通结构，改善流通基础设施，调控粮食进出口。具体可包括：

1. 流通业务结构调整政策

目的是减少低效率流通，通过发展高效率粮食流通带来增加收入的机会，拿出一部分财政支出，用于支持粮食流通业适当调整和优化流通业务，推动粮食流通业务整体质量的提高。为此，可考虑实施粮食流通结构调整成本扶持政策、粮食结构优化收入补贴政策、粮食流通结构调整风险分担政策、粮食新流通业务开拓财政支持政策等政策措施，来解决好粮食产业发展中的流通结构优化问题。

2. 流通基础设施强化政策

目的是维护粮食流通设施，加大粮食流通基础设施建设投入力度，建立健全粮食流通领域公共信息服务体系，建立和完善流通环节粮食检疫检测体系，提高粮食流通设施性能，加强粮食质量安全，落实粮食无害化处理制度，积极运用财政措施加大对粮食批发市场、粮食物流配送中心建设。为此，可考虑实施粮食基础设施维护补贴政策、粮食基础设施功能提高支持政策、粮食新技术新装备购置补贴政策等政策措施，来解决好粮食产业发展中的流通基础牢靠问题。

3. 粮食储存特殊扶持政策

目的是避免出现粮食供求均衡后人们容易产生的盲目安全感，减少各种不合理的粮食利用现象，克服麻痹大意意识，规避粮食储备萎缩，政府拿出一些钱未雨绸缪，越是在粮食安全时越要利用政策力量做好粮食的高质量储备工作。为此，可考虑实施粮食储备经常性补贴政策、粮食储备质量收入差补贴政策、高质量粮食储备特别支持政策、周转粮食目标储备收入补偿政策等政策措施，来解决好粮食产业发展中的“仓廪实”常态化问题。

4. 粮食进出口适度补贴政策

目的是适应粮食紧均衡的大形势，利用一定数量的财政支出，在WTO绿箱框架内盘活粮食进出口，充分调控粮食进出口业务，辅助保障粮食安全。为此，可考虑实施粮食进出口调控政策、粮食进出口差别关税政策、粮食进口收入补贴政策、急需高质量粮食进口支持政策等政策措施，来解决好粮食产业发展中的产能富足或不足问题。

（三）长期粮食流通主体政策

建立长期粮食流通主体政策，是为了贯彻落实国家粮食安全新战略，开展好核心业务，计划好收购代存，协调好进出口管理控制，保障国家粮食安全。具体可包括：

1. 核心业务补贴政策

目的是缓解某些核心粮食品种产能不足，利用部分财力引导粮食收购、运输、配送及交易方式的变更，将粮食进口需求由之前的大批量综合性粮食需求方向朝着多方向小规模的特种粮食需求方向发展。为此，可考虑实施核心业务支持政策、粮食核心业务贷款补贴政策、粮食核心业务收入补贴政策等政策措施，来解决好粮食产业发展中粮食进口的核心业务开展问题。

2. 计划收购代存政策

目的是落实粮食生产计划，政府只对参与政府生产计划的粮食生产者所产的粮食按照保护价格进行收购，而计划外收购部分则在原来保护价格基础上扣除超计划储存与保管费的价格进行收购，并由政府指定的粮食生产者或购销者进行代储，粮食产权归政府，政府支付代储费用。为此，可考虑实施储粮设施购置支持政策，储粮设备建设支持政策，储粮者收入补贴政策等政策措施，来解决好粮食产业发展中的“藏粮于民”问题。

3. 进出口管理控制政策

目的是落实进口配额管制，并将粮食进出口与国内支持政策相挂钩，计划内的粮食进口或出口享有国内政策支持，计划外的粮食进口或出口取消国内政策支持，更好地管控粮食进出口业务，并对粮食进出口商形成激励，以便充分利用民间粮食进出口渠道，积极拓展粮食进出口业务，促进粮食供需均衡。为此，可考虑实施粮食进出口支持政策，粮食进出口补贴政策，粮食进出口限制政策等政策措施，来解决好粮食产业发展中的“藏粮于市”问题。

三、主体的粮食消费政策体系

（一）短期粮食消费主体政策

建立短期粮食消费主体政策，是为了筑牢口粮、工业用粮、饲料用粮的消费基础，做好粮食消费风险预警和风险规避，促进粮食消费增长方式转变，为中期粮食供求均衡作好基础准备。具体可包括：

1. 口粮消费安全政策

目的是积极贯彻落实国家粮食安全新战略，将我国城乡人民的主食和粮食消费的基本项目——小麦和稻谷作为我国粮食消费的核心保障对象，将我国粮食自给的核心以及我国粮食战略的底线——“确保口粮安全”切切实实地落到实处，拿出部分财政资金来维持口粮消费安全，保障占我国粮食消费总量的45％左右的口粮消费这一粮食安全内涵的根本宗旨。为此，可考虑实施粮食生产支持政策、种粮补贴政策、粮食最低价收购政策、粮食目标价格补贴政策、弱势消费群体财政补贴政策等政策措施，来解决好粮食产业发展中的“饭碗保障”问题。

2. 消费风险预警规避政策

目的是防范由于受到粮食产量丰歉及质量高低难以控制、粮食市场价格波动、粮食替代品和互补品变化、消费者收入变化、政府相关消费政策以及国际政治经济形势巨变等的影响，所导致的粮食消费的购买商品风险、购买时间风险、购买环境风险以及购物社会风险，建立健全粮食消费风险预警机制，减少和规避粮食消费结果的不确定性，保障粮食消费的使用效力和功能，缓解粮食消费的季节性短缺，依靠政府政策来给予支持。为此，可考虑实施粮食消费风险预警系统建设支持政策、粮食低价或平价销售收入损失补贴政策、粮食购销企业商业保险费用补贴政策、粮食购销企业贷款贴息政策等政策措施，来解决好粮食产业发展中的消费风险问题。

3. 消费增长方式转变政策

目的是树立粮食适度消费和适度加工的发展理念，变革不尽合理的粮食消费方式和粮食工业生产方式，倡导粮食节约型消费和节约型加工，政府可利用政策的力量来加以引导和支持，降低粮食工业生产方式由粗放生产方式转变为集约化生产方式过程中高昂的生产方式转变成本，以诱导粮食消费方式和粮食加工企业生产方式转变的内在动力，促成粮食的科学消费和粮食加工产业的科学发展。为此，可考虑实施粮食节约型消费鼓励和奖励政策、粮食高精尖加工技术引进支持政策、粮食加工设备更新换代财政补贴政策、粮食加工工艺革新财政资助政策等政策措施，来解决好粮食产业发展中的消费增长方式转变问题。

（二）中期粮食消费主体政策

建立中期粮食消费主体政策，是为了开展绿色生产，进行口粮加工补贴，实施生产规模扶持，鼓励参与商业保险，进而达到扩大粮食及其加工制成品数量，提高粮食及其加工制成品质量的目的，维护粮食流通秩序，优化流通结构，改善流通基础设施，调控粮食进出口。具体可包括：

1. 绿色生产激励政策

目的是完成粮食绿色生产目标这一粮食工作的长期任务，在粮食产前、产中、产后各个阶段，通过强化绿色政策的设计以及技术进步和管理手段的提升，全方位促进采取无污染、清洁、绿色的生产方式，实现节能、降耗、减污等目标，实施粮食生产及粮食加工全过程的污染控制，进而建构无公害、无污染、高效安全的粮食生产加工系统，达到粮食污染物的产生量最少化和粮食安全度的最大化，促成粮食安全长效机制关键部位的“硬朗化”。为此，可考虑实施粮食绿色生产财政补贴政策、粮食关键生产环节资助政策、粮食绿色加工基础全面改造扶持政策、粮食重点绿色生产加工项目支持政策等政策措施，来解决好粮食产业发展中的绿色发展问题。

2. 加工规模扶持政策

目的是实现粮食生产与粮食消费和转化的良性循环，可以考虑通过一定的政策引导，积极扶持大中型粮食工业企业快速发展，鼓励其强力扩大所拥有或占有的劳动力、机械与设备等固定投入的数量和质量，促使粮食加工企业的生产成本随着规模的不断扩大而逐渐下降，进而扩大粮食消费规模，即使是遇到丰年短时期的粮食供大于求时，也不至于因为粮食加工不足所导致的粮食消费不足而使粮食生产者的积极性受到很大的冲击。为此，可考虑实施大型粮食加工企业增扩规模扶持政策、中型粮食加工企业规模发展重点扶持政策、大中型粮食加工企业规模适度资助政策、大中型粮食加工企业大型高新粮食加工设备引进贷款贴息政策等政策措施，来解决好粮食产业发展中的粮食加工“宽平台”问题。

3. 参与商业保险支持政策

目的是防范粮食加工企业因为生产规模扩大或市场竞争加剧所导致的风险增加，进而可能会影响粮食加工企业的长远平稳发展，可以考虑通过生产规模扶持政策的运行等，政府为粮食加工企业支付一定比例的保费支持，引导粮食加工企业参与商业保险，部分依赖政府的力量来寻求庇护，进而依靠社会力量来分摊和化解风险，最终达到有效规避规模扩大后的风险，促进粮食加工企业长足发展等目的。为此，可考虑实施粮食加工企业差别保险成本分担政策、粮食加工企业参与商业保险特殊支持政策、粮食加工企业参与重大突发事件商业保险政策等政策措施，来解决好粮食产业发展中的粮食加工“脱险”问题。

（三）长期粮食消费主体政策

建立长期粮食消费主体政策，是为了通过扶持小微粮食加工企业，支持规模粮食加工企业，奖励粮食多种用途开发，拓展粮食工业发展平台，实现粮食经济利益最大化。具体可包括：

1. 大中型加工企业扶持政策

目的是扶持大型粮食加工企业、中型粮食加工企业的发展，最终形成以大型粮食加工企业为核心、以中型粮食加工企业为骨干的粮食工业发展格局。为此，可考虑实施大中型粮食加工企业基础建设帮扶政策、大中型粮食加工企业生产技术与装备引进扶持政策、大中型粮食加工企业收入补贴政策、大中型粮食加工企业重点发展项目财政资金扶持政策、大中型粮食加工企业降低生产风险支持政策等政策措施，来解决好粮食产业发展中小微粮食加工企业的资金瓶颈问题。

2. 多种用途开发奖励政策

目的是加速研究和开发粮食产品新的用途，强力拓展粮食制作燃料、布料、建材等新产品的新技术，不断拓展粮食产品的消费种类、规模和边界，可考虑利用政策来激励粮食加工企业及科研院所积极研发粮食新用途，为实现粮食一般市场均衡增添推动力，为缓解化石能源、安全布料、稀有建材等资源稀缺压力开辟替代品，为粮食产业经济发展和增长另辟蹊径。为此，可考虑实施粮食加工企业自主研发激励政策、粮食加工企业新技术引进与应用扶持政策、粮食加工企业新产品生产调试扶持政策、粮食加工企业新产品销售成本资助政策、粮食加工企业新产品开发损失补贴政策、粮食加工企业新产品开发贷款贴息政策等政策措施，来解决好粮食产业发展中的粮食产品多用途开发问题。

参 考 文 献

[1] 尹义坤．中国粮食产业政策研究［D］．哈尔滨：东北农业大学，2010.

[2] 李铜山．促进粮食稳定增产的产业政策建议［J］．河南工业大学学报（社会科学版），2012（3）：24－26.

[3] 张凯，方热军．发达国家饲料标准化建设对我国饲料标准化建设的启示［J］．饲料广角，2011（2）：28－30.

河南粮食产业支持政策优化研究

康涌泉

（河南工业大学粮食经济研究中心）

摘要：粮食产业政府支持政策的优化对促进粮食供给侧结构性调整，增加粮食有效供给，保障国家粮食安全，有着重要意义。目前，河南省粮食产业发展的支持政策还存在一些问题，尚需进一步优化和完善。要实现由粮食资源大省向粮食经济强省转变，必须优化粮食补贴政策，完善粮食生产利益补偿机制，强化粮食主产区财政金融支持力度。

关键词：供给侧结构性改革；河南粮食产业；支持政策优化

粮食产业的发展离不开政府的支持和保障，离不开符合现代市场经济理念的体制、政策和手段，根据实际情况不断优化支持政策，促进粮食产业发展。目前，河南省粮食产业的改革要以粮食供给侧结构性改革为主线，引导农民调整粮食种植结构，确保粮食产业的有效供给。在粮食供给侧结构性改革中，政府的主要职能是规划、引导、协调、调控、服务。

一、问题的提出

农业发展方式的转变，需从供给入手，改善农业种植结构。2015 年 12 月中央农村经济工作会议首次提出：要着力加强农业供给侧结构性改革，形成结构合理、保障有力的农产品有效供给体系。2017 年中央 1 号文件指出，当前“农产品供求结构失衡、要素配置不合理、资源环境压力大、农民收入持续增长乏力等问题仍很突出，增加产量与提升品质、成本攀升与价格低迷、库存高企与销售不畅、小生产与大市场、国内外价格倒挂等矛盾亟待破解。”①

① 《中共中央、国务院关于深入推进农业供给侧结构性改革加快培育农业农村发展新动能的若干意见》，2017 年中央 1 号文件．

农业供给侧结构性改革关键是粮食种植结构要调整。2016 年 7 月，国家粮食局出台了关于加快粮食行业供给侧结构性改革的意见，提出要“进一步调优供给结构，减少无效和低端供给，增加有效和中高端供给，催生和培育新的市场需求，切实增强粮食产品供给和需求结构的匹配度、适应性，实现更高层次的粮食供需动态平衡”①。

近几年，河南省粮食种植存在的问题主要是粮食供求总量基本平衡，但品种结构不平衡矛盾突出，由于连年丰收，玉米、稻米呈阶段性过剩，而大豆需求缺口不断扩大，进口数量激增，由此造成“三量齐高”现象（即粮食产量高、进口量高、库存量高）。到 2015 年，河南省粮食产量实现“十二”连增，2016 年，粮食产量虽有所下降，但仍属第二个高产年份，与此同时，2015 年我国进口大豆 8 000 万吨以上，2016 年进口大豆 8 391万吨。2016 年河南秋粮种植玉米、稻谷占秋粮种植面积的 98%，导致粮食供需缺位，结构失衡。

我国粮食支持政策 2014 年后开始调整，对新疆棉花和东北大豆实行目标价格补贴试点，东北玉米实行“市场化收购＋生产者补贴”，合并农业三项补贴为一项补贴等办法，预示着我国粮食生产支持政策重心的调整。2015 年，河南把 80%的农资综合存量资金和粮食直接补贴、农作物良种补贴，合并为耕地地力保护补贴资金，其余 20%的农资综合补贴，加上农业三项补贴的增量资金，统筹用于粮食适度规模，有力地促进了粮食产业发展。粮食供给侧结构性改革刚刚开始，粮食产业支持政策重心的调整，支持政策的优化和完善还需进一步研究。

二、河南粮食产业支持政策的现状及问题

2004 年以后，中央 1 号文件连续出台 14 年支农惠农政策，都在河南都得到了很好的贯彻。2004 年后，河南实行“两减免、三补贴”政策，2005 年取消农业税，并以新农村建设为契机，全面落实支农惠农政策，尤其是在减免农业税后，财政开始对农民进行种粮直补。为保证财政补贴资金足额而及时地发放到每一个农户手里，河南创造性地实行有省财政“一竿子插到底”对准每个农户的“阳光补贴”模式，河南省委、省政府对农业补贴必须做到“一分钱不能少，一户不能漏掉，一天不能耽误”，

① 《国家粮食局关于加快推进粮食行业供给侧结构性改革的指导意见》，国粮政［2016］152 号.

使得农户得到“真金白银”的实惠[①]，大大调动了农民生产的积极性，粮食产量连超千亿千克。但总体来说，2014 年前的粮食生产支持体系是以增产为导向的粮食生产支持政策，随着粮食供给侧结构性的改革，现行粮食政策还存在一些需要完善的问题。

（一）粮食补贴政策需进一步优化

补贴政策对于调动种粮农民生产积极性，扩大粮食种植面积、提高农业科技水平，从而提高粮食产量，保障粮食安全，确实起着重要作用。但当前农业补贴政策对粮食增产的作用在逐渐减弱。特别是粮食补贴结构不合理，与现行的粮食供给侧结构性改革不相适应，一些需要减少库存，减少种植面积的农作物，如玉米还在进行补贴，而需要扩大种植面积的粮食作物也没倾斜的补贴政策。

粮食补贴标准低，发挥作用有限。目前，国家对种粮农民的补贴包括粮食直补资金，农资综合直补资金亩均 80 元左右，占粮食价格的比重极小。而且，多数地区的多数农户主粮种植面积一般在 5 亩左右，每亩补助 80 多元，每户得到 400 元左右的补助。这一补贴既不能解决主粮与其他粮种和经济作物之间的价格悬殊，也不能抵消农资价格的上涨，更不能吸引农民工返乡从事粮食生产。

近年来由于农业生产资料诸如化肥、农药、农用柴油等价格的上涨和人工成本的上升，致使农民种粮成本大幅度增加，国家惠农政策给农民带来的好处被大大缩水。根据河南省地方社会经济调查队的调查报告。2016 年河南全省夏粮平均亩产为 422 千克左右，依照 2016 年小麦最低平均收购价每千克 2.36 元匡算，2016 年全省农民种植每亩小麦的总收入为 997.8 元，比 2015 年减少 17.5 元，扣除 568.2 元的生产成本（其中，物资费用为 243.8 元，生产服务支出 160.2 元，人工成本 164.3 元），种植每亩小麦的收益是 429.6 元，比 2015 年减少 18.7 元。而 2016 年种植小麦的亩均生产成本比 2015 年增加了 1.2 元[②]，惠农补贴给农民增加的收益基本被增加的生产成本所抵消。

虽然粮食收购价格在逐年提高，但种粮成本的连年增长，使得农民种

---

① 刘道兴，改革开放以来河南农业的历史性巨变［OL］.http：//www. hnass. com。2010－05－19.

② 佚名.2016 年河南小麦每亩种植成本和收益是多少？［J］. 种业导刊，2016（9）：33.

粮收益一直处于较低水平，2016 年亩均收益刚刚突破 400 元达到 429 元，和 2012 年 314 元相比，四年间只增加 115 元，每年增加仅 28.75 元。而人社部劳动所的农民工薪酬课题报告显示，“十二五”期间，农民工月均收入年均增长 12.7%，从 2010 年的 1 690 元到 2015 年的 3 359 元，其中，2012—2015 年各年的涨幅分别是 11.8%、13.9%、9.8%、7.2%[①]。“辛辛苦苦忙一年，不如打工一个月”。种粮比较利益低，对农民缺乏吸引力。

（二）粮食利益补偿制度需进一步完善

尽管我国实现了历史少有的十二年连续增产，但粮食生产稳定发展的长效机制，特别是粮食主产区利益补偿制度并未根本建立。近几年，虽然粮食主产区粮食产量年年递增，但产粮大省的经济总量上不去，人均 GDP 与工业发达的省份差距越来越大。2016 年，河南省人均 GDP42 363 元，在全国位居 20。由于农业比较利益低、创造地方财政收入的能力弱，“粮食大县、工业小县、财政穷县”的现象在粮食主产区还比较普遍。近年来，河南人均财政支出全国一直最低，2016 年财政支出只有 7 456.6 亿元，财政自给率为 42.29%，人均财政支出仅有 7 865.6 元，而上海财政支出为 6 918.9 亿元，财政自给率达 92.59，人均财政支出 28 649.7 元，是河南的 3.6 倍。由此，严重影响了粮食主产区重农抓粮的积极性。近几年，以牺牲耕地、放弃粮食种植的地区其工业化、城镇化进程不断加快，财政收入不断上升。而坚持“粮食比较优势”的省份，则大都成了“农业大省、工业小省、财政穷省”，粮食大县大都成了“农业大县、工业小县、财政穷县”。从国家重点扶持贫困县看，2017 年全国 592 个贫困县，粮食主产区占了 263 个，占全部贫困县的 44.4%，而河南省贫困县数量达到 31 个。

（三）产粮大县财政支持制度需进一步加强

对粮食生产的财政支持除粮食补贴政策外，还包括产粮大县的奖励制度，高标准农田建设，农田水利建设，新型粮食经营主体的支持等。目前，对产粮大县实行奖励政策，但奖励资金规模小，奖励标准低。到 2015 年，中央财政对河南的产粮大县奖励基金虽然增加至 35.5 亿元，但

① 佚名．农民工工资上涨 2016 最新消息：保持 10%增速［OL］．南方财富网，2016－12－05.

平均到河南 111 个县（市、区），每个县（市、区）仅有 3 198 万元，规模仍然偏小。2016 年，中央财政产粮大县奖励补助达 371 亿元，常规产粮大县每个县奖励为 700 万～9 000 万元，其余资金奖励超级产粮大县。其中，中央财政对河南省产粮大县的奖励资金来是 525 573 万元，如果按粮食总产量（1 189 亿斤）来计算，平均每斤仅 4.67 分钱。

当前，虽然粮食风险地方配套资金全部取消，但农业综合开发资金的地方配套资金依然存在，粮食主产区的财政负担依然很重。“粮财倒挂”的现象非常普遍，河南四大产粮大区驻马店、信阳、商丘、周口，在全省人均收入排名中都是垫底的。2015 年，河南省统筹整合 106.7 亿元财政资金用于高标准良田“百千万”建设，农田水利建设，但相对于河南全省 12 288 万亩的耕地面积来说，投资力度还需加大。

三、河南粮食产业支持政策优化的对策建议

（一）优化粮食补贴政策

1. 补贴目标要精准

中央政府的粮食补贴政策要保证国家粮食安全这个重要战略目标，要与粮食供给侧结构性改革相适应。新的粮食安全战略重要内容是保重点、保口粮，既要保证粮食的数量安全，又要保证粮食的质量安全，要立足国内解决吃饭问题。粮食补贴政策也要保障这两个目标，首先确保国家粮食数量安全。提高粮食综合生产能力是粮食补贴政策的目的所在，重点要保障能解决人们口粮的小麦、稻谷等主粮的生产。粮食补贴政策不能撒胡椒面，要向粮食供给侧结构性调整的粮食生产倾斜，要向粮食主产区倾斜，向新型粮食经营主体倾向，向规模经营倾向。保障粮食质量安全。要保障那些营养结构合理、卫生健康安全的粮食生产。对于那些不施化肥、不用农药的有机绿色粮食生产应是粮食补贴的重点。

2. 补贴总量要提高

尽管粮食补贴政策实施以来，总量在年年提高。但与农业发展的实际需要相比，与发达国家的农业补贴相比还有一定差距。目前，河南对种粮农民的补贴资金亩均 110 元左右，占粮食价格的比重极小。而且，多数地区的多数农户主粮种植面积一般在 5 亩左右，每亩补助 110 多元，每户得到 500 元左右的补助。这一补贴既不能解决主粮与其他粮种和经济作物之间的价格悬殊，也不能抵消农资价格的上涨，更不能吸引农民工返乡从事

粮食生产。所以，一是粮食补贴的总量要增加。在全国财政支出中，支农资金的总量要增加，而在支农资金中，粮食补贴的比例要大幅度上升。二是粮食补贴标准要提高。在美国，粮食补贴近200美元/吨，相当于1.2元人民币/千克粮食补贴。而我们每亩19元的粮食直补和96元的农资综合补贴，还不足以抵消农药、化肥价格的上涨，所以，不提高粮食补贴标准，就难以达到粮食持续增长的目的。

3. 补贴管理要科学

现行的粮食补贴方式每年都需要耗费大量的物力人力财力去核实各乡、村农户的种地面积，操作成本高、管理成本大，所以，理应建立一套科学的粮食补贴管理机制。为此，一要管理信息化。可以利用现代网络技术，在全省范围内建立粮食播种、粮食生产、粮食收割的粮食产前、产中、产后动态管理系统。建立县、乡、村三级管理网络，对农场、农户耕地用途的变化及时掌握，以减少政策执行成本，提高农业补贴政策的效率。二要管理透明化。发放农业补贴要信息公开、透明，哪家农户，哪家农场有多少亩地，种植什么样的粮食作物，每种粮食作物种植多少亩，都要张榜公布，接受群众监督。三要管理法制化。2015年，河南省将“农业三项补贴”合并为“农业支持保护补贴”，补贴对象调整为：耕地地力保护者、适度规模经营者。改变了那种谁承包土地谁就获得种粮补贴的情况，真正做到谁种粮谁受益。而对那种不管土地是否撂荒，不管土地用途是否已变更，甚至土地被征用，还在骗取国家粮食补贴的行为，要给予严厉的法律制裁，以确保补贴政策的效用真正发挥。

4. 配套政策要跟上

影响粮食增产的因素很多，需要多方面政策的配合才能保证粮食持续增产。一是要坚持财政支持与金融支持相配合。完善农业补贴制度和健全农村金融市场都是发展现代农业的必修课。只有不断优化农业补贴结构，提高农业补贴水平，才能发挥农业补贴对农村非正规金融市场的替代作用，从而引导农村金融市场健康发展，为农户粮食生产资金的借贷提供便利，为粮食生产提供有力的金融支持。二是调动两个积极性。即农民生产积极性与地方政府重农抓粮积极性。农业补贴政策大大提高了农民种粮的积极性，而2005年起，中央政府先后出台的产粮大县奖励、超级产粮大省奖励政策，以及2012年起取消的主产区粮食风险基金地方配套，减轻了地方财政负担，调动了地方政府的生产积极性。但粮食生产稳定发展的长效机制，特别是粮食主产区利益补偿制度并未根本建立，所以，应进一步加大对粮食主产县的奖励力度。三是粮食生产补贴与农业综合开发补贴相配合，在提高粮食补贴的基础上，还要提高农田水利建设、中低产田改造、农业科技开发的补贴标准。

5. 种粮大户要扶持

科学界定种粮大户范畴，合理制定补贴标准，完善申报审核程序，及时兑付补贴资金，鼓励种粮大户多种粮、种好粮。坚持谁种粮、谁享受补贴的原则。种粮大户扶持政策主要包括：①与种粮大户签订生产订单。在粮食产业化经营的基地建设中，发挥农业产业化龙头企业的带动作用，注重与基地的种粮大户发展订单生产，引导企业和大户建立利益共享、风险共担的合作机制。②加大土地经营权流转力度。农业劳动力的大量转移，为土地流转创造了条件，但一些地方土地承包租金逐年上调，流转价格不断上涨，使得种粮大户抵御粮食市场风险的能力减弱。要推进土地的适度规模经营，延长新流转土地承包期限，探索土地流转股份制。③向种粮大户倾斜优惠政策。向种粮大户提供补助资金、实行贷款倾斜、农机具补助、上门收购粮食或补贴粮食运费等扶持政策。④为种粮大户提供中介服务。中介组织要在采购良种、提供技术、传递信息、搞好加工、增加效益等方面为种粮大户提供好服务。

（二）完善粮食生产的利益补偿制度

1. 建立粮食主产区均衡性转移支付制度，强化财政支农转移支付

中央财政应着力建立健全对农民的利益保护机制和对粮食主产区的利益补偿机制，推动粮食主产区的人均财力赶上全国平均水平。首先，进一步加大一般性转移支付规模。建议在现有对产粮大县奖励政策基础上，中央财政应根据粮食主产县（市）粮食产量、商品粮增加的多少、贡献的大小，每年给予一定的补助，使其人均财力水平基本达到全国平均水平。其次，强化专项转移支付支持力度，在农业的许多领域，往往政府缺位与市场失灵并存，需中央政府承担支出责任。如：农业病虫害防控、农业生态环境的保护、农业污染的治理，农产品的质量安全，粮食种植结构的调整，投入主体主要是中央政府。第三，提高中央农业综合开发、农田水利建设等涉农补贴标准，做到专款专用、注重效益。进一步取消粮食主产区相应涉农项目的县、市配套资金。第四，加大对粮食主产区公共基础设施的投入力度。粮食主产区由于财政困难，严重影响了当地民生和社会事业的发展。产粮大县往往是人口大县、财政穷县，承担的教育、卫生、文化等有关民生的公共事业的责任压力极大。建议中央政府加大对粮食主产区交通、通讯、文化、医疗、教育等公共基础设施的投入，进一步改善粮食主产区粮食生产条件，减轻粮食主产区地方财政负担。

2. 完善粮食主产区税收制度，增加粮食主产区财政收入

首先，改变农产品深加工企业增值税‘高征低扣’现象，支持粮食主产区发展粮食深加工。目前，农产品原材料购进是按 13%的税率来抵扣进项税额，粗加工农产品销售，其增值税税率是 13%，正好抵掉。而深加工农产品销售增值税的税率变为 17%，农产品深加工企业多承受了 4 个百分点的增值税税负，无疑加重了其税收负担。建议降低农产品深加工税的税率，最好降到 13%以下。其次，逐步减少粮食主产区粮食深加工增值税税收上交中央和省、市的比例，直至农产品加工增值税收入全部留在粮食主产县，中央和省、市财政不再分成。粮食主产区以不牺牲农业和粮食、生态和环境为代价发展粮食生产，其主导产业必然是农产品加工，农产品加工业的税收是其财政收入的主要来源。只有把这部分企业的税收留下，才能一定程度上提高粮食主产区的财政收入。第三，适当减少粮食主产区其他工业各种税收的上交比例。粮食主产区由于发展粮食产业，保障国家粮食安全，而延缓了工业化、城镇化化的进程，减少了财政收入。建议能减少粮食主产区，特别是粮食调出区工业各种税收的上交比例，缓解粮食主产区的财政困境。

3. 加大粮食主销区对粮食主产区的转移支付力度

粮食主产区发展粮食生产对主销区经济的影响是深远的，其收益将远大于主产区进行粮食生产的成本。主销区拿出一部分利益分配给主产区作为补偿，主产区地方政府才有动力采取大力发展粮食生产的政策。首先，建议粮食主销区建立商品粮调入专项补偿基金。按照“谁受益谁补偿的”原则，粮食主销区可按照调入粮食的数量准备一定的粮食调入补偿基金，通过调入粮食加价的办法，补偿粮食主产区因粮食生产而造成的财政损失。其次，建立粮食主产区与主销区“一对一”的帮扶关系。粮食主销区可根据其受益程度的大小，对粮食主产区的中低产田改造，农田标准化建设，农田水利等项目进行资金资助，有条件的还可帮助粮食主产区农村公共基础设施的建设，减轻粮食主产区地方政府的财政负担。第三，建议粮食主销区在主产区投资办厂，特别是投资于关于农业物资资料、农产品深加工。

（三）加大粮食主产区的支持力度

1. 调整财政支持农业的重心，构建粮食生产有效供给的投入政策

要根据粮食供给侧结构性调整的需要，优化调整财政支持农业生产的重心。首先，中央政府应进一步加大对河南农业尤其是粮食生产的投入。特别要支持粮食种植结构的调整，补粮食生产的短板。主要用于粮食生产的种子补贴、农业灾害保险补贴和农业科技服务补贴等。中央政府要支持粮食主产区河南省建设好粮食生产现代化体系，强化河南省粮食质量检验检测体系、粮食市场体系、信息化服务体系的建设，加快建设一批高标准的粮食生产科技示范场、优质高产高效粮食生产示范区，推动粮食生产整体水平的提高。同时，中央政府应继续加大粮食主产区基础设施建设和农村公共设施投入力度，特别是农村公路、农田水利等设施建设，帮助农民降低粮食生产成本，提高粮食生产的比较效益。

要对粮食生产配套服务机构建设大力扶持。目前，农地“三权分置”背景下，土地经营权的流转模式主要是土地集中型和服务集中型两种模式，而服务集中型模式主要是通过农资服务中心和信息服务机构这两个部门实现的，其与粮食生产水平提高紧密相关，是粮食集约型生产路径畅通无阻的保证。政府要为服务机构配足科技人员、办公设施、日常管理人员和足够的资金，为其制定规章制度，服务机构不得向农民收取咨询费，要按期发布相关信息。此外，还应该加大对农资服务中心运作的资金扶持，如：增加农机补贴种类等，以保障其有足够的能力从事粮食集约型生产，保障用现代物质条件装备粮食生产。

2. 建立健全粮食生产稳定增长的金融支持政策，促进粮食供给侧结构性改革

引导、鼓励、协调各类金融机构的积极性支持粮食生产核心区建设，鼓励各类金融机构积极投资于农业，特别是对基本农田建设、水利骨干工程、粮食科技、农业机械化及粮食仓储物流等领域的项目要大力支持，加大贷款力度，以保障粮食生产、流通、加工各个环节和整个产业链的资金需求。

要完善农村金融体系。深化农村信用社的改革，可以设立村镇银行、贷款公司、农村资金互助社等新型农村金融机构。深化政策性银行、商业银行改革，扩大其涉农业务范围。要坚持直接融资和间接融资齐头并进。支持粮食主产区农业产业化龙头企业通过上市、发行债券等方式直接融资。要稳定和发展农村金融服务网络，积极推进适应粮食生产核心区建设的金融创新。要发展多种形式、多种渠道的农业保险，组建地方政策性农业保险机构，逐步扩大政策性农业保险的种类和覆盖范围。

3. 进一步加大粮食科技研究经费投入

依托重大工程和国家科技计划，开展粮食生产核心区建设重大科技攻关活动。要与河南工业大学、河南农业大学、河南农科院、河南粮食协同创新中心、河南工业大学粮食经济研究中心等科研院所联合，开展粮食生产、储藏、加工、流通等科技研究工作。为了满足粮食产业化对科技人才的需求，要依托上述粮食科研院所，组织对粮食科技人才的培训，培养粮食行业的种子培育、农作物植保、粮食储藏、农机修理等不同方面的专业人才。要结合互联网、大数据、云计算等现代技术，建立粮食作物数据中心、信息中心，为河南省粮食作物的供给侧结构性调整提供依据，为发展智慧农业提供支撑。切实提高粮食产业化生产、储藏、流通、加工、销售等各个环节的科技含量、科技贡献份额和粮食产业化经营的整体水平，促进河南省由粮食资源大省向粮食经济强省转变。

参 考 文 献

[1] 叶兴庆．新型农业支持政策体系的轮廓逐步清晰［J］．中国发展观察，2017（4）．

[2] 刘妍杉．关于对粮食供给侧结构性改革的几点思考［J］．中国粮食经济，2016（2）．

[3] 孙光奇，李建宇，骆阳．大国农业靠大户财政政策扶大户［J］．中国财政，2016（20）．

[4] 张海莹，柳斌．我国粮食生产财政支持政策综述与问题分析［J］．河南农业，2016（8上）．

[5] 刘合光．中国农业支持政策演变与农村发展［J］．中国农业信息，2012.（8）．

[6] 顾莉丽，姚雅男．我国粮食主产区支持政策研究［J］．农业经济研究，2012（32）．

[7] 康涌泉．农业补贴政策的绩效考量及优化重构研究［J］．经济经纬，2015（3）．

[8] 康涌泉．基于粮食安全保障的粮食主产区利益补偿制度研究［J］．河南师范大学学报（哲学社会科学版），2014（4）．

[9] 赵予新，等．粮食产业链优化［M］．北京：中国农业出版社，2014.

[10] 赵予新，等．产粮大省粮食产业链优化研究［M］．北京：中国农业出版社，2013.

推进河南省小麦供给侧结构性改革的思路与对策①

刘清娟

（河南工业大学粮食经济研究中心）

摘要：河南省作为农业大省、粮食大省，小麦主产区之一，其小麦供求与生产结构性矛盾日益突出，农民的“卖粮难”问题与加工企业的“买粮难”问题并存，怎样解决两大突出矛盾？本文分析河南省小麦生产的现状及存在的供需问题，研究发现需要加快区域化、规模化种植优质专用型小麦，调整品种种植结构；促进小麦产销对接，实现优质优价；推行标准化生产，落实技术防控风险；培育小麦生产新型经营主体发展。在促进小麦产业化发展、契合消费者需求的供给侧结构性改革的同时，要进一步夯实农业基础设施建设，提升小麦产业效益；最后提出促进河南省小麦供给侧结构性改革的思路与对策。

关键词：河南省；小麦供给侧结构性改革；供需矛盾；结构调整

一、引言

供给侧结构性改革是2016年经济发展中的热点和重点，农业供给侧结构性改革则是供给侧结构性改革的重要方面。2016年中央1号文件提出，大力推进农业供给侧结构性改革，破解“三农”发展新难题，提高农业质量效益和竞争力，促进农民收入持续较快增长。2017年中央1号文件《关于深入推进农业供给侧结构性改革 加快培育农业农村发展新动能的若干意见》提出，按照稳粮、优经、扩饲的要求，加快构建粮、

① 基金项目：国家社科基金（16BJY010）《中国农业供给侧结构性改革的科学取向与政策优化研究》。

经、饲协调发展的三元种植结构。粮食作物要稳定水稻、小麦生产，确保口粮绝对安全。其中特点强调重点发展强筋和弱筋小麦，以主体功能区规划和优势农产品布局规划为依托，科学合理划定稻谷、小麦粮食生产功能区。

2016 年，河南省坚持“三农”工作重中之重不动摇，粮食综合生产能力稳步提高，农产品加工转化水平不断提升，农村改革进一步深化，城乡一体化进程加快推进，农业农村发展持续向好，农村社会和谐稳定，为全省经济社会平稳较快发展提供了有力支撑。目前，河南省农业农村正处于转型发展的关键时期，还面临着诸多困难和挑战，突出表现在资源环境压力大、农民收入增速放缓、农村基础设施建设滞后以及增加产量与提升品质、成本攀升与价格低迷、库存高企与销售不畅等问题和矛盾。本文从河南省小麦供需矛盾出发，以优化小麦产业结构为依托，以农业供给侧结构性改革为主线，调整农业产业结构，发展“四优”、推进“四化”，发展适应市场需求促进农民增收，提出促进河南省小麦供给侧结构性改革的思路与对策。

二、河南省小麦生产的现状分析

河南省不仅是全国粮食主产区和全国小麦的主产区，而且又是全国小麦生产第一大省，小麦总产量占全国产量的 1/4，近几年小麦种植面积稳定在 5 300 千公顷左右，约占全国的 20%。

（一）河南省小麦的播种面积和产量稳中有进

1. 小麦的播种面积逐年增加

河南作为农业大省，努力增加粮食大宗农产品社会供应量和提升粮食安全保障程度的重要责任，主要是以量变作为主要目标。近几年小麦的种植比重由 2009 年的 37.1%上升到 2015 年的 37.6%（见表 1）。第一，从 2009—2015 年河南省小麦的播种面积是逐年增加的（如图 1），全省常年粮食的种植面积由 2009 年的 9 683.61 千公顷增长到 2015 年 10 267.15 千公顷，小麦的播种面积由 2009 年的 5 263.30 千公顷增长到 2015 年的 5 425.66千公顷，占粮食作物的播种面积比重由 54.4%下降到 52.8%，由此可见粮食的播种面积是增加的，但粮食的种植结构是在变化的。2016 年河南省粮食和小麦的播种面积有所增加，分别为 10 286.2 千公顷和

5 465.7千公顷，而小麦播种面积占全省粮食播种面积的53.1%，比2015年增长了0.3%。

表1　2009—2015年河南省小麦的种植结构比

单位：%

项　目	2009	2010	2011	2012	2013	2014	2015
总播种面积	100.0	100.0	100.0	100.0	100.0	100.0	100.0
粮食作物	68.2	68.4	69.1	70.0	70.4	71.0	71.2
夏收粮食	37.3	37.2	37.5	37.6	37.7	37.8	37.8
秋收粮食	30.9	31.1	31.6	32.4	32.7	33.2	33.4
小麦	37.1	37.1	37.3	37.4	37.5	37.6	37.6

数据来源：河南省统计年鉴2016。

2. 小麦的粮食产量稳中有降

2009—2015年全省夏粮和秋粮产量稳步提高，粮食产量由2009年的5 389.00万吨增长到2015年的6 067.10万吨，小麦的产量也从2009年的3 056.00万吨增长到2015年的3 501.00吨，所占粮食产量的比重由2009年的56.7%上升到2015年的57.7%，增长了1个百分点。2016年河南省粮食产量居全国第二位，粮食总产量和小麦产量分别是5 946.6万吨和3 439.30万吨，分别比2015年减少了120.5万吨和61.7万吨，小麦产量占粮食总产量的57.8%（图1）。

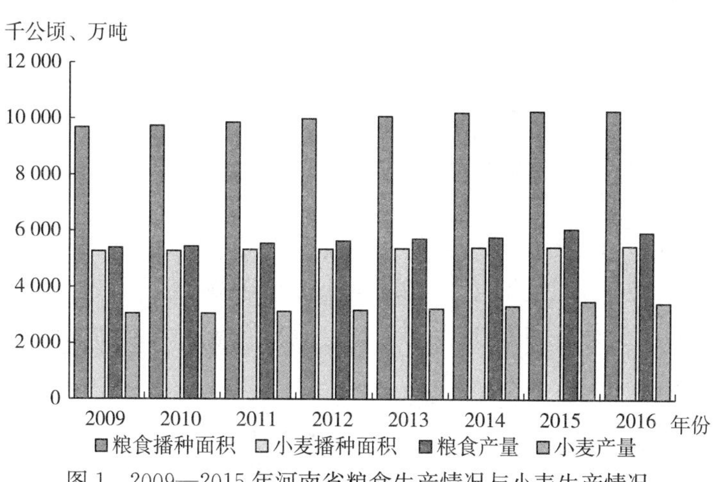

图1　2009—2015年河南省粮食生产情况与小麦生产情况

数据来源：河南统计年鉴2017。

(二) 小麦的进口量和库存量增加

近年来，我国粮食进出口贸易中，小麦以进口为主，出口较少。首先，进口量迅速增长。2009—2013 年，小麦进口量增长迅速，仅 2013 年小麦的进口数量达到 553 万吨，2014 年和 2015 年进口量均维持在 300 万吨左右。我国小麦从美国进口的数量为 5.78 万吨，从澳大利亚进口的数量为 9.19 万吨，从加拿大的进口数量为 6.33 万吨。2016 年我国累计共进口小麦 337.4 万吨，同比增长 13.5%。其次，小麦出口量较小。2009—2014 年年均出口量不足 8 500 吨，2010 年、2012 年以及 2014 年出口量基本为 0，2015 年和 2016 年出口量亦较少。从表 2 数据可知，我国小麦面粉消费是我国口粮消费的第二大品种，小麦用于口粮约占 80%，而口粮占粮消费总量约为 30%，小麦产量和进口量均是增加的，小麦口粮消费随人口增长及居民膳食结构调整呈刚性增长趋势（见表 2）。

表 2　2010—2015 年我国小麦的供应量和需求量情况

单位：万吨

项目	2010	2011	2012	2013	2014	2015
产量	11 518.08	11 740.09	12 102.36	12 192.64	12 620.84	13 018.7
进口量	123.07	125.81	370.1	553.55	300.43	300.59
需求量	10 775	12 378.98	11 850	11 375.25	11 375	10 935.5
消费量	10 775	12 375	11 850	11 375	11 375	10 935
出口量	0	3.98	0	0.25	0	0.5
河南小麦产量	3 082.22	3 123	3 177.35	3 226.44	3 329	3 501

数据来源：历年统计年鉴数据整理。

综上所述，在全国小麦进口、口粮消费量及小麦生产量三量齐增，以及生产成本过高的情况下，出现了小麦价格倒挂，面粉加工企业需求短缺的现象，从而说明河南省小麦的市场竞争力弱，导致麦农增产不增收。

(三) 河南小麦粉的市场需求日益增加

随着经济的发展和人民生活水平的提高，大多数人们越来越看重食品质量安全、营养和健康，因此人们的观念也就由关注产品数量转变为关注产品质量。因此，市场更加要求小麦粉加工企业提供更加优质、专用的面粉，以满足消费者的需求。河南省作为小麦主产区和小麦粉生产大省，优越的自然资源提供了丰富的原料小麦，日益增加的面制品需求提供了广阔的消费市场，为河南省小麦粉加工业的发展提供了前提条件。由此可见，加快小麦粉加工企业的发展对推动河南省农业产业结构的转变和调整具有重要的意义。

从图 2 数据可以看出，2015 年 1—12 月全国小麦粉产量为14 461.58 万吨。其中，从图可知 2015 年小麦粉产量前十的省市分别是河南、山东、安徽、江苏、河北、湖北、陕西、广东、四川和新疆，河南省在小麦粉产量居首位，为 5 325.43 万吨，占全国小麦粉产量的 36.8%，成为全国小麦粉产量最高的地区。

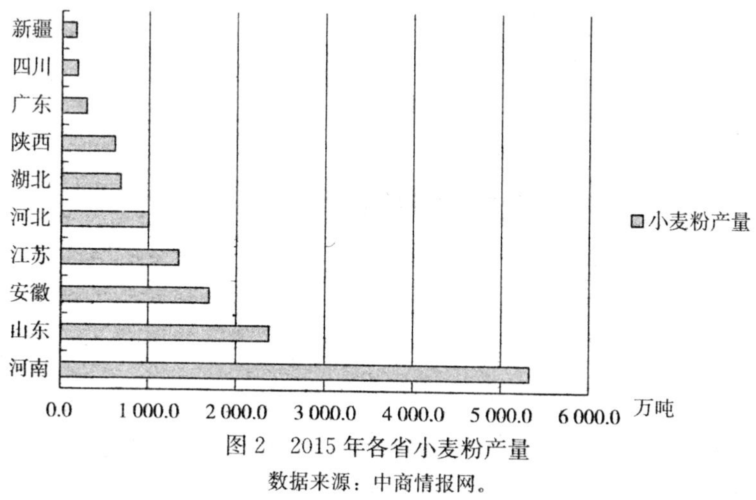

图 2　2015 年各省小麦粉产量

数据来源：中商情报网。

（四）强筋和弱筋小麦示范基地建设初见成效

2012 年，河南省小麦播面积为 8 000 多万亩，其中有 6 048 万亩种植的是优质专用小麦，优质专用小麦的播种面积全国第一。随着优质小麦品种的推广，由原来在豫北地区种植优质专用小麦发展到豫东和豫南地区也逐渐成为优质专用小麦的主要种植区。第一，随着全省按“布局区域化、经营规模化、生产标准化、发展产业化”的整体布局要求，进一步推进优质专用小麦农业结构的调整。将滑县、永城、延津、内黄、濮阳县、浚县、淮滨、息县等 8 个县（市）列为试点县（市）。在 8 个县建立强筋、弱筋小麦示范基地 230 万亩。如淮滨县弱筋小麦从 2012

年的 30 万亩，发展到 2015 年的 50 万亩，占全县小麦种植面积的 60% 以上。第二，在品种上进行调整，农民选择质量稳定达标的小麦品种，并且得到专家、企业、市场三方认可。例如，强筋小麦以郑麦系列为主，包括郑麦 366、新麦 26、郑麦 7698 等；弱筋小麦以扬麦系列为主，包括扬麦 15、扬麦 13 等。

三、河南省小麦供需存在的突出问题分析

随着经济社会的发展和河南省小麦产量连年创新高的现实条件下，小麦供给与生产结构矛盾日益突出，主要体现在小麦品种结构供需不平衡、优质强筋小麦产量不高，单一品种种植的生产基地不多，国内小麦市场的比较优势下降，产业竞争力下滑等问题，导致小麦竞争力不强，销路不畅，农民增收困难。特别是用于满足面包、糕点等新兴面食产业需求的小麦原材料缺口很大，不能满足食品加工业和消费者快速增长的需求，品种、品质、品牌都还有巨大提升空间。

（一）小麦品种结构供需不平衡

河南作为小麦生产第一大省，小麦育种力量雄厚，育成小麦品种的数量与质量在全国均居首位。然而，随着越来越多的优质小麦加工企业向精深加工的产业链方向发展，对优质小麦种植的品种、品质提出更高的要求。小麦生产还不能满足食品加工业和消费者快速增长的需求，品种、品质、品牌都还有巨大提升空间。现阶段种植能满足企业需求且适销对路的小麦品种很欠缺，与加工企业的品种优良化、品质一致性需求存在脱节现象。虽然近几年河南省小麦产量连攀新高，但优质小麦供应缺乏，特别是用于满足面包、糕点等新兴面食产业需求的小麦原材料缺口很大。原因主要有两个方面：一方面当前“家庭种植—中介收购—国家储备”的小麦供销体系适合一般面食的需求，而对强筋、弱筋小麦的生产结构性调整却存在市场失灵，导致优质不一定优价；另一方面优质小麦的产量相对不稳定，市场风险大，导致农民甚至种粮大户都不愿意冒风险调结构。

（二）小麦市场的比较优势下降，产品竞争力下滑

首先，按照国家粮食收购政策，不符合最低收购价质量标准的小麦，

也就是等外麦价格由市场决定，但出于对小麦质量的担忧，以及国内外小麦价格的倒挂，各类市场主体不敢收、不愿收，造成农民手中的粮食滞销；其次，国内小麦市场呈现出低迷状态，去库存受到了顺价销售政策的阻力，小麦加工企业开工率维持在较低水平，全行业的生产基本保持在保本生存水平上；再次，国内小麦加工业在经济步入“新常态”、供需宽松的背景下，又受到国际小麦价格冲击，使政策支持价格的可能性进一步降低；最后，国内外价格倒挂导致小麦进口激增、国内区域间粮价倒挂导致主销区到主产区收粮积极性下降，产品竞争力也持续下滑。破解这些问题的关键，就是要尽快进行小麦种植的供给侧结构性改革，以价格引导小麦种植走向专业化，提高小麦品质，打破当前粮食收购混收混卖的模式，让好粮食卖出好价格，以市场的手段调整种植结构。

（三）河南省优质小麦“短板效应”凸显

当前，面对国际市场冲击和国内需求快速变化的背景下，小麦产业发展面临着小麦生产效益持续下滑、小麦的国际竞争力不断下降、科学技术的进一步推广受到生产规模的限制、产业化组织模式难以适应市场新要求、小麦生产面临资源和环境约束以及政策性支持空间越来越小等一系列主要问题。其中小麦生产“短板效应”尤为突出，主要体现在以下四个方面：第一，高产稳产优质的生产品种缺乏；第二，优质小麦收储没有纳入国家粮食收储体系，优质优价没有制度保障；第三，优质小麦生产的市场化运作目前又受到了国际小麦价格、自由贸易政策以及农户种植规模小等因素制约；第四，优质小麦产业化和市场化运作受到政策和信贷的双重制约，难以发挥规模效应。因此，在小麦生产已基本可以满足国内市场需求，且局部地区丰年有余，要发展优质专用小麦对提高河南省小麦国际市场竞争力、增加农民收入、发展农村经济具有重要意义。

四、推进河南省小麦供给侧性结构改革的思路与对策

（一）推进河南省小麦供给侧结构性改革的思路

确保谷物基本自给、口粮绝对安全的前提下，基本形成与市场需求相适应、与资源禀赋相匹配的现代农业生产结构和区域布局，提高农业综合效益。具体目标：要以市场需求为导向，优选符合市场需求的适销对路的优质品种进行合理化布局。要转变从过去只关注小麦的产量，而非品种、

品质的提升，向带动小麦生产实现由量变到质变向满足现代农业市场的需求的转变。要坚持以工业理念发展小麦经济，通过调整种植结构，发展优质小麦，转变运作方式，延伸产业链条，走出了一条传统农业县依靠小麦产业增加农民收入、带动经济发展的路子，探索出“龙头企业＋合作社＋基地＋农户”的小麦产业合作新体制及“订单种植、优质优价”的产销衔接新机制，形成了小麦产业“从种子到餐桌”较为完整的产业体系。总体思路：要围绕增加种植小麦的粮农收入和满足麦粉消费主体的消费需求，多措并举，优化资源配置，扩大有效供给，增加供给结构的适应性和灵活性，真正形成更有效率、更有效益、更可持续的小麦产业的有效供给体系。

（二）推进河南小麦供给侧结构性改革的对策措施

1. 夯实农业基础设施建设，提升小麦产业效益

推进河南省小麦供给侧结构性改革，提升河南省小麦产业的经济效益和规模效应。麦田整理、土壤改良、水利设施建设、农村道路建设、农村电力设施建设、农产品仓储设施建设等农业基础设施的建设起到决定性的作用。因此，要加快推进水利工程建设，积极引导社会资本参与重大水利工程等建设运营，确保农业农村投入力度不减弱，生产产能不下降。要实施藏粮于地、藏粮于技战略，着力推进高标准农田建设力，开展耕地质量保护与提升行动。要积极利用期货市场的价格杠杆作用，探索农民、粮食收购加工企业的产销衔接模式，以全省推进为目标，加快实现优质强筋、弱筋小麦基地化生产，实行单品种统一管理、单收单储，不断提高小麦质量的一致性和稳定性，以高质量的优质小麦满足国内市场需求，提升小麦产业效益，降低小麦市场交易费用，为增加粮农收入和小麦综合竞争力提升打下坚实的基础。

2. 加快区域化布局规模化种植，调整品种结构

第一，要大力发展适销对路的强筋、弱筋优质高产小麦，加强优质专用小麦新品种选育，特别是要加快企业认可度高、种植大户和农民喜欢的优质品种的推广，建立优质专用小麦种植基地，不断提高小麦质量的一致性和稳定性，以高质量的优质专用小麦满足国内市场需求，从源头上推动小麦产业转型升级发展，提升小麦产业效益。第二，依据河南省的气候、土壤、水利等条件，确定豫北、豫西北发展强筋小麦，豫南发展弱筋小麦，并选择质量稳定达标的小麦品种。亚热带与暖温带气候过渡带，气候

和土壤条件非常适合弱筋小麦的生产，形成了沿淮河两岸的优质弱筋小麦种植产业带。第三，应尽快建立优质小麦的收储体系，通过分级收储体系，建立不同等级的品质指标，确保优质优价，同时建立拓展优质强筋小麦种植基地，强化技术指导和市场保障。

3. 促进小麦产销对接生产，实现产品优质优价

我国小麦进口量持续高位，直接反映出当前小麦种植结构不合理，高品质小麦供给不够。面对小麦的生产量和库存量不断增加，但面粉加工企业的生产原料极度紧张，进口小麦大量流入的矛盾。要做到以下几个方面：一是应尽快建立优质小麦的收储体系，通过分级收储体系，建立不同等级的品质指标，确保优质优价，同时建立拓展优质强筋小麦种植基地，强化技术指导和市场保障；二是形成“企业＋基地＋农户”、“企业＋合作社＋农户”的发展模式，建立加价“订单”协议收购，建立企业与农民利益共享、风险共担的合作机制，培育一批产品附加值高、带动能力强的龙头企业，形成明显的产业带动优势。三是通过“弱麦强县”战略，形成了小麦种植—面粉加工—食品生产—主食精深加工的完整小麦产业链，引导面粉加工企业、食品加工企业通过自建或联建的方式建立生产基地，延长产业链，实现产业带动，提升附加值，全面提升小麦质量、效益和市场竞争力。

4. 推行小麦标准化生产，落实技术防控风险

近年来，河南省小麦生产过程中灾害多发频发，极端低温、低温寡照、干旱、雨涝等灾害均有发生，自然灾害防范不容忽视。发展优质小麦要注意生产中自然风险问题，要实施多品种区域化、规模化、标准化、信息化种植。要求省级专家服务团要服务到位，分析研判形势，帮助县里解决生产中的技术问题。要做到由点到片开展技术指导，建立技术人员与种植户的“零距离”对接平台，确保抗灾应急措施和生产关键措施，能够及时有效传递到种植农户，落实好配套技术、开展好技术指导，防控生产中风险，才能种出品质好的小麦的基础和保障。除了技术保障，小麦生产过程中自然风险的保险也必不可少。要积极加快农户的参保进度，扩大保险覆盖面，提高保障水平，防患于未然。

5. 培育小麦生产经营主体，促进小麦产业化发展

第一，要积极扶持以小麦种植为主的家庭农场和农民合作社发展。鼓励和支持“麦粉加工企业＋合作社（家庭农场）＋基地”小麦产业化发展模式的建立与完善。要促进小麦产业的“三产融合”，提升小麦产业效益。

第二，依靠技术创新，实现跨越发展。促进小麦全产业链的营销模式创新、管理模式创新、产学研结合模式创新、人才培养和使用模式创新。借鉴制造业向自动化和智能化发展的方向，提升农产品加工和食品制造业的技术创新、技术集成和技术示范，实现小麦产业的跨越式发展。第三，促进小麦产业的产学研合作，延长产业链条，提升盈利能力。构建由田间到饭桌的产业链条、上下延伸、瞄准末端、整体收益的产业模式，生产以满足不同地区、不同人群的小麦新需求，并且向食品制造和食品市场延伸。

6. 契合消费者需求，实现小麦产品的有效供给

小麦产业的供给侧结构性改革，就是要使小麦产品供给不仅在数量上保证充足，而且要契合消费者对品种、质量、安全、营养、方便性的需求。对此，小麦产业要在优质小麦生产、满足食品制造业客户需求、为家庭消费提供专用粉、改进销售方式、考虑个性化需求差异等方面精耕细作。要想做到上述要求，就要以科技创新为“催化剂”，促进农业供给侧结构性改革。优化生产机制，提高全要素生产率，实现农业发展方式的转变；优化储备机制，调控市场供应。积极利用“互联网+”、“一带一路”、“中部崛起”、“粮食生产功能区和重要农产品生产保护区”等政策，积极开拓市场，在满足国内市场需求的同时，要积极发展外向型小麦经济，真正形成结构合理、保障有力的小麦产品的有效供给格局。

参 考 文 献

[1] 国家统计局河南调查总队．河南统计年鉴 2016 [M]．北京：中国统计出版社，2016.

[2] 吴海峰．推进农业供给侧结构性改革的思考 [J]．中州学刊，2016 (5)：38-42.

[3] 赵俊晔，于振文．中国优质专用小麦的生产现状与发展的思考 [J]．中国农学通报，2006，22 (3)：171-174.

[4] 韩俊．农业供给侧改革要求提高粮食产能 [J]．农村工作通讯，2016 (3)：46-50.

[5] 张红宇．紧紧抓住农业供给侧改革的引领力量 [J]．农村经营管理，2016 (4)：1-2.

[6] 新华社．河南小麦市场“两难”并存产粮大省何以出现买粮难？[EB/OL]．(2016-10-14) [2016-10-20]．http：//leaders. people. com. cn/n1/2016/1014/c58278-28777676. html.

[7] 魏国强．关于加快农业供给侧结构性改革的思考 [J]．种业导刊，2016 (4)：5-8.

[8] 陈锡文．推进粮食供给侧结构改革势在必行 [J]．农村工作通讯，2016 (5)：28.

[9] 祝卫东．关于推进农业供给侧结构性改革的几个问题［EB/OL］．（2016－09－01）［2016－10－22］．http：//theory. people. com. cn/n1/2016/0901/c40531－28682356. html.

[10] 张红宇．发挥好新型经营主体和适度规模经营的引领作用［EB/OL］．（2016－02－27）［2016－10－23］．http：//www. farmer. com. cn/wszb06/nzh/rrr/201602/t20160227_1184200. htm.

农业供给侧改革背景下金融支持河南粮食产业发展的若干思考[①]

汪来喜　殷笑晗　李　栋

（河南工业大学经济贸易学院）

摘要：河南省作为中国的人口大省、粮食生产、加工大省，其粮食产业发展对保障河南乃至全国粮食安全作用十分关键，加强金融对粮食产业的支持乃其应有之义。随着国家农业供给侧改革的不断深化，河南省金融支持粮食产业发展存在需求大、满足小、供需缺口大等一系列的问题，这就要求金融对河南省粮食生产、农户粮食生产、土地流转、粮食产后流通和加工进行支持，推进河南省粮食产业有效发展。

关键词：农业供给侧改革；金融支持；河南粮食

一、引言

根据2016年国家统计局的统计数据，我国总人口已经超过13.8亿，因此粮食安全及产业发展问题作为满足人们的物质需要以及保持国家安定的首要问题，是政府工作的重中之重。然而，粮食产业作为确保我国经济持续健康发展的基础产业的同时，也是弱质产业，在我国粮食发展中面临着诸如劳动力外流、农户与市场脱节、农产品产能过剩等许多问题。因此，粮食生产作为农业的一个重要方面，也是"三农"的重要议题，而"三农"问题一直是国家关注的重点问题，目前中央1号文件已长达14年关注"三农"问题，在2017年2月出台的《关于深入推进农业供给侧结构性改革，加快培育农业农村发展新动能的若干意见》的中央1号文件中，首

① 基金项目：河南省省属高校基本科研业务费专项资金资助社会科学项目"农业合作组织发展中的金融支持机理与模式创新研究"（2016SKJJ04）；河南省政府决策招标研究课题"郑州都市区与周边城市的'1+6'近邻城市群融合发展研究"（2016B038）。

次出现了“农业供给侧结构性改革”的改革思路，因此，在农业供给侧改革背景下如何实现金融支持河南粮食产业发展具有重要的现实意义。

河南省作为中国的人口大省和农业大省，2016 年河南省的常住人口占全国人口的 6.9%，其粮食产量占全国粮食产量的 9.6%，因此河南省的粮食产业发展对河南自身、对全国全局具有重要意义、不容忽视。粮食产业的发展过程需要人、财、物的巨大投入，这背后说到底是大量的资金支持，是健全的金融体系对粮食产业的支持；加强对河南粮食产业的金融支持，能够弥补河南农业发展的资金缺口，进而加快河南省农业现代化建设的步伐。根据 2017 年中央 1 号文件的指示，在金融支持河南粮食产业发展的问题上，除了要处理好金融支持与粮食产业发展的关系问题，还要在政策方向的指引下，发挥信贷的导向作用，积极引导农户合理调整粮食生产结构，以保障有力的农产品有效供给。

二、文献综述

金融支持对粮食产业发展有着重要意义，专家学者研究较多，总体来说可以分为三类研究：首先是金融支持粮食产业发展重要性的研究，吴晨映（2010）认为，金融支持是保障粮食生产稳步增长的前提，金融支持不仅对粮食生产有助力作用，而且对于保障粮食安全也有积极作用，可以通过发展农村的各类金融组织、优化投融资环境、创新金融产品和服务来确保粮食生产的稳步增长[2]。罗叶、刘学文（2011）提出，只有金融领域的信贷配给能够满足粮食产业发展的需要，国家粮食安全保障才能从产业支撑基础上得以实现[3]。其次，是金融对粮农支持的研究，认为粮食产业的支持推动粮食产业发展的同时也要考虑到粮农的收入问题，只有粮农增收，粮食产业才能更好地发展。周逢民（2012）认为，为了实现粮食安全与粮农增收双重目标，必须强化国家的政策指导，将金融支持融入农业经济发展，引导金融机构增加涉农信贷投放，加大政策性金融对“三农”的支持力度，充分发挥其助推器的作用[4]。第三，是农业供给侧改革背景下对粮食产业的支持研究，认为随着农业供给侧结构性改革的提出与深入，实现农业现代化发展，金融支持的作用也大大增强。蒋国政（2016）提出，农业供给侧结构性改革是针对农业发展问题提出的战略性举措，是我国总体供给侧改革中的重要一环，也是整体经济改革稳步推进的重要基础，离不开金融服务的参与和支持[5]。张文汇（2016）提出，金融业积极参与、助力农业供给侧改革，将会形成“三农”补短板、加快农业现代化以及金融业健康稳健发展和转型升级的良好双赢局面[6]。

三、河南省粮食产业对金融支持存在大量需求

（一）河南粮食生产规模大预示潜在金融需求巨大

作为农业大省，河南省的粮食产量保持着连续多年增加，如图 1 所示，2005—2015 年河南省的粮食产量持续增长，虽然 2016 年由于自然灾害以及生产结构的调整，河南省粮食产量有所下降，但这并不影响河南省粮食生产大省的地位，2016 年河南省粮食产量达到 1 189.32 亿斤，是历史上第二个高产年，河南用 1/16 的土地，生产了全国 1/10 的粮食，1/4 的口粮，有着“中原粮仓”美誉。河南省的粮食作物主要有小麦、玉米、稻谷和高粱等，且粮食种植结构也在不断的调整，根据表 1 所示，2008—2015年期间，稻谷、小麦、玉米的播种面积占比在不断提高，而豆类的播种面积占比减少。由上述可见，河南省粮食生产规模在全国都处于第一方阵，在当前经济下行压力增加的背景下，粮食生产及其结构调整要求有足额的资金供给，这也表现出河南省粮食产对金融需求的迫切。

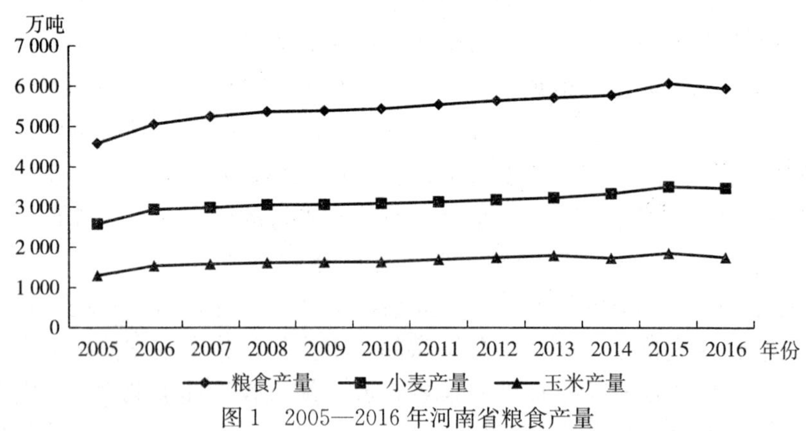

图 1　2005—2016 年河南省粮食产量

数据来源：中华人民共和国国家统计局 . 2005—2016 年数据及《2005—2015 河南省统计年鉴》。

表 1　河南省主要农作物种植结构

单位：%

	2008	2009	2010	2011	2012	2013	2014	2015
总播种面积	100.0	100.0	100.0	100.0	100.0	100.0	100.0	100.0

（续）

	2008	2009	2010	2011	2012	2013	2014	2015
稻谷	4.3	4.3	4.4	4.5	4.5	4.5	4.5	4.5
小麦	37.1	37.1	37.1	37.3	37.4	37.5	37.6	37.6
玉米	19.9	20.4	20.7	21.2	21.7	22.4	22.8	23.2
豆类	3.9	3.7	3.6	3.5	3.6	3.5	3.2	2.9

数据来源：《2009—2015 年中国统计年鉴》及《2009—2016 年河南省统计年鉴》。

（二）劳动力数量及耕地面积下降的粮食生产现实要求金融支持

人是粮食生产必需的要素。伴随着产业结构调整以及城镇化推进，越来越多的农村人口流向工业和服务业，使乡村劳动力的绝对数量有所下降。根据表 2 中的数据可以发现，从 2000 年到 2015 年河南省乡村劳动力资源数的增长幅度只有 4.7%，而从 2012 年开始，劳动力数量逐年递减。除此之外，人口老龄化的发展也加剧乡村劳动力的相对下降。据国际通用标准，若一个国家或地区 60 岁以上的人口占人口总数的 10%，表明该国家或地区已进入老龄化社会。2014 年河南省 60 岁以上的老年人口占比为 14.8%，远高于国际标准。因此，河南省的乡村劳动力的绝对数量和相对数量都呈下降趋势。

表 2　河南省乡村劳动力数量

年份	2 000	2005	2010	2011	2012	2013	2014	2015
乡村劳动力资源数（万人）	5 069	5 167	5 338	5 353	5 367	5 334	5 309	5 307

数据来源：《2001—2016 年河南省统计年鉴》。

另外，耕地资源决定着粮食生产的基本条件。根据 2014—2016 年河南省统计年鉴（表 3）的数据显示，河南省的耕地面积呈现出下降趋势。2012 年河南省的耕地面积占全国耕地面积的 6.035%，到 2014 年这一比例降至 6.017%。由此可以得出，河南省的耕地面积在绝对和相对数量上都呈下降趋势。

总之，上述可见，河南省作为粮食生产大省，其生产核心要素即人力及耕地投入要素逐渐减少，固然与粮食产业作为弱势产业有关，但粮食产业又是基础产业，其重要性怎么强调都不为过，正因为其弱势更需要予以

表 3　河南省耕地面积与全国耕地面积比较

	2012 年	2013 年	2014 年
河南省耕地面积（千公顷）	8 156.76	8 140.71	8 126.06
全国耕地面积（千公顷）	135 158.5	135 163.4	135 057.3

数据来源：《2013—2015 年中国统计年鉴》及《2014—2016 年河南省统计年鉴》。

金融等各方面的支持，否则，一旦其出现问题，对我们这个大国就会是灾难性的问题，我们必须要把饭碗端在自己手里，这就要求我们对粮食产业予以金融支持。

（三）粮食流通环节薄弱要求对其加大金融支持

粮食产业化运营离不开它的仓储、物流及贸易，而这三个方面也构成了粮食流通的基本要素。河南省作为粮食生产大省，每年生产出大量的粮食都需要及时地进行仓储，但目前省内的许多储粮仓库面临着储藏技术落后、储藏环境差以及仓库老旧等问题；粮食物流运输网络及管理体系都有待改善；粮食贸易也受到来自国外及国内其他地区竞争压力的冲击，发展受阻。粮食流通环节中存在的这些问题，不仅会阻碍河南省粮食产业的发展，而且会使得广大农户的利益受损，这些问题的存在要求金融予以支持，解决粮食流通产业存在的问题，壮大粮食流通产业。

（四）粮食加工企业转型亟须金融的支持

加工是粮食产业链中的重要环节，在提高作物附加值、促进农户增收、满足多种消费需求方面发挥着重要作用。另外，根据农业供给侧改革的要求，提高粮食加工的消化能力是解决我国粮食产业内高库存问题的关键节点。河南省的小麦产量占全国的约 25%，具有靠近产地加工等先天条件，但整体粮食加工行业竞争渐趋激烈，也迫使河南省面粉及其他加工行业进行转型调整。到 2016 年底，河南省农产品加工企业数量不断增加，已有 3.78 万家，其中规模以上加工企业 7 779 家，销售收入 23 000 亿元。根据河南省粮食局提供的数据，全省小麦粉的产量占全国的 32%，小麦加工业的年加工转化产能和产量均处行业领先地位。但其发展中存在的问题也不能忽视，首先，受小麦价格波动的影响，企业利润空间被压缩，使企业发展艰难；其次，小麦加工企业的低端产品占比过高，市场对产品需求的多样化无法被满足，致使企业销售不畅、存货积压；最后，由于企业利润被压缩，销售量下降，再加上金融机构对粮食加工企业信贷的要求过高，导致企业生产经营所需资金运作困难，粮食加工企业发展举步维艰。

四、粮食产业发展获取的金融支持力度小、供求缺口大

（一）农户投入逐年降低，难以满足粮食产业发展的金融需求

粮食生产需要大量的资本投入，其中包括资金、人力和技术投入。河南省全社会的固定资产投入逐年递增，从 2006 年的 5 907.74 亿元增长至 2015 年的 35 660.34 亿元，但其中农户投入占比从 2006 年的 8.6%降至 2015 年的 2%（如图 2 所示）。农村固定资产投资主体有农户和非农户，投资统计种类涵盖农户住房、机械设备、器具等价值，投资主体基本以国家、银行及其他金融机构和农民为主，农户投资作为生产性、盈利性投资与财政支农投入作为基础设施建设与维护养护投资是相互补充的。河南的农户投资在全社会固定资产投资中的占比逐年递减，除了财政支持等因素的影响，最重要的是，由于农业投资格局的多元化以及农户基本生活的保证，农户为了追求更高的利润回报，会将资金投入其他非农领域。虽然农户投入资金占比相对财政较少，但农户的农业生产和投资主体地位很难发生变化，因此农户的投资能力和意愿部分地影响到粮食生产。农户投入对粮食生产的减少和占比的降低，说明“谁来种地”问题在农村已较为明显，粮食生产的效益较低，青壮年农民到城市打工，而农村“ 386 199”部队从事农业的说法，一定程度上反映了农村粮食生产后继无人，在这种情况下，粮食生产应当得到金融部门的支持，否则，河南省的粮食生产后继乏力。

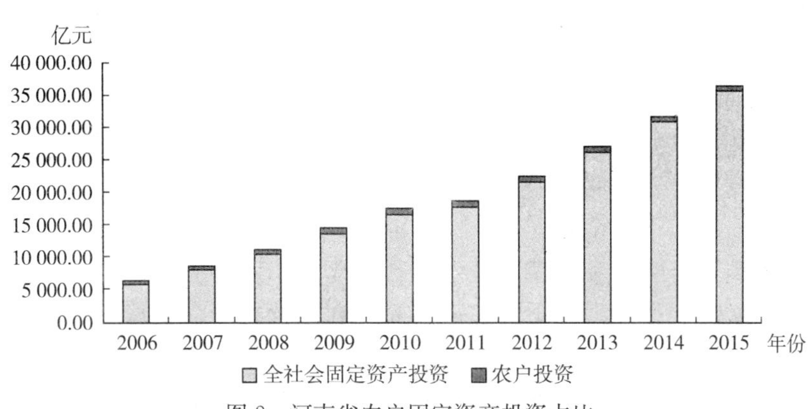

图 2　河南省农户固定资产投资占比

数据来源：《2007—2015 年河南省统计年鉴》及《2006—2015 年河南省国民经济与社会发展统计公报》。

（二）财政和银行贷款对粮食产业支持非常薄弱

粮食产业的发展都需要一定的资金投入，河南省资金扶持主体以财政和银行贷款为主。财政支农支出虽然每年的绝对数量在增长，但其在总的财政支出中所占比例很小，同时，财政支农缺乏农业生产性的资金投入。河南省财政厅的财政数据显示，2016 年财政专项资金中涉农资金占比 9.88%，其中农业生产发展专项资金占比 0.48%，这些数据说明财政对粮食产业支持较弱。

相对于财政支农来说，银行贷款在扶持农业和粮食生产上更具有灵活性和针对性，但由于银行自身的营利性特点以及粮食生产本身的弱质性、风险性特点，导致农业贷款的难度增加。近几年，国家的政策导向虽然在一定程度上缓解了商业银行涉农贷款的压力，但是从整体上看，农户贷款难、贷款贵、贷款慢的问题还有待解决。根据河南省农信社数据资料显示，2016 年第一季度农信社的存款余额为 10 290 亿元，贷款余额为 5 649 亿元，其中涉农贷款占比 89.85%，且涉农贷款占全省金融机构总额约 40%。由此可见，农信社在河南省金融支农方面发挥着主力军的作用，省内其他金融机构对农业的金融支持近似于空白，还有待提高。

五、农业供给侧改革背景下金融支持河南粮食产业发展的思考

当前国家积极推行农业供给侧改革，形成结构合理、保障有力的粮食有效供给，缓解粮食供需矛盾。河南省是中国的农业大省，必定要走在改革的前端，积极响应国家的改革政策，充分发挥信贷的作用，加强河南粮食产业的金融支持，实现河南省粮食产业的稳定发展。

上述几部分分析可见，河南粮食产业对金融需求大，而现实是金融供给支持程度低，存在明显的供小于求的缺口，而要更好地实现粮食产业供给侧改革，就离不开金融支持。总体上看，加强粮食产业的金融支持，要充分认识到资金引导和支撑“三农”和粮食生产发展的重要性。一是在财政方面，增加生产性财政支出，还要充分利用政策性金融与政府之间的关系以及与商业银行之间的内在联系健全金融支持机制。二是在银行信贷方面，利用政策优惠等手段释放更多涉农信贷资源，来更好地服务“三农”，简化农户的贷款程序；同时增加商业银行在乡镇的服务网点，丰富金融服

务内容，提高金融服务质量。具体对河南粮食生产、农户粮食生产支持、土地流转支持、粮食产后支持和粮食加工企业的金融支持对策分别表述如下。

（一）调整粮食生产结构，以粮食价格优势吸引金融机构的投入

为缓解粮食供需矛盾，需要改善粮食生产结构。首先，通过财政支农稳定粮食价格，防止农户根据粮食价格的波动来调整其生产结构。其次，要充分发挥信贷的导向作用，积极引导农户调整粮食生产结构，金融机构在提供涉农贷款时可根据贷款的用途设计不同的贷款利率以及优惠措施。最后，加大财政支农资金和银行涉农贷款在粮食生产技术方面的投入。

（二）以财政补贴和银行便利手段鼓励农户生产性资金投入

在增加粮食直补数额的同时，充分利用政策优势和完善有关扶持机制，让利于民，增强农户生产性投资倾向。另外，对农信社等主要开展“三农”业务的商业银行和政策性银行加以引导，银监会适时制定出贷款支持机制，对有助于粮食生产的涉农贷款给予最大的便利，同时也要加强贷款担保及用途的审核，这样，在保障银行贷款风险的同时也可提高农户贷款的效率。

（三）以现代化农业的发展推动金融机构支持粮食产业

2014 年河南省的人均耕地面积只有 1.14 亩，人地关系十分紧张，因此河南省粮食生产的稳定发展，要积极推动适度规模化、集约化以及可持续化的现代农业建设。在我国现行制度和法律指导下，支持土地经营权流通转让，金融供给可以在其流流转过程中积极加以帮助，让专业大户或合作组织充分利用生产资源进行粮食生产，在推动现代化农业发展的同时，也在一定程度上缓解人地矛盾。

（四）加强粮食产后体系建设的金融支持

对省内粮食生产地区因地制宜建设粮食产后体系，聘用专业人才进行粮食产后体系的管理，形成科学有效的管理体系。同时加快对全省“危仓老库”的维修改造，加大仓库建设的技术投入，改善仓储条件和环境，并对仓储、物流运输网点进行合理布局，提供完备的粮食产后服务，从而提高企业利润，保障农民增收。可见这些建设工作都需要极大的金融资金支

持，有助于企业利润的提高，同时，利润的提高也有利于银行金融机构的贷款归还。

（五）加快粮食加工企业转型的金融支持

建立金融机构对粮食加工企业信贷支持体系，拉近金融机构与企业之间的信任关系，一方面调整对这些企业的授信额度，另一方面增强对粮食加工企业信贷的审查力度，包括信贷用途、担保等，以缓解加工企业的资金压力。粮食加工企业要加大技术投入和科技创新，减少低端产品产出，提高产品的附加值，促进企业产品多元化，迎合市场需求，同时树立良好的企业形象，利用品牌效应推动企业发展。

参 考 文 献

[1] 汪来喜．金融支持河南粮食生产能力开发的思考 [J]．金融理论与实践，2010 (3)：67－71.

[2] 吴晨映．河南粮食持续稳定增长的金融支持问题探讨 [J]．河南教育学院学报（哲学社会科学版），2010，(3)：92－95.

[3] 罗叶，刘学文．我国现阶段粮食金融关系的思考 [J]．粮食问题研究，2011 (1)：16－18.

[4] 周逢民．粮食安全与粮农增收中的金融支持 [J]．中国金融，2012 (11)：25－26.

[5] 蒋国政．金融服务农业供给侧结构性改革的思考——以湖南永州为例 [J]．金融发展评论，2016 (8)：50－58.

[6] 张文汇．金融助力农业供给侧改革 [J]．中国金融，2016 (8)：80－81.

[7] 薛选登，许平霞．粮食安全视角下的河南省粮食生产结构优化分析 [J]．农村经济与科技，2016 (17)：37－40.

供给侧改革背景下河南省小麦产业链优化研究

豆丹丹

（河南工业大学管理学院）

摘要：随着生活水平的提高，消费者对产品品质的追求越来越高，结构性矛盾在河南省小麦产业链上日益突出——小麦生产的品种结构不能适应面粉加工厂的需求；面粉加工厂的产品结构、品质标准难以满足食品加工企业的需求；小麦加工食品的档次和品质不能满足终端消费者更高层次的需求。供给侧改革为河南省小麦产业链的优化提供了一种思路。按照这种思路，分析了河南省小麦产业链的定位问题、匹配问题、整合问题、产品的标准问题，提出了优化路径。第一，调整和升级小麦产业链的产品结构，提高各环节高端产品的供给比例。第二，重点扶植面粉加工龙头企业，改善薄弱环节。第三，分两步走，进行产业链的整合。第一步，依托面粉加工龙头企业，引导其与上游建立紧密合作；第二步，引导小麦食品加工龙头企业转变思路，重视原材料供应管理，实施"供应链管理"。第四，为专用小麦和专用粉建立统一的标准。

关键词：小麦产业链；供给侧改革；产业链整合

鉴于粮食生产的弱质性，河南作为粮食主产区，在保障粮食安全同时，只能通过尽可能地延长产业链，来发展粮食经济。小麦作为河南的主要粮食产物，其产业链的发展对促进河南粮食经济意义重大。程国强提出农业供给侧的结构性矛盾主要体现在两个方面：其一，有效供给不足和结构性过剩并存；其二，现有供给的结构不适应消费需求对品种品质和质量安全的要求[1]。随着近几年生活水平的提高，这种结构性矛盾在河南省小麦产业上日益突出。例如，普通小麦供给过剩，专用小麦供给不足，一方面带来大量库存积压，一方面大量进口，资源错配严重；小麦专用粉的品质难以达到面制食品加工企业的需要；面制食品中高端产品较少，难以满足消费者对高品质产品的需求。针对这种情况，供给侧改革提供了一种解决问题的思路。所谓供给侧改革，就是从供给、生产端入手，通过解放生产力、提升竞争力促进经济发展[2]。具体到小麦产业链，就是要调整和升级小麦产业链的产品结构，使各环节“供给”与“需求”匹配，提升小麦产业链的运作效率，更好地满足消费者的需求，带动经济的发展。

一、河南省小麦产业链发展现状

河南省的小麦大部分被加工成各种面粉——普通粉有特一粉、特二粉，专用粉有面包粉、饼干粉、面条粉、饺子粉、蛋糕粉、煎炸粉等，功能性面粉有营养强化粉、预配粉、谷蔬混合粉等。面粉再被食品加工企业制作成面制食品，主要包括我国传统主食食品——馒头、面条、饺子等，面包点心，饼干，方便面，速冻食品等。其余的小部分小麦被直接加工成小麦淀粉、谷朊粉、小麦蛋白制品、变性淀粉等，也会产出一些小麦副产品，如小麦麸皮、小麦胚芽，但是比例非常小。因此，河南省小麦产业链主要包括“小麦种植”、“面粉加工”、“面制食品加工”这三个环节。主要的参与者为农户、面粉加工企业、面制食品生产企业。贯穿这三个主要增值环节的是流通和消费，涉及小麦的收储、物流，批发市场活动，信息平台服务，零售终端服务等。

（一）小麦种植环节——普通小麦产量较高，优质专用小麦供给不足

河南省是小麦种植大省，自 2003 年以来，产量逐年上升，产量长期居全国前列。根据国家统计局河南调查总队调查，到 2015 年，河南省小麦产量首次突破 700 亿斤，是自 2007 年以来增产幅度最大的年份。小麦单产也显著增加，平均亩产 860.4 斤，位居全国第一，比第二名山东省单产高出 37 斤/亩。到 2016 年，因为灾害，总产量比上年减产 7 亿斤，总产量为 693.2 亿斤；平均亩产量比上年下降 14.8 斤，为 845.6 斤，减幅 1.7%。但是小麦播种面积比上年增加 60.0 万亩，增幅 0.7%，达到 8 198.5万亩。小麦产量持续走高，普通小麦供给过剩，销售不畅，小麦库存处于历史高位，带来了一定的压力。

就河南省小麦品质而言，普通小麦总体质量较好。根据 2015 年和 2016 年河南省收获小麦质量品质报告，2015 年河南省三等及以上品级小

麦占95.5%，2016年小麦受灾害影响，质量下降，三等及以上品级占比91.2%，较去年下降4.4%[3-4]。总体质量还可以，只是一等小麦，2016年的占比较2015年下降较多，2015年一等小麦占比52.8%，2016年一等小麦占比仅24%。

对于市场需求大、前景广阔的优质专用小麦，河南省的情况不那么乐观。河南省优质专用小麦种植面积较小，品质特性也有待进一步提升。优质专用小麦是指品质优良具有专门加工用途的小麦，按照国家标准，分为优质强筋小麦和优质弱筋小麦两类。河南省小麦食品加工业发展良好，优质专用小麦的市场需求较大，但是河南省小麦生产品种结构还不能适应市场需求，普通小麦供给多，而优质专用小麦供给严重不足。截至2017年初，全省优质专用小麦600万亩左右，仅占比7.3%。由于省内的优质小麦没有连片、规范化种植，优质小麦品质不稳定，整体指标普遍低于进口小麦。省内的优质专用小麦数量不足，品质不佳，导致面粉厂和食品加工企业大量依靠进口。

优质专用小麦收购价高出普通小麦市场价10%～15%，每亩可为农民增收100～150元。但是河南优质专用小麦种植仍然较少，其原因有以下几个方面：其一，农户种植经营小而散，同一品种小麦难形成规模。河南省农户土地种植面积大都比较小，一家一户的，耕地面积小的可能只有两到三亩地，耕地面积大的也少有20亩以上的，难以形成规模。其二，优质专用小麦品种选用多且乱。科研部门推出的品种繁多但推广规模很小。农民对于优质专用小麦的了解不多，如果没有政府的推广指导，农民不知道哪种小麦适合自家土地，也不了解市场行情，难以自己选择。并且，专用小麦种植的标准和要求比较高，如果没有专业技术指导农户不敢轻易去种。其三，优质不能优价。对于优质专用小麦，国家在收购标准、优质优价、补贴政策等方面没有针对性的政策，收购标准混乱，优质优价得不到有效体现。优质麦托市收购、期货交割品质标准与专用粉厂的品质要求严重脱节，交割的强筋小麦，专用面粉加工企业多不能正常使用，造成了极大的资源浪费。其四，混收、混储、混售现象严重[5]。面粉加工企业需要的专用小麦是没有混杂、质量均匀的，而农民的零星分散种植和收割，做不到专种、专收、专储、专卖。

（二）面粉加工环节——特大型企业少，行业利润低下

面粉加工行业缺少特大型企业。河南省面粉产量大，2015年河南面

粉产量为 5 325.43 万吨，占全国面粉产量的 36.8%，是全国面粉产量最高的地区[5]。2016 年仅 1—5 月份，河南面粉产量就达到2 124.25万吨，占全国面粉产量的 37.2%，依然是全国第一[7]。但是高产量的背后，是河南省面粉加工行业产能整体过剩，企业开工率不高。河南省有面粉加工企业 700 多家，都以小规模企业居多，一定生产规模的企业比例相对较小，而特大型加工企业没有。没有一家面粉加工企业进入全国“五百强”[8]，缺少知名品牌。作为小麦生产大省及粮食转化大省，面粉加工企业的薄弱，会影响河南小麦产业的进一步发展。

河南省的面粉供给结构以普通粉为主，专用粉和高端面粉比例较小。大部分的小型面粉加工企业没有实力购置高端面粉加工设备，也没有能力进行新产品的研发，只能生产普通粉。大型企业有设备有能力，但是对高端产品的开发重视不够，开发力度不足。专用粉市场需求大，但是企业受原粮供给的影响严重。省内优质专用小麦供给不足；国外进口虽然价格便宜，质量也好，但又受到配额限制，有时还需要从贸易商处购买转手的进口粮，这又导致生产成本增加。例如，一加一天然面粉有限公司，该公司是河南省本土成长起来的面粉加工企业，主要生产饺子粉、拉面粉、面包粉、蛋糕粉等天然专用粉。2016 年专用小麦用量 20 万吨，其中强筋小麦约 15 万吨，弱筋小麦 5 万吨。使用的强筋小麦除了小部分采自省内的周口、新乡和山东外，主要靠从加拿大进口；弱筋小麦除了小部分来自信阳，主要靠从澳大利亚进口。

面粉的品质方面，普通粉的制粉标准落后，专用粉缺乏统一的标准体系。目前，针对普通粉，制粉企业大都依据小麦原料特性和面粉国家标准进行加工，但是国家标准已经不太适应市场需求，生产出来的面粉达不到面制食品加工企业的品质要求，导致面制食品加工企业难以找到适宜的面粉原料。专用粉标准不统一，导致面粉加工企业与食品加工企业难以有效对接。针对同一种专用粉，不同的客户要求的品质标准都会不同，增加了面粉加工的负担，也在一定程度上限制了专用粉生产规模的扩大，严重影响了河南全省小麦产业化的发展进程。

河南省面粉加工业的利润空间总体来说比较低，原因是多方面的。其一，小型面粉厂较多，普通小麦粉供给过剩，导致小麦粉销售价格竞争十分激烈。其二，附加价值高、利润空间大的面粉高端产品占比较小，而普通面粉的利润空间有限。其三，受小麦原粮的品质和价格波动影响严重。其四，面粉加工企业与上游的原粮供应方（农户、收购中介、中间贸易商），和下游的食品加工企业没有形成紧密的合作关系，没有形成相互关联的产业集群，整体效益较低。多种原因导致这个环节的盈利水平比较低。

（三）面制食品加工环节——产品品质受原料面粉影响严重

河南已成为全国第一粮食转化加工大省，在面制食品加工上，成效尤其突出。可以说，全国三分之一的方便面来自河南，十分之七的水饺来自河南，四分之一的馒头来自河南。河南省小麦食品种类比较多，主要包括挂面、方便面、工业化主食食品（面点、包子、水饺、混沌等）、饼干糕点面包等。其中，做得最好、发展最快的是方便面和工业化的主食食品。除了销量可观，产品品类丰富多样，也成长出了一批优秀企业。方便面行业有白象、南街村、天方、斯美特等多个品牌。以河南白象集团为例，该集团主要生产面粉、挂面、方便面、米粉。白象方便面是全国知名品牌，其方便面市场份额占全国的16%，每年的方便面销售收入均在30亿元以上。有方便面生产线87条，日产可达3 000万包，每年可产100亿包。产品包含20大系、306个品种。主食产业化是河南省重点推广项目。2016年全省工业化主食产量和产值分别达到3 870万吨和3 110亿元，年产值10亿元以上的主食产业化集群总数达到50个以上，主食产业化率达到60%以上，培育了三全食品、思念、兴泰、笑脸等主食食品加工企业。工业化主食食品发展态势良好，尤其是速冻面制食品，水饺、混沌、包子等，还有继续上升的趋势。河南省冷冻米面制品巨头，三全和思念，销量和市场占有率常年稳居全国同行业的第一和第二位，几乎占领了全国的半壁江山。作为行业翘楚，三全和思念的产品种类多达数百种，高中低档都有，并且不断开拓市场，开发新产品、新口味。

河南省在小麦食品加工方面存在的主要问题是，除了冷冻面制食品，其他小麦食品的产品结构以中低档产品为主，缺少高档产品。以方便面为例，河南省方便面虽然品牌不少，都属于中低端产品。近几年方便面的国内市场在不断萎缩，对方便面企业的冲击不小，尤其是中低档的方便面。实际上，国际方便面行业都在向着更方便化、高品质化和高档化方向发展。比如，日本的方便面企业正在致力于推出更营养健康的方便面，力求少盐，少油，多蔬菜，增加蛋白质（蛋、肉），出现了没有油料包的方便面；韩国、东南亚，包括我国台湾的方便面企业致力于推出口感更好、更能满足消费者口味的产品，如这两年在亚洲大火的韩国“火鸡面”。如果河南省的方便面企业不调整产品结构，未来发展空间会更小。

面制主食食品的品质受原料面粉影响严重。随着生活水平的提高，消费者对高端产品需求数量在不断增加，对产品的质量要求也越来越高。面制食品加工企业势必要不断改善产品品质、升级产品结构。然而，由于专用粉的标准不统一，原料面粉的采购，大多是通过企业的采购人员或技术人员，与制粉企业技术人员进行交流沟通，制粉企业在了解原料需求后，调整工艺和生产线，通过面粉搭配处理等手段满足食品加工企业对原料面粉的品质要求。即使如此，因为面粉的稳定性差，食品加工企业在使用原料面粉的时候仍然会碰到，不同季节甚至不同批次的面粉质量存在差异。由于原料面粉品质不稳定，生产出来的小麦食品品质差别也大，进而影响产品的销售与品牌的建设。

二、河南小麦产业链优化面临的问题

（一）产业链的定位问题——中低端产品多，高端产品少

河南省整个小麦产业链上的产品产出，包括小麦、小麦粉、面制食品、小麦副产品，中低端产品较多，高端产品较少。小麦种植，全省以普通小麦为主，优质专用小麦种植比例仅 7.3%。面粉的加工，高档面粉和专用面粉的比例偏小，附加值低的标准粉和等级粉所占比例居高不下。小麦食品的加工环节，除了冷冻面制食品档次多元，主要产品挂面、方面便都以中低档商品为主。低端产品附加价值低，除了带来的收益非常有限之外，未来的发展空间也并不乐观。普通小麦库存积压，优质小麦大量进口，方便面市场萎缩，就是最好的证明。随着消费者对于产品品质的更高追求，高端产品也更有市场。河南作为小麦大省，势必需要重新定位其小麦产业链。需要升级产品结构，开发高端产品，提升高端产品在产业链产品中的占有比例。

（二）产业链的匹配问题——供给与需求不匹配

整个小麦产业链各个环节都存在着供给与需求的不匹配。小麦生产品种结构不能适应面粉加工厂的需求。普通小麦供给过剩，而优质专用小麦市场需求大，供给却不足，面粉加工厂大量进口国外优质小麦。面粉加工厂的产品结构、品质标准难以满足食品加工企业的需求。优质专用粉和高端粉供给不足，制粉标准与食品加工企业的需求标准存在差异，面粉的稳

定性差，不能满足精深加工和消费的需求。小麦加工食品的档次和品质不能满足终端消费者更高层次的需求。各环节上供给结构与需求的严重不匹配，一方面产生了“库存”、“成本”与“过剩”，另一方面带来了“进口”、“成本”与“不足”。因此，如何有效地调整“供给结构”去更好地适应“需求”，是当务之急。

（三）产业链的整合问题——从哪里入手

河南省整个小麦产业链都存在着供给与需求的匹配问题，其根本原因在于产业链上的各环节之间的相互脱节。关键就是要建立各环节之间的联系，打通各个关节，实际上就是做小麦产业链的整合。面粉加工环节是小麦产业链整合的关键环节。河南省小麦产业发展面临的问题，都直接映射在面粉加工企业身上。省内专用小麦供给不足，生产出的面粉质量难以满足食品加工企业的需求，这是制约河南省小麦产业发展的关键问题，也是面粉加工企业切实需要解决的问题。面粉加工的品种结构指导着上游小麦种植结构，面粉的品质影响着面制食品的质量。如果以面粉加工企业为切入点，与上游的原粮供应方（农户、收购中介、中间贸易商）建立合作，可以帮助调整小麦的种植结构，预定所需的优质专用小麦品种，使小麦供给结构符合面粉加工的需求；与下游面制食品加工企业建立合作，采用一致的面粉标准，可以保证专用粉的供给数量以及原料面粉品质的稳定。以面粉加工环节作为关键点，就要求要有一批有实力有规模的面粉加工企业。然而，河南省的面粉加工企业以中小企业为主，并且行业利润微薄，少有知名品牌，如何快速扶植出一批优秀企业，是值得深入思考的问题。

产业链整合与优化不是这两年才提的，河南省不乏大型的小麦食品加工企业，然而这些企业在产业链整合中的作用却不够突出，或者说其发挥的作用不能与其龙头地位相匹配。关键原因在于——缺乏“供应链管理”的意识，与上游各环节企业合作的动力不够。首先，与直接上游面粉加工企业的合作，食品加工龙头企业作为有实力的绝对买方，其选择的余地比较大，通常不需要主动去联系面粉加工企业，面粉加工企业自己就会主动推销。面粉加工企业在原料面粉采购上的问题，例如面粉标准需要达到食品加工的需求，专用粉的供应充足问题，他更愿意把这些问题抛给面粉加工企业去解决，谁能达到我的质量标准，谁能充足供应各类专用粉，就与谁合作。由于在谈判地位上的绝对优势，食品企业不愿与面粉加工企业建立“合作伙伴关系”，共同解决问题。至于再向上游追溯，小麦种植结构与优质小麦的品质问题，省内优质专用小麦供应数量不足的问题，这些食品加工企业就更不关心了。这也是河南省的小麦产业链食品加工环节强势，而面粉加工环节却非常薄弱的原因之一。实际上，随着近几年消费者对食品安全问题越发重视，一流的食品企业都在致力于提供更健康、安全、绿色的产品，那么从农田到餐桌，从原料到中间的各个环节，都需要做好控制，“供应链管理”是一种趋势。河南省小麦食品加工行业有不少有实力的公司，如果可以转变思想，就有能力带动上游的小麦种植和面粉加工环节，成为产业链整合的有力推手。

（四）专用小麦和专业小麦粉的“标准”问题

河南省小麦产业链上的产品缺乏质量标准，导致不同环节之间对接存在问题。其一，优质小麦的品质标准缺乏。在小麦收购环节，虽然倡导优质小麦的种植，但却没有一个统一的质量标准。一方面，导致收购标准混乱，难以优质优价，打击农民积极性；另一方面，经托市收购、期货交割的优质小麦品质标准与面粉加工厂的品质标准差别较大，导致面粉加工厂由此途径买进的优质小麦不能正常使用。其二，专用粉的质量标准缺乏，导致面粉加工企业与面制食品生产企业对接困难。由于没有一个统一的质量标准，针对同一种专用粉，面粉加工企业的标准与食品加工企业可能差别很大。面粉加工企业按照一套标准提供原料面粉，食品加工企业按照另一套来安排生产工艺或者开发新产品，那么结果是原料面粉无法满足食品加工的需求。如果面粉加工厂按照某一食品加工企业的标准来安排生产，那么它的产品标准可能又无法满足其他食品加工企业的要求。再加上面制食品的种类多样，面粉加工企业面临的市场需求可以说是千变万化的，增加了其生产的难度。对于食品加工企业而言，同一种专用粉，因为采购自不同的厂家，面粉品质可能都存在差异，进而影响食品加工企业产品品质的稳定。因此，需要建立和完善传统主食品专用粉的质量标准，用以指导小麦加工企业的产品加工和面制食品企业的原料采购和产品研发[9]。

三、河南小麦产业链优化路径

（一）产业链产品结构的调整与升级

河南省小麦产业链要提高价值，需要升级产业链的产品结构，提高各环节高端产品的供给比例。

其一，从源头开始，增加优质专用小麦的种植，力求使河南省成为优质专用小麦的种植大省、输出大省。通过调研，政府相关部门可以筛选出几种适合河南土壤及气候环境、市场需求大的专用小麦品种进行长期、重点、大面积推广。对于优质专用小麦的种植与收购，要制定符合市场需求、不与小麦加工环节脱节的质量标准，要拿出专门的政策。对于优质专用小麦的种植给予补助，做到收购标准统一，能够专种、专收、专储、专卖。鼓励小麦加工企业与农户合作，开展“订单式”的合作模式。免费发放种子，教授种植的方法。

其二，提升优质专用粉的数量、种类与品质，开发中高档的功能性面粉，打造几个优质面粉品牌。面粉加工环节是整个产业链的关键环节，也是薄弱环节。因此，政府应当积极引导行业制定专用粉的标准，以突破困境。引导面粉加工企业根据下游食品加工企业的需求，增加专用粉的生产比重与品种，提高专用粉的品质，改善面粉的稳定性。鼓励面粉加工企业开发新产品。由于普通面粉的营养全面性不足，而消费者对营养健康的追求越来越高，复合粉、配方粉、全麦粉、多谷物混合粉、谷蔬混合粉、微量元素添加粉等功能性面粉将成为一种新趋势。面粉加工企业可以抓住机遇，开拓市场，打造优质企业。

其三，持续推进主食产业化，开发高档面制食品。对于传统的面制主食食品，其工业化程度和产业化能力还可以进一步提高。根据发达国家的经验，随着经济发展，城市生活节奏的加快，消费者对于方便化的主食食品的需求会继续增长。河南省的面制食品加工企业，要顺应潮流，开发更多更方便、更健康、口感更好的产品。对于其他小麦食品——挂面、方便面、饼干面包点心等，着重提高产品的品质与档次。

（二）薄弱环节的改善——重点扶植面粉加工龙头企业

面粉加工环节作为小麦产业链整合的关键环节，同时也是薄弱环节，要求面粉加工企业必须要有一定的规模和实力。然而河南省的面粉加工业利润微薄，中小企业居多，有规模有实力的大型企业比较少，因此需要对面粉加工企业进行重点扶植，培养龙头企业。可以采取一系列措施，鼓励面粉加工企业相互之间的收购、合并、重组。对一些生产不合格、质量不达标、产能落后的小企业进行关停处理。在省内筛选一批优质、有潜力、有一定规模的面粉加工企业，对这些企业进行重点扶植。例如，放宽对面粉加工企业用地的限制，免征或减征土地使用税；给予贴息支持；对企业引进新工艺、新技术，研发新产品等活动，以项目管理的形式给予支持报批、审核、立项、资金拨付、考评结项。此外，对生产专用粉的企业，在专用粉的生产达到一定的数量标准之后，按照专用粉的生产比例给予额外的补助。

（三）产业链的整合——引导产业链各环节紧密合作，分两步走

产业链整合是产业链各环节之间通过某种途径和方式实现协同的过程，产业链整合的实质就是纵向产业链上及链条每一环节内部的企业之间建立某种协同联系[10]。河南省小麦产业链的整合，可以分两步走。第一步，依托面粉加工龙头企业，引导其与上游建立紧密合作；第二步，引导小麦食品加工龙头企业转变思路，重视原材料供应管理，实施“供应链管理”。

第一步，依托面粉加工龙头企业，引导其与上游建立紧密合作，积极探索和创新合作模式。与上游农户的合作，可以采用“订单”模式，并逐步建立稳定的合作关系。首先，鼓励引导农户建立小麦种植合作社或者生产联盟，改变种植零星、分散的问题。面粉加工企业与合作社洽谈合作，开展订单业务，规定双方的权责与义务。面粉加工企业向合作社下订单，提供种子、农药化肥，给予技术指导，规范种植标准，并进行统一收购。农户要按照订单合同的要求，规范生产，向面粉加工企业供给小麦原粮。面粉加工企业最缺的是优质专用小麦，因此其与上游农户的合作主要是围绕“专用小麦”。针对当前优质专用小麦供给不足的情况，此种合作方式既保证了面粉加工企业能够获得品质达标的专用小麦原粮，同时也促进了小麦种植结构的调整。

第二步，引导小麦食品加工龙头企业转变思路，重视原材料供应管理，实施“供应链管理”。河南省有一批颇具实力的小麦食品加工企业，如果可以转变思想，采取“供应链管理”模式，那么既可以提高多条小麦食品供应链的效率，也可以带动河南省小麦产业链的整合。食品加工龙头企业实施“供应链管理”，不仅要与下游的批发商、零售商企业建立“合作伙伴”关系，更要与上游的面粉加工企业建立紧密合作。大型的食品加工企业往往不愿与面粉企业建立战略合作伙伴关系，主要原因在于当前面粉加工企业实力不足。食品加工企业需要品质可控、质量稳定、符合加工需求的原料面粉的供给，而仅依靠少数几家的面粉加工企业还没有办法满足其需求。但是，如果面粉加工行业通过整合以及政府扶持，能够形成一

批龙头企业，并通过与上游农户的紧密合作解决了原料问题，就能够保证原料面粉，尤其是专用粉的供给数量与质量，还可以共同商讨处理专用粉的标准问题，其实是不错的战略合作伙伴人选。

对于“食品”，消费者最关注两点：一个是食品的“品质与安全”，另外一个是“合理的价格”。实施“供应链管理”模式，一方面，重视原材料供应管理，建立可追溯的原料供给体系，可以使食品加工企业更好地掌握原料的供给，更好地保证产品品质，还可以据此开发高端产品线，使面制食品加工企业更上一层楼。例如有机食品，目前国内市场在这一领域还是空白。另一方面，通过实施“ECR”管理（有效客户管理），可以最大限度地降低物流过程费用，以较少的成本提供更优质产品，使小麦供应链更有竞争力。通过资源整合，加强面粉加工企业与上下游企业的合作，依托食品加工龙头企业实施“供应链管理”，可以改善河南省小麦产业链各环节“供给”与“需求”不匹配的问题，提升小麦产业的整体效益。

（四）产品“标准”的完善

对于小麦产业的发展，政府除了给予直接支持，更应该做的是帮助完善“标准”问题。鉴于专用小麦和专用粉的标准缺失，已经严重影响到小麦产业链的整合，这个问题需要尽快被解决。不仅仅是河南省，其他小麦主产区与主销区都存在这样的问题。这件事情单纯依靠市场和企业无法完成，需要政府主导和支持。可以先由龙头企业或者行业协会牵头，组织行业专家与学者起草。“小麦粉馒头”的国家标准就是由河南省兴泰科技有限公司牵头起草的。在正式批准之前，也可以先以非官方的“标准”在行业局部范围内推广试行，看一下是否存在问题，再由政府审查，批准为国家标准，再公布、推广。

参 考 文 献

[1] 程国强．农业供给侧改革的问题与思路［J］．行业焦点，2016（4）：10－13.

[2] 王洋，余志刚．供给侧改革背景下的粮食加工产业链整合与优化——基于粮食主产区四省七县的实地调查［J］．学习与探索，2016（3）：93－96.

[3] 2015年河南省收获小麦质量品质报告［R］．河南省粮食局、省农业厅，2015.10.

[4] 2016年河南省收获小麦质量品质报告［R］．河南省粮食局、省农业厅，2016.10.

[5] 姜楠，韩一军，徐锐钊．2011年上半年国内外小麦产业发展特点、趋势及建议［J］．农业展望，2011（8）：31－35.

[6] 2015 年全国小麦粉产量前十排名：河南位居榜首［EB/OL］. 中商情报网，http：//www. askci. com/news/chanye/2016/02/23/ 144 849s67r. shtml.

[7] 2016 年 1—5 月全国各省市小麦粉产量排名前十：河南产 21 242 483 吨［EB/OL］. 中商情报网，http：//www. askci. com/news/chanye/20160629/11410835553. shtml.

[8] 胡波，陈博，柳四敏. 河南省小麦粉加工业现状及发展对策探讨［J］. 河南农业，2012（12）：9-10.

[9] 柳四敏. 河南省大型面制食品企业调研报告［J］. 创新科技，2014（10）：20-22.

[10] 赵予新. 产粮大省粮食产业链优化研究［J］. 农业经济，2014（1）：20-22.

基于粮食生产功能区构建河南现代粮食产业集群的思考[①]

赵予新

（河南工业大学粮食经济研究中心）

摘要：设立粮食生产功能区为构建河南粮食现代产业集群提供了契机。基于粮食生产功能区建设粮食现代产业集群的基本思路是：以力推粮食产业转型为核心，以完善粮食现代物流通道为重点，以推进一二三产业深度融合为途径，以强化定向支持政策为保障。支持政策的重点突出以下几个方面：一是支持粮食规模化生产，二是支持粮食绿色生产，三是支持发展主食工业化，四是支持粮食现代物流发展，五是支持粮食产业公共服务平台建设。

关键词：河南省；粮食生产功能区；粮食产业集群

2017年4月，国务院印发了《关于建立粮食生产功能区和重要农产品生产保护区的指导意见》，提出力争用5年时间基本完成“两区”建设任务，形成布局合理、数量充足、设施完善、产能提升、管护到位、生产现代化的粮食生产功能区和重要农产品生产保护区。近年来，河南省在粮食核心区、粮食生产功能区建设方面进行了积极探索并取得了显著成效。然而，如何以粮食生产功能区建设为契机，构建粮食收购、储存、加工、中转、销售一体化的现代粮食产业集群，做大做强粮食产业链，对于促进河南粮食产业的转型升级具有重要的现实意义。

一、文献综述

关于建设粮食生产功能区的研究，是基于我国农业生产基础还不牢

① 基金项目：本文获2016年河南省高校新型智库招标项目《河南粮食持续增产与生态环境协调发展的政策设计》、河南省2015年软科学研究计划项目《河南粮食持续增产与生态环境改善协调发展的科技政策创新研究（项目编号：162400410112）》资助。

固，工业化、城镇化发展和农业生产用地矛盾不断凸显，保障粮食和重要农产品供给任务艰巨的实际而提出的。马永欢、牛文元（2009）提出，根据我国粮食供需形势和耕地资源面临的压力，从粮食安全战略角度，可在东北平原等粮食生产基地设立 8 亿亩粮食生产主体功能区，以满足我国 80%的粮食需求。[1]一些学者和实际工作者从不同角度研究了粮食生产功能区的应具备的条件。认为粮食生产功能区就是集中采用先进的农业生产技术和管理方法，按照建设良田、应用良种、推广良法、配套良机、推广良制的要求，建成粮食稳产高产高效模式示范区、先进适用技术推广应用区、解决季节性抛荒带动区、统一服务先行区、切实增强粮食综合生产能力。[2]还有学者认为，粮食生产功能区是围绕保障粮食安全，以改善粮食生产条件、建设吨粮田为核心，在集中连片标准农田基础上建设的农田设施完善、耕地质量良好、生产技术先进、服务体系健全、粮食稳产高产的规模种植地区。[3]朱湖根等（2009）从发挥资源禀赋优势、保障粮食安全、区域整体加以协调、粮食生产优质化和规模化等方面提出了粮食生产主体功能区优选和布局的原则[4]。王岳钧等（2013）结合浙江省的实际，分析了粮食生产功能区建设中存在的思想认识不到位、资金投入不足、非粮化倾向严重、设施用地审批难、管护制度难落实等问题。[5]陆永连等（2016）针对县级粮食生产功能区存在的非粮化倾向严重等问题，提出了管理和保护的对策。[6]

一些学者关注于粮食产后环节的粮食产业园区研究，分析了河南省粮食加工产业集群的现状、发展条件及存在的问题，提出了相应的对策，[7]探讨了一体化运行的粮食物流园区的内涵、特征和竞争优势，提出粮食物流企业、粮食加工企业、粮食销售企业应进行有效的资源整合，构建粮食产业链，[8]提出了粮食产业园区建设中工商企业对接的可能性、现实意义、对接的方式和原则。[9]崔俊敏以河南省四市为例，分析了粮食主产区农业产业链、产业集群未形成的主要原因，提出了培育粮食产业集群的对策。[10]孙宏岭等（2010）则研究了我国粮食物流产业发展过程中存在的问题，提出了如何使粮食物流产业集群从“群羊”变为“群狼”的对策。[11]

二、我国及河南省粮食生产功能区建设的探索与实践

我国关于粮食生产功能区建设的实践始于浙江省。2008 年 7 月，杭

州市提出进行粮食生产功能区建设，计划建成粮食生产功能区 52 个，面积 4 376.1 公顷。2010 年 1 月，浙江省人民政府办公厅下发《关于加强粮食生产功能区建设与保护的意见》，在全省启动建设粮食生产功能区，计划经过 8～10 年的努力，在全省建成 800 万亩粮食生产功能区。安徽省也于 2008 年提出“把淮河流域作为粮食主体功能区加以建设”，并出台了农业财政补贴、财政转移支付等支持政策。一些粮食主产区围绕粮食产业园区建设进行了积极的探索和实践。2006 年，安徽省下发《关于加快建设粮食产业园区的通知》，明确了在土地出让金返还企业、安排建设用地、税收优惠等方面的优惠政策。[12] 2017 年 4 月，国务院下发的《关于建立粮食生产功能区和重要农产品生产保护区的指导意见》，明确了建设粮食生产功能区的总体要求、划定标准、政策支持、组织领导等重要问题。基本的建设目标是，以主体功能区规划和优势农产品布局规划为依托，以永久基本农田为基础，将“两区”细化落实到具体地块，优化区域布局和要素组合，促进农业结构调整，提升农产品质量效益和市场竞争力，为推进农业现代化建设、全面建成小康社会奠定坚实基础。[13]

河南的探索始于 2012 年粮食生产核心区的提出。当年国务院批复的《中原经济区规划》确定了中原地区“国家重要的粮食生产和现代农业基地”，提出要集中力量建设粮食生产核心区。[14] 近年来，河南通过体制机制创新、强化科技支撑、高标准粮田建设等多种措施，不断提升粮食核心区建设水平，为保障国家粮食安全做出了重要贡献。2014 年印发的《河南省主体功能规划》，按照开发内容分为城市化地区、农产品地区和重点生态功能区。其中以提供农产品为主体功能，承担国家粮食核心区建设重要任务的农产品主产区面积占全省的 52.45%，包括黄淮海平原、南阳盆地和豫西山丘区的 66 个国家级农产品主产县。其主要的功能定位是：国家重要的粮食生产和现代农业基地，保障国家农产品供给安全的重要区域，农村居民安居乐业的美好家园以及新农村建设的先行区。① 河南粮食生产功能区地势平坦，土壤肥沃，气候适宜农作物生长，是我国重要的粮食生产基地。建设粮食生产功能区是贯彻落实藏粮于地、藏粮于技战略，保护和提高粮食综合生产能力，推进农业供给侧结构性改革的重要抓手，也是保障国家粮食安全的关键举措。

---

① 河南划定主体功能区　农产品主产区占全省过半面积［OL］. http：//get. xue163. com/1861/1/18614622. html，2017－04－30.

综上所述，以往对于粮食生产功能区的研究关注的重点是通过推进农业现代化改善粮食生产条件，优化农业生产布局，对优势产区实行精准化管理，提高粮食综合生产能力，没有关注如何通过粮食生产功能区建设，对整个粮食产业链进行系统整合，以提高粮食产业的现代化水平。从粮食主产区的实际情况来看，粮食生产、加工、物流和消费环节存在脱节现象。[15]广大的粮食主产区农户分散经营、粮食加工能力过剩且实力不强、粮食物流成本居高不下、粮食产业链条短的局面并未得到改变。广大农民仍不能享受粮食产后的增值效益，长期不能改变“产粮大县、财政穷县”的局面。一个较为可行的思路是：选择部分有条件的粮食生产功能区，按照全产业链管理的要求，在整县（市）的范围从全产业视角给予较为特殊的支持政策，使之成为产前、产中、产后各环节有机贯通的现代粮食产业集群示范区，为增加农民收入，推动粮食产业转型升级创造新优势。

三、基于粮食生产功能区构建现代粮食产业集群的意义

（一）为转变粮食产业发展方式提供示范

当前，河南省大多数地区仍采用传统的小农经营模式。农业用地分散的趋势更加明显。据统计，河南省农民的人均耕地面积为 1.62 亩，低于全国平均水平，农业生产经营者素质下降，农业科技应用能力不强，农业经营粗放化趋势明显。主要农作物耕种收综合机械化率不高，农业生产方式和管理方式比较粗放。由于农用地分散，普遍没有实现从地皮耕翻、播种、田间管理、收获、干燥等全过程的机械化。拖拉机、插秧机、植保机械、水稻收获、脱粒、干燥和运输等各类农业机械的集中组织化使用水平不高。大型喷灌机、微喷灌、滴灌等高科技灌溉机械的使用更是少见。尤其需要指出的是，广大农户与粮食加工企业之间没有建立相对稳定的利益联结机制，许多农民只是出售原粮，并未进入到粮食产业链中来。基于粮食生产功能区构建现代粮食产业群，有利于通过加强农田水利基础设施建设、开展农业科技推广、拓宽投融资渠道等综合措施，在产粮大县（市）率先实现传统农业向现代农业的转变，推动农业适度规模经营，促进贸工农一化发展，使得粮食生产功能区成为各级农业科研、推广、教育部门科技实验示范的基地，通过示范辐射作用的发挥，带动更广泛的区域实现农民丰产增收，有效提高粮食生产的社会、经济和生态效益。

（二）为转变粮食加工方式树立典型

2014年，河南省粮油加工业总产值1 403.7亿元，居全国第六位，小麦粉的产量居全国第一。近年来，一些地方盲目投资粮食加工项目，造成低水平重复建设和产能无序扩张。根据有关统计资料，2014年河南省小麦加工业生产能力5 970.6万吨，实际面粉产量2 665.4万吨，达产率仅为44.6%，低于全国平均水平。由于规模小，企业的集群效应差，竞争力弱，上下游企业关联度低，集群内部缺乏细致的专业化分工；缺少产业化程度高、产品科技含量高、具有竞争优势的大型企业集团，粮食加工企业精深加工程度低、科技创新能力弱。以粮食加工副产物综合利用为例，2014年河南小麦加工麦胚产量仅5万吨，当年河南小麦加工企业的处理量为4 009万吨，按照麦胚占小麦籽粒的2.5%计算，利用率仅为5.0%左右，[16]存在很大的差距。河南省食品加工产值是农业产值的0.4～0.5倍，而在发达国家，这个比值高达1.85倍，甚至更高。以小麦加工为例，突出存在着低质量、低价格、低成本的“三低”现象。在小麦产业链条上，面粉厂利润率在4%左右，企业仅挣个麦麸钱。基于粮食生产功能区建设现代粮食产业集群，有利于充分发挥区域比较优势，引导粮食加工向适宜开发的区域集聚，推动以产业链为纽带的产业集群建设，培育关联度大、带动性强的龙头企业，以一二三产业融合为抓手，借助于粮食生产功能区的平台，延伸和拓展粮食产业链和价值链，完善协作配套体系。按照新型工业化要求，在粮食产业示范区范围，创建一批特色鲜明、创新能力强、品牌形象优、配套条件好、节能环保水平高、产业规模和影响居全国前列的粮食精深加工示范基地。

（三）为转变粮食物流方式创造经验

根据《粮食行业统计资料（2015）》提供的数据，河南省各类粮食企业拥有的完好仓容中，平房仓占76.41%，而15年以上的平房仓又占27.24%，浅圆仓仅占1.35%，立筒仓占3.70%，楼房仓占14.25%。河南的危仓老库占全国的10.62%。当前，河南省的粮食仓储设施“小、散、低”问题突出，平均每个库点仓容仅为0.6万吨；新建粮库80%为平房仓，平房仓不利于大型机械化作业，不利于粮食中转调运，适合粮食散装散卸的立筒仓、浅圆仓的比重很低，影响粮食中转调运和流通效率。在重要的物流节点，接卸中转能力严重不足，散粮运输工具发展滞后。粮食流通以包装为主，物流成本居高不下。在河南，除了散粮储存占较大比例外，多数粮库粮食接卸及进出仓作业依然采取包粮形式，汽（火）车散粮接卸设施十分缺乏。全省只有少数粮库具有浅圆仓和立筒仓等中转能力强的仓型及相应散粮接发设施。散粮汽车数量不足。省内只有为数不多的大型面粉企业拥有散粮汽车，多数库没有平房仓专用的散粮出仓机。按照全产业链管理的要求建设粮食生产功能区有利于将粮食产业链上游的农户和粮食生产服务企业、中游的粮食流通企业、下游的粮食加工企业和销售企业重组，建立全产业链骨干企业，形成一个集粮食生产、仓储、加工、批发、信息于一体的规模化、现代化的粮食物流网络，有效降低粮食流通成本，构建高效的粮食现代物流体系，从而发挥整个产业链条优势，提升粮食产业的核心竞争力，为全省乃至全国发展粮食现代物流树立典型，积累经验，为确保国家粮食安全做贡献。

综上所述，基于粮食生产功能区构建现代粮食产业集群，将粮食及其产品的生产和流通所涉及的农户、粮食收储企业、粮食加工企业、粮食配送企业、粮食零售企业及其消费者连成一体的功能网络结构模式，既是提高粮食产业运行质量的现实需要，又是保障国家粮食安全的战略选择。

四、基于粮食生产功能区构建河南现代粮食产业集群的基本思路

笔者以为，基于粮食生产功能区构建河南粮食现代粮食产业集群的基本目标是：在粮食生产具有显著优势、粮食加工具有较好基础、粮食物流具有优越条件的县（市），以加快粮食产业发展方式转变为主线，通过整合资源、创新体制、优化布局，构建涵盖粮食规模化生产、产业化加工、现代化的粮食产业集群。在临近粮食生产功能区的部分地区，实施较为特殊的农业政策、粮食加工政策、科技政策、投资政策和市场政策。基本思路是：

（一）以推进粮食产业转型升级为核心

在粮食生产环节，广泛采用最先进的农业科学技术和绿色生产方式，开发优质、高产、具有高抗病虫害能力的品种，推广科学的耕种技术。在粮食加工环节，整合粮食加工能力，以主食工业化生产为引领，积极开发主食工业化技术和主食厨房工程，形成粮食及其相关产品的精深加工链

条。在粮食物流环节，按照“四散化”要求整合物流资源，完善粮食物流通道及其散粮设施，构建粮食现代物流体系。

（二）以完善粮食现代物流通道为重点

在粮食生产功能区周围，引导粮食物流产业向适宜开发的区域集聚，构建物畅其流、集约高效、智能绿色的粮食现代物流大通道体系。积极发展散粮运输，着力推进粮食物流大通道上的铁路、公路区段的扩能改造，补上交通基础设施短板。努力改善关键节点的服务功能，建设一批辐射带动力强的粮食储运枢纽。积极培育大型粮食现代物流企业，支持企业采取联合经营、租赁等方式联合交通运输企业优化粮食物流链条，构建跨区域、跨行业的粮食物流战略联盟。推动建立区域间、部门间政策的协调联动机制，强化多式联运及其同意运输方式干支运输的协同高效。相互关联的企业、供应商、服务机构有机结合，形成粮食产业与其他产业之间的“经济生态圈”，粮食生产、加工、物流、销售各个环节一体化运作。

（三）以促进一二三产深度融合为途径

积极推进粮食生产功能区所在县（市）的农村一二三产业深度融合，鼓励发展与粮食生产相关的种养结合型、链条延伸型、粮食产业功能拓展型等多种融合模式。在县（市）域中心，大力发展农产品加工、物流等相关产业，支持粮食精深加工与休闲农业等集群化发展，提高农民参与农村产业融合的能力；积极发展信息、金融等服务行业，吸纳更多的农民移居城市。在农户自愿的基础上，实行土地所有权或使用权的有偿转让，使尽可能多的农民在拿到土地转让费后离开农村，到城市谋生，使粮食生产功能区成为不以牺牲农业和粮食、生态和环境为代价的新型工业化、信息化、城镇化、农业现代化同步发展的试验区。

（四）以强化定向支持政策为保障

在完善各类支持政策方面，进一步优化对粮食生产功能区的利益补偿机制，提高粮食生产功能区所属县（市）的人均财力保障能力，积极推进各类资金的整合和统筹使用。在一些产粮大县（市），对改善粮食生产、加工、物流条件实施差别化、定向化的支持政策。在粮食生产环节，加大对农田水利设施建设的支持力度，建立健全生态友好型农业发展的政策措施；在粮食加工环节，加大对粮食加工龙头企业的扶持力度；在粮食物流环节，增加对粮食现代物流设施投资，推进粮食流通“四散化”发展。

五、基于粮食生产功能区构建河南现代粮食产业集群的支持政策

基于粮食生产功能区构建现代粮食产业集群是一项系统工程，要实现粮食生产、加工和物流企业在较大范围的区域集聚，必须整合有关资源加以支持，并出台相应的优惠政策，创造良好的产业集聚环境。

（一）支持粮食规模化生产的政策

以大量农民离开土地为基础，使土地大规模地向少数有发展潜力的农户集中，实现粮食的规模化生产，做到土地集中连片。根据产粮大县（市）的自然和经济社会条件，采取灵活多样的模式发展粮食规模经营。首先，农业投资优先向粮食生产功能区的产粮大县（市）倾斜。在农业投资项目和基础设施建设方面，整合发改委、农业、水利、财政等多部门资金，优先安排改善生产条件的项目资金。通过农业综合开发和水利设施等项目的建设投入，提高耕地质量，改善水利灌溉条件。采取贷款贴息等方式支持新型农业经营主体发展粮食适度规模经营。其次，探索实行土地物权化，使土地成为农民的资产。在保持现有土地基本制度不变的前提下，鼓励农民将土地使用权自愿有偿转让。在有条件的地方依照法定程序进行估价，将其土地转化为农民的资产。农民可用这笔资产开辟非农产业。第三，积极探索家庭农场和种粮大户的融资渠道。可引导农民成立资金互助合作社，或由政府出资控股成立村镇银行，合理引导社会闲散资金入股，推行切实可行的适应家庭农场和种粮大户需要的信贷方式。第四，建立农村土地流转的保障机制。在引导农民将耕地向种粮大户流转的同时，探索解决流转出土地农民的养老保险、进城就业、就医和子女就学的实际问题。在粮食产业示范县（市），政府在每年的财政预算中，安排一定数量的资金设立土地流转基金，重点用于鼓励农民参与土地流转，培育家庭农场和种粮大户。第五，支持发展劳动服务中介组织，为失去土地的流出户农民提供求职登记、择业指导、职业介绍、推荐安置等一系列服务。

（二）支持粮食绿色生产的政策

在粮食生产功能区，要把对粮食生产的支持与环境保护改善相挂钩。

率先在粮食生产功能区建立以绿色生态为导向的农业补贴制度，支持新品种新技术引进、绿色农业技术培训、绿色产品营销服务，鼓励种粮大户、家庭农场等新型农业经营主体进行地力建设等长期投资。将“沃土工程”、标准粮田建设、测土配方施肥、土壤有机质提升等补贴制度化、长期化，通过绿色补贴引导农民采用绿色的粮食生产方式。全面推进化肥、农药零增长行动，加快有机肥替代和新型肥料应用。支持发展生态循环农业，推广节水灌溉技术，推进秸秆、农膜等农业废弃物资源化利用。创造条件建立多元化绿色农业投入机制，逐步建立政府引导、企业主导、农民参与、金融机构和其他投资为补充的多元化绿色农业投入体系。推行“公司＋专业合作社＋农户”“公司＋基地＋农户”“公司＋担保机构＋农户”等信贷模式，为绿色农业产业化主体提供资金支持。逐步完善保险制度等，提升农业生产的投资收益，激励和引导民营资本投资特色农业、绿色农业、观光农业等产业。拓宽绿色农业企业融资渠道，积极扶持市场前景好、商业信誉好、科技含量高、创新能力强的绿色农业企业上市。以粮食生产功能区建设为抓手，按照从“土地到餐桌”全程质量控制的要求，强化对产地环境、生产过程、投入品使用、质量检测的全程监管。农业、技术监测、环保、工商等有关部门要加强协作、全程监控，建立完备的基地建设、环境监测、产品质检、市场监督等管理体系。

（三）支持发展主食工业化生产的政策

在与粮食生产功能区毗邻的适宜地区，积极发展主食工业化生产，推进粮食加工产业升级和企业战略重组。一是在产业政策上，科学制定粮食加工业区域布局规划，加大对主食工业化技术和主食厨房工程项目的资金支持力度，培育具有较强核心竞争力的粮食加工企业，淘汰一部分效益低的落后产能。二是中央和省级政府从财政支农资金和农业综合开发资金中拿出一部分，在粮食产业示范区设立粮食加工业发展专项基金，增加对基地建设、科研开发、技术服务、质量标准、冷藏保鲜、卫生检疫、信息网络等加工业基础设施的投入。三是设立粮食加工高技术产业风险基金。政府可提供一部分垫底资金，实行税收优惠政策，鼓励银行发展风险投资业务，为粮食加工技术创新创造有利的环境。支持企业建立国家、省级技术研发中心。四是完善食品安全保障政策。围绕净化产地环境、保障食品原料质量、严格市场准入、规范生产经营行为等关键环节，制定科学的法规和制度，建立政府负总责、粮食企业负首责的安全责任体系，完善省、地区和企业三级粮食检验检测系统。

(四)支持粮食现代物流发展的政策

结合河南省骨干粮库的实际情况，切实加强粮食储运体系建设。一是完善粮食物流设施建设政策和规划。政府出台向粮食生产功能区粮食物流发展倾斜的政策，对粮食物流的发展方向、物流方式、投资方向、设施布局以及粮食物流设施公共信息平台进行整体规划。二是对重要的粮食物流设施进行投资。积极争取中央专项资金对现代粮食生产功能区内公益性的粮食物流项目给予扶持。在粮食生产功能区所在的主要交通枢纽和粮食集散地，完善重要的粮食物流节点，积极发展粮食散装运输，加强粮库物流信息网络建设，创造条件发展粮食电子商务，提高粮食快速反应和中转能力。三是拓宽粮食现代物流发展的融资渠道。对一般的粮食物流项目，充分发挥市场的主导作用，建立“谁投资、谁经营、谁受益”的市场运作机制，鼓励社会资本多渠道投资建设粮食物流设施，对于符合国家规定的项目，可在资金、土地、信贷、税收等方面享受优惠政策。

(五)支持粮食产业公共服务平台建设政策

积极推进粮食物流与信息化的融合，建设一个区域性的粮食全产业链综合服务平台，提供统一的职能管理和综合服务，推动区域性粮食物流公共信息平台建设。一是建立依托中心城市、面向广大企业和农户的技术开发支撑体系，建设和完善区域性的科技成果转化服务机构和推广交易网络，发挥粮食科技成果转化“孵化器”的作用。二是完善粮食产业社会化服务体系。培育为家庭农场、种粮大户、龙头企业提供产前、产中和产后服务的专业机构。三是构建粮食产业公共信息服务平台。采用电子商务、地理信息系统等信息技术和网络技术，实现粮食生产、购销、储存、加工、物流等各环节的互联互通和资源共享，促进粮食物流和电子商务融合发展，提高粮食物流运营水平和组织化程度。

参 考 文 献

[1] 马永欢，牛文元．中国粮食生产主体功能区的核心设计——构筑国家生存安全保障线 [J]．战略与决策研究，2009 (3)：241-247.

[2] [5] 王月星．粮食生产功能区建设的成效、问题及对策 [J]．浙江现代农业，2012

(1)：15－16.

[3] 王岳钧，王月星，吴早贵．浙江省粮食生产功能区建设的实践与思考 [J]．2013 (1)：1－4.

[4] 朱湖根，钱坤，威仁德．推进淮河流域粮食生产主体功能区建设的思考 [J]．华东经济管理，2009 (6)：41－44.

[6] 陆永连，张根良．粮食生产功能区管路维护的探讨 [J]．浙江农业科学，2016 (3)：410－412.

[7] 秦建军，娄源功，晏涛．发展河南粮食加工集群的效应及对策 [J]．企业家天地(理论版)，2007 (10)：208－209.

[8] 孙宏岭，王莉莉．一体化运行的粮食物流园区竞争优势分析 [J]．粮油食品科技，2010 (2)：58－60.

[9] 胥健．关于粮食产业园区工商企业对接合作的思考 [J]．粮食问题研究，2011 (1)：19－21.

[10] 崔俊敏．农业产业链、产业集群与粮食主产区农民增收 [J]．河北农业科学，2013 (4)：114－116.

[11] 孙宏岭，王莉莉．粮食物流产业集群优化途径探讨 [J]．粮食加工，2010 (5)：84－86.

[12] 安徽省粮食局．安徽省加快建设粮食产业园区．中国粮食经济，2007 (2)：33－34.

[13] 国务院关于建立粮食生产功能区和重要农产品生产保护区的指导意见．2017.

[14] 国务院关于支持河南省加快建设中原经济区的指导意见．国发 [2011] 32 号，2011.

[15] 赵予新．我国产粮大省实施粮食全产业链管理的途径研究 [J]．农业现代化研究，2013 (11)：650－653.

[16] 国家粮食局流通科技与发展司．粮油加工业统计资料 (2015)．

河南省粮食网上交易的发展现状及对策[①]

刘　威　李凤廷　王　琳

（河南工业大学管理学院）

摘要： 经济新常态背景下，传统流通方式不能满足粮食行业转型升级、提质增效和创新发展的现实需求，"互联网＋"成为推进行业供给侧结构性改革的新引擎。通过分析河南粮食网上交易发展的总体现状，调研当前粮食网上交易发展中存在的瓶颈问题；总结粮食网上交易的三种典型经验模式，如行业综合服务模式、粮食竞价交易模式、农粮贸易交易模式；提出加快行业信息化建设、加强行业指导、鼓励建立电子商务平台、强化信息服务能力和建立农粮产业链服务体系的对策建议。

关键词： 粮食；电子商务；互联网

2015年中央1号文件提出，创新农产品流通方式，健全交易制度，支持电商、物流、商贸、金融等企业，参与涉农电子商务平台建设。2016年全国粮食流通工作会议进一步提出，要加快"互联网＋粮食"电商平台建设，打造"粮油网络经济"。加快推进"互联网＋粮食"，既是贯彻国家粮食局"智慧粮食"建设的总体要求，也是提高粮食市场调控能力、提升为农服务水平、推进粮食产业转型升级的重要抓手。目前，现有粮食市场中的现货市场和期货市场的发展已经比较完善，但是对于线上市场和线下市场的发展还不是很完备。研究粮食网上交易可以推动粮食线上市场的发展，促进河南省互联网与粮食行业进行深度融合，充分发挥互联网在粮食资源配置中的优化和集成作用，积极构建现货市场、期货市场、线上市场和线下市场"四位一体"的粮食交易市场。

---

① 基金项目：河南省教育厅人文社科项目（2018ZZJH103）；河南省哲学社会科学规划项目（2016CJJ076）。

一、河南省粮食网上交易的发展现状

伴随着政策的利好、信息技术的成熟和市场认可度的提升，商业模式不断创新，河南粮食电子商务网上交易已步入高速增长阶段。通过对郑州市粮食批发市场、中华粮网等粮食信息化企业的典型调研，以及种粮农户和粮食经纪人的现场调查，掌握河南省粮食网上交易的总体现状。

（一）粮食电子交易与传统现货市场的并存格局逐步显现

自 1998 年起，中国郑州粮食批发市场与国内数家省级粮食批发市场开始联合开发建设粮食电子商务系统平台，迈出了粮食流通行业现代化变革的第一步。2003 年，借助国债资金开展市场信息化建设项目的支持，重点粮食批发市场信息化步伐加快，均已建立了先进、完善、统一的多模式综合电子交易平台，形成了粮食行业开展电子交易的基础。2006 年，《国家临时存储粮食销售办法》出台，国家有关部门第一次明文许可粮食可以进行网上流通。2007 年，国家通过中储粮总公司利用现代电子交易平台，实现了全年国内小麦市场价格的总体稳定，粮食电子交易平台逐渐成为国家宏观调控的重要载体。截至目前，以国家粮食交易中心建立的“全国粮食统一竞价交易平台”为依托，粮食主产区或主销区相继设立了区域粮食交易中心，已成为国家粮食宏观调控的重要平台。

（二）大型粮食企业是粮食网上交易的主要参与者，在线竞价交易是主要形式

由于粮食网上交易平台具有商品交易信息量大、交易保密性强、市场服务周全的优点，大大节约了买卖双方（粮食加工企业和粮食仓储贸易企业）的交易时间和交易费用。通过粮食竞价交易平台，粮食企业可以实现展示宣传商品信息、达成交易合同、选择最适宜的仓储提货点、网上银行转账、委托物流公司运输等诸多功能。此外，粮食网上交易还具有较强的第三方信用监管和资金划拨功能，由粮食批发市场对拟进场竞价的粮食首先进行品质评定，交易达成后交易市场还要负责保障交易合约的顺利达成和纠纷处理，并且委托银行统一进行资金划拨，有效控制了粮食网络交易的潜在风险。最后，从最终的成交价格来看，粮食网上竞价交易的成交价格普遍高于市场价，有力保障了粮食储存企业或代储点的综合收益和正常

运营，同时也更有利于粮食价格的“市场发现”，这对于满足社会粮食供给、做大做强粮食产业、保障国家粮食安全的意义重大。

（三）种粮农户参与网上交易的积极性较低

调研发现，仅有 16.7%的种粮农户使用互联网获取市场信息，且在这些人中约有六成以上的农户处于查询网络信息的“初级用户”，能够在线发布粮食购销信息和促成交易的农户较少[1]。究其原因，种粮收入偏低和种植规模偏小，阻碍了农户对粮食网上交易的采用意愿。

（四）大型粮食加工企业参与网上交易的意愿较强

调研发现，网上竞价是大型粮食加工企业的主要采购渠道，约占总体调查样本的 76.6%，粮食加工企业使用竞价交易的主要原因是保障交易、资金安全、一次性采购大量粮食和容易找到竞价标的[2]。

（五）粮食经纪人参与网上交易的意愿不高

调研表明，54.3%的粮食经纪人使用网上交易，参与的动机主要包括及时获得变动的市场信息，沟通比较方便，节约时间；其次，可以简化交易过程，与外地企业建立合作，卖出较高的价格，增加收益；最后，可以节约劳动力[3]。

二、河南省粮食网上交易的发展模式借鉴

（一）以“中华粮网”为代表的行业综合服务模式

1. 发展概况

成立于 2001 年的中华粮网（郑州华粮科技股份有限公司），前身为郑州粮食批发市场现货交易网，是由中国储备粮管理总公司控股，集粮食 B2B 交易服务、信息服务、软件技术服务、数据中心、增值业务等功能于一体的粮食行业综合性网站。

2. 发展优势

（1）粮食线上交易平台。通过中华粮网粮食交易平台在郑州国家粮食交易中心和分中心河南省粮食交易物流市场进行专场交易以外，还为福建、天津、甘肃、新疆、吉林等 10 个国家重点粮食批发市场，提供交易平台服务，实现粮食交易从传统举牌、场内招投标交易方式升级为线上交易。截

至2014年9月，通过中华粮网在线交易体系参与网上交易的粮食企业已有3 000多家，成交国家政策性粮食共计1亿多吨，成交金额超过2 000亿元。

（2）网络资讯服务。拥有各类信息栏目200余个，网站每日发布的文字信息、价格信息、供求信息等近400条，其中文字信息日平均达15万字；网站点击率平均每天100万次，最高日点击率140万次；定期发布粮食市场周报、月报、季报、年报等分析性报告，推出如短信、《粮网资讯》、专家论坛及个性化咨询报告等多种信息服务手段。

（3）资金支付。为了强化粮食在线交易体系的交易支持，中华粮网推出了“商易付”网上支付服务。“商易付”是针对粮食行业B2B在线支付平台，帮助交易企业安全快速实现在线支付，降低交易成本，提高资金使用效率。目前，“商易付”已经和中国工商银行、中国农业银行、中国交通银行、上海浦东发展银行建立了战略合作伙伴关系。

（二）以河南省粮食交易物流市场为代表的粮食竞价交易模式

1. 发展概况

河南省粮食交易物流市场有限公司是2004年由河南省粮食局建立的，集政策性粮食交易、农产品电子商务、粮食收储贸易、粮食散装物流为一体的大型复合型粮食批发市场。市场成立以来，市场会员单位3 000多家，共成交各类粮食7 500多万吨，粮食成交量位于全国省级粮食批发市场前列。

2. 发展优势

（1）政策性粮食交易。2016年，国家粮食交易协调中心正式上线运行，河南省粮食交易物流市场成为河南省唯一政策性粮食交易市场，举办国家最低收购价粮油交易会200余场次，成交各种政策性粮油234万吨。

（2）粮食收储。市场全资子公司河南豫粮物流有限公司拥有7个直属粮食储备库，总仓容近35万吨，2007—2015年累计收购最低收购价小麦100万吨，粮食累计经营量450万吨。2016年，先后和十余个省进行产销衔接和签署产销合作协议，不断拓宽产区粮食销售渠道，成功举办“中原粮食重庆行”活动，积极做好外省在河南省代储工作，与北京、广东和重庆签订代储协议，代储粮食20万吨。

（3）粮食物流。市场参股的河南金运散装物流公司是全国目前规模最大的汽车散粮专业运输公司，自主拥有散粮专用运输汽车65辆，面粉散装运输车辆 12 辆及 2 套面粉散运接收系统，最大调度能力 200 辆，累计运输散粮 420 多万吨。

（三）以中粮“粮达网”为代表的农粮贸易交易模式

1. 发展概况

处于探索阶段的“粮达网”成立时间较晚，由中粮集团和招商局集团于 2015 年 11 月联合注资。截至 2016 年 7 月，上线不足一年即创下 120 亿元的成交额，注册交易商数量已达到 3 100 多家，玉米、油脂油料、白糖等品种在平台的交易量已累计近 600 万吨。“粮达网”依赖于中粮自身拥有的农粮大宗商品贸易的市场经验及资源，已初步形成以交易、物流、融资、资讯、履约保障五大服务为基础的集约式综合服务粮食电子交易平台。

粮达网 2016 年新增交易商 2 982 家，累计注册交易商 4 350 家，现货挂牌交易总额高达 236 亿元。粮达网交易商遍布全国主产销区，以东北（辽宁省）、华南（广东省）居多，交易商以贸易商、饲料厂为主，粮库、深加工、油厂等类型企业也日渐丰富；谷物线交易商占比 85%左右，谷物是平台主要交易品种，玉米及小麦交易量占平台总成交量的 90%；寄售、购销、自主交易为平台主要交易模式。

2. 发展优势

（1）四链合一。粮达网建立起的是“四链合一”的服务模式，即信息链、物流链、金融链、资产定价链有机地结合在一起。简单来说卖家想卖粮或者买家想买粮，从联系客户到签订合同，再到货物交收，包括过程中的支付结算、物流运输、质量检测、金融服务等环节均可以通过粮达网一站式完成，也就是全产业链服务。通过构建“互联网＋农业产业化”合作模式，将粮达网“四链合一”商业模式向农业种植端延伸，联通生产端涉农企业、合作社、农户和市场端，优化农业供给侧结构，形成智慧农粮新经济生态圈多方共赢。

（2）物流保障。粮达网集成多方物流方案和资源，为客户提供智能物流解决方案。建立了物流供应商评价体系，严格的准入机制及不动产抵押担保制度为粮达网货物及资金的安全提供了有力的保障。

（3）供应链金融。粮达网与多家银行打通供应链金融合作模式，可对粮达网平台用户单笔业务直接融资，为近百家企业有效解决资金链周转难题。

三、河南省粮食网上交易的发展瓶颈

粮食网上交易还是一个新生事物，当前仍然面临着较多发展瓶颈和制约因素，如人才、意识、社会环境、网络技术、物流和信用等普遍问题，急需国家政策、粮食企业、互联网企业、金融企业、交通运输企业等多方合力。下面以河南省开展较为成熟的政策性粮食竞价交易为例，分析粮食网上交易存在的主要问题。

第一，粮食网上交易普遍采用会员制，参与限制门槛较高。从入场交易资格来看，几乎国内所有的粮食批发市场均采用会员制，入会门槛资格较高，一般的民营粮食储存点、中小粮食加工企业无法成为会员。根据调研结果，资本规模 3 000 万元以上的粮食企业是网上竞价的主力，占总体样本的 53.4%，参加国家临时存储小麦竞价交易和最低收购价竞价的买家（加工企业），交易市场要求日处理小麦能力在 100 吨以上（注册地在西藏自治区的企业不限加工能力）。

第二，粮食交易品种相对单一，网上交易市场活力有待激活。从竞价交易的粮食品种看，主要是受到国家调控的轮换粮，具有较强的政策指导性和约束性，粮食网上交易量取决于受上级主管部门给予的“指标”，而将来有可能发展的社会特色粮油所占交易份额较低，交易市场缺乏活力。调查显示，主粮网上交易约占电子交易量的八成以上，其他特色粮油品种（食用油、杂粮、副食等）的占比偏低。

第三，全国粮食统一竞价交易平台推广有限，区域性网上交易平台建设标准不统一。各地粮食竞价系统多数还是区域性平台，建设上缺乏统一标准，无法实现全国粮食竞价系统对接，重复建设现象存在。同时，粮食竞价系统较为初级、功能有待完善，网上拍卖交易过程较为枯燥且耗时较长。

第四，粮食电子交易平台的服务内容和管理体制有待完善。粮食加工会员企业普遍反映的网上交易线下提货难、交易纠纷、资金划拨速度慢等问题需要尽快解决。实地调研发现，粮食网上交易平台使用过程中普遍反映的问题包括：单次购买量受到限制、竞价系统培训时间较长、竞价等待时间长和交易手续费较高（双边收费，费率 8%）。

第五，由于受到国家粮食调控政策的限制，粮食网上交易受到管制。参加国家临时存储小麦和最低收购价竞价交易的买家（加工企业）受到较多监管和限制，交易市场要求每次购买小麦的数量不得超过本企业 15 天的加工用量，一个月累计购买量不得超过 30 天加工用量，且保证合同到期日后 30 天内将加工后的面粉全部投放市场完毕。

第六，粮食线上与线下价格差异，导致网上成交率波动较大。以 2017 年 3 月为例，国内小麦市场在整体有效供给不足的情况 下，价格震荡趋强，部分地区粮价已处于近年来的高位，政策性小麦拍卖成交走强，市场呈现“量价齐涨”格局。根据豫粮网的统计数据，3 月份小麦拍卖市场共投放粮源数量 1 050.25 万吨，实际成交 170.85 万吨，平均成交率 16.273%。相比之下，2 月份政策性小麦共投放 1 043.16 万吨，实际成交 95.44 万吨，平均成交率仅为 9.15%。

四、河南省粮食网上交易的发展对策及建议

粮食网上交易作为一种新兴的电子商务交易模式，是对传统现货市场交易功能的有效补充。发展粮食网上交易，对于推动粮食行业转型升级、加快粮食流通领域经营创新和振兴粮食产业经济的意义重大。

第一，加快粮食行业信息化建设，提高粮食电子商务意识。通过广泛运用大数据、云计算、物联网等现代信息技术手段改造传统粮食行业，将传统粮食生产、收储、加工、销售等环节与互联网思维相结合，解决产业链痛点，推动粮食行业转型升级、提质增效。

第二，加强粮食网上交易的宏观指导及行业管理。按照国家粮食局《关于加快推进粮食行业供给侧结构性改革的指导意见》，加快推进信息化和粮食行业发展深度融合，推动现代信息技术在粮食收购、仓储、物流、加工、供应、质量监测监管等领域的广泛应用，消除“信息孤岛”，实现互联互通。粮食网上交易平台的建设，既要避免“大而全”式的发展误区，也要严防重复投资、标准不统一的网站平台建设，行业管理部门尽早出台粮食网上交易平台的规范性建设标准，指导行业有序发展。

第三，鼓励大型粮食经营企业建立电子商务平台。积极发展“互联网＋粮食”，鼓励粮食经营企业创新营销方式，加强“线上线下”融合的电商平台建设。鼓励粮食批发市场、连锁超市、放心粮店等开展电子商务，加快发展粮油网络经济，有效拓宽粮食营销渠道。

第四，强化粮食综合电商平台的信息服务能力。通过互联网助力，粮食信息网站平台应更加注重信息能源整合，通过网站大数据挖掘和行业资

讯分析，提供精深的价格指数、交易预测、市场预警等服务，保证客户获得可靠资讯、一手粮源。此外，充分利用电视、报纸、网络、微信等媒体平台，及时发布市场供求、价格、贸易等信息，加强对农民、经纪人、收储加工企业等参与主体的信息引导。

第五，构建农粮电商生态，建立“一站式”农粮产业链服务体系。以大型粮食经营企业为核心，在开放共享的理念指引下，鼓励粮食企业与物流、金融、保险、科研、合作社、种粮大户等涉粮主体合作；打造集交易、物流、融资、资讯、保障于一体的一站式农粮电商服务平台，提供多种线上交易模式；在满足货物安全、品质保障、供需衔接的基础功能上，提供全程物流、金融信贷、避险套利等多种增值服务。

参 考 文 献

[1] 刘威．农户使用互联网获取市场信息的行为分析［J］．西北农林科技大学学报（社会科学版），2013（1）：46－53.

[2] 刘威．粮食加工企业粮食采购渠道与网上竞价交易行为分析［J］．农林经济管理学报，2014（3）：306－314.

[3] 魏明侠，邵开丽，郑爽．基于全产业链的粮食网上交易意愿与行为研究［J］．商业研究，2016（4）：139－146.

河南粮油加工业投入产出效率评价

——基于DEA的对比分析①

张　艳

（河南工业大学管理学院）

摘要：本文以2014年我国4位数水平分类的粮油加工业省级面板数据为基础，采用DEA方法，将河南与我国其他29个省份的粮油加工业投入产出效率进行了对比分析。研究结果表明：由于天然的资源优势，河南粮油加工业在企业规模和地理集聚2指标投入产出效率方面略优于其他3个指标，但与其他区域相比不存在显著的优势，导致纯技术效率和规模效率均无效，且规模效率递增。因此，未来河南粮油加工业一方面应提高技术装备水平和管理效率以提高技术效率，减少要素的无效损失，其中固定资产投资视为重点管理监测对象；另一方面，通过适度增加投入、扩大规模的手段获得规模效益，这对提高河南粮油加工业生产效率，促进产业健康发展具有重要意义。

关键词：粮油加工业；DEA；投入产出效率；对比分析

一、引言

粮油加工业是粮食再生产过程的重要环节和基础性行业，是粮食面向市场的主要后续加工产业，对构建新的粮食安全观指导下的国家粮食安全体系具有牵引带动作用和不容忽视的战略意义。而近年来，粮油加工企业面临托市收购价格导致的国内粮价居高不下和国际粮价低迷的双重挤压，“稻强米弱”、“麦强粉弱”现象进一步发展，粮油加工企业普遍呈现“三减一低”（收购量减少、加工量减少、销售量减少、销售价格低迷）的态

① 基金项目：国家软科学项目（2013GXS2B014）。

势[1]，部分粮油加工企业处于停产、半停产状态，亏损比较严重。如何提高粮油加工业效率，帮助粮油加工企业走出当前困境，是粮食部门亟待研究解决的问题。

河南既是粮食生产大省，也是粮食加工转化大省。2015 年河南粮油加工业总产值位居全国第六名、中部六省第三名，小麦和粮食食品加工业优势突出，小麦河南一省产能超过全国的 1/4，粮食食品加工业总产值约占全国的十分之一。虽先天具备产地加工等资源优势，但在全国粮食加工业日益激烈的竞争环境下，河南省粮油加工业整体发展情况并不乐观。2014—2015 年粮油加工业总产值连续下降，特别是 2015 年，年下降幅度达 21.5%；行业平均利润率不高，均低于 5%，占主要地位的小麦粉加工业利润率仅为 2.8%，食用植物油加工业甚至出现亏损。因此，定量分析河南加工业投入产出效率，找出其行业发展中存在的问题，这对未来河南粮油加工业发展方向和发展政策的制定具有重要的借鉴、指导意义。

目前，学术界关于粮油加工业的文献大多集中于行业现状、问题及发展对策的定性分析上，定量研究相对较少[2]。本文以 2014 年我国 4 位数水平分类的粮油加工业省级面板数据为基础，采用 DEA 方法，从综合有效性，单要素有效性和投入要素的冗余程度对我国 30 个省份（西藏除外）的粮油加工业投入产出效率进行了对比分析。并通过与其他省份的横向比较，找出差距，发现问题，以期为河南粮油加工业效率的提高和发展提供借鉴和依据。

二、产业效率影响因素

（一）生产要素

生产要素投入是产业发展的重要前提和物质基础。生产要素，一般包括劳动力、土地、资本、企业家才能四种，随着科技的发展和知识产权制度的建立，技术、信息也作为相对独立的要素投入生产。在我国经济增速逐渐放缓的大环境下，产能过剩的矛盾愈发突出，由此导致的更加激烈的市场竞争逐步压缩生产性企业的利润空间，有些企业与往年相比盈利能力下滑但仍有利润，有些企业却出现亏损甚至因亏损导致停产或倒闭。出现这种现象的原因除了企业的资产负债水平和管理能力的差异外，企业技术装备水平的高低是关键因素。

设备是技术的载体，是解放劳动力、提高生产率的重要工具。农机装备水平的测算及其区域分布特征的分析是农业研究领域重要分支。李卫等

(2014)[3]从农机装备的总量、结构和效益三方面对农机装备水平的区域不均衡性进行了综合测算，发现农机装备总量和农机效益之间呈倒“U”形的变化趋势。部分学者将技术装备水平作为工业生产率影响因素，并对其进行了实证检验。田素妍（2008）[4]利用 TOBIT 模型分析了技术装备水平、资本、劳动密度、所有制、企业规模、地理位置、管理水平和时间等因素对中国化学肥料制造业技术效率的影响。王振华（2011）[5]发现吉林省农产品加工业的 6 个因素中，企业管理水平与技术装备水平通过作用于技术效率和技术进步对全要素生产率产生双重影响，资本装备水平显著影响技术进步，进而对全要素生产率影响显著。

研发是技术进步的源泉。Aghion 和 Howitt（1992）认为技术进步是一系列随机创新的结果，而这些创新来自于企业的研发活动。研发经费的投入所带来的知识资本累积和技术进步是产业成长和生产率持续提高的关键动力（戴魁早，2011）[6]。国内外学者对研发投入和生产率之间的关系进行了大量的实验研究。我国研发活动大多集中在制造业，因此国内相关研究也主要集中在制造业。在产业层面上，张海洋（2005）以我国四位数制造产业为对象，实证研究发现 R&D 对技术效率作用不显著，只对技术进步有促进作用[7]。吴延兵（2006）通过估计不同的生产函数模型，发现高科技产业的研发产出弹性显著大于非高科技产业的研发产出弹性[8]。

（二）规模经济

理论界认为规模经济包含三个层次：企业规模经济、众多企业在局部空间上的集中而产生的聚集经济、建立在多样化经营基础上的规模经济，即范围经济。本文拟从产业层面研究规模经济对粮油加工业的影响，因此，主要关注企业规模和产业的地理集聚。

在现有的经济理论特别是企业经济学文献中，企业规模被赋予了多方面的规模经济的含义。一种观点是大企业观，认为大企业可以通过大规模生产实现劳动分工在更深层次的展开，从而产生经济效率；大企业可以采用大型的生产效率更高的设备大规模生产，从而降低生产成本；大企业能够在研究与开发上投放巨额资本小企业却不能，因此大企业的技术创新能力强于小企业。另一方面，认为大企业普遍患有“大公司病”——大企业机构庞大管理层级多导致的管理成本的增加、管理组织官僚化、决策和信息控制失真；大企业存在着员工激励上的难题；在研发投入规模既定的条件下，大企业的创新效率要低于小企业。第三种为适度规模观，认为企业规模是影响企业技术创新和组织绩效的重要因素，但是存在一个适度的企业规模[9]。国内实证研究结论对上述三种结论均有体现。

产业集聚作为产业演化过程中的一种地缘现象，是产业发展过程中的必然产物（孟丁和钟祖昌，2013）[10]。集聚所带来的地理接近使得企业通过资源共享降低了成本，也为企业间合作、劳动力的流动、新技术和新知识的传播创造了更加便利的条件，由此形成知识的溢出和扩散，有利于企业技术创新能力和劳动生产率的提高。同时，产业集聚还具有共生效应、协同效应、区位效应、结构效应等诸多优势，对区域产业布局和产业发展有重要影响（柴志贤和黄祖辉，2008）[11]。越来越多的国家和地区将产业集聚作为产业发展的重要战略方式之一。粮油加工业也不例外，国家粮食局《粮油加工业“十三五”发展规划》中也明确提出：“促进产业集聚发展充分利用现有资源和区位优势，推进企业适度集聚发展，形成一批具有较强竞争力的国家级现代粮油加工基地或产业集聚区”。

三、数据来源

由于西藏部分数据缺失，以我国 30 个省、自治区、直辖市为研究对象，通过将河南与其他研究个体的对比分析，探索河南粮油加工业的相对效率及改进方案和策略。本文涉及到多个输入、输出指标，因此采用 DEA 方法进行分析。所涉及的数据主要来源于国家粮食局流通与科技发展司编制的 2015 年《粮油加工业统计资料》和中国国家统计局编制的《中国统计年鉴》。

（一）输入指标

1. 资本投入

本文以年末固定资产存量来代表资本投入。鉴于粮油加工业历史数据获取困难和行业固定资产折旧率难以准确估计，因此，本文沿用李小平和朱钟棣（2005）的方法，使用固定资产净值作为资本投入。

2. 地理集聚

区域经济学中经常用区位熵（LQ）① 来衡量某一空间单元的专业化集

① 计算公式为：$LQ_{ki}=\dfrac{P_{ki}/P_i}{P_k/P}$，其中 P_{ki} 表示 k 地区 i 产业工业产值，P_i 表示 i 产业国内总产值，P_k 表示 k 地区生产总值，P 表示国内生产总值。

聚程度。一般来说，$LQ>1$，说明该区域形成了一定程度的产业集聚，具有专业化优势。

3. 企业规模

代表某地区粮油加工业的平均企业规模，反映某地区粮油加工业企业内部的规模经济，采用地区粮油加工业总产值除以企业数来表示。

4. 装备水平

采用各地区粮油加工业年末设备净值表示。

5. 研发活动

鉴于大部分省市粮油加工业 R&D 数据的缺失，文中以各地区粮油加工业专利获得数表示。

（二）输出指标

本文主要从产业规模和利润率两个方面来表示粮油加工业的产出水平。其中以各地区粮油加工业产值来代表产业规模，利润率由利润总额除以产品销售收入获得。

四、研究结果

（一）综合有效性分析

首先，本文应用所有的输入指标和输出指标，建立基于投入的 *VRS* 模型，得出综合的 *DEA* 相对有效性分析结果，结果如表 1 所示。

表 1　综合投入要素的粮油加工业 *DEA* 有效性分析结果

	省份	固定规模报酬（*CRS*）	可变规模报酬（*VRS*）		
		综合技术效率	纯技术效率	规模效率	变化趋势
主产区	河北	0.917	1.000	0.917	drs
	内蒙古	1.000	1.000	1.000	—
	辽宁	1.000	1.000	1.000	—
	吉林	0.698	0.784	0.890	irs
	黑龙江	1.000	1.000	1.000	—
	江苏	1.000	1.000	1.000	—
	安徽	0.980	1.000	0.980	drs
	江西	1.000	1.000	1.000	—
	山东	1.000	1.000	1.000	—

（续）

	省份	固定规模报酬（*CRS*）	可变规模报酬（*VRS*）		
		综合技术效率	纯技术效率	规模效率	变化趋势
主产区	河南	0.907	0.926	0.980	irs
	湖北	1.000	1.000	1.000	—
	湖南	1.000	1.000	1.000	—
	四川	1.000	1.000	1.000	—
主销区	北京	1.000	1.000	1.000	—
	天津	0.827	0.833	0.992	drs
	上海	1.000	1.000	1.000	—
	浙江	1.000	1.000	1.000	—
	福建	1.000	1.000	1.000	—
	广东	1.000	1.000	1.000	—
	海南	1.000	1.000	1.000	—
产销平衡区	山西	0.669	1.000	0.669	irs
	广西	1.000	1.000	1.000	—
	重庆	0.991	1.000	0.991	irs
	贵州	0.677	1.000	0.677	irs
	云南	0.719	1.000	0.719	irs
	陕西	0.684	0.740	0.924	irs
	甘肃	0.308	0.912	0.337	irs
	青海	0.370	1.000	0.370	irs
	宁夏	0.553	0.910	0.608	irs
	新疆	0.580	0.820	0.707	irs

除吉林、河南、天津外，粮食主产区和主销区粮油加工业纯技术效率大部分地区相对有效（$vrs=1$），纯技术效率无效区域主要集中在产销平衡区，分别为陕西、甘肃、宁夏和新疆。相对来说，规模无效区域更多。除上述纯技术效率无效的区域外，河北、安徽、山西、重庆、贵州、云南、青海等区域规模效率均小于1，且除河北、安徽、天津规模效率递减外，其余规模无效区域其规模效率均呈递增趋势。

河南粮油加工业虽然具有天然的资源优势，但其纯技术效率和规模效率都小于1，特别是纯技术效率较低，说明存在一定的要素无效损失，因此，未来应着眼于企业生产技术水平和管理水平的提高。同时，河南粮油加工业规模效率无效，且规模报酬递增。这说明一方面提高资源的配置效率，另一方面可以通过增加投入，扩大规模的手段进行改善。

（二）单生产要素有效性分析

为了对粮油加工业效率单个生产要素的有效性进行横向比较分析，本文应用单个输入指标，所有输出指标，建立基于输入的 *VRS* 模型，得出单生产要素的相对有效性分析结果，并用 SPSS22.0 对结果进行聚类分析，分析结果如表 2 所示。

表 2　单投入要素的粮油加工业 *DEA* 有效性分析结果

	省份	固定资产	装备水平	研发活动	企业规模	地理集聚	聚类结果
主产区	河北	0.375	0.369	0.574	0.307	0.434	1
	内蒙古	0.149	0.151	0.479	0.148	0.468	1
	辽宁	0.364	0.466	1.000	0.440	0.422	2
	吉林	0.165	0.343	0.287	0.335	0.263	1
	黑龙江	0.214	0.225	0.508	1.000	0.222	2
	江苏	0.519	0.458	0.127	0.638	0.960	3
	安徽	0.462	0.477	0.041	0.811	0.307	2
	江西	0.527	0.511	0.339	0.906	0.252	2
	山东	0.368	0.375	0.108	0.772	0.876	3
	河南	0.361	0.401	0.114	0.676	0.515	2
	湖北	0.481	0.403	0.179	1.000	0.404	2
	湖南	0.380	0.468	0.041	0.905	0.432	2
	四川	0.338	0.434	0.225	0.779	0.484	2
主销区	北京	0.499	0.851	0.067	0.048	0.317	1
	天津	0.576	0.581	0.192	0.051	0.232	1
	上海	0.442	0.484	0.059	0.122	0.743	3
	浙江	0.583	0.749	0.076	0.198	0.738	3
	福建	0.688	0.662	0.355	0.241	0.355	1
	广东	0.629	0.579	0.278	0.390	1.000	3
	海南	1.000	1.000	1.000	0.031	0.153	4
产销平衡区	山西	0.289	0.494	0.154	0.198	1.000	3
	广西	0.781	0.693	0.810	0.267	0.245	4
	重庆	0.458	0.635	0.056	0.142	0.393	1

（续）

	省份	固定资产	装备水平	研发活动	企业规模	地理集聚	聚类结果
产销平衡区	贵州	0.417	0.359	0.044	0.175	0.353	1
	云南	0.417	0.450	0.131	0.203	0.428	1
	陕西	0.469	0.442	0.156	0.149	0.322	1
	甘肃	0.201	0.189	0.067	0.106	0.275	1
	青海	1.000	1.000	1.000	0.017	0.614	4
	宁夏	0.184	0.174	0.334	0.166	0.103	1
	新疆	0.157	0.321	0.134	0.308	0.191	1

根据聚类分析的结果，海南、广西、青海单要素的相对有效性较高，属于第 4 类。这三个省份粮油加工业总体体量较小，但其单要素生产率有效性相对较大：海南和青海在固定资产、装备水平和研发活动等 3 个单要素综合技术效率均为 1，为少数的综合有效单元。江苏、山东、上海、浙江、广东、山西等 6 个区域属于第 3 类，该类区域主要集中在粮食核心生产区和经济发达的主销区，往往在两个指标上具有显著的优势。如地理集聚，上述 6 区域地理集聚单要素效率均高于 0.7，江苏更是高达 0.960，同时江苏和山东其企业规模效率也相对较高。属于第 2 类 8 个省份——辽宁、黑龙江，江西、安徽、河南、湖北、湖南、四川，全部集中在主产区，其综合相对有效性低于第 3 类。该类区域大多在某一类指标上相对效率较高，而其他不具有比较优势。1 类区域包含省份较多，约占总数的 43%，该类区域各类投入要素有效性均不具有明显优势。

河南作为粮食核心生产区，在企业规模和地理规模具有一定的优势，其规模效率均较为接近 1，但由于其纯技术效率较低，从而使得虽然规模效率稍微高于其他三个指标，但仍然无效，且与其他区域相比，优势不显著。其他三个指标，河南研发活动有效性最低，装备水平有效性相对较高，且其规模报酬递增，因此，未来河南粮油加工业发展应“加快推动高新技术产业化示范，推广先进实用、安全可靠、经济节约的新技术新装备，支持改造升级节粮节能加工成套装备生产线”，这与粮油加工业“十三五”规划的主要任务相一致。

（三）有效性改进分析

为了提高粮油加工业效率，偏离最优前沿面的单元需要对其要素投入情况进行调整，*DEA* 分析中的投入要素冗余为其提供了依据（表 3）。纯技术效率有效单元已经处于最优前言生产面上，因此，不存在投入要素的冗余。由于篇幅限制，本文仅为纯技术效率小于 1 的要素冗余情况进行分析。

表 3　粮油加工业生产要素投入冗余分析结果

省份		固定资产	装备水平	研发活动	企业规模	地理集聚
吉林	原值	226	43	41	1.019	1.026
	冗余	128	9	9	0.22	0.286
河南	原值	321	114	282	1.516	1.26
	冗余	80	8	21	0.113	0.094
天津	原值	76	30	63	6.997	1.052
	冗余	15	5	12	5.536	0.175
陕西	原值	54	23	50	1.404	0.544
	冗余	14	6	17	0.365	0.141
甘肃	原值	30	13	45	0.492	0.335
	冗余	6	4	11	0.043	0.035
宁夏	原值	62	26	16	0.668	1.561
	冗余	33	14	1	0.060	1.145
新疆	原值	132	26	51	0.578	0.849
	冗余	77	5	14	0.104	0.300

吉林、天津、河南、陕西、甘肃、宁夏和新疆纯技术效率小于 1，因此，在现有管理、技术水平下，各要素存在不同程度的冗余。大多数地区固定资产冗余相对较多，吉林，宁夏和甘肃冗余与原值的比例超过 50%，河南固定资产冗余 80 亿元，约占原值的 24.9%。河南其余 4 个变量冗余占比均在 7%左右。除固定资产外，宁夏在技术装备和地理集聚方面冗余程度都较高，特别是地理集聚，冗余比例高达 73.35%。结合区域发展情况，宁夏区位熵 1.56，高于其他大部分区域，但这主要是由于宁夏区域经济发展较为落后，地区产值较低，第一产业及农产品加工业占比相对较高。粮油加工业实际上尚未形成真正的集聚。天津虽然在企业规模上占据显著的优势，但其冗余比例也高，约为 79.12%。

五、结论

（1）河南粮油加工业虽然具有天然的资源优势，但其纯技术效率和规模效率都小于1且规模报酬递增。因此，一方面，应提高企业技术水平和管理水平，降低要素的无效损失；另一方面可以通过增加投入、扩大规模的手段获得规模效益。

（2）在5个生产投入要素中，河南在企业规模和地理规模方面具有一定的优势，其规模效率均较为接近1，但由于其纯技术效率较低，从而使得规模效率稍微高于其他三个指标，但仍然无效，且与其他区域相比，优势不显著。其他三个指标，河南研发活动有效性最低，装备水平有效性相对较高，且其规模报酬递增，因此，推广先进实用、安全可靠、经济节约的新技术新装备是促进河南粮油加工业发展的重要途径。

（3）由于纯技术效率无效，河南粮油加工业投入要素存在一定的无效损失。其中固定资产冗余占原有固定资产净值的比重最高，约为20%，其余指标冗余占比均小于8%。因此，提高粮油加工业固定资产投资效率，加强对现有固定资产的监管也至关重要。

参 考 文 献

［1］王瑞元．对制定“十三五”粮油加工业发展规划的几点建议［J］．粮食与食品工业，2016（23）：1-3.

［2］张艳．中国粮油加工业集聚水平实证研究［J］．农林经济管理学报，2015，14（1）：38-43.

［3］李卫，薛彩霞，朱瑞祥，郭康权．中国农机装备水平区域不平衡的测度与分析［J］．经济地理，2014，34（7）：116-122.

［4］田素妍．中国化学肥料制造业生产率研究［D］．南京：南京农业大学，2008.

［5］王振华．吉林省农产品加工业效率研究［D］．吉林：吉林农业大学，2011.

［6］戴魁早．中国高技术产业研发投入对生产率的影响［J］．研究与发展管理，2011，23（4）：66-74.

［7］张海洋．R&D两面性、外资活动与中国工业生产率增长［J］．经济研究，2005（5）：107-117.

［8］吴延兵．R&D与生产率：基于中国制造业的实证研究［J］．经济研究，2006（11）：60-71.

［9］战炤磊，王凯．产业集聚、企业规模与农产品加工业全要素生产率——来自江苏的证据［J］．中南财经政法大学学报，2012（5）：134-139.

［10］孟丁，钟祖昌．产业集聚的生产率效应及行业差异——基于中国工业行业的实证分析［J］．求索，2013（8）：39-40.

［11］柴志贤，黄祖辉．集聚经济与中国工业生产率的增长基于DEA的实证分析［J］．数量经济技术经济研究，2008（11）：3-15.

完善粮食应急供应体系的建议[①]

王　琳　邵开丽　李凤廷

（河南工业大学管理学院）

摘要：突发灾害通常会造成重大的人身和财产损失，严重威胁着人们的生命健康和财产安全。及时、充足的粮食供应不仅是应急救援活动的前提，更是灾区恢复重建的保障。由于我国粮食应急供应体系起步较晚，粮食应急供应网络建设不够完善，因此，对粮食应急供应体系的发展现状和存在问题进行研究，提出完善粮食应急供应体系的建议具有重要的现实意义。通过研究发现，我国粮食应急供应体系已初步形成，具有一定的应急保供能力，但仍存在应急储备网络不尽合理、储备品种还不完善、物流能力仍然薄弱、应急储备成本高、代储补贴缺乏相对统一标准、政府监管难度较大等问题，因此本文提出要落实粮食相关法律法规、健全粮食安全省长负责制及粮食应急供应体系、提高粮食应急供应三大能力、完善四级应急预案、推进粮食应急供应体系的五大任务，以提高我国粮食应急供应能力，完善粮食应急供应体系。

关键词：粮食安全；突发事件；应急供应体系

在粮食价格异常波动、非常规突发事件频繁发生的背景下，粮食应急供应尤为重要，是满足民众饮食需求、维持社会团结稳定和保障国家粮食安全的重要举措[1-3]。为此，需要夯实粮食应急供应的法制基础，健全粮食安全省长负责制度和粮食安全应急管理体制，提升粮食监测预警能力、应急指挥调度能力和区域应急联动能力，完善国家、省、市和县四级粮食应急预案，推进粮食应急供应网络、应急配送、应急加工运输、“放心粮油工程”和主食产业化等任务，实现我国粮食应急供应体系的健康发展。

① 基金项目：国家社会科学基金项目（14BGL062），（17BGL126）河南省教育厅人文社会科学研究项目（2008－22JH－111），河南工业大学高层次人才基金项目（2015SBS014）。

一、发展现状

其一，建立了比较完善的粮食储备体系，具有扎实的应急保供基础。我国粮食储备发轫于新中国成立初期的“甲字粮”[4]，经过60多年的努力，现已发展为以中央储备和地方储备为基础、全社会多层级的粮食储备体系，引入先进的储备粮库和粮食装备设计理念，设计了先进适用的储粮仓型、智能高效的“四合一”储粮新技术和便捷通畅的储运网络，形成了现代化的粮食储备系统，为应对非常规突发事件、进行粮食宏观调控奠定了扎实的基础[5-6]。

其二，构建了较为合理的粮食应急网络，粮食应急体系初步形成。我国粮食储备体系主要由三部分组成，即国家公共储备、企业商业储备和农户储粮，在我国粮食储备体系发展的过程中出台了很多政策鼓励社会上的企业和农户进行粮食储备。按照储备主体来分，我国粮食储备体系有政府粮食储备和社会粮食储备两种，政府粮食储备又分为中央和地方两级储备。如果按照粮食类型来划分，可以分为原粮储备体系和成品粮应急储备体系，目前我国已经建立了较为完善的国家级、省级、市级、县级原粮储备库，这些原粮储备在应对突发灾害事件、平抑粮食市场价格方面起到了关键的作用。成品粮的应急储备则刚刚起步不久，目前正在规划和建设成品粮应急储备库，逐步建成和完善成品粮的应急储备体系。

其三，增强了较为全面的宏观调控能力，应急保障水平显著提高。“十二五”期间，我国粮食行业各项工作取得显著成效，收储总量连创新高，宏观调控能力不断增强，基础设施不断完善，产业实力逐步提升，有效促进了粮食增产、粮农增收及粮食市场供应稳定，有力保障了国家粮食安全。“十二五”期间，我国建立应急加工企业数量达到5 815家，应急供应网点数量达到4.4万个，改建区域性配送中心90个，粮食应急保障能力显著提升；消除粮食露天存粮比例达20%，原粮跨省散运比例达到30%，粮食收储及物流水平显著提升；面制主食品工业化率达到20%，米制主食品工业化率达到10%，粮油加工业主营业务收入显著提高；国有粮食收储企业信息化升级改造覆盖率达到13%，粮食产业技术创新联盟数量达到3个，粮食行业信息化水平显著提高；国家粮食质量检验检测机构数量达到357个，制修订标准484项，粮食质量安全保障能力显著提升。

二、存在问题

虽然我国粮食应急储备网络建设已粗具规模，原粮储备及应急加工体系已较为完善，具备一定的应急保障能力，但仍存在以下问题：

（一）粮食储备网络不尽合理

我国粮食储备集中在产区，而粮食安全的压力主要在销区，在粮食安全省长负责制还不健全和产销衔接还不顺畅的情况下，粮食安全压力倍增。河南省作为我国粮食的主产区，建设了大量的储备设施，几乎占据了全国 10%的仓容量，而作为主销区的广东省仓容量不足 3%，储备设施严重缺乏。产销区之间储备设施建设的不平衡，会导致突发灾害事件发生后粮食调运所产生的一系列问题，为政府带来沉重的压力。

（二）粮食储备品种还不完善

粮食储备大多是稻谷、小麦、玉米等原粮，近年来虽强化了小麦粉、大米和植物油等成品储备，但储备机制仍不健全，一些地区流于形式，不能适应非常规突发事件突发性强、危害性大、波及面广等特征。

（三）粮食物流能力仍然薄弱

目前，粮食储备库还以平房仓和楼房仓为主，相对缺乏可实行广泛应用机械化作业的圆筒仓型。需要特别关注的是，一线城市等粮食主销区的基础物流设施设备落后，导致粮食储备、调运过程中效率低下，成本过高，直接影响政府对粮食市场及粮食安全的宏观调控能力。

（四）粮食应急储备成本高，尤其是成品粮

造成粮食储备成本高的原因主要包括以下几个方面：

首先，库存持有成本高。库存持有成本高主要是由于储备量不合理造成的，各地区的储备量有很大的随意性。储备量过大会增加库存持有成本，同时造成不必要的浪费；储备量过小又无法形成规模优势，不利于库存持有成本的降低。

其次，轮换成本高。导致粮食储备过程中轮换成本高主要原因有：仓储设施设备落后导致粮食轮换作业时损耗较大；低温仓库设施设备建设不

到位，导致粮食储备周期较短且容易受季节变化影响，尤其在7—9月份粮食的轮换次数必须增加，从而使得轮换成本增加；各地代储企业在粮食轮换时间上缺乏统筹性和协调性，容易出现集中抛售和采购，对粮食市场进行冲击，无形中增加了轮换成本[7]。

最后，粮食仓储成本高。由于粮食属于易腐品，对仓库温度、湿度有较高的要求，但目前大多数储备库功能不健全，库内无法实时保持粮食储备所需的温度及湿度，同时气密性监测、虫情检测等作业环节还没有完全智能化，加大了相关保障作业的频率，使得粮食仓储成本居高不下。

（五）粮食代储补贴缺乏相对统一的定额标准

目前政府对粮食应急代储的补贴通常按企业承担的粮食应急储备任务实行费用及利息定额补贴，但各地储备粮的费用和利息补贴定额相差较大。补贴定额一般是按近几年粮食储备的平均市场价格来确定一个固定价格作为定价机制，但事先定价这种模式存在很大的弊端。由于粮食受储备环境影响较大，对代储企业设施设备及储备技术要求过高，在粮食储备过程中一旦出现人工失误或者自然环境变化，代储企业将承担较大的经济损失，事先定价一旦不合理，代储企业就很有可能做出一系列投机行为，最终影响粮食向灾区的应急供应。所以如何科学的制定补贴标准十分必要。

（六）政府对代储企业监管的难度较大

目前地方政府对代储企业粮食储备状况多采用人力督查的传统方式进行监管，效率低下的同时成本较高。由于代储企业和供应网点数量众多，新的监管技术和方式尚未普及，政府对代储企业和供应网点的实时监督难度较大。粮食应急代储监管制度及法律法规的不健全，导致政府对代储企业行为约束带来一定的困难。

三、对策建议

（一）夯实一个基础

从国内外应对突发事件的经验看，“一案三制”是应急管理体系的核心支柱，其中的应急法制更是重中之重。目前，我国虽先后颁布实施了《粮食流通管理条例》和《中华人民共和国突发事件应对法》，但前者属于行政法规，而且局限于粮食流通领域，对保障国家粮食安全的法律效力有限；后者适用于一般的应急物资，对兼具基础性、公益性和战略性等特点的粮食储备实用性不足，急需一部专业化的粮食法律来保障粮食安全。事实上，我国自古就有《云梦秦简》等与粮仓相关的法律，近年来我国制定《粮食法》的呼声虽高，但却迟迟未能出台，粮食应急供应的法制基础还不够坚实。国务院法制办于 2012 年 2 月和 2014 年 11 月两次公布《粮食法》，公开向社会各界征求意见，进一步印证了《粮食法》的重要地位。《粮食法》的颁布与实施，将使我国粮食安全的法律地位得到强化，而与粮食应急供应的相关措施也将得到法制保障[8-10]。

（二）健全两种制度

一是健全粮食安全省长负责制。我国粮食产销分布不平衡，粮食安全省长负责制还未完全落实，部分地方粮食安全意识淡化，放松粮食生产，忽视粮食流通。2015 年 1 月颁布的《国务院关于建立健全粮食安全省长负责制的若干意见》明确指出，省级人民政府首长必须切实承担起保障本地区粮食安全的主体责任，全面加强粮食生产、储备和流通能力建设，这是新形势下保障我国粮食安全的关键举措。二是健全统一领导、分级管理、属地为主的粮食应急管理体制。我国一些地方在保障粮食安全方面还存在过度依靠中央的现象，对突发事件的分级负责、分级响应还不太完善。《中华人民共和国突发事件应对法》指出，国家建立统一领导、综合协调、分类管理、分级负责、属地管理为主的应急管理体制。对粮食应急供应体系而言，粮食应急管理体制的建立健全必须遵从《中华人民共和国突发事件应对法》，切实加强对地方政府在应对突发事件中的责任。而且，这种应急管理体制也在《粮食法》（送审稿）中作了明确规定。

（三）提升三大能力

一是提升粮食监测预警能力。监测预警系统是粮食应急供应体系的第一道防线，应进一步落实粮食经营信息统计报告制度；对主要粮食品种的价格和库存进行动态监测；发挥物联网、大数据等先进信息技术在粮食监测预警中的作用；完善粮食应急预警指标体系。二是提升粮食应急指挥调度能力。指挥调度能力是突发事件后快速响应的关键，应提高粮食应急体系的信息化水平；建立信息通畅的应急指挥系统；加强教育培训与应急演练，增强粮食系统干部职工的应急意识，提高业务素质和水平。三是提升区域应急联动能力。重大突发事件通常超越行政区划范围，需要不同地区粮食部门的“合力”与“联动”。为此，应建立产销协调机制，促进产区与销区之间的互助合作；与周边省市建立互联互通机制，共享粮食数据信息，探讨粮食发展态势，共同应对区域粮食危机[10-12]。

（四）完善四级预案

我国虽已建立国家、省、市和县四级粮食应急预案，但预案编制的情景并不清晰，不同突发事件性质各异，应对措施也不相同。为此，不同地区需要根据历史资料进行统计分析，遴选少数几个最有可能发生的粮食突发事件，将其作为应急预案的情景构建，并结合当地资源和已有能力进行危险识别、脆弱性分析和风险分析，提高预案的针对性和实用性。同时，还应进一步补充与粮食应急活动相关的众多附件和协议，包括：风险分析和情景构建、组织联系和专家通讯、法律法规和应急资源、教育培训和应急演练、技术支持和互助协议等，提高粮食应急预案的有效性和可操作性。

（五）推进五大任务

一要健全粮食应急供应网络。应急供应网络是粮食应急体系的物质基础，应在情景分析的基础上优化储运网络布局，增设或新建粮食应急供应网点，提高网络覆盖率。二要提高粮油应急配送能力。配送能力是粮食救助“最后一公里”的关键，需要加强资金投入，建设粮食应急配送中心，尤其要加强省级、特大城市和自然灾害频发地区的应急配送中心和应急保障基地建设；与物流企业信息对接，充分利用社会物流资源，提高信息传递的及时性；探索海陆空联运的多元化配送方式，特别要加强粮食空运平台建设，提高应急配送的可靠性。三要提高粮油应急加工和运输能力。我国粮食储备多为原粮，很多情况下还要进行紧急加工。为此，应将资质条件佳、加工能力强的粮油企业纳入应急加工网络；支持应急加工企业进行技术改造升级；加强应急加工骨干企业仓储条件和设施改造，提升粮食应急运输能力。四要深入推进“放心粮油工程”。“放心粮油工程”是粮食应急供应体系的重要实体，需要进一步改造升级城市社区和乡村“放心粮油”网点；加强粮油产品零售终端建设；健全和完善经营者诚信档案管理制度。五要加快推进主食产业化。主食产业化是“食”“粮”有效对接的手段，应进一步支持主食产业化装备企业技术升级，建设主食加工中心和主食厨房，提高食物应急活性。

参 考 文 献

[1] 刘东竹．建立健全粮食应急体系确保市场稳定［J］．中国粮食经济，2014（7）：22－26.

[2] 刘铁民．应急体系建设和应急预案编制［M］．北京：企业管理出版社，2004.

[3] 任正晓．守住管好“天下粮仓”［J］．求是，2013（9）：26－28.

[4] 吴娟，王雅鹏．我国粮食储备调控体系的现状与完善对策［J］．农业现代化研究，2011，32（6）：661－665.

[5] 佘廉，蒋珩．区域突发公共事件应急联动体系亟待建设［J］．武汉理工大学学报（社会科学版），2007（2）：162－170.

[6] 韩松．河南省粮食现代物流的产业关联分析［J］．安徽农业科学，2010，38（3）：1627－1628，1632.

[7] 韩永飞．应急成品粮储备成本控制研究［J］．价格理论与实践，2013（5）：79－80.

[8] 和春军，赵黎明，张亚兰等．中心城市粮食储备体系研究［J］．河北学刊，2010，30（5）：147－149.

[9] 娄源功．基于国家粮食安全的专项储备粮规模研究［J］．农业技术经济，2003（4）：6－12.

[10] 宋维佳．我国粮食储备体系重组的基本分析［J］．财经问题研究，2006（3）：10－15.

[11] 孙大为．试论完善中国粮食储备调节制度的若干对策［J］．经济与管理，2005，19（1）：5－8.

[12] 张昌彩．国外粮食储备管理及其对我国的启示［J］．经济研究参考，2004（24）：33－43.

我国粮食目标价格的功能定位与路径选择①

李利英　肖开红

（河南工业大学粮食现代物流管理创新团队）

摘要：瞄准粮食生产行业的特殊性，对当前我国粮食最低收购价政策进行改革，建立以目标价格反周期补贴为核心、以国家储备和种粮直补为配套的粮食目标价格政策体系。采用目标价格替代最低收购价政策，发挥市场机制对粮食价格形成的决定性作用，实施政府补贴与粮食价格形成机制脱钩，充分发挥市场与政府各自的功能优势；调整政府粮食储备体系职能，科学核定国家粮食储备的合理规模，发挥政府储备体系对保障口粮安全的直接作用；改革粮食直接补贴方式，提高粮食直接补贴力度，让种粮直接补贴成为提高种粮比较收益的主要途径。鉴于当前我国粮食市场价格尚未真正建立，为避免政策调整造成粮食产量大幅波动，本文建议按“两步走”策略来实施我国粮食目标价格制度。

关键词：农业补贴政策；粮食目标价格；功能定位；路径选择

一、引言

粮食补贴政策是世界各国支持粮食生产、保障种粮者收入最直接、最有效的手段。美国作为全球农业最发达的国家，其农业发展得益于国内持续、科学的农业补贴政策。时至今日，美国已出台17部农业法案，美国以农业法案的形式将农业补贴政策制度化、法律化，并根据国内农业发展现状和全球农产品市场竞争需要，适时对农业补贴数量、补贴方式、补贴

① 基金项目：河南省高等学校哲学社会科学研究优秀学者资助项目（2014-YXXZ-16），河南省高等学校哲学社会科学创新团队支持计划“粮食现代物流管理”（2014-CXTD-06）。

领域和补贴对象等关键内容进行改革。美国农业补贴政策改革历程蕴含着大量的经验，值得世界各国学习借鉴。

我国是农业大国，农业人口多，农业占 GDP 的比重大，科学、合理地补贴农业发展是关系到农民增收、国家粮食安全和国民经济发展的头等大事。我国农业补贴政策起始于 20 世纪 50 年代，并以粮食为主要补贴对象。2004 年以来，我国对主要粮食作物实施了最低收购价补贴制度，该政策极大地提高了农民种粮积极性，对保障国家粮食安全起到了积极作用（冯海发，2014）。但随着该政策的持续实施，逐渐暴露出导致粮食价格倒挂、国家财政包袱过重和社会物价过高等弊端。因此，适时对我国粮食补贴政策改革势在必行。

2008 年，我国出台《国家粮食安全中长期规划纲要（2008—2020 年）》提出，逐步完善最低收购价政策，建立符合市场化要求和我国国情的新型粮食价格支持体系，探索研究粮食目标价格补贴制度。2014 年，我国启动了东北和内蒙古大豆、新疆棉花的目标价格补贴试点工作，为探索主粮目标价格制度积累经验。2015 年中央 1 号文件再次强调完善农产品价格形成机制，总结改革试点经验，完善补贴方式。2015 年 10 月，十八届五中全会通过的《中共中央关于制定国民经济和社会发展第十三个五年规划的建议》指出，“十三五”期间要完善农业补贴政策，改革农产品价格形成机制。可见，建立以目标价格为核心的农产品价格形成机制是未来我国粮食补贴政策改革的主要内容和基本方向。然而，目前理论与实践界对如何实施目标价格政策尚未形成统一意见。

基于上述背景，本文以探索粮食目标价格制度的功能定位与实施路径为研究内容，首先对粮食目标价格政策理论与实践的现状进行分析；其次，从粮食生产的特殊性来阐述粮食目标价格政策的功能定位，基于此阐述粮食目标价格的内涵和政策体系构成；最后，对粮食目标价格政策改革路径进行设计和阐述。通过本文的研究，旨在为推进我国粮食补贴政策改革提供理论借鉴，同时为当前农产品目标价格改革试点工作提供理论参考。

二、粮食目标价格理论研究与改革试点现状

（一）粮食目标价格内涵及测算依据研究

目前，国内理论界对粮食目标价格内涵的理解存在分歧，并存在两种

主要观点。部分学者认为目标价格是一种上限价格（伍世安，2012；张千友，2011；王双进，2014；黄季焜等，2015）。如伍世安（2012）认为目标价格是“政府设置的一种上限价格，通过最低收购价和目标价格的共同作用，将粮食价格稳定在一个较为合理的区间内”。张千友（2011）提出粮食目标价格是“粮食市场价格变动的合理上限”。王双进（2014）认为，“粮食目标价格是一种上限价格和政策性参考价格”。黄季焜（2015）认为目标价格政策应“以抵御市场风险为主，以促进农民增收为辅”。另一部分学者认为目标价格是政府补贴农民收益的下限标准（吉林省物价局粮价课题组，2009；戴冠来，2009；王文涛，2011；冯海法，2014）。如吉林省物价局粮价课题组（2009）认为目标价格是为了促进种粮比较收益合理，在最低收购价基础上对生产者价外补贴，因此目标价格水平高于最低收购价。戴冠来（2009）、王文涛（2011）认为目标价格的主要功能是提高农民收入，一般要高于市场价格和最低收购价。冯海发（2014）认为目标价格是对农民实施的一种价格差额补贴，其发挥的实质性作用仍然是最低收购价的作用。上述学者对粮食目标价格内涵的认识差异源自于他们对目标价格功能的不同理解，持有上限价格观点的学者认为目标价格主要用于保障农民的基本收益，而持有下限价格观点的学者认为目标价格主要是提高种粮比较收益。

基于对粮食目标价格内涵的不同理解，不同学者对粮食目标价格的测算依据也持有不同观点。一种较为主流的观点将“完全成本＋合理利润”作为测算的主要依据。如吉林省物价局粮价课题组（2009）认为，目标价格是在最低收购价基础上为促进种粮比较收益合理而确定的价格标准，因此目标价格应遵循“最低收购价＋生产者价外补贴”的制定思路，目标价格具体计算公式为：目标价格 ＝ 有效价格（市场价格或最低保护价＋直接补贴）＋反周期补贴率。戴冠来（2009）提出确定目标价的价位应有利于缩小城乡收入差距、促进农民收入持续增长，目标价是反映粮食完全成本和合理利润的价格。冯海法（2014）认为目标价格制定要能够弥补农业生产成本，保持农民合理收益。也有学者对上述主流观点提出了不同看法，如伍世安（2012）、黄季焜等（2015）认为不宜采用“完全成本＋合理利润”的思路来确定目标价格，且伍世安（2012）提出粮食目标价格政策目标应定位于保障国家粮食安全、均衡城乡居民收入、协调现货期货价格、衔接国际国内粮价和控制物价总体水平五个方面，因此粮食目标价格是上述五个目标相对应的目标价格及其权重的合成价。张千友（2011）认为粮食目标价格测算应坚持完全成本、平均收益、渐近调整和理顺差价等四个原则，目标价格的计算是在“完全成本＋合理利润”的基础上，再乘上城乡收入调整系数、地区调整系数和季节调整系数。李林茂，余耀明（2011）、王双进（2014）认为粮食目标价格测算依据还应考虑体现市场供求关系、与国际市场价格保持联动和环境成本等。

综上可知，国内学者对我国粮食补贴政策改革的必要性已形成共识，并对建立以目标价格为核心的粮食补贴政策改革方向予以认同，但是对粮食目标价格的内涵与测算依据等关键问题尚存在争议，而争议的焦点源自不同学者对粮食目标价格政策功能定位的认识不同。

（二）粮食目标价格改革试点情况

2014 年，我国启动了新疆棉花、东北和内蒙古大豆目标价格补贴试点工作，该试点工作是对我国现行最低收购价及临时收储政策的改革，旨在探索推进农产品市场价格形成机制与政府补贴脱钩，理顺政府与市场的职能，从而在保障农民利益的前提下充分发挥市场在资源配置中的决定性作用，将价格形成交由市场决定，以促进产业上下游协调发展。

目前，目标价格试点工作已取得了初步成效：一是引导棉花、大豆的价格向市场均衡价格回归，市场机制在价格形成中逐步发挥决定性作用（王文涛等，2015）。2014 年，新疆棉花市场销售价格为 1.3 万～1.4 万元/吨，远低于 2013 年收储价格 2.04 万元/吨，接近于进口棉花到岸价格，棉花市场价格形成机制已基本建立（黄季焜等，2015）。二是保障了农民基本收益，促进了大豆、棉花下游产业发展。根据黄季焜等（2015）调研发现，2014 年启动目标价格补贴后，新疆棉农扭亏为盈，每亩利润为 734 元，且轧花厂收购棉花均价比 2013 年降低了 30%，降低了棉花下游纺织产业的原料成本。王文涛等（2015）也表示目标价格改革使大豆价格回归市场价格，缩小了国内外大豆市场价差，有利于恢复国内大豆产业的市场活力。三是实现了价补分离，提高了补贴效率。按 2014 年目标价格试点办法，国家财政为试点区域的棉花和大豆每吨补贴约 6 000 元和 400 元，这部分补贴直接发放至种植者手中，减少了中间环节的侵占，使种植者获得了实实在在的补贴。

棉花和大豆的目标价格试点工作虽取得了初步成效，但也存在较多突出问题。黄季焜（2015）通过对新疆实地调研结果表明，实施目标价格政策不仅财政成本与风险巨大，而且实施成本高，影响地方政府日常中心工作，还存在滋生腐败和引发社会不稳定等隐患，因此建议政府慎用目标价格政策。王文涛等（2015）调研发现，目标价格政策短期内对提高大豆产量和保障农民收益的作用有限，主要是由于目标价格水平低、补贴对象难落实、补贴面积难统计等因素制约了政策效果的实现。在清华大学举办的“2015年中国农村发展高层论坛”上，与会专家也表示我国当前农业补贴改革遭遇“两难”困境，对粮食目标价格改革如何继续推进意见不一致。作为目标价格的主要倡导者程国强坦言，2014年棉花、大豆试点工作的效果不是很好，而且目标价格在实际操作中确实比较困难，执行操作成本高，使政府在是否让临时收储政策退出、用目标价格替代上难以决断。

由上述分析可知，目前理论界对我国粮食目标价格的功能定位尚未形成共识，在实践中也陷入进退两难困境，本文认为其根源在于没有紧扣粮食生产的特殊性来研究粮食目标价格的功能。

三、粮食目标价格的功能定位

本文认为制定粮食目标价格政策必须从粮食生产的特殊性出发，从而明确粮食目标价格的功能定位，并且按照一项政策手段实现一种政策目标的思路，构建粮食补贴政策体系，从而提高政策工具的精准性和有效性。

（一）粮食生产的根本特性

世界各国之所以对粮食生产普遍实施补贴政策，主要是因为粮食生产具有突出的三大特性：外部性、自然风险和市场价格风险。

粮食是人们生活必需品，具有国家公共品属性，因此提供粮食来源的生产性活动具有明显的外部性。我国人口多，人均耕地较少，为居民提供口粮安全的任务艰巨且长期存在，因此粮食生产的外部性显得格外突出。另外，粮食生产是以生命有机体作为生产、加工对象，生产周期长且受自然规律影响大，再加上农业生产领域的科技应用和基础设施投入不足，因此粮食生产往往面临着较大的自然风险和较低的收益，行业弱质性特征明显。从市场供需结构来看，粮食生产面临着近乎完全竞争的市场，粮食生产为社会提供的是初级农产品，产品差异程度较低，产业进入壁垒低，生产者众多且比较分散，因此粮食生产者面临着较大的供给弹性；同时，粮食作为一种生活必需品，需求弹性却较小。粮食生产面对着供给弹性大、需求弹性小的市场结构，使得在买方市场条件下很容易形成过度竞争的不利局面，给粮食生产带来较大的价格风险，引发“谷贱伤农”的现象。

粮食生产的三大特性中，自然风险性是最根本的特性。粮食生产的自然风险与农作物生长规律、自然气候条件和农业基础设施密切相关，是人类难以控制和改变的外在风险，直接制约了粮食生产规模和产量的扩大，从而导致粮食安全问题，使得粮食生产的外部性凸显；自然风险性也加剧了粮食市场价格波动，并与粮食生产周期性叠加，使得粮食市场价格风险放大，极易导致“谷贱伤农”现象。因此，本文认为粮食目标价格应瞄准粮食生产中的自然风险，以抵消或熨平自然风险对粮食市场价格的冲击为主要功能，从而避免粮食价格大起大落，为保障农民基本收益和稳定粮食市场价格起到重要的稳定器作用。

（二）粮食目标价格的功能定位

当前，国内学者对粮食目标价格的功能定位持不同意见。多数学者主张粮食目标价格政策应具备保障国家粮食安全和提高农民收入的必备功能（张照新等，2007；吉林省物价局粮价课题组，2009；戴冠来，2009；辛翔飞，2011；王文涛，2011；冯海法，2014）。也有些学者提出目标价格政策的多元化目标，如程国强（2011）提出目标价格政策还应具备协调现期货价格、衔接国际国内粮价、控制物价总水平等多元化目标；丁声俊（2014）等还将食品质量安全和生态安全也纳入该政策目标。对粮食目标价格赋予多重目标将导致该政策在实际操作中会面临多重困难：一是目标价格难以制定，伍世安（2012）认为粮食价格是其价值的一种表现形式，其实际值不可能通过对成本和收益的核算而求得，而需要通过在市场上的相对比较才能展示出来。二是市场机制难以发挥，产业结构扭曲现状难以改变。赋予目标价格多重目标，尤其是将政府的职能（如保障国家粮食安全、提高种粮比较收益等）强加于目标价格之上，将导致价、补分离的改革目标难以实现，粮食价格信号机制难以发挥，粮食生产局部过剩的局面将难以改变，不利于农业产业结构调整与优化。三是政策实施难度大。从目前大豆和棉花试点效果来看，被赋予了多重目标的目标价格试点工作面临着巨大的实施成本，且伴随着较大的风险隐患（黄季焜等，2015）。对此，部分学者主张应简化粮食目标价格的功能，并提出目标价格政策应以抵御市场风险为主要目的（黄季焜等，2015；李利英等，2015），这种观点为破解当前粮食目标价格改革困局提供了新思路。

纵观我国历次粮食补贴政策改革，在粮食补贴政策制定和实施过程中，也多以问题为导向，往往赋予一项补贴政策多个功能，如粮食最低收购价政策同时肩负着保障粮食安全和增加农民收入的双重工作，因此在保障农民收入的同时，对粮价的行政干预破坏了市场机制，导致粮食价格倒挂、国家财政包袱过重和推高消费物价等弊端。

综合前文分析，本文认为应简化粮食目标价格的功能，将保障国家粮食安全和提高种粮农户比较收益等政府职能从目标价格功能中剥离出来，将粮食目标价格的功能聚焦于引导粮食价格回归于市场长期均衡价格，从而消减或熨平由于粮食生产面临的自然风险所引发的粮食价格大幅波动，从而维持粮食价格的相对稳定性。本文结合粮食产生的特殊性，主张对粮食目标价格功能的精准定位有助于聚焦粮食目标价格的主要功能，降低目标价格测算的复杂性和实际操作难度；有助于运用市场机制引导粮食价格回归市场均衡价格，从而保持目标价格的长期稳定性，引导农民进行长期农业投资，调整农业生产结构，发挥比较优势。

四、粮食目标价格的内涵及目标价格政策体系

（一）粮食目标价格的内涵

根据前文对粮食目标价格的功能定位，本文认为粮食目标价格是指国家在一定时期内采集的由市场供求关系决定的粮食市场价格的平均价，从性质上讲就是由市场机制形成的“长期均衡价格”。国家以此价格为标准对粮食实行反周期补贴，从而弥补由市场价格剧烈波动导致的收入损失。种粮农民以目标价格为市场信号，调整种植品种，优化种植结构，提高市场竞争力。需要指出的是，该目标价格从数量上讲并不包括对粮食生产承受自然风险的补贴，对粮食生产的自然风险和外部性补贴主要依靠粮食直接补贴和政府收储职能来完成，且直接补贴标准从理论上讲就是粮食生产的社会收益高出个人收益的部分，从而可以实现补偿粮食生产的外部性、均衡城乡收入的目标。

本文对粮食目标价格内涵的界定与现有理论与实践相比，主要有两点不同：一是本文将市场供需关系作为粮食目标价格形成的决定性力量，改变目前理论与实践界普遍以政府作为定价主体的做法，减少粮食价格形成过程中的行政干预，让市场力量在粮食价格形成及资源配置方面发挥主导作用。二是厘清了市场与政府各自的职能，并发挥二者功能优势。当前理论与实践界普遍采用“成本＋收益”的目标价格定价思路，这种定价思路

仍沿袭着价补合一的最低收购价做法，无法有效改变当前粮食价格倒挂、市场机制被扭曲的现状，并最终将演变为最低收购价格政策的变异形式。本文采用由市场供需关系决定粮食价格的主张将实现粮食补贴政策价、补分离，将价格形成交由市场决定，将保障国家粮食安全和提高种粮者收益的任务交由政府职能来完成，实现了对政府和市场功能的精准定位，并发挥政府与市场各自的功能优势。

（二）粮食目标价格政策体系

根据前文的分析，粮食目标价格主要用于熨平粮食生产的市场价格风险。而粮食目标价格制度作为一项补贴政策，还需考虑粮食生产的外部性和自然风险性，并制定配套政策。因此，粮食目标价格制度是建立以“粮食目标价格为核心，以国家储备和种粮直补为配套”的粮食补贴政策体系（如表 1 所示）。其具体做法为，改革最低收购价政策，采用粮食目标价格反周期补贴政策，从而发挥市场机制在粮价形成中的决定性作用；改革粮食直接补贴方式，提高粮食直接补贴力度，让种粮直接补贴成为保障农民种粮积极性、均衡城乡收入的主要途径；调整政府粮食储备体系职能，剥离现有的粮食价格调节职能，科学核定国家粮食储备的合理规模，发挥政府储备体系对保障口粮安全的直接作用。

表 1　粮食目标价格政策目标取向及配套政策体系

粮食生产特性	政策的目标	配套政策手段
外部性	保障国家粮食安全	国家粮食安全收储政策
自然风险性	提高种粮比较收益	粮食直接补贴政策
市场风险性	维持粮食价格相对稳定	目标价格反周期补贴政策

1. 目标价格反周期补贴政策

目标价格反周期补贴政策主要消除粮价大幅波动导致种粮者基本收益无法保障，该政策制定与实施可借鉴美国反周期补贴政策。具体操作为，政府放开对粮食价格的干预，由市场供需关系决定粮食交易价格，政府采集一定周期的国内主要市场的粮食价格，并计算其平均价格，以此作为对种粮农户实行反周期补贴的标准。当粮食市场交易价格低于目标价格，其差额由国家运用财政资金给予补贴；当市场价格高于目标价格，则政府不用补贴。2015 年国内玉米价格大幅下降，种粮者基本收益受到挑战，种粮积极性受到极大的挫伤，政府需尽早推出反周期补贴政策以稳定种粮者的信心，避免造成粮食大幅波动。

2. 国家粮食安全收储政策

作为目标价格制度的配套政策，政府动用国家收储体系确保国家口粮安全，以应对粮食生产的外部性问题。在实施目标价格制度后，政府作为市场中粮食收购的市场主体之一，仅需按照市场价格收购满足国家粮食安全相关指标数量的粮食。与现行临时收储政策相比，国家粮食安全收储政策主要有两点不同：一是改敞开收购为定量收购，临时收储政策以解决农民卖粮问题为主要目的，本文中国家粮食安全收储政策以保障国家口粮达到安全指标为主，因此是限量收购。二是改托底价收购为随市场价格收购，临时收储政策以国家托市的最低收购价收购粮食，而本文国家粮食安全储备政策是以市场供需关系决定的实时动态价格为标准来收购粮食，政府只是市场收购粮食的主体之一，并非垄断性主体。

3. 种粮收入直接补贴政策

粮食生产受自然条件约束，产业比较收益低，为提高种粮者比较收益，粮食目标价格制度中需配套种粮收入直接补贴政策。政府可比较单位劳动和资本投入农业和非农业之间的收益差别，据此确定对种粮的直接收入补贴力度，从而均衡城乡收入差别。

通过上述政策体系的构建，完成政府与市场功能的剥离，发挥市场与政府二者功能优势，并实现稳定粮食市场价格、保障国家粮食安全和提高种粮比较收益三重目标。

五、粮食目标价格制度改革的路径选择

构建粮食目标价格制度是我国粮食补贴政策改革的方向，但对粮食补贴政策改革涉及粮食价格调整，对农户种粮行为和农业产业结构调整等具有重要的信号引导作用，势必会触及到国家粮食安全问题。在目前我国粮食市场价格机制尚未到位的情况下，推行粮食目标价格政策需要采取积极稳妥的“两步走”策略。

第一步，采用过渡期粮食目标价格，培育粮食市场价格形成机制。过渡期主要以培育粮食市场交易为目的，通过市场交易形成粮食市场价格形成机制，并为下一步粮食目标价格提供价格支撑。具体做法为，以近三年粮食最低收购价的均值作为粮食目标价格，政府按此目标价格只收购确保国家口粮安全的粮食数量，其余粮食进入市场由供给者与需求者直接交

易，此时交易价格由市场供需关系所决定。当该交易价格低于目标价格，其差额由政府对农户进行补贴；当该交易价格高于目标价格则不予补偿。过渡期，粮食直补政策的补贴标准和补贴方式保持不变。由于过渡期目标价格采用了往年的最低收购价，因此该目标价格依然承担着对农户承担自然风险和市场价格风险的补贴。通过上述第一步，既保障了农户种粮收益，避免粮食产量大幅波动；同时又培育了粮食市场价格机制，为第二步实施由市场机制决定的目标价格提供价格基础。

第二步，实施粮食市场目标价格，完善粮食市场交易机制。待过渡期成功培育粮食市场价格形成机制后，政府第二步可以一定周期内粮食市场交易价格的均值作为粮食目标价格，本质上该目标价格等同于市场机制形成的“长期均衡价格”，接近于粮食长期生产成本线。此时，政府以该目标价格收购确保国家口粮安全的粮食数量，同时以该目标价格对农户实施反周期补贴，保障农户基本收益。由于此时目标价格接近于粮食生产成本，为提高种粮农户比较收益，政府可提高种粮直补水平，其补贴标准为单位要素投入在粮食和非粮食生产间的收益差。通过上述第二步，将最终实现政府职能与市场功能的成功剥离，粮食生产的外部性和自然风险性分别由政府储备和种粮直补政策来保障，粮食生产面临的价格风险由市场机制来熨平。粮食目标价格制度的建立与完善，将进一步激活粮食市场交易，推动粮食市场交易升级，可有效化解粮食价格倒挂等问题。

当前，我国粮食面临高产量、高进口、高库存的问题越发严重，现行粮食补贴政策亟待改革和完善；同时，我国经过十余年连续增产，现阶段粮食储备相对充足，为相关政策改革创造了条件。因此，建议政府抓住有利时机，尽快组织粮食目标价格制度实施的相关论证，并积极推动和完善当前农产品目标价格试点项目，为粮食目标价格制度实施提供经验借鉴。

参 考 文 献

[1] 冯海发．对建立我国粮食目标价格制度的思考［J］．农业经济问题，2014（8）：4-6.

[2] 伍世安，刘萍，付兴．论中国粮食目标价格的目标及测算：以玉米为例［J］．江西财经大学学报，2012（1）：18-26.

[3] 张千友．粮食目标价格：内涵、障碍与突破［J］．价格理论与实践，2011（3）：21-22.

[4] 王双进．我国实施粮食目标价格制度探究［J］．价格理论与实践，2014（8）：

14－16.

［5］黄季焜，王丹，胡继亮．对实施农产品目标价格政策的思考［J］．中国农村经济，2015（5）：10－18.

［6］吉林省物价局粮价课题组．关于实行玉米目标价格政策的探讨［J］．价格理论与实践，2009（10）：36－39.

［7］戴冠来．确定粮食目标价格的一些思考［J］．价格理论与实践，2009（10）：17－19.

［8］王文涛，张秋龙，聂挺．大豆目标价格补贴试点政策评价及完善措施［J］．价格理论与实践，2015（7）：28－30.

［9］李林茂，余耀明．关于粮食价格的思考［J］．价格月刊，2011（4）：1－3.

［10］张照新，陈金强．我国粮食补贴政策的框架、问题及政策建议［J］．农业经济问题，2007（7）：11－15.

［11］辛翔飞，王济民．粮食补贴政策研究综述［J］．农业经济问题，2011（9）：3－5.

［12］程国强．如何补贴中国农业［J］．中国发展观察，2011（10）：26－27.

［13］丁声俊．“粮安天下”的新战略、新内涵、新举措［J］．价格理论与实践，2014（1）：31－33.

［14］李利英，肖开红．我国粮食补贴政策的目标取向及改革思路［J］．中州学刊，2015（8）：39－44.

郑州小麦期货价格与国际小麦期货价格的关联性研究

马　强　马荟中

（河南工业大学粮食经济研究中心）

摘要：小麦是关系国计民生的粮食作物，小麦期货也是最早上市的期货品种之一。美国小麦期货在国际市场上影响巨大，美国芝加哥期货交易所（CBOT）是国际小麦定价中心。中国的小麦产量、消费量及进口量规模巨大，郑州商品交易所（ZCE）是国内唯一小麦期货交易市场。本文拟选取ZCE与CBOT的小麦期货价格的相应数据进行实证分析，研究国内与国际小麦期货价格之间的变动关系。研究得出：①ZCE与CBOT对应的小麦期货价格序列均是非平稳序列；②对ZCE、CBOT两个期货交易所各自的小麦期货价格数据进行一阶差分检验，均为一阶单整序列；③ZCE、CBOT两个期货交易所的小麦期货价格之间存在协整关系，即长期均衡关系；④CBOT小麦期货价格是ZCE小麦期货价格的格兰杰原因，但后者不是前者的格兰杰原因，两者之间不存在双向引导关系。

关键词：小麦期货；ZCE；CBOT；定价权

一、引言

中国是世界上小麦产量最大的国家，小麦期货也是最早上市的期货品种之一，经过多年的发展，郑州商品交易所（ZCE）小麦期货市场运行机制已经初步形成，其价格发现和规避风险的功能也得到有效发挥。美国是世界上最大的小麦出口国家，芝加哥期货交易所（CBOT）小麦期货不仅在国内小麦生产流通领域起到了重要作用，而且在世界小麦期货市场也影响巨大。CBOT经过公开的竞价交易达成的期货价格在国际上具有权威性，是国际小麦定价中心，各国生产运营商以此价格的涨跌行情来预判未来市场行情的变动趋势，调整相应的生产经营活动。国内小麦期货价格不但受到供求等因素的影响，而且也受到国际期货市场特别是 CBOT 的影响。

研究 ZCE 小麦期货与 CBOT 小麦期货价格的关联性及接轨程度，既可以为郑州商品交易所小麦期货市场价格发现功能的发挥程度及其对现货市场价格的影响提供较为客观的判断依据，也能为 ZCE 小麦期货市场的发展和政策制定提供一个强有力的理论支撑，同时为农业生产经营者提供了重要的价格信息，对于促进郑州商品交易所小麦期货市场的发展、增强定价能力具有非常重要的意义。

二、数据选择与处理

文章选取中国郑州商品交易所与美国芝加哥期货交易所的小麦期货价格的相应数据进行数理研究分析，为了使研究分析更加简便与严谨，本文对所选用的数据的来源作了如下的筛选，然后再针对两国交易时间、交割月份等方面的差异作了相应的细节处理。

（一）数据来源

本文选择郑州商品交易所（ZCE）的优质强筋小麦（WH）与芝加哥期货交易所（CBOT）小麦期货主要交易品种软红冬小麦（ZWN）为研究对象，分别选取各自交易所网站 2012—2016 年的周收盘价作为时间序列样本数据。

（二）数据处理

由于 ZCE 与 CBOT 在交易上存在时间、单位等相关因素的差异，为了研究的真实准确，文章在做相关数据分析之前对所选取的样本数据作了如下的细微处理：

（1）对于交易时间不一致的处理。中美两个国家由于各自的国情、风俗的影响，节假日不同，致使交易数据中的周收盘价不能够一一对应，为了交易数据的匹配度，直接删除不能一一对应的数据。

（2）对于样本数据单位不一致的处理。因为两个交易所小麦期货合约的价格单位不同，为了减少单位差异导致相关数据分析结果的干扰，本文将 CBOT 小麦期货价格单位美分/蒲式耳统一换算为美元/吨，为了方便统计分析，本文忽略了汇率影响。

（3）对于交割月份不一致的处理。ZCE 的强麦连续的交割月份为 1、3、5、7、9、11，而 CBOT 的软红冬小麦的交割月份为 3、5、7、9、12，所以删除前者 1、11 两个月份与后者 12 月份的合约，统一采用 3、5、7、9 月份的合约，此处的合约品种不是具体的合约品种，均为合约连续。

（4）在上述数据处理的基础上，利用经济统计分析软件 Eviews6.0 对所选取的数据进行相关的检验和分析。

三、实证研究分析

在实证分析中，本文利用 *ADF* 单位根检验方法对中、美两国小麦期货价格时间序列的平稳性进行检验；在此基础上建立 *VAR* 模型，确定 ZCE 和 CBOT 小麦期货价格序列的最佳滞后期，然后进行 Johansen 检验确定具体的协整关系；接着通过格兰杰因果检验对具有协整关系的中美期货价格引导关系进行检验，最后通过脉冲响应作进一步的补充说明。

（一）平稳性检验

如果用 X 表示 CBOT 小麦期货价格、Y 表示 ZCE 小麦期货价格，首先对这两个时间序列进行平稳性检验。假定这两个随机过程可表述为：

$X_t - X_{t-1} = \mu + bX_{t-t} + \sum_{i}^{m} a_i \ (X_{t-i} - X_{T-I-1}) + e_t$，$e_t$ 为白噪音。

依据 D·A·Dickey - W·A·Fuller 提出的 *ADF* 检验，提出原假设：H0：$b=0$ 及备择假设：H1：$b\neq0$。运用 EVIEWS 软件对 CBOT 小麦期货价格、ZCE 小麦期货价格序列的平稳性进行检验，对照 Mackinnon 给出的相应 t 检验临界值，得出如下结果（见表 1）：

表 1　CBOT、ZCE 小麦期货价格序列的 *ADF* 检验结果

变量	*ADF* 检验值	1%	5%	10%	*P* 值	结论
X	−2.400 210	−3.997 587	−3.429 063	−3.137 995	0.378 5	不平稳
Y	−2.239 678	−3.568 452	−3.436 587	−3.126 547	0.464 9	不平稳

从检验结果可以看出，在 1%的置信水平下，CBOT 小麦期货价格、ZCE 小麦期货价格序列中均存在单位根，即两个序列都是非平稳的。由于对原序列进行一阶差分不改变原序列间的协整关系，因此我们对两个价格序列进行一阶差分后，再分别进行 *ADF* 检验，检验结果如表 2 所示。

表 2　CBOT、ZCE 小麦期货价格序列一阶差分的 *ADF* 检验结果

变量	*ADF* 检验值	1%	5%	10%	*P* 值	结论
D（*X*）	−14.423 17	−3.997 587	−3.429 063	−3.138 043	0.000 0	平稳
D（*Y*）	−16.308 56	−3.967 458	−3.654 217	−3.251 473	0.000 0	平稳

表中 *D*（*X*）、*D*（*Y*）分别为 CBOT 小麦期货价格、ZCE 小麦期货价格的一阶差分向量。从检验结果可以看出，在 1%的置信水平下，原序列一阶差分后，拒绝单位根假设，CBOT 小麦期货价格、ZCE 小麦期货价格的一阶差分序列均为一阶单整序列，即都具有平稳性。

从表 2 可知，两个价格时间序列都是一阶单整的，假定这两个随机游走模型线性组合是 0 阶单整的，则两者之间存在协整关系，即存在 *CI*（1，1）关系。依据 Engler 和 Granger 提出的协整检验方法——EG 检验，构建如下回归分析模型：$Y_t=\alpha+\beta X_t+\varepsilon_t$。*Y*、*X* 分别代表两个不同的价格时间序列，若两个序列是协整的，则其扰动项为白噪音，即 0 阶单整 *I*（0）。首先运用最小二乘法对上式进行估计，求出回归残差 $\bar{\varepsilon}_t$，并对之进行单位根检验，仍然用 *ADF* 检验，但需查对 *EG* 检验临界值表进行判断。还可以通过建立 *VAR* 模型，确定两时间序列的最佳滞后期，然后再进行 Johansen 检验，以确定其协整关系。具体如下：

$Y=C(1,1)\cdot Y(-1)+C(1,2)\cdot Y(-2)+C(1,3)\cdot X(-1)+C(1,4)\cdot X(-2)+C(1,5)$

$X=C(2,1)\cdot Y(-1)+C(2,2)\cdot Y(-2)+C(2,3)\cdot X(-1)+C(2,4)\cdot X(-2)+C(2,5)$

回归后，经验模型为

$Y=0.895\,877\,422\,984\cdot Y(-1)+0.058\,412\,939\,5\,479\cdot Y(-2)+0.038\,381\,832\,8\,374\cdot X(-1)-0.026\,237\,616\,0\,154\cdot X(-2)+100.919\,013\,197$

$X=0.036\,374\,794\,0\,632\cdot Y(-1)-0.057\,468\,485\,622\cdot Y(-2)+1.025\,447\,415\,73\cdot X(-1)-0.067\,607\,730\,9\,383\cdot X(-2)+121.495\,805\,527$

（二）协整检验

1. 最佳滞后期的确定

由上面的输出结果可以看到，在 0～8 的各个滞后长度中，当滞后长

表 3　向量自回归 *VAR* 模型滞后阶数确定分析表

Lag	*LogL*	*LR*	*FPE*	*AIC*	*SC*	*HQ*
0	−3 076.325	NA	1.83e+09	27.002 85	27.032 93	27.014 99
1	−2 503.477	1 130.621*	12 449 671*	22.012 96*	22.103 20*	22.04937*
2	−2 502.204	2.490 135	12 751 213	22.036 88	22.187 29	22.097 56
3	−2 499.453	5.333 201	12 891 995	22.047 83	22.258 41	22.132 79
4	−2 498.949	0.968 356	13 294 043	22.078 50	22.349 24	22.187 73
5	−2 495.653	6.274 185	13 377 288	22.084 67	22.415 57	22.218 18
6	−2 491.205	8.387 365	13 326 209	22.080 75	22.471 82	22.238 53
7	−2 489.990	2.270 783	13 657 551	22.105 18	22.556 41	22.287 23
8	−2 488.689	2.408 835	13 987 133	22.128 85	22.640 24	22.335 18

度 *lag*=1 时，*AIC*、*SC*、*LR*、*FPE*、*HQ* 的数值均为最小（通常选取 *AIC*、*SC* 作为判断标准即可），所以最佳滞后期为一期，即 *VAR* 模型滞后阶数为 1。

2. 协整检验

表 4　CBOT、ZCE 小麦期货价格序列 Johansen Cointegration Test 结果

Hypothesized No. of CE（s）	Eigenvalue	Trace Statistic	0.05 Crittical value	Prob. *.*
None	0.032 555	13.862 55	15.494 71	0.086 8
At most 1 *	0.026 054	6.151 075	3.841 466	0.013 1

表 5　CBOT、ZCE 小麦期货价格序列 unrestricted Cointegration Rank Test 结果

Hypothesized No. of CE（s）	Eigenvalue	Max－Eigen Statistic	0.05 Crittical value	Prob. *.*
None	0.032 555	7.711 475	14.264 60	0.408 8
At most 1 *	0.026 054	6.151 075	3.841 466	0.013 1

以上迹检验和最大特征值检验结果中 NONE、at most 1 为*号，表示拒绝假设，即存在协整关系，且只有 1 个协整关系，即在 5%显著性水平下，迹检验和最大特征值检验结果表明这两个序列之间存在 1 个协整关系，ZCE 小麦期货价格与 CBOT 小麦期货价格之间存在长期均衡关系。

协整关系如下：

$$Y=\alpha_1 Y(-1)+\alpha_2 X(-1)+\alpha_0$$
$$X=\beta_1 Y(-1)+\beta_2 X(-1)+\beta_0$$

回归后，可得：

Y=0.952 862 Y（−1）+0.013 286 X（−1）+102.659 2

X=−0.020 519 Y（−1）+0.961 958 X（−1）+113.409 0

上述 *VAR*（1）模型的参数估计结果对应参数如下：

Y=0.952 862 · Y（−1）+0.013 286 · X（−1）+102.659 2

（53.516 1）　（1.108 01）　（2.296 92）

R^2=0.931 741　F=1 583.408

X=−0.020 519 · Y（−1）+0.961 958 · X（−1）+113.409 0

（−0.711 22）　（49.509 0）　（1.565 99）

R^2=0.919 645　F=1 327.602

两个方差整体显著，F 值均大于临界值，拟合优度及调整后的拟合优度均大于 90%，参数的估计值对应 t 检验值均显著，特别是各自序列的一阶差分变量系数均显著，而各自对应方差序列的一阶差分变量系数显著性偏弱。

VAR 模型的估计后一般性或稳定性分析可通过特征根检验、方差分解、脉冲响应函数、协整检验、滞后结构分析等多种方法分析，下面就本模型进行常规性分析，包括上述特征根检验、脉冲响应函数等分析。

（三）*VAR*（1）模型的特征根检验

VAR 模型估计结果的 *AR* 特征多项式的根，由于本模型变量滞后长度 $p=1$，变量个数 $K=2$，故应有 1×2 个特征根（表 6）。

表 6　*VAR*（1）的特征根检验结果

ROOTS	Modulus
0.957 410−0.015 873 *i*	0.957 541
0.957 410+0.015 873 *i*	0.957 541

检验结果显示，该模型有 2 个虚数根，所有根的倒数的模都小于 1，即没有根位于单位圆外，说明所估计的 *VAR* 模型满足稳定性条件。

（四）格兰杰因果检验

为了明确 CBOT 小麦期货价格和 ZCE 小麦期货价格之间的因果关系及影响方向，需对两个时间序列进行因果关系检验。本例采用 Granger 因果关系检验（Pairwise Granger Causality Tests）。检验结果如表 7 所示。

表 7　CBOT 小麦期货价格和 ZCE 小麦期货价格时间序列 Granger 因果检验

零假设	样本	*F* 统计量	*P* 值
Y 不是 *X* 的 Granger 原因	1 236	0.505 83	0.477 7
X 不是 *Y* 的 Granger 原因		1.227 69	0.039 0

由表 7 中 *P* 值可知，在 0.05 显著性水平下，原假设“CBOT 小麦期货价格（*Y*）不是 ZCE 小麦期货价格（*X*）变化的原因”被拒绝，而原假设“ZCE 小麦期货价格（*X*）不是 CBOT 小麦期货价格（*Y*）变化的原因”被接受。表明 CBOT 小麦期货价格（*Y*）是 ZCE 小麦期货价格（*X*）的格兰杰原因，相反，则不成立，即 CBOT 小麦期货价格单向引导 ZCE 小麦期货价格，反之则不然。

（五）脉冲分析

为了更加清楚了解 *Y*、*X* 这两个变量的动态特征，运用两者的 *VAR*（1）模型，对其进行脉冲响应分析，即计算一个标准差大小的 *Y*、*X* 冲击分别对 *Y*、*X* 的影响。

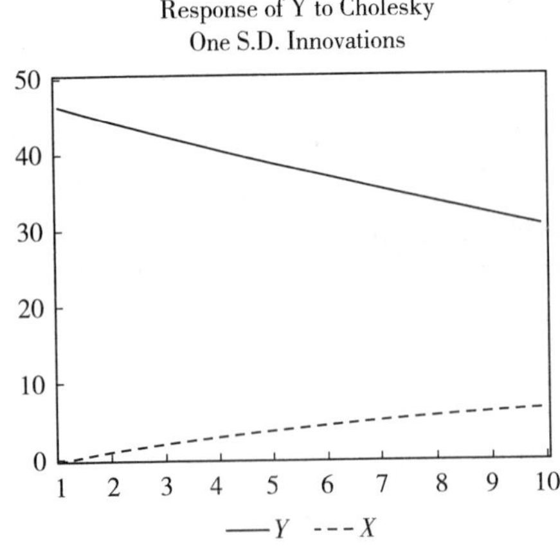

Response of Y: Period	*Y*	*X*
1	46.161 30	0.000 000
2	44.136 41	0.982 238
3	42.188 64	1.880 809
4	40.315 60	2.700 811
5	38.514 96	3.447 079
6	36.784 40	4.124 201
7	35.121 69	4.736 523
8	33.524 62	5.288 169
9	31.991 03	5.783 040
10	30.518 82	6.224 833

图 1　脉冲响应（*Y*）

由上图表可知，Y 受到自身的脉冲响应要强于 X 对它的脉冲响应。当在本期给 Y 自身一个标准差的信息后，Y 立刻有较强响应，增加了46.163 0，随后缓慢递减，长期处于正向响应。Y 受到 X 的冲击在当期基本不明显，之后呈现缓慢递增趋势，同样处于正向响应状态。

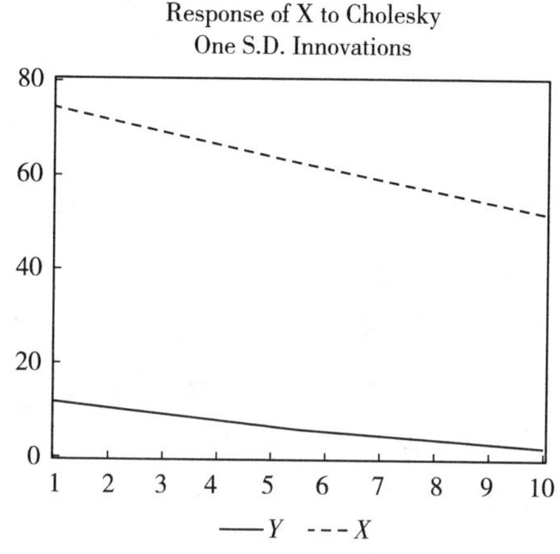

Response of X: Period	Y	X
1	11.371 24	73.927 59
2	9.991 475	71.115 25
3	8.705 750	68.389 75
4	7.508 903	65.749 49
5	6.396 019	63.192 85
6	5.362 418	60.718 15
7	4.403 646	58.323 70
8	3.515 465	56.007 78
9	2.693 842	53.768 63
10	1.934 942	51.604 52

图 2　脉冲响应（X）

由上图可知，X 受到自身的脉冲响应比 Y 对它的脉冲响应要强。当在本期给 X 自身一个标准差的信息后，X 立刻有较强响应，增加了73.927 59，随后缓慢递减，长期处于正向响应。X 受到 Y 的冲击在当期最大，为 11.371 24，之后呈现缓慢递增趋势，同样处于正向响应状态。

四、结论及原因分析

（一）结论

本文通过收集相应的样本数据，结合 *VAR* 等计量模型使用 Eviews6.0 对数据进行以上综合检验、处理分析，总结出以下结论：

（1）郑州商品交易所与美国芝加哥期货交易所对应的小麦期货价格序列均是非平稳序列；

（2）对 ZCE、CBOT 两个期货交易所各自的小麦期货价格数据进行一阶差分检验，均为一阶单整序列；

（3）建立 *VAR* 模型，然后再进行协整检验，得出 ZCE、CBOT 两个期货交易所的小麦期货价格之间存在协整关系，即长期均衡关系；

（4）CBOT 小麦期货价格是 ZCE 小麦期货价格的格兰杰原因，但后者不是前者的格兰杰原因，即前者引导后者而后者不引导前者，两者之间不存在双向引导关系。

（二）原因分析

针对 CBOT 小麦期货价格是 ZCE 小麦期货价格的格兰杰原因，但后者不是前者的格兰杰原因，两者之间不存在双向引导关系的结论，笔者分析原因如下。

1. 国际定价力的差别

美国是世界期货市场发源地，拥有当今世界上历史最久、规模最大、运行规范的期货市场。CBOT 的农产品期货价格在世界范围内具有广泛影响力，其小麦、玉米、大豆等农产品期货，不仅是美国农业生产、加工和经营的重要参考，而且也是国际农产品贸易基准，是世界大宗谷物交易的定价中心。郑州商品交易所是国内唯一的小麦期货市场，由于小麦关乎国计民生，价格波动颇受政府“关注”，交易受限较多，交易一直比较平淡，同时由于我国期货市场还对外封闭，小麦期货的价格发现、转移风险、套期保值等功能发挥还相当有限，更遑论国际定价能力了。

2. 小麦进口市场的影响

由于地理条件和气候条件的差异，各国小麦生产波动周期不同。目前，美国、加拿大与澳大利亚三个国家是中国小麦主要进口源，但是三者之间存在很强的相关性，即以上三者如果其中一个国家的小麦价格发生变动，则其余两个国家的小麦价格会随之同向变动，所以对这三个进口源的过度依赖会使我国小麦价格与国际小麦价格发生“共振效应”。

3. 小麦最低收购价政策的影响

2004 年，我国全面放开粮食收购市场和收购价格，粮食价格由市场形成。为保护广大农民的切身利益，避免“谷贱伤农”，2006 年起在主产区对稻谷、小麦等重要粮食品种实行最低收购价政策。最低收购价的连续实施在一定程度上影响了国内小麦市场自然状态下的供求关系，进而影响到小麦现货及期货价格。

4. 农业补贴的影响

从 2004 年开始，政府对国内粮食生产加大扶持力度，开始对包括小麦在内的主要粮食品种实施政策性补贴，具体包括种粮直补、良种补贴、农资综合补贴、农机具购置补贴政策。除此之外，还实施了农业保险支持等政策，这些补贴及支持政策都对小麦种植成本产生很大的影响，从而对小麦的市场价格也带来相应影响。

五、对策建议

郑州商品交易所作为国内唯一的小麦期货市场，其小麦期货价格在河南省及全国小麦价格形成及变动过程中起着重要的引导作用，应进一步完善小麦期货市场，充分发挥“郑州价格”功能，同时通过科技创新、品种分类布局优化、推进优质优价等措施，提高河南省及全国小麦综合生产能力和国际竞争力，逐步提高在小麦定价上的国际话语权。

（一）完善小麦期货市场，充分发挥“郑州价格”功能

历经多年循序发展，郑州商品交易所小麦期货市场已初步发挥发现价格、转移风险等功能，应采取有效措施进一步完善小麦期货市场，稳固现有郑州小麦国际影响力。可考虑健全小麦期货体系，推出面粉期货；适时推出小麦期权交易，降低小麦生产、经营者交易成本；降低入市门槛，减低小麦期货、期权交易手续费，吸引更多生产、经营者入市交易，扩大小麦期货、期权交易规模，引导更多生产、经营者参与套期保值，充分发挥期货市场价格发现和风险防范功能，利用期货价格指导小麦生产和流通，规避市场风险；利用期货市场进行小麦政府储备的“吞吐”，平抑市场价格异常波动，保障粮食安全。

（二）推进科技创新，提高小麦综合生产能力

应加快推进小麦科研体制创新，有效组织优秀科研技术力量，集中投入资金，促进小麦生产关键技术突破。首先，要加快优良品种繁育和推广；其次，应集成推广优质高产栽培技术，形成适合不同区域、模式及品种的优质高产、节本增效的栽培技术体系；加快推广测土配方施肥、少（免）耕栽培、节水栽培、病虫害综合防治、机械化生产等先进实用技术；在各小麦优势区创建具有重大突破的关键技术，进一步挖掘技术增产潜力；最后，应加快开发快捷、高效、准确的病虫预报方法，力争在病虫害分子快速监测、抗病虫基因克隆、小麦与病虫害互作的分子机理方面有较大突破。

（三）加快小麦品质分类，推进品种分类布局区域化

我国面类食品对小麦品质要求不一，不同地区的主食是五千年的文化

沉淀，饮食习惯不易改变，培育研发适合我国传统面类食品的优质小麦是小麦生产的主要目标。目前的品质分类标准主要关注出粉率，但反映出食品加工需求明显不足。另一方面，由于农业种植形式限制，同一地区小麦品种混杂，规模种植较少，很难形成品质稳定的大批量单一品种小麦，给小麦储存及加工带来很大难度，需加快小麦品质分类，真实反映食品加工需求，促进小麦分类生产和交易。

（四）促进优质小麦实现优质优价

国内小麦生产与经营产业化程度差，生产涉及千家万户，品种多样，栽培管理措施不统一，导致品质不均一、不稳定；品质国家标准离目前品种品质现状和面制食品对品质的要求存在一定距离，加上一些品种本身品质稳定性差及相应调优栽培技术不够成熟，使得近年来优质小麦并不能完全实现优质优价。因此，应大力推进优质小麦布局区域化，种植标准化，经营产业化；产销结合，扶持龙头企业，通过企业、中介、农户三者相结合的形式，引导龙头企业与农民建立双赢的合作关系。

参 考 文 献

［1］邵永同，高旺盛．中美小麦期货价格与现货价格传递关系的比较研究［J］．技术经济，2008（11）：78－79.

［2］蔡慧．中国小麦期货价格行为的实证研究［J］．大麦与谷物科学，2007（1）：68－69.

［3］王静，安丹．我国小麦期货市场价格泡沫的实证研究——以强筋小麦期货为例［J］．华中农业大学学报（社会科学版），2010（3）：63－64.

［4］孙林，倪卡卡，李显戈．中美粮食期货价格波动的动态关联——基于DCC－MGARCH模型的实证分析［J］．南京农业大学学报（社会科学版），2014（2）：50－52.

［5］战玉锋，刘放．我国小麦期货价格影响因素实证分析［J］．沈阳工业大学学报（社会科学版），2012（7）：26－27.

第三部分

2016 年政府相关政策和实施方案

国家粮食局关于加快推进粮食行业供给侧结构性改革的指导意见

（国粮政［2016］152号）

各省、自治区、直辖市及新疆生产建设兵团粮食局：

推进供给侧结构性改革，是以习近平同志为总书记的党中央深刻把握我国经济发展大势作出的战略部署，是适应和引领经济发展新常态的重大创新，具有很强的现实意义和深远的战略意义。当前，国内粮食市场运行多重矛盾交织、新老问题叠加，部分粮食品种阶段性供过于求特征明显，粮食流通服务和加工转化产品有效供给不足，粮食“去库存”任务艰巨，现行收储制度需加快改革完善等等，充分说明我国粮食领域的主要矛盾已经由总量矛盾转变为结构性矛盾，矛盾的主要方面在供给侧。推进粮食行业供给侧结构性改革，是破解当前粮食领域结构性、体制性矛盾，促进粮食产业转型发展提质增效，构筑高层次国家粮食安全保障体系的迫切要求和必然选择。为加快推进粮食行业供给侧结构性改革，促进粮食流通事业持续健康发展，切实保障国家粮食安全，提出如下指导意见。

一、总体要求

（一）指导思想

全面贯彻落实党的十八大和十八届三中、四中、五中全会精神，深入学习贯彻习近平总书记系列重要讲话精神，牢固树立并认真贯彻“五大发展理念”，深入贯彻国家粮食安全战略，紧紧围绕中央关于推进供给侧结构性改革的决策部署，以推动粮食流通领域转方式、调结构、去库存、降成本、强产业、补短板为方向，以全面落实粮食安全省长责任制、改革完善粮食流通体制和收储制度、发展粮食产业经济、加快粮食流通能力现代化为重点，促进粮食产品和服务供给质量效率的大力提升，促进粮食行业向现代发展模式的积极转变，促进粮食供需平衡向高水平的快速跃升，着力构建动态开放、稳健可靠、运转高效、调控有力的粮食安全保障体系。

（二）基本原则

坚持供需结合、互促共进。进一步调优供给结构，减少无效和低端供给，增加有效和中高端供给，催生和培育新的市场需求，切实增强粮食产品供给和需求结构的匹配度、适应性，实现更高层次的粮食供需动态平衡。

坚持问题导向、精准发力。着眼于粮食产需、收储制度、产业经济、产品结构、流通服务等方面的深层次矛盾，找准改革的切入点和突破口，着力补齐短板、破解瓶颈，推动粮食行业持续健康发展。

坚持改革创新、激发动能。坚持市场化改革取向，突出创新驱动，完善体制机制，优化发展环境，矫正要素配置扭曲，充分调动地方政府、多元市场主体和种粮农民的积极性，形成改革发展合力，让各类要素资源活力竞相迸发，把粮食资源优势转化为经济发展优势。

坚持统筹推进、分类指导。把粮食行业供给侧结构性改革放在经济社会发展大局中统筹谋划、协调推进，把握好改革的方向、节奏和力度。围绕国家“一带一路”、京津冀协同发展、长江经济带三大战略，统筹利用好国内外两个市场两种资源。结合不同地区、不同品种、不同企业的实际情况，因地制宜，分类施策，强化指导，务求实效。

（三）主要目标

——粮食安全保障能力明显增强。加快推进粮食收储制度改革，充分发挥流通对生产的引导和反馈作用，推动粮食种植结构调整优化；健全完善相关制度保障体系，保障农民种粮合理收益，促进粮食生产稳定发展；着力提升粮食流通社会化服务水平，加强粮食科技创新，加快构建更高层次、更高质量、更高效率的国家粮食安全保障体系。

——粮食流通能力现代化水平显著提升。加快实施“粮安工程”，加强现代粮食仓储物流设施建设和行业信息化建设，补齐粮食流通短板，降低成本，提升效率，更好地满足粮食资源快速集散、顺畅流通、高效配送的需要。

——粮食产业经济持续健康发展。以粮食加工转化为引擎，促进产收储加销有机融合，激发粮食产业经济发展活力，推动粮食行业转型升级、提质增效，加快实现抓收储、管库存、保供应、稳市场和强产业、活经济、稳增长、促发展“双轮驱动”。

——粮食产品供给结构更加优化。以市场需求为导向，加快产品供给结构调整，强化中高端产品和精深加工产品等有效供给，提供适销对路、品种丰富、质量安全、营养健康的粮油产品，满足人民群众日益增长的优质粮油产品消费需求。

二、重点任务

（一）完善粮食收储体制机制

1. 改革完善粮食收储制度。

继续执行并完善稻谷、小麦最低收购价政策，积极稳妥推进玉米收储制度改革。理顺粮食价格形成机制，使价格真正成为反映市场供求的“晴雨表”。建立健全生产者补贴制度，切实保护好农民种粮积极性。

2. 进一步落实地方政府收储责任。

认真落实粮食安全省长责任制，积极争取财政、信贷等支持政策，鼓励引导大中型粮食加工企业、饲料生产企业等入市，推动形成多元主体积极参与收购的粮食流通新格局，全力防止出现农民“卖粮难”。

3. 开展粮食产品品质提升行动。

完善优质粮食评价标准体系，健全收获粮食品质测报制度，引导优质粮食生产。探索粮食收购新模式，鼓励通过优质优价、技术指导、代收代储等方式，积极引导农民增加优质粮食品种供给，增加种粮农民收益。

4. 打造农企利益共同体。

积极发展“订单粮食”，鼓励粮食收储加工企业与专业合作社、家庭农场、种粮大户等新型农业经营主体签订收购合同。鼓励粮食收储加工企业积极吸收农民以土地经营权等方式入股，形成风险共担、收益共享、长期稳定的利益共同体。

（二）加快推动粮食“去库存”

5. 积极稳妥消化不合理粮食库存。

加强对国内外粮食市场的综合分析研判，切实提高粮食“去库存”的预见性和精准性。充分发挥全国粮食统一竞价交易系统作用，综合考虑库存粮食结构、品质和市场需求等情况，灵活运用竞价销售、定向销售、邀标销售、轮换销售等多种方式，合理确定销售价格，科学安排库存粮食销售进度和次序。

6. 严防粮食“出库难”。

督促指导承储企业、买方企业严格执行国家政策性粮食销售政策，确保销售粮食正常出库。对于设置出库障碍、额外收取费用、拍卖信息与实际不符、拒不执行交易规则、未按政策规定及时出库等各种“出库难”，进一步加大依法治理力度，确保顺利出库。

7. 加强出库粮食流向监管。

对定向销售给淀粉、酒精、饲料等加工企业的粮食，加强从出库、中转到加工的全程监管，确保粮食流向和用途符合国家规定，坚决避免出现“转圈粮”、虚购虚销、转手倒卖、擅自改变用途等违规行为，坚决防止不符合食品安全标准的粮食流入口粮市场。

（三）大力发展粮食产业经济

8. 增加多元化定制化个性化粮食产品供给。

加快推动主食产业化，适应家务劳动社会化要求，加快推进馒头、包子、米饭、米粉等传统米面制品的工业化、规模化、标准化生产，提升主食产品社会化供应能力，为广大城乡居民提供便捷、安全、营养、可口的主食产品。积极发展绿色全谷物、有机食品等中高端粮食产品，不断增加针对老年人、婴幼儿等特定人群的粮食产品供给，着力推动风味小吃和地方特色食品的工业化生产。

9. 加快发展粮食精深加工转化。

依托粮食资源优势，加快科技攻关，完善粮食精深加工转化产业体系和产品链条，实现粮食资源的高效利用和提质增效。加大自主开发和生产投入力度，着力增加化工、医药、保健等领域所需粮食精深加工产品的有效供给，逐步补齐产品短板，提升国际市场竞争力。

10. 扶持壮大骨干粮食企业。

继续深化国有粮食企业改革，积极发展混合所有制经济，集中力量做强做优做大各类骨干粮食企业。积极推广全产业链发展模式，培育一批集粮食生产、仓储、物流、加工、贸易于一体的综合性企业集团；突出比较优势，打造一批“高精尖”专业性企业集团。大力培育领军型产业集团，形成“走出去”合力，积极参与国际粮食分工和产业链再造，提升国际粮食市场影响力和话语权。

11. 实施品牌发展战略。

推进现有粮食品牌整合，巩固发展一批质量好、美誉度高、消费者认可的粮食优质品牌。加大资金、技术支持力度，努力打造一批产品叫得响、质量信得过的粮油新品牌，大力提高优质粮油产品的市场占有率和企业核心竞争力。

12. 推动粮食产业集群发展。

加强粮食产业基地和产业园区建设，吸引优势企业、先进技术、高端人才和资金不断涌入，充分发挥集聚、辐射和带动效应。注重发挥区域优势和特色，在优势产区发展若干粮食产业集群，形成优势互补、互利互惠、合作共赢的产业经济发展新格局。

13. 发展粮食循环经济。

积极研发和推广应用生态环保、节能减排新技术、新装备、新工艺，大力提升粮油加工综合利用水平，增加产品附加值，培育新的经济增长点，不断提高粮食产业经济效益和生产效率。

14. 加快淘汰落后产能。

因地制宜，加大兼并重组力度，积极稳妥处置长期亏损、资产负债率高、停产半停产的“僵尸企业”。加强分类指导和规划引导，加快淘汰高能耗、低水平、粗放式的落后加工产能。

15. 发展新型粮食经营业态。

积极发展“互联网＋粮食”，鼓励粮食经营企业创新营销方式，加强“线上线下”融合的电商平台建设。鼓励粮食批发市场、连锁超市、放心粮店等开展电子商务，加快发展粮油网络经济，有效拓宽粮食营销渠道，提高供给效率。

（四）着力提升粮食流通社会化服务水平

16. 推广建设粮食产后服务中心。

适应粮食生产适度规模化快速发展的需要，加大规划引导和政策扶持力度，以粮食收储加工企业为主体，加快建立集收购、储存、烘干、加工、销售、质量检测、信息服务等功能于一体的粮食产后服务中心，为新型农业经营主体提供全方位、多元化优质服务。

17. 完善“放心粮油”供应体系。

加快实施“放心粮油”工程，健全规范的粮油加工配送渠道，完善“放心粮油”管理制度，推动“放心粮油”进社区、进学校、进军营、进乡村。

18. 完善粮食质量安全保障机制。

全面贯彻《食品安全法》，按照从田间到餐桌全过程、可追溯管理要求，进一步落实粮食质量安全属地管理责任，加强对粮食流通各环节质量安全监管。加强粮食质量检验监测体系建设，提升粮食质量安全监管能力，确保监管无盲区。进一步加强粮食标准制修订，加快建成科学合理的新型粮油标准体系。推动建立污染粮食处置长效机制，做好不符合食品安全标准库存粮食的处置工作，严防流入口粮市场。探索建立问题粮食召回制度。

19. 提升市场信息服务水平。

充分利用电视、报纸、网络、微信等媒体平台，及时发布市场供求、价格、贸易等信息，全面准确地释放市场信号，加强对农民、经纪人、收储加工企业等多元市场主体的正面引导，积极发挥市场信息在实施供给侧改革、服务宏观调控中的重要作用。

（五）推动粮食流通能力现代化建设

20. 统筹推进粮食仓储设施建设。

以优化布局、调整结构、提升功能为重点，改建、扩建和新建粮食仓储设施，提高机械化、自动化程度高的仓型比例，将粮食收储能力保持在合理水平。积极推动粮食仓储管理能力现代化建设，大力提升管理水平。加大对粮食烘干、整理和质检设施设备的投入，进一步提升仓储设施功能。

21. 加快粮食现代物流体系建设。

紧密结合“一带一路”、京津冀协同发展、长江经济带三大战略，加快完善“八大粮食物流通道”，优化“两横五纵”重点线路。支持建设一批粮食接发设施，支持建设一批中转仓、铁路专用线、内河沿海码头，支持建设一批重要物流节点项目和综合性物流园区。加强粮食物流新技术的研发应用，推广新型专用运输工具及装卸设备，着力打通粮油配送“最后一千米”。

22. 全面推动行业信息化建设。

加快推进信息化和粮食行业发展深度融合，广泛运用大数据、云计算、物联网等现代信息技术手段改造传统粮食行业，加快推进“粮安工程”智能化升级改造，推动现代信息技术在粮食收购、仓储、物流、加工、供应、质量监测监管等领域的广泛应用，消除“信息孤岛”，实现互联互通。

23. 加强粮食应急供应能力建设。

完善粮食应急预案，健全应急工作机制，强化组织领导和统筹协调，加强粮食应急加工企业、储备设施和配送中心等配套建设，充实成品粮储备，逐步建成布局合理、设施完备、运转高效、军民兼融、保障有力的粮食应急供应保障体系。

（六）进一步强化粮食科技、人才重要支撑作用

24. 加快推动科技创新。

充分发挥国家公益性科研机构的骨干和引领作用，加快建设高水平、有特色的现代科研院所。积极构建粮食科技协同创新平台，加快建设粮食产后领域国家工程实验室及重点实验室，加快建立“粮食产业科技专家库”，培育和集聚一批粮食科研创新团队。坚持战略导向和问题导向，注重原始创新和集成创新相结合，注重引进国外先进技术和自主创新相结合，加快在粮油共性关键核心技术和新产品新装备方面取得突破。

25. 加强科技成果转化应用。

加快推广应用低温及准低温储粮，充氮、惰性粉、多杀菌素等虫霉绿色防治，平房仓负压横向通风等储粮新技术，以及粮食污染监测、现场快速检验、真菌毒素和重金属消减等质量安全保障新技术。建立粮食行业科技成果转化对接服务平台，广泛征集行业技术难题和科技需求，促进粮食科技创新成果与需求对接、科研机构科研人员与企业合作对接，探索科技成果转化多方共赢模式，加强先进适用、安全可靠、经济节约的粮食科技成果转化和推广应用，早日形成现实生产力。

26. 充分发挥企业创新的主体作用。

落实国家鼓励和支持企业自主创新的政策，支持企业建设技术中心，鼓励企业加大研发投入，引导创新要素向企业集聚，增强企业创新动力、创新活力、创新能力。加快培育和认定一批科技创新型示范企业，支持大型粮食企业与有关单位联合组建粮食产业技术创新战略联盟。

27. 加强行业人才培养。

全面落实人才兴粮战略，合理确定人才培养结构层次，建立产学研用融合发展的技术技能人才培养模式。积极培育国家级高层次领军人才，加

快建立粮食行业“首席科学家（研究员）”制度，大力培养粮食行业中青年领军人才和团队。采取与粮食行业高等院校联合办学、委托培养、在职进修等方式，加快培养基层一线紧缺急需的专业技术人才和实用型人才。积极开展在职干部轮训，全面提升干部职工队伍素质。实施开放的人才引进机制，加大重点人才引进力度。

三、保障措施

（一）强化组织保障

各级粮食行政管理部门要高度重视，把推进粮食行业供给侧结构性改革摆在突出位置，结合本地实际制定改革工作方案，精心组织、周密安排，构建起层层分工负责、上下齐抓共管的工作格局。要加强与有关部门的沟通衔接，积极推动建立部门工作协调机制，密切配合、通力合作，形成推进改革的强大合力。

（二）加强信贷支持

突出发挥农业发展银行政策性银行作用，加强与其他政策性银行和各类金融机构的多层次合作，鼓励金融机构创新金融支持方式，提高金融服务效能，拓宽企业融资渠道，为粮食企业开展购销、加工等业务创造良好的金融信贷环境。

（三）加大投入力度

积极争取财政、税收、金融等相关政策支持，统筹使用好各类发展资金，加大产业经济发展、粮食仓储物流设施和行业信息化建设、重点领域科技攻关和粮食人才培养等方面的投入力度，为推进粮食行业供给侧结构性改革创造良好条件。

（四）突出项目支撑

统筹谋划、积极推进国家“粮安工程”建设规划、粮食行业“十三五”发展规划以及各地相关规划中明确的行业发展重点项目，加快建设进度，提高项目质量，确保项目建设取得实效，为推动行业供给侧结构性改革提供有力支撑。

（五）严格督查考核

按照粮食安全省长责任制考核有关规定和要求，加强对涉及粮食行业供给侧结构性改革的有关措施推进落实情况的督查考核，确保各项改革任务落到实处、见到实效。

国家粮食局

2016年7月12日

河南省加快转变农业发展方式实施方案

豫政［2016］2号

为认真贯彻落实《国务院办公厅关于加快转变农业发展方式的意见》（国办发［2015］59号）精神，采取综合举措，加快转变农业发展方式，有效应对农业发展面临的新挑战，推进农业现代化，加快建设现代农业大省，制定本实施方案。

一、总体要求

（一）指导思想

全面贯彻落实党的十八大和十八届三中、四中、五中全会精神，按照党中央、国务院的决策部署，适应经济发展新常态，牢固树立创新、协调、绿色、开放、共享的发展理念，加快转变农业发展方式，着力把河南省建设成全国重要的现代化口粮生产基地和现代农业先行区。以发展多种形式的适度规模经营为核心，以构建现代农业经营体系、生产体系和产业体系为重点，着力转变农业经营方式、生产方式、资源利用方式和管理方式。培育新型农业经营主体，实施高标准粮田建设、农业产业化集群培育、都市生态农业发展、“三山一滩”（大别山、伏牛山、太行山深山区和黄河滩区）扶贫开发，健全农业社会化服务体系，推动农业向数量、质量、效益并重转变，向依靠科技创新和提高劳动者素质转变，向可持续发展转变，走产出高效、产品安全、资源节约、环境友好的现代农业发展道路。

（二）主要目标

在推进农业发展方式转变中，要以增强粮食生产能力为首要前提，以提高农业质量、效益为主攻方向，以促进可持续发展为重要内容，以推进改革创新为根本动力，以尊重农民主体地位为基本遵循，努力使河南省农业不断在扩规模、调结构、强产业、可持续、提素质上取得实效。到

2020年，转变农业发展方式取得积极进展，多种形式的农业适度规模经营加快发展，农业综合生产能力稳步提升，产业结构逐步优化，农业资源利用和生态环境保护水平不断提高，物质技术装备条件显著改善，农业多种功能进一步发挥，农业竞争力明显增强，农民收入持续增加，为全面建成小康社会提供重要支撑。

具体目标：到2020年，农业科技进步贡献率达到63%以上，主要农作物良种实现全覆盖，有效灌溉面积达到8 100万亩以上，农业灌溉水利用系数达到0.62，化肥、农药使用量实现零增长、利用率提高到40%以上，主要农作物耕种收综合机械化水平达到85%以上。60%以上耕地实现规模化、集约化经营，农业社会化服务覆盖80%以上的农户。粮食综合生产能力达到650亿千克以上，主要农产品加工转化率达到60%以上。主要农产品基本实现安全、绿色生产，农民人均纯收入达到16 000元。

二、工作任务、重要举措及责任分工

（一）实施高标准粮田“百千万”建设工程，增强粮食生产能力

1. 加快建设高标准粮田

（1）认真宣传贯彻《河南省高标准粮田保护条例》。严格落实建设规划，加强农田基础设施建设，推广绿色增产模式，强化建管机制创新，到2020年，建成6 369万亩高标准粮田，率先培育成全国优质小麦生态功能区、多种形式适度规模经营示范区、农业发展方式转变先导区，实现藏粮于地、藏粮于技。（牵头单位：省农业厅。责任单位：省发展改革委、财政厅、国土资源厅、水利厅、林业厅、交通运输厅、电力公司）

（2）以高标准粮田建设为平台，建立整合相关涉农资金统筹管理使用的新机制。从2016年开始，探索按照“主体自筹、银行贷款、财政贴息或补助”的模式，鼓励和引导符合条件的农业新型经营主体（包括农垦企业）利用开发性金融资金自主建设高标准粮田。（牵头单位：省财政厅。责任单位：省发展改革委、农业厅、国土资源厅、水利厅、林业厅、交通运输厅、气象局、电力公司、农行、农信联社、国开行河南省分行、农发行河南省分行）

（3）研究制定河南省高标准粮田田间设施管护制度。创新建设管护机制，鼓励财政资金形成的资产股权量化到农户和经营主体。按照“谁受益、谁管护”的原则，采取社会化、市场化运作方式，通过承包、租赁、

股份合作制等方式，建立灵活高效、责权利明确的田间工程管护机制，确保农田设施管护到位。2016 年年底前出台并实施该制度。（牵头单位：省农业厅。责任单位：省发展改革委、财政厅、水利厅、国土资源厅、林业厅、交通运输厅、电力公司）

2. 加强耕地保护

（1）落实最严格的耕地保护制度。严守耕地红线，加强土地督察，落实监管责任。2016 年 6 月前完成永久基本农田划定，确保基本农田落地到户、上图入库、信息共享。（牵头单位：省国土资源厅。责任单位：省农业厅）

（2）开展耕地质量保护与提升行动。合理构建土壤耕层，全面推行平衡施肥，建立全省土壤综合信息化平台和预警预测机制，加强耕地质量定向培育集成技术研究，持续提升基础地力。在适宜地区开展休耕轮作试点。建立污染耕地修复示范基地。到 2020 年，全省耕地基础地力提高 0.5 个等级，土壤有机质含量提高 5%以上。（牵头单位：省农业厅。责任单位：省农科院、河南农业大学）

（二）培育新型农业经营主体，创新农业经营方式

1. 培育壮大新型农业经营主体

（1）营造培育壮大现代农业经营主体的发展环境。要推进土地承包经营权确权登记颁证工作，加快农村土地承包经营权流转。2016 年年底前全省基本完成土地承包经营权确权登记颁证工作。建立对新型农业经营主体补贴机制。推动新型农业经营主体参与财政支农项目建设、运行和管理。完善工作机制，加强教育培训，合力推进新型农业经营主体培育工作。开展示范创建，强化整合提升，切实提升新型农业经营主体的自身发展水平。（牵头单位：省农业厅。责任单位：省委农办、省林业厅）

（2）落实新型农业经营主体生产用地政策。市、县级政府要在年度建设用地指标中单列一定比例专门用于农业新型经营主体建设配套服务设施，并按规定减免税费。2016 年起全面落实已出台的各项政策。（牵头单位：省国土资源厅。责任单位：省财政厅、农业厅、国税局、地税局）

（3）创新对新型农业经营主体的金融服务。支持粮食生产规模经营主体开展营销贷款试点，鼓励引导粮食等大宗农产品收储加工企业为新型农业经营主体提供订单收购、代烘代储等服务。引导银行业金融机构把新型农业经营主体纳入客户信用评定范围，对信用等级较高的在同等条件下实

行贷款优先等激励措施，对符合条件的进行综合授信；探索开展厂房、渔场渔船抵押，大型农机具融资租赁、生产订单、农业保单质押试点。支持新型农业经营主体利用期货、期权等衍生工具进行风险管理。建立健全农村产权交易中心，探索建立农村资产评估机构，完善价格评估体系和评估机制，研究制定省级和试点县（市）实施方案，积极稳妥推进农村承包土地经营权和农民住房财产权抵押贷款试点工作。积极研究推进新型金融支农综合服务平台建设，首批在30个县（市）开展试点。2016年启动各类试点工作。（牵头单位：省政府金融办。责任单位：省委农办、人行郑州中心支行、河南银监局）

（4）创新对新型农业经营主体的担保和保险服务。创新农业补贴资金运行机制，充分发挥财政资金的引导和杠杆作用，从2016年开始，建立健全在全省范围内由财政支持的农业信贷担保体系。发挥中原农业保险股份有限公司的作用，鼓励商业保险机构开发适应新型农业经营主体需求的多档次、高保障保险产品。从2016年开始，探索开展产值保险、目标价格保险等试点，逐步提高省财政对产粮大县小麦、玉米、水稻保险的保费补贴比例。（牵头单位：省财政厅。责任单位：河南保监局、省农业厅、林业厅、河南银监局）

2. 推进多种形式的农业适度规模经营发展

（1）研究制定支持适度规模经营的政策措施。扶持多种形式的农业适度规模经营发展，鼓励引导农户依法采取转包、出租、互换、转让及入股等方式流转承包地，积极探索土地托管、土地银行等新的土地流转服务方式。探索盘活农村集体资源的有效实现形式，稳步开展农村土地承包经营权入股合作和集体林地股份合作经营。2016年年底前出台具体奖补措施并启动试点工作。（牵头单位：省农业厅。责任单位：省财政厅、林业厅、供销社）

（2）加强土地流转服务。发展多种形式的土地经营权流转市场，建立土地流转服务平台和监测制度，完善县、乡、村三级管理服务网络，加快形成村有服务点、乡镇有服务站、县（市、区）有流转中心的土地流服务体系。加强农村土地承包经营纠纷调解仲裁体系建设，健全乡村调解、县（市、区）仲裁、司法保障的纠纷调处机制。2020年年底前完成上述工作。（责任单位：省农业厅）

（3）稳妥开展农户承包地有偿退出试点。在城乡一体化示范区，引导有稳定非农就业收入、长期在城镇居住的农户自愿退出土地承包经营权。

2016 年开始试点。（牵头单位：省发展改革委。责任单位：省委农办、省财政厅、农业厅）

3. 培育新型职业农民

制定实施新型职业农民培育规划。推动实施《中等职业学校新型职业农民培养方案（试行）》，加快建立农民职业教育制度，实行新型职业农民和农业职业经理人教育培训、认定管理和政策扶持“三位一体”培育，强化生产经营型、专业技能型和社会服务型“三类协同”培训，创新培训方式，开展精准培训，加强政策扶持，每年培训 20 万人，到 2020 年，共培训 100 万人。2016 年 6 月前出台该规划。（牵头单位：省农业厅。责任单位：省教育厅、人力资源社会保障厅、扶贫办、财政厅）

4. 加强农业社会化服务体系建设

（1）制定具体政策措施，加强基层农技推广、综合执法等农业公共服务体系建设，探索建立充分发挥政府公益性服务职能的长效机制。研究制定政府购买农业公益性服务的指导性目录，开展政府购买农业公益性服务试点，制定完善购买服务的标准合同、规范程序和监督机制，鼓励向经营性服务组织购买易监管、可量化的公益性服务。支持供销、邮政系统发展农资连锁经营，参与合作式、订单式农技推广服务。创新农业气象服务机制，拓展基层气象服务内容。2016 年开始试点。（牵头单位：省农业厅。责任单位：省财政厅、水利厅、林业厅、气象局、供销社、邮政公司）

（2）研究制定加快培育农业经营性服务组织的意见。大力发展农业生产性服务业，推广合作式、托管式、订单式等服务模式。支持龙头企业、农民专业合作社等新型经营主体领办物资、技术、信息、管理等农业综合服务超市，为农民提供“一站式”服务。探索建立“农民合作社＋职业经理人＋社会化服务”新模式。2016 年出台该意见。（牵头单位：省农业厅。责任单位：省供销社、邮政公司）

（三）实施农业产业化集群培育工程，促进一、二、三产业融合

1. 培育农业产业集群

发挥农产品资源丰富优势，大力培育发展农产品精深加工产业集群。到 2020 年，培育粮食、畜牧、蔬菜等 12 类 450 个现代农业产业化集群，年销售收入达到 16 000 亿元以上。（牵头单位：省农业厅。责任单位：省林业厅、畜牧局、粮食局、供销社）

2. 开展农业产业化经营

（1）完善龙头企业、农民专业合作社等联农带农新机制。鼓励农民通过合作与联合的方式发展规模种养业、农产品加工业和农村服务业。开展农民以土地经营权入股农民专业合作社、农业产业化龙头企业试点，让农民分享产业链的增值收益。鼓励龙头企业为农户提供技术培训、贷款担保、农业保险资助等服务，发展“一村一品”、村企互动的产销对接模式。推进农产品加工业与农业生产联动发展，建设高标准原料基地，引导农业生产结构调整优化和规模化生产。2020 年年底前初步形成龙头企业、农民专业合作社等联农带农机制。（牵头单位：省农业厅。责任单位：省财政厅、河南银监局、保监局、省供销社）

（2）建设一、二、三产业融合发展示范区。建设国家中原现代农业科技示范区和一、二、三产业融合发展示范区，推进原料生产、加工物流、市场营销等融合发展，探索促进产业链增值收益更多留在产地和留给农民的新机制。支持一、二、三产业融合发展示范区技术研发、质量检测、物流信息等公共服务平台建设。2016 年开始规划建设示范区。（牵头单位：省农业厅。责任单位：省工业和信息化委、财政厅、科技厅、商务厅）

（3）开展现代农业示范区创建活动。加快国有农场改革，发挥农场在转变农业发展方式中的示范作用。持续抓好 16 个国家现代农业示范区建设，支持各地创建省级现代农业示范区，推进农业大县转型升级，为加快发展方式转变发挥先导作用，2020 年完成。（牵头单位：省农业厅。责任单位：省财政厅、科技厅、林业厅、畜牧局）

3. 发展农产品加工业

建设农产品加工业园区。创新农业投资公私合作模式，公共财政以“引子”资金、“种子”资金的方式，带动民间资本进入农产品加工业。认真落实国家技改资金支持龙头企业转型升级政策，提高农产品精深加工能力。争取扩大农产品产地初加工补助资金规模，拓展实施区域和品种范围，在优势特色农业产业带建设集筛选分级、清理水洗、保鲜贮藏、包装储运、烘干打蜡、保鲜储藏、包装储运、质量检测、品牌培育、市场营销为一体的农产品初加工园区。推进农产品及加工副产物综合利用工作，从 2016 年开始，在全省创建一批农产品及加工副产物综合利用试点县、试点园区和试点企业。（牵头单位：省农业厅。责任单位：省财政厅、工业和信息化委）

4. 培育农业产业化龙头企业

（1）转变龙头企业发展方式。重点由单一规模扩张、简单粗加工、依靠资源粗放式发展向精深加工、高附加值、上下游相互协作、依靠科技的集约式、集群式发展。鼓励支持企业通过兼并、重组、改制、上市等方式，按产业链推进企业联合，培育一批产业集团。引导城市工商资本和农产品加工业向优势产区、重点销区及关键物流节点梯度转移。围绕产业链条建设和资源循环利用，开展招商引资和银企对接活动。推动科研院所、大专院校同企业进行深度联合，加强科技创新推广，2020 年基本建成“产学研推用”有机融合的农产品加工业创新体系。（牵头单位：省农业厅。责任单位：省科技厅、河南证监局、银监局）

（2）推动龙头企业对接多层次资本市场。分别按照在主板（含中小板）、创业板上市，在新三板、区域性股权市场挂牌以及发行公司债券等目标，有针对地培育企业。加快建设中原股权交易中心“三农”板块，为涉农企业提供股权融资、债信融资、并购重组等服务。（牵头单位：省农业厅。责任单位：河南证监局、银监局）

5. 创新农业营销服务

（1）加强农产品流通基础设施建设。大力发展物流配送、产地农产品预冷设施等建设，从 2016 年开始，选择条件较好的农产品批发市场开展拍卖交易方式试点。加强农产品产地市场建设，加大国家级信阳茶叶市场建设支持力度，积极推进农产品区域性产地市场及田头市场建设。（牵头单位：省农业厅。责任单位：省商务厅、供销社）

（2）推进农业品牌化建设。推进农产品标准化生产，建立全省名特优新农产品品牌目录，加强对品牌农产品的项目资金支持。鼓励企业在海外注册商标。发挥有关行业协会的作用，加强行业自律，规范企业行为。到 2020 年，着力打造一批有影响力、有文化内涵的农产品品牌。（牵头单位：省农业厅。责任单位：省工商局、质监局、供销社）

（四）以都市生态农业发展工程为引领，推进农业结构调整

1. 推进都市生态农业发展工程

建设都市生态农业示范园区。科学规划，构建大中小城市相结合、产业圈层分布特征明显的都市农业发展格局；开展都市生态农业示范园区创建活动，健全评选认定机制；2016 年年底前出台都市生态农业生产附属用地、金融等相关具体政策措施。到 2020 年，全省建成 30 个以上省级都

市生态农业示范园区。(牵头单位：省农业厅。责任单位：省发展改革委、财政厅、国土资源厅、住房城乡建设厅、省政府金融办)

2. 调整优化农业结构

研究制定农业结构调整意见。优化种植业结构调整。在高标准粮田区域内，主要调整品质结构，发展优质粮食生产；在其余耕地上，加快构建粮饲兼顾、农牧结合、循环发展的新型种养结构。发展园艺业、水产业、食用菌、设施农业等高效农业。山地、丘陵地区和山前平原区要因地制宜，扩大谷子、红薯等耐旱作物种植规模，发展林果、木本粮油生产。调整畜牧业结构，优化畜禽养殖空间布局，稳定猪禽生产，加快发展肉牛肉羊产业，大力发展奶牛业；扩大青贮玉米和优质牧草种植规模，促进“粮—经—饲”三元种植结构协调发展。2016 年 6 月前出台该意见。(牵头单位：省农业厅。责任单位：省林业厅、畜牧局)

3. 开发农业多种功能

培育休闲观光农业品牌。保持传统乡村风貌，传承农耕文化，加强重要农业文化遗产发掘和保护，扶持建设一批具有历史、文化、地域、民族特点的特色景观旅游村镇。坚持以特色产业为基础，加快现代农业产业基地“景区化”步伐，实现产区变景区、田园变公园、产品变礼品。加强特色产业文化和旅游产品展示展销平台等基础设施和公共服务设施建设，打造一批休闲农业与乡村旅游专业村、示范休闲农庄(农家)、农业主题公园、森林人家，形成一批具有影响力的精品线路、精品节会。到 2020 年，全省建成一大批休闲农业与乡村旅游专业村、生态文化村、示范休闲农庄、示范休闲农家，农业主体公园、森林人家，努力成为全国休闲农业与乡村旅游产业强省。(牵头单位：省旅游局。责任单位：省委农办、省农业厅、文化厅、住房城乡建设厅、林业厅)

4. 探索发展沟域经济

制定河南省沟域经济发展规划。在郑州、洛阳、平顶山市选择一批自然条件适合的山地丘陵沟壑区，统一规划，开展沟域经济示范建设。制定促进农业与乡村旅游发展的用地、金融等扶持政策，加大配套公共设施建设支持力度，加强从业人员培训。2016 年年底前出台该规划。(牵头单位：省农业厅。责任单位：省旅游局、财政厅、林业厅、住房城乡建设厅、国土资源厅、省政府金融办)

5. 推进优化种养一体化

(1) 发展“粮—经—饲”三元种植。从 2016 年开始，开展粮改饲补贴试点，引导发展青贮玉米、苜蓿等优质饲草料规模化种植。实施高产优质苜蓿示范建设项目，鼓励饲草加工企业建立秸草收储网点，加快建设现代饲草料产业体系。到2020年年底，在畜牧业优势区初步形成合理的“粮—经—饲”三元种植结构。（牵头单位：省农业厅。责任单位：省畜牧局）

（2）促进安全、绿色畜水产品生产。培育肉牛、奶牛、肉羊大县和产业化集群，在山区发展母畜生产繁育基地，在平原区域发展牛羊规模化育肥，在沿黄滩区发展绿色奶业。积极打造大宗淡水鱼类产业集群，建设一批现代渔业示范园区。从2016年开始，开展稻鱼共生试点和鱼菜共生技术模式研究与推广。2020年年底前基本实现安全、绿色畜水产品生产。（牵头单位：省农业厅。责任单位：省畜牧局、河南黄河河务局）

6. 实施“三山一滩”扶贫工程

在“三山一滩”地区，因地制宜，宜林则林，宜牧则牧，调整农业结构，优化畜禽养殖空间布局，发展沟域经济、乡村旅游。建立完善国家对农民专业合作社扶持资金转为贫困户入社股金政策通道，加快脱贫步伐。（牵头单位：省扶贫办。责任单位：省农业厅、旅游局、财政厅、林业厅、畜牧局、河南黄河河务局）

（五）提高资源利用效率，实现农业绿色可持续发展

1. 发展节水农业

（1）落实最严格水资源管理制度。稳步推进农业水价综合改革，完善农业水价形成机制，尽快建立农业灌溉用水量控制和定额管理制度、精准补贴机制。（牵头单位：省水利厅。责任单位：省发展改革委、财政厅、农业厅）

（2）发展节水灌溉。按照平原井灌区、渠灌区、山地丘陵区和信阳水稻区等，建立适宜的节水灌溉模式、工程运行管理模式。建立稳定增长的投入机制，持续开展区域规模化高效节水灌溉行动，分区开展节水农业示范，改善田间节水设施设备，积极推广抗旱节水新品种、新技术。（牵头单位：省水利厅。责任单位：省农业厅）

2. 开展化肥和农药零增长行动

（1）管控化肥使用。依托新型农业经营主体和专业社会化服务组织，围绕蔬菜、果树等重点作物和设施农业，主推测土配方施肥等环境友好型技术，突出抓好典型示范，带动大面积减肥增效措施落实。积极推广缓释

肥料、水溶性肥料和种肥同播、化肥深施、水肥一体化技术。建立激励机制，促进农家肥的广泛使用。2016 年开始实施不同作物有机、无机肥合理配比研究推广计划。（牵头单位：省农业厅。责任单位：省农科院、河南农业大学、省供销社）

（2）加强农药使用管理。实行高毒限用农药定点经营，到 2020 年，建立高毒限用农药可追溯体系。大力推广高效低毒低残留化学农药和生物农药，加大高效大中型药械购置补贴力度，通过补贴、培训、示范等方式引导农民科学用药。加强农作物病虫监测预警体系建设，大力推进绿色防控和统防统治融合发展，鼓励和支持农业社会化服务组织提供农药专业化喷施服务。到 2018 年，建成主要农作物全程病虫草鼠害绿色防控技术体系。（牵头单位：省农业厅。责任单位：省农机局、农科院、河南农业大学）

3. 推进农业废弃物资源化利用

（1）促进生态循环农业发展。2016 年启动实施农业废弃物资源化利用示范工程，开展规模化生物天然气工程建设试点，推广畜禽规模化养殖、沼气生产、农家肥积造一体化发展模式。支持规模化养殖企业配套建设畜禽粪污治理、废水处理设施，开展畜禽粪污综合利用、废水循环利用或达标排放。着力防治农业面源污染。支持使用可降解或 0.01 毫米以上厚度地膜，实施地膜残留捡拾机械购机补贴。开展农田残膜回收加工示范，扶持地膜回收网点和废旧地膜加工企业发展，逐步健全回收加工体系，加快建成农药化肥包装废弃物收集处理系统。（牵头单位：省农业厅。责任单位：省畜牧局、环保厅、工业和信息化委、农机局）

（2）推进秸秆综合利用。制定实施支持秸秆综合利用的财政、用地、科技研发等相关政策，落实税收政策。加快秸秆综合利用新机具研发、新技术示范、收储运体系建设。安排秸秆饲料化、肥料化、基料化、原料化、燃料化等秸秆综合利用项目。2016 年年底前出台相关政策，2020 年年底前实现 90%以上秸秆无害化综合利用。（牵头单位：省农业厅。责任单位：省发展改革委、财政厅、国土资源厅、科技厅、国税局、地税局、畜牧局、农机局）

（六）推进农业科技创新，提升科技装备水平

1. 加强农业科技自主创新与推广

（1）推进农业科技管理体制改革。探索建立农业科技管理的宏观协调

与会商制度，发挥智库作用，加强统筹协调力度，加快形成分工明确、协作有力的农业科研工作格局。由科技部门牵头，会同财政、农业等相关部门成立联席会议制度，统筹审议农业科技发展战略规划、农业科技投入计划等。重大科技专项要突出政府目标，技术创新引导专项要突出企业主体。深化科技评价制度改革，支持开展第三方创新评估。探索建立科技资源共享机制，建设一批具有国际竞争力的科技开放平台，盘活科技资源，实现资源共享，提高创新效率。加强农业科技创新服务云平台建设，加快科技成果转化和服务。到 2020 年，基本建成提高农业科技创新效率管理体制。（牵头单位：省科技厅。责任单位：省农业厅、农科院、河南农业大学）

（2）加快农业科技创新能力建设。持续推进河南粮食作物协同创新中心、小麦玉米作物学国家重点实验室、国家小麦工程技术研究中心、小麦国家工程实验室、花生遗传改良国家地方联合工程实验室、省部共建农业气象保障与应用技术重点实验室等建设。构建完善小麦、玉米、花生、畜禽加工等一批产业技术创新战略联盟，完善小麦、玉米等 11 个主要农产品现代农业产业技术体系。开展农业科技“展翅行动”，启动一批省级重大科技专项，加强农业科技国际交流与合作，着力突破农业资源高效利用、生物育种、生态环境修复等共性关键技术。支持科研院所、大专院校与华大基因公司开展合作，加快提高河南省生物育种水平。支持鼓励涉农企业和科研院所加大生态安全和循环节约型技术创新研发力度，建立安全型农业评价体系。2018 年年底前新构建一批产业技术创新战略联盟，组建一批工程技术研究中心和重点实验室，实施一批省级重大科技专项。（牵头单位：省科技厅。责任单位：省农业厅、农科院、河南农业大学）

（3）提升农技推广服务效能。以农作物高产创建万亩片为单元，开展粮油作物绿色增产模式攻关示范，将关键技术攻关与成熟技术推广有机结合，突破瓶颈制约。到 2018 年，初步形成主要粮油作物绿色增产模式。（牵头单位：省农业厅。责任单位：省农科院、河南农业大学）

2. 深化种业体制改革

加快构建商业化育种创新体系。落实种业科技成果完成人分享制度，建立健全种业科技资源、人才向企业流动机制，到 2020 年，做大做强3～5 家选育生产经营一体化种子企业。财政科研经费加大对种质资源挖掘、育种材料创新、常规作物育种等基础性公益性研究的投入，逐步减少用于农业科研院所和大专院校开展商业化育种的投入。设立科技创新驱动基金，鼓励以企业为主体、院校参与和科研机构共同承担或通过并购、参股等方式参与重大农业科技创新项目。到2018年，初步建成以企业为主体的商业化育种创新体系。加强种业基础条件建设，重点加强种质资源体系、植物新品种测试体系和品种区域试验体系建设，加大种质资源保护力度，完善植物品种数据库。积极推进海南玉米育种、西北玉米棉花制种基地建设，完善一批标准化小麦种子繁育基地。（牵头单位：省农业厅。责任单位：省财政厅、人力资源社会保障厅、科技厅、农科院、河南农业大学）

3. 推进农业生产机械化

（1）推进主要农作物生产全程机械化。2016年制定实施玉米、水稻、花生等农作物生产全程机械化推进行动计划，加快薄弱环节机械化发展；落实国家农机报废更新政策措施，促进农机更新换代，提高作业质量。实施机械化深耕、深松整地作业补贴，开展保护性耕作技术示范推广。到2020年，高标准粮田区域基本实现农作物秸秆机械化还田和农机深耕、深松整地作业相结合。围绕小麦、玉米、水稻、花生等主要农作物生产，到2018年，分区域建成3～5个农机农艺融合示范区，促进工程、生物、信息、环境等技术集成应用。（牵头单位：省农业厅。责任单位：省农机局、商务厅、科技厅、财政厅、农科院、河南农业大学）

（2）完善农业机械化技术与装备研发支持政策。设立农业机械化科技创新重大专项，推动产学研共建重点（工程）实验室，开展合作研究，研发具有自主知识产权、先进适用配套的机械化核心技术装备，提高农机智能化、信息化水平。2018年前出台支持政策。（牵头单位：省科技厅。责任单位：省发展改革委、农机局）

4. 加快发展农业信息化

（1）推进“互联网＋”与现代农业深度融合。2016年制定实施“互联网＋现代农业”专项行动计划，重点推动农业电子商务发展，支持新型农业经营主体与大型电商平台对接，重点支持名特优、“三品一标”（无公害农产品、绿色食品、有机农产品和农产品地理标志）、知名品牌等农产品入驻电商平台，2016年启动开展生鲜农产品与农资电商试点；强化示范带动，加快推进设施园艺、畜禽水产养殖、质量安全追溯等领域物联网示范应用，到2018年，形成一批精准化生产方式。抓好国家级电子商务进农村综合示范县建设，推进省级综合示范县建设，加快建设一批县级电子商务运营中心、配送中心和服务站点，到2017年，国家级、省级综合示范县数量占到全省的 1/3。大力开展针对专业大户、农民专业合作社、家庭农场、龙头企业等的电子商务应用技术培训。到 2020 年，电子商务成为促进农业生产经营的重要手段。（牵头单位：省农业厅。责任单位：省工业和信息化委、科技厅、发展改革委、财政厅、商务厅、畜牧局）

（2）建立完善农业综合信息服务体系。运用大数据等手段，提升农业生产要素、资源环境、供给需求、成本收益等监测预警水平。加快国家农村信息化示范省建设，加快农村信息资源开发利用，大力实施信息进村入户工程，2020 年完成。（牵头单位：省农业厅。责任单位：省科技厅、农科院、河南农业大学）

（七）坚持“产、管”结合，提升农产品质量安全水平

1. 全面推行农业标准化生产

加强标准制定和示范建设。制定农产品质量安全控制规范和技术规程，到 2018 年，基本建成河南省优势农产品、出口农产品和特色农产品标准体系；继续推进农业标准化示范区、园艺作物标准园、畜禽标准化示范场和水产健康养殖示范场建设，扶持各类新型农业经营主体率先开展标准化生产，积极推行减量化生产和清洁生产技术，实现生产设施、过程和产品标准化。支持鹤壁市、周口市、南阳市和宁陵县、西峡县创建国家农业综合标准化示范市（县），2017 年完成在建的 16 个国家农业综合标准化示范区项目建设工作。持续开展出口食品农产品质量安全示范区创建和出口农产品“一县一品”、“一县多品”创建活动，支持南阳市在全国率先创建出口食品农产品质量安全示范市。（牵头单位：省农业厅。责任单位：省质监局、林业厅、环保厅、畜牧局、商务厅、河南出入境检验检疫局）

2. 提高农产品质量安全监管能力

（1）开展农产品质量安全追溯试点。强化属地管理责任落实，严格落实各级政府和公共财政投入保障机制。落实部门监管责任，构建“从农田到餐桌”的全程监管链条，建立健全信息通报、问题曝光和问题约谈制度。构建农产品质量安全监管追溯信息体系，促进各类平台互联互通和监管信息共享。推行网格化移动监管，加强追溯体系建设，到 2020 年，基本实现优势农产品“带标上市、过程可控、质量可溯”。（牵头单位：省农业厅。责任单位：省食品药品监管局、财政厅）

（2）依法加强农业投入品和产地环境监管。开展农产品质量安全县创建活动，2018 年前探索创建独具地域特色的监管模式。突出重点农资产

品，突出重点环节，突出重点农时季节，在全省组织开展农资打假专项整治行动。建立农业投入品质量常态化监测制度，定期开展监督抽查，及时公布检测结果，发布消费警示。进一步完善群众投诉举报制度，健全农资监管工作配合机制，突出大要案查处。强化产地安全管理，加强农产品产地环境监测和农业面源污染监测，支持病死畜禽无害化处理设施建设。继续开展放心农资下乡进村活动，开展定点农资连锁经营企业和放心农资店认定工作。2017 年出台农资企业信用评价体系和管理办法，建立信用平台，推行分类管理。（牵头单位：省农业厅。责任单位：省质监局、工商局、公安厅、工业和信息化委、财政厅、环保厅、畜牧局、供销社）

（八）加快农业“走出去”步伐，利用国际资源和市场

制定实施农业对外投资发展规划。重点推进与“一带一路”沿线国家和重点地区的农业合作，推动省内出口企业在“一带一路”沿线国家注册，带动河南省农业装备、生产资料等优势产能对外合作。鼓励涉农企业通过新设、并购等方式在境外设立分支机构。利用外经贸发展专项资金对农业境外投资给予补贴。对在国外实施农业项目、直接从事农业生产的个人和企业从国内购买的大型农机予以补贴。研究可开展农业合作的重点国家和地区，评估当地政治、人文等环境条件，开展对当地技术性贸易措施的研究。开展“千企出国门”活动，加大对外注册工作力度，加快培育具有国际竞争力的农业企业集团。积极引导外商投资现代农业。2016 年出台实施农业对外投资发展规划。（牵头单位：省农业厅。责任单位：省商务厅、财政厅、农机局、省政府外侨办、河南出入境检验检疫局）

三、加强组织领导

（一）强化责任落实

各地、各有关部门要提高对转变农业发展方式重要性、复杂性和长期性的认识，切实把思想和行动统一到省政府的决策部署上来，增强紧迫感和自觉性，加强组织领导和统筹协调，落实工作责任，健全工作机制，切实把各项任务措施落到实处。切实转变农业管理方式，深入推进农业关键领域改革，加强顶层设计，创新管理手段，加快形成有利于农业发展方式转变的体制机制。建立以资金整合使用为重点的财政支持新方式。将加快转变农业发展方式作为河南省“十三五”时期农业发展的中心任务。各地

要按照本实施方案要求，结合当地实际，制定具体实施方案。

（二）把握工作要求

各地、各有关部门要坚持务实原则，细化、实化各项工作任务的具体目标、措施要求和责任单位，把握节奏进度和重要节点。对承担的工作事项，要认真履职，抓好措施落实。要制定工作时间表和台账，完成一项勾销一项。

（三）形成工作合力

省农业厅要强化对转变农业发展方式工作的组织指导，密切跟踪工作进展，及时总结和推广经验。省发展改革委、财政厅、教育厅、科技厅、工业和信息化委、国土资源厅等部门和单位要密切配合，建立合作机制，形成工作合力。

（四）强化督促检查

为确保按时保质保量完成各项工作任务，省政府将开展多种形式的督促检查，建立评估、通报和评先制度，切实推进各项举措落实。建立问责机制，对推进不力者进行督办和问责。各省辖市、省直管县（市）要建立相应的督查和通报制度。

河南省人民政府

2016 年 1 月 4 日

作者简介

赵予新　经济学教授，博士，博士生导师，河南省首届教学名师，黄河科技学院特聘教授，河南工业大学经贸学院院长，省级重点学科产业经济学学科带头人，现任中国农业技术经济学会理事，河南省经济学会理事，河南省粮食经济学会副会长，河南省企业家学会理事，河南省企业联合会理事，中国高等教育研究会理事。

主要研究方向：产业经济、贸易经济、农村经济与粮食经济、高等教育改革。完成国家社科基金项目、“十五”国家科技攻关项目、国家教育科学规划项目等国家级课题8项；主持完成省部级科研项目21项；出版专著和高校教材11本；4项成果获河南省优秀社会科学成果2等奖，3项成果获省实用社会科学优秀成果2等奖，3项成果获省级教学成果特等奖和1等奖。近几年曾经在全国性学术期刊发表学术论文72篇，指导学生在全国大学生业余科技作品“挑战杯”竞赛中多次获得特等奖、1等奖、2等奖、3等奖，被评为全国最佳指导教师。

河南
粮食发展报告

HENAN LIANGSHI
FAZHAN BAOGAO 2016

封面设计：田　雨

欢迎登录中国农业出版社网站：http://www.ccap.com.cn
欢迎拨打中国农业出版社读者服务部热线：010-59194918，65083260

购书敬请关注中国农业
出版社天猫旗舰店：

ISBN 978-7-109-23144-3
9 787109 231443 >
定价：48.00元

农经分社投稿邮箱：ccapnjfs@163.com